CNR
中央人民广播电台
CHINA NATIONAL RADIO

新媒体环境下的广播战略转型

王　求　主编

中国广播影视出版社

图书在版编目（CIP）数据

新媒体环境下的广播战略转型 / 王求主编. — 北京：中国广播影视出版社，2015.5

ISBN 978-7-5043-7425-7

Ⅰ. ①新… Ⅱ. ①王… Ⅲ. ①广播工作－研究－中国 Ⅳ. ①G229.2

中国版本图书馆 CIP 数据核字（2015）第 102659 号

新媒体环境下的广播战略转型

王　求　主编

责任编辑　陈丹桦
封面设计　嘉信一丁
责任校对　张　哲

出版发行　中国广播影视出版社
电　　话　010-86093580　010-86093583
社　　址　北京市西城区真武庙二条 9 号
邮　　编　100045
网　　址　www.crtp.com.cn
电子信箱　crtp8@sina.com

经　　销　全国各地新华书店
印　　刷　高碑店市德裕顺印刷有限责任公司

开　　本　710 毫米×1000 毫米　1/16
字　　数　350(千)字
印　　张　20
版　　次　2015 年 5 月第 1 版　2015 年 5 月第 1 次印刷

书　　号　ISBN 978-7-5043-7425-7
定　　价　48.00 元

主创人员名单

主　　编：王　求

副 主 编：赵铁骑

策　　划：张文雷

编　　辑：樊　璇　安　康　林　秀

高铁军　宋　青　李　默

序

今天，已经不能简单地用“广播人”、“电视人”或者“报纸人”来定义一个媒体从业者，媒体融合的发展已然消弭了媒体之间的界限，一个更广阔的舞台摆在了媒体人的面前。

2014 年，中央通过了《关于推动传统媒体和新兴媒体融合发展的指导意见》，加速了传统媒体与新媒体的融合进程。这一年，传统媒体融合动作频出，人民日报、新华社、中央电视台、中央人民广播电台等纷纷踏上了各具特色的媒体融合之路，上海文化广播影视集团有限公司、上海报业集团、湖南广播影视集团有限公司等相继挂牌……融合新媒体、建设新型媒体集团等指导意见为传统媒体的发展提供了清晰的政策引领，为媒体融合的模式提出了富有建设性的思路方向。同样在这一年，中央人民广播电台提交了《中央人民广播电台关于加快推进媒体融合发展的报告》，受到了中央和广电总局领导的高度评价。对于广播等传统媒体来说，在现有的融合基础上，如何实现更有效的转型，从而做到真正的融合，这是我们一直在实践中探索、在思考中求证的大课题。

身处这样的时代，不仅仅是媒体行业，几乎所有的行业都面临着如何融合新媒体的棘手难题。同时，我们应清醒地看到，目前国内真正成熟的媒体融合模式还不多见，“定位不清”、“思维滞后”、“体制机制不顺”等原因造成了一些媒体合而不融的现象。传统媒体要打好这场融合战役，在很多方面需要革新和磨砺。旧有的组织管理模式已经无法适应新的时代，传统媒体必须要进行一系列“自内而外”的根本性变革，才能生产出真正满足用户需求的内容产品，从而实现舆论引导能力的加强和业务版图的拓展。

本书汇总了来自电台一线同仁和专业院校学者的理论文章，既有宏观的政策层面的梳理，也有微观的业务经验的总结；既有对广播节目融合新媒体的实战体会，也有从成功的互联网音频产品中获得的借鉴和启发……大家从各自实践和研究的角度，积极探寻广播融合新媒体的可行之路。

点滴体会和思考虽不足道，但水滴石穿。广播人的智慧和热情，将最终汇集成广播融合进程中的坚定力量！

王求

目　录
Contents

第一篇　策略探究

第二篇 业务探讨

第三篇 融合探索

第四篇 经验探寻

第一篇

策略探究

新型媒体集团建设研究

◇王　求

2014年8月，中央发布《关于推动传统媒体和新兴媒体融合发展的指导意见》(以下简称《意见》)，《意见》指出传统媒体媒介融合的目标是“着力打造一批形态多样、手段先进、具有竞争力的新型主流媒体，建成几家拥有强大实力和传播力、公信力、影响力的新型媒体集团，形成立体多样、融合发展的现代传播体系，达到世界一流水平”。

《意见》首次提出了建构新型媒体集团的任务，并将该任务提升为国家战略高度，这为新时期传统媒体的发展提供了清晰的政策引领和明确的发展要求，推动传统媒体革新求变，为传统广电媒体的发展带来更多创新的思路和更广阔的平台。在当前时代背景下，建设新型媒体集团意义深远。

一、关于建设新型媒体集团的意义与必要性

(一) 受众需求与媒介生态的变化呼唤新型媒体

移动互联时代的今天，单体媒介已然无法满足多元化的受众诉求，今天的受众不仅仅满足于获知基本信息，还需要了解现象背后更多、更深入、更专业、更个性化的内容，获取渠道的丰富性也让受众选择呈现多元化。同时，数字化技术的发展带来了无限的传输渠道，模糊了媒介之间原本分明的界限，打破了传统媒体生产和经营的壁垒。数据显示，截至2014年12月，中国网民规模达6.49亿，互联网普及率为47.9%，较2013年年底提升了2.1个百分点。其中，中国手机网民规模达5.57亿，网民中使用手机上网的人群占比提升至85.8%。[①] 今天，移动终端成为人们获取信息最主要的方式，面对急剧变化的

① 中国互联网信息中心（CNNIC）：《第35次中国互联网络发展状况统计报告》，2015年2月4日。

受众需求和更纷繁多样的媒介生态，传统主流媒体必须改造成为“形态多样、手段先进”的新型媒体，才能应对激烈的媒体竞争，成为受众的最终选择之一。

（二）建设有影响力的新型媒体集团是占领舆论阵地、维护意识形态安全的重要保证

从舆论环境的变化来看，新兴媒体的话题设置能力和舆论影响力日渐增强。现阶段的国情决定了中国社会正处于一个矛盾多发期，网络舆论易于片面化、极端化。如果不加以引导和应对，网络舆情的“发酵”甚至会演变到难以控制的地步，也会在无形中消解主流媒体的话语权、公信力和引导力。此外，从斯诺登曝光美国情报机构监控互联网的“棱镜”（PRISM）计划就可以看出，国家意志开始在互联网领域体现。因此，如何扩大主流媒体声音、夺取新兴舆论阵地，是直接关系到中国意识形态安全的重大问题。只有建设拥有强大实力和传播力、公信力、影响力的新型媒体集团，才能发布大国大时代的主流声音，牢牢掌握中国意识形态领域的主动权与领导权。

（三）建设新型媒体集团是媒体行业的自身发展需求

与深谙市场经济之道的商业网站相比，传统媒体在市场准入、资金吸纳、管理机制以及商业运营等方面都不具备竞争优势，发展相对滞后，经营理念和市场运作能力偏弱，在这种情况下很难与商业媒体抗衡。从传统媒体自身发展的角度来讲，单打独斗毕竟势单力孤，不利于做大做强，因此，集团化重组和整合是媒体实现资源共享和优势互补的一条现实路径，也是媒体扩大自身实力与影响力的有效方式。传统媒体迫切需要通过跨媒介、跨地域、跨行业的扩张联合，形成更具话语权和竞争力的媒体集团，才能为进一步的发展壮大搭建平台。

（四）建设新型媒体集团顺应了全球传媒集团化发展的趋势

纵观全球，发达国家的传媒行业呈现出共同特征：媒体资源集中在少数媒体集团手中，垄断特征明显，大媒体集团并购小媒体，媒体机构呈现出跨媒介、跨行业、跨国界的集团化特征。例如，美国康卡斯特等全球十大媒体集团通过多年的整合与重组，年收入都超过千亿级别（人民币）。① 全球50家最大的传媒集团占据了世界95%的媒体市场份额。② 一些西方国家的垄断媒体集团

---

① 赵树清：《重建价值　融合创新　建设强大的新兴媒体集团——4G时代广电媒体的转型思考》，中广互联2014年8月27日。

② 彭锦：《融合背景下新型媒体集团发展战略构想》，《声屏世界》2014年第11期。

凭借其覆盖全球的媒体网络，在一定程度上左右着国际社会的认知和评价。中国虽已步入传媒大国的行列，但还不是传媒强国。面对“西强我弱”的国际舆论环境，中国传统媒体亟待通过集团化提升整体规模、技术实力与传播能力，从而加强中国主流媒体在国际范围内的话语权与舆论影响力，这也是建设新型媒体集团的责任和使命所在。

二、关于新型媒体集团建设的解读与构想

近年来，国家先后颁布《关于深化新闻出版广播影视业改革的若干意见》、《关于广播电影电视集团化发展试行工作的原则意见》等一系列鼓励媒体集团化发展的战略政策及行业管理条例，《意见》的提出从政策层面实质性推进了我国传统媒体产业集团化与多元化的跨界发展。媒体集团通过盘活存量资产和优化资源配置，在市场准入、资金吸纳、机制管理和人员聘用等诸多方面更为灵活而有效，解决了传统媒体依赖国家拨款、造血机能不足等历史问题。

现阶段，就广电领域而言，中央人民广播电台（以下简称中央电台）、中国国际广播电台、中央电视台等主流媒体都已初步形成广播或电视为主业，兼顾互联网、报刊、音像出版等的多媒体业务格局，并形成了新闻宣传与广告经营、产业拓展并重的多元化集团经营格局。从一定意义上讲，广电媒体集团化改变了传统媒体的生态格局，传媒集团已经成为主流媒体的基本形态。

诚然，国家一系列文化产业政策红利促进了中国传媒产业集团化的繁荣与发展，并在实践层面取得了重大成果与进展，但我们还需清醒地认识到，现阶段中国的媒体集团化程度还不充分，集团化运作还存在规模偏小、总体竞争力偏弱等问题。首先，部分传统媒体还没有充分开发和利用集团内资源，资源共享和一体化运作程度不高；其次，一些传统媒体下设企业的产权制度及公司治理方面还存在着一些问题，如产权与母体分割不清晰，一些媒体集团的董事会、股东会、经营管理层权责利不清，严重影响了集团管控与运营；再次，部分媒体集团主营业务不够突出，传播产品同质化现象明显，受众定位缺少差异化，不擅长市场化运营等；最后，广播电视行业条块分割的管理模式制约了广播规模化效应的实现和整体实力的提升，不利于做大做强。下文主要对新型媒体集团化建设提出进一步的展望与构想。

（一）关于新兴媒体集团建设的宏观构想

1. 加强“三力”建设，坚持党管媒体是新型媒体集团建设的前提基础

主流媒体作为党和人民的喉舌，承担着连接党和人民群众血肉关系的重要枢纽功能。党管媒体，是党在长期宣传实践中形成的根本原则，是中国特色社

会主义制度的重要方面，关系到党的事业的兴衰成败，任何时候都不能动摇。在互联网时代的今天，媒体竞争日趋激烈，网络舆论环境复杂多变，中国新型主流媒体集团更应该始终坚持党管媒体原则，把坚持正确的舆论导向贯彻到集团化发展的各个环节，坚守中央主流媒体的品格和责任，抢占移动互联网新入口和移动传播制高点，不断扩大传播力、公信力和影响力，成为老百姓心目中真正的公信媒体、权威媒体和良心媒体。

多年来，中央电台始终与党中央保持高度一致，以坚持正确的舆论导向为己任，并在事业、产业双轮驱动中取得了飞速发展，实现了社会效益与经济效益的统一。经过多年的努力，中央电台开办的广播频率已达到 17 套，中央电台圆满完成党和国家交办的各项任务，在广播、网站、电视、手机客户端等多个全媒体平台努力践行媒体社会责任与义务，发挥主流媒体舆论引导作用，巩固和壮大党的宣传舆论阵地，赢得社会各界的广泛好评，产业年收入从 2007 年仅仅依靠广告业务的 2.3 亿，增长到 2014 年的 20 个亿，下属公司数量由 2007 年的 4 家公司，发展到如今已拥有 12 家全资公司、7 家控股公司、4 家参股公司的规模矩阵……中央电台在新型媒体建设之路中正在进行着扎实而卓有成效的探索与实践。

2. 推进媒体融合，遵循一体化发展是新型媒体集团建设的有效路径

媒介融合并非简单地进行新媒体业务的叠加，融合业务也要尽力避免“有规模无效益”。新型媒体集团应勇于进行跨媒体、跨平台、跨地区、跨行业的整合，以更开放的机制和更积极的姿态实现内容、技术、平台、资本、产业等各个层面的深度融合。同时，建设新型主流媒体集团还应树立传统媒体和新兴媒体一体化发展理念。目前，一些传统媒体集团在发展过程中还存在传统媒体业务和新媒体业务各自为政、并行运营以至重复投资建设的现象，亟待形成一体化的组织结构、传播体系和管理体制，通过统一规划、统一投入、统一调配，推动形成由集团引领、下属平台协同实施的一体化、集团化运作模式。

2014 年，中央电台坚持传统广播和新兴媒体优势互补，全力推进传统广播与新媒体在内容、渠道、平台、经营、管理等方面的融合发展，按照《意见》对新型媒体集团的要求，提交的《中央人民广播电台媒体融合发展方案》得到习近平总书记等中央领导的批示肯定。新形势下，中央电台将以中国广播云平台建设和国家应急广播体系建设为抓手，开辟一条既遵循媒体规律又符合自身实际的媒体融合发展之路。

3. 遵循市场规律，探索资本运作是新型媒体集团建设的重要保障

《意见》强调，媒体融合的最终目标是打造“具有竞争力的新型主流媒体”和“拥有强大实力的新型媒体集团”，新型主流媒体集团应具有一定的盈利能

力与资本运作能力，能够在市场中求生存，在改革中求发展。多年来，国际范围内成功的媒体集团大多以资本为纽带，经历了一次又一次的兼并和重组，从初期的单纯追求扩大规模，拓展到跨媒体、跨行业、跨国界的集团化发展，产生了如时代华纳、新闻集团和维亚康姆等知名跨国媒体集团。参照国际经验，中国新型媒体集团应利用各种政策红利，用效率竞争机制配置市场资源，在更广泛范围内打通资本融资渠道，进行股权结构改革，通过兼并、重组、控股、交易、转让等方式进行资本运作，推动与国内外资本对接，增强运营活力，从而整合形成以资本运作为杠杆的新型媒体集团化组织架构。

早在2007年，中央电台成立央广传媒发展总公司，将全台可经营性资源的开发与运营注入其中。如今，央广传媒产业集群，既涵盖广告经营、节目产销、演艺经纪、音像出版等传统广播衍生业务，又全面布局新媒体、媒体零售、高速公路广播、投资等具有高成长性的新兴业务，收入持续稳定增长，成为中国广播行业领头羊。七年来，央广传媒的产业收入结构多元化转变明显，旗下的央广视讯传媒有限公司完成股份制改造，央广传媒非广告业务收入已超过广告业务收入，产业结构得到进一步优化。持续增长的产业收入为事业发展提供了重要支撑，央广传媒作为中央电台的产业经营主体，为事业发展提供了有力的资金保障。

与此同时，中国国际广播电台旗下的华闻传媒、中央电视台旗下的中视传媒、上海文广集团旗下的百视通、湖南广电集团旗下的电广传媒等上市媒体均有效打通了资本融资渠道，取得了可喜的成绩。但相较于国际传媒巨头和百度、阿里巴巴等成熟网站，中国传媒集团的融资手法还较单一、资本运作能力还较弱，并且受到体制局限很难实现跨地域并购。要解决媒体集团化过程中资金短缺的难题，就必须扩大与资本市场的对接，拓展融资渠道，大胆投入到资本市场的蓝海；或按照十八届三中全会提出的特殊管理股方式，引入社会资本，最终实现各业务之间的优势互补，壮大媒体集团实力。

4. 放眼世界，提升国际舆论影响力是新型媒体集团建设的重要目标

目前，海外市场已成为世界一流媒体集团扩大品牌影响力、增加经营收入的重要市场。比如，在美国传媒巨头维亚康姆集团的总营业收入中，国外市场份额已高达40%。[①] 现阶段，我国广电媒体虽致力于打造国际一流媒体，但大多着眼于国内市场，并没有建立真正的国际发展战略，亦没有跻身于世界主流媒体集团行列。《意见》中要求“建设世界一流水平的新型传媒集团”，就当前

① 朱剑飞、胡玮：《主流风范：融合发展　浴火重生——加快我国新型媒体集团建设的若干思考》，《现代传播》2014年第11期。

中国主流媒体集团的体量规模、影响力和传播力来说，离这一愿景还有一定距离。当前，新媒体融合给中国传统媒体带来巨大挑战的同时，也为其扩大国际传播能力带来前所未有的发展契机。中国新型媒体集团应关注差距，抓住机遇，走出国门，放眼世界，不断加强国家媒体软实力与国际舆论影响力，从而在世界新闻信息传播舞台上占有一席之地。

近年来，新华社、中央电视台、中国国际广播电台等国内主流媒体采取多项措施加强国际传播能力：大力增设海外记者站、中心记者站与海外分台，加大本土化力量，借助国外现有渠道，积极拓展海外市场，加强媒体外交。在这方面，中央电台也做了许多有益尝试，比如，由中央电台发起，全球近 40 家华语广播机构组成的全球华语广播网，为全国乃至世界华语广播影响力提升提供了发展平台，向全世界传递中国声音。2014 年正式启动的中央电台民族语言对外广播工程，作为国家国际传播能力建设新增项目，现已实现了中央台藏语、维语、哈语广播节目分别在尼泊尔、土耳其和吉尔吉斯斯坦等境外国家的正式落地，开启了中国民族语言广播“走出去”的重要征程，扩大了传播阵地。

（二）关于新兴媒体集团建设的微观解读

1. 引入互联网思维，研发满足新兴受众需求的互联网产品

习近平总书记在中央全面深化改革领导小组第四次会议上提出：“推动传统媒体和新兴媒体融合发展，要遵循新闻传播规律和新兴媒体发展规律，强化互联网思维……”传统媒体天生缺乏互联网基因，必须主动进行传统媒体的互联网基因再造，积极推动新媒体产品的迭代与升级。对于传统媒体来说，运用互联网思维首先要尊重互联网时代的传播特点和规律，学习平台化、众筹式、众包型生产方式，尊重以开放、平等、参与、互动、分享等为特征的互联网精神；其次要关注用户洞察，以用户为核心，适应数字化、网络化时代受众体验、习惯、偏好的变化，从“传播者本位”向“受众本位”转变，实现内容传播互动化；最后要树立产品和服务意识，细分新闻、资讯、娱乐等节目内容，为目标受众提供个性化、定制化与精准的信息服务与媒体产品。

拥有 75 年历史的中央电台一直努力主动适应新兴媒体平等交流、互动传播的特点，培养树立用户观念，在社交媒体运营以及网络社区建设方面做出了许多有益尝试。2014 年，“中国之声”微博粉丝量突破 800 万，活跃度和影响力继续保持全国广播电台类第一名。此外，中央电台还将推出“中国广播云平台”，全力打造具有中国广播特色的新闻、音频和全媒体客户端产品及社交媒体传播矩阵。

2. 利用大数据、云计算等技术，为媒体融合带来效率革命

科学技术是第一生产力。从全球传媒集团的发展历程来看，技术进步始终是传媒变革的核心力量，但是新兴技术对于传统媒体来说是天生的弱项。媒介融合时代，新型主流媒体应充分利用大数据、物联网、移动云计算、可穿戴设备等新兴技术手段，探索业务融合新路径，扩展传播平台新渠道。具体来讲，传统媒体集团可利用大数据技术对多年来所积累的用户信息进行整合，建立统一的数据平台，实现节目内容的广存储与深加工，从而根据受众偏好实现产品的再生产与用户的精准营销。云计算服务则可利用网络连接资源，建立云平台进行统一管理和调度，让媒体集团实现跨时空的整合与沟通。

2014 年，中央电台提出了建设中国广播云平台的计划：以各地广播电台的内容资源为依托，引入中国科学院“海云网络新媒体”技术系统，实现台与台之间的互联，通过云采编、云存储系统，实现新闻资源的跨区域共享与使用。试图通过建设安全可靠、内容共享、覆盖广泛、技术先进的生产传播平台，促进广播电台从声音流媒体生产传播模式向“音频形态＋信息网络传播”方式演进，以适应互联网、物联网、车联网带来的媒体革命，有力推动广播行业的融合媒体发展进程，从而打造模式领先、技术先进的新型广播媒体集团。

3. 适应融合发展，完善新型媒体集团组织结构与管理体制

现阶段，大多数主流媒体集团都已基本完成组织结构调整、公司业务布局和运作模式搭建，初步建立起现代企业公司化治理结构，并逐步迈入成熟运营期。但我们也应该清楚地认识到，从目前情况看，一些主流传媒机构在体制机制建设上还存在公司治理沿袭行政管理模式，产权与母体分割不清，集团部门交叉管理，总公司集团管控不力，组织结构欠科学等问题。按照新型媒体集团化的要求，中国主流媒体机构应打破原有的组织链条，重构管理结构。

首先，要重组媒体内部组织结构。主流媒体需在充分尊重媒介融合环境下，新闻传播规律的基础上，对整个新闻管理机制、组织方式、发展模式进行战略性调整和转型。探索媒体融合发展条件下人才管理、财务管理、资产管理和内部审计等科学管理体系。多年来，中央电台一方面在不断完善新媒体发稿流程的同时，一方面还在努力尝试通过数据化、动态化、信息化手段探索科学管理机制；OA 办公内网的普及、人力资源的数据管理等都极大地提高了办公效率。其次，还要完善现代企业制度，明晰产权、加强完善公司法人治理结构，完善符合媒体融合规律的组织架构，健全内部约束机制。具体来讲，可遵循组织结构扁平化的变革趋势，削减中间管理层。完善集团公司人员、资产、业务独立机制，提高管理效率。同时加大公司管控能力，启动现代企业薪酬管理体系设计等。

4. 强化品牌价值，打造新型媒体集团核心竞争力

事实上，媒介融合会不可避免地带来媒介样态、传播方式与传播策略上的雷同。中国传媒业发展的现状普遍存在着主营业务不够突出、传播产品趋向同质化、独家优势不明显等问题。此时，品牌的价值比以往任何时候更值得强调。只有用最先进的技术重点打造拳头产品，培育独具特色、个性鲜明且具有内容优势或新媒体发展前景的旗下子品牌，才能在媒介融合大环境下脱颖而出，才能最终强化媒体集团的主品牌。因此，打造特色鲜明的品牌产品，强化主品牌的核心价值，才能最终建立立体多样的现代传播体系。

纵观全球，媒体发展品牌化是世界主流媒体快速发展的核心手段。品牌是受众触达媒体组织的主要入口。例如总部设在美国的新闻集团打造了英国天空广播公司、《泰晤士报》、亚洲星空传媒、《华尔街日报》、福克斯电视台等旗下著名品牌，使新闻集团成为全球最具影响力的全媒体机构品牌之一。另外还有很多机构纷纷推出旗下的知名品牌频率/频道、栏目、主持人等享誉全球，如美国哥伦比亚广播公司的《60 分钟》，英国广播公司的《今日》等。

建设新型媒体集团真正适应了时代的需求，为中国媒体未来发展指明了方向，给处于改革攻坚期的传统媒体注入新的活力与希望。风潮汹涌自当扬帆破浪，任重道远更需策马加鞭。展望未来，中国主流媒体应抓住媒体融合这一千载难逢的重大机遇，以建设拥有强大实力和传播力、公信力、影响力的新型媒体集团为己任，以构建立体多样、融合发展的现代传播体系为目标，努力在市场中搏击、在竞争中壮大！

（作者：中央人民广播电台台长）

（本文为作者应邀为《中国广播电影电视发展报告（2015）》撰写的专稿）

关于做好民族广播宣传的几点思考

◇ 赵铁骑

在 2014 年 9 月召开的中央民族工作会议上，习近平总书记在讲话中指出："处理好民族问题、做好民族工作，是关系祖国统一和边疆巩固的大事，是关系民族团结和社会稳定的大事，是关系国家长治久安和中华民族繁荣昌盛的大事。"民族问题、民族工作又一次被中央强调到新的高度，民族广播宣传作为民族工作的一部分也由此面临着历史的新要求、新使命。

民族广播宣传是使用民族语言面向少数民族地区传播新闻信息的区域性、对象性宣传。民族广播既是多民族国家民族平等的体现，也是缔结民族情感、促进民族团结的桥梁，更是传递党和国家声音的重要舆论阵地。中央人民广播电台 1950 年开办藏语广播，目前使用蒙、藏、维、哈、朝五种少数民族语言面向少数民族地区播音，日播出 56 小时节目。在全国范围内，加上民族自治区、自治州的广播电视机构，覆盖少数民族地区、服务少数民族群众的广播网已比较完整。少数民族地区幅员辽阔、人烟稀少，少数民族群众信息接收渠道有限，广播在少数民族地区享有得天独厚的优势：在移动中收听广播适合游牧等农业生产方式的需要，在天高地阔的高原、草原以声音为载体传递信息、沟通情感可以取得很好的传播效果。在新的历史时期，民族广播宣传也因其独特性而显得更加重要。

与此同时，民族宣传不同于一般的对内宣传，复杂程度高，敏感因素多。在内容选材、表达方式和表现形式等环节均需要考量语言文字、宗教信仰、节庆习俗、族群认同、文化背景等诸方面的差异性因素，要兼顾局部与全局、内宣与外宣。这就要求民族宣传的从业者必须重视民族宣传的舆论导向，加强民族宣传传播规律的探索、经验的总结以及自身政治业务素质的提高，以适应新形势、新任务的要求。基于中央台多年来开展少数民族广播宣传的实践，笔者认为在现阶段开展少数民族广播宣传应当重视以下几个问题：

一、民族宣传既要讲好本民族故事，也要讲好天下各民族的故事

出于采访制作和语言应用的方便（也不排除少数民族编播人员感情因素），民族广播日常节目内容大多从家乡就地取材，认为说本民族的事、唱本民族的歌才是贴近性、针对性，客观上形成本民族语言的广播只讲本民族地区的事。这其中的根本原因是一些同志思想上对民族广播的政治属性认识不足，缺乏促进文化交流融合的自觉。

促进民族文化的交流融合是民族广播一条重要的宣传主线，也是文化传承规律使然。“在今天的中国，各族人民都必须面对共同的境遇，政治上都处在国家的统一管辖之下，经济上要参与市场经济的运作，教育上都要接受当代国民教育体系，文化上都受到当代大众娱乐文化的影响。在这样的条件下，任何一个民族的知识、信仰、艺术、道德和法律与其他民族都会有相当的重合。”[①]所有的民族在历史和现实中都是相互交流和融合的，人类历史上根本就没存在过外在于其他文化的族群，各种文化总是相互学习与借鉴的。流传至今的少数民族传统文化，是曾经在人类历史上绽放过璀璨光彩的文化资源，应当始终留存于人们的视野或生活之中。但是它从来都不是孤立的存在，不能怀抱着本民族的文化遗产故步自封，必须借鉴外来文化并与之融合，才能使少数民族的传统文化以现代人能够接受的方式、以更能被感知的力量打动人心。

如果把节目做成仅仅是本土的、局部的，是无法搞好民族宣传的。开展民族广播宣传，应当在保护和传承本民族文化的基础上，兼顾传播中华民族大家庭中的各类正面信息，使信息相对闭塞的少数民族地区能有更多机会接触到其他民族的优质文化，了解全国其他地区经济社会发展情况，在信息的汇流中感受“汉族离不开少数民族，少数民族离不开汉族，少数民族之间也相互离不开。”的道理，将其引导到中华民族的身份认同和国家统一的归属感上来，开阔少数民族群众的眼界，促进文化的交融提升。

从民族广播的属性角度看，它是国家的舆论工具，是沟通党和少数民族群众的桥梁。也就是说，民族广播是党和政府的喉舌，不是属于哪个单一民族的广播，它只是使用民族语言履行党和政府赋予的职责。周恩来同志曾经说过：“我们这个社会主义国家，不是哪一个民族专有，而是我们五十多个民族所共

① 高朋、雷兵：《“嵌入式”传承与精品化发展：少数民族文化传承与发展的再思考》，云南大学出版社 2014 年版，第 2 页。

有，是中华人民共和国全体人民所共有。”① 因此，民族广播宣传更应当在这个高度上认识自己的功能。不能眼光狭隘，坐井观天，只报道本民族地区的资讯，或者单纯突出某民族的文化，要树立中华民族大家庭意识，把节目定位在服务各民族听众上，讲好本民族故事，也要讲好天下各民族的故事。

2013 年以来，中央台维语广播推出了《我从新疆来》、哈语广播推出了《走进内地的哈萨克族》、蒙语广播联合多家蒙语电台推出了《鸿雁展翅——讲述进城蒙古人故事》等大型系列报道，讲述了在内地学习、工作和生活的少数民族兄弟的人生故事，从感情的嵌入到命运的嵌入，展示了民族融合新形态下的生活图景。这些报道就跳出了本土的窠臼，找到了局部与全局的契合点，给从业者也给听众以新的启示。

二、民族宣传既要鼓励民族自强精神，也要强化国家意识

古往今来，少数民族坚强勇敢、团结协作的民族精神在抵御外来入侵，捍卫民族尊严，促进民族进步，构建少数民族传统文化等方面都起到了不可低估的作用，少数民族褒扬勤劳、努力学习、崇尚奋斗的风气，在今天仍是少数民族地区经济发展和社会进步的精神动力，是宝贵的精神财富。因此，在民族宣传工作中要精心爱护、尊重和颂扬民族自强意识，鼓励少数民族不息奋斗，帮助提振发展信心，巩固民族自豪感、自尊心是非常必要的。

但同时必须清醒地认识到，少数民族问题是个长远的、复杂的社会问题，有时也会作用到国家稳定和统一，在世界范围内也是如此。两个多世纪以来，在欧洲乃至世界的大动荡中，民族主义都扮演着重要的角色。“民族主义这个在两极霸权时代一度被认为是已经或趋于消失的现象，现在不仅重又回到人民的视野中，而且显然已经成为国际政治画屏的最重大的焦点之一。”② 非理性的、狭隘的民族主义会导致不能正视本民族与其他各民族的优缺点，鼓吹本民族利益高于一切，产生本民族的因循守旧、盲目自大，甚至会引发种族仇视、践踏人类基本价值规范、危害国家主权和领土完整……加之我国多数少数民族地区地处边疆，与周边国家语言或宗教信仰相通，意识形态环境复杂，容易受到境外敌对势力的渗透、蛊惑。因此，在民族广播宣传的主题中，要把维护国家安全、社会稳定要放在首位，要将民族自强意识与国家意识、公民意识、中华民族共同体意识结合起来，引导群众正确认识民族区域自治与国家统一之间的关系，高度警惕极端化的“民族意识”对国家、对中华民族的危害性。

① 《关于我国民族政策的几个问题》，摘自《周恩来统一战线文选》，人民出版社，第 363 页。

② 王联等：《世界民族主义论》，北京大学出版社 2002 年版，第 2 页。

因此，民族宣传不能只是单向思维，孤立、片面地看问题，要有国际视野和政治警惕性，需要辩证思考，需要把握好时机、把握准“度”，拔高、炒作、标签化会适得其反。“度”的平衡点就是对伟大祖国的认同、对中华民族的认同、对中华民族文化的认同和对中国特色社会主义道路的认同。度把握好了，才能将盲目、狭隘的民族主义化解、引导为理性的爱国主义，才能将积极的民族情绪作用于促进民族发展上来，从而告别对峙与冲突，迎来中华民族团结进步的良好局面。基于这样的认识，民族广播宣传在报道这一类主题时，要结合党和国家的政策支持讲“自强”；结合各民族之间的团结互助讲“自强”；结合稳定和谐的社会、家庭环境讲“自强”；结合掌握科学文化知识讲“自强”。让自强意识孕育在民族大家庭的怀抱中。从事民族宣传的编播人员尤其要懂得这一点，这样才能正确运用民族广播为党和国家的民族团结事业服务。

三、民族宣传既要传播现代科学知识，也要加强宗教知识引导

在大多数少数民族地区，宗教信仰、宗教活动有很长的历史，且与民族群众的社会生活紧密相连，具有很强的渗透力和感染力，甚至支配着人们的生活。但是长期以来民族广播一直远离宗教，在一定程度上阻碍了广播走进听众的心灵。笔者认为针对少数民族地区的宣传不能回避宗教影响的存在，更不能简单、生硬地质疑和挑战宗教教义。特别是在当前极端宗教势力向信教群众不断渗透的形势下，审慎、规范地在节目中运用宗教内容加以引导更成为当务之急。

习近平总书记在第二次中央新疆工作座谈会上的讲话中指出：“要依法保障信教群众正常宗教需求，尊重信教群众的习俗，稳步拓宽信教群众正确掌握宗教常识的合法渠道。”根据这一精神，民族广播利用自身优势有效疏导、正确引导就显得十分必要。宗教文化是人类文明的财富，它和世俗文化世代共存，与许多共通的道德伦理交相作用于人们的生活。“我国各民族文化都具有团结统一的爱国传统，以和为贵、和而不同的‘和合’思想，革故鼎新、因势而变的创新精神，尊老孝亲、讲信和睦、惩恶扬善的传统美德。也蕴含着敬畏自然和尊重生命、追求人与自然的和谐相处以及遵循向自然适度索取等生态伦理思想。”① 宗教教义中也大都蕴含着恒顺众生、爱人如己、戒除贪念、诚信待人等积极的内容。因此，在进行少数民族广播宣传时，应当在深刻了解宗教背景和教义内容的基础上，在尊重其信仰、禁忌及风俗习惯的前提下，在传播

---

① 李资源等：《中国共产党与少数民族传统文化保护和发展研究》，人民出版社 2014 年版，第 28 页。

科学与文化知识的同时，善于运用宗教信仰和民族传统中的精华，发挥其对于文化教化、社会控制可能产生的积极作用，春风化雨般地影响信教群众，进而引导信教群众认识极端宗教思想的危险性，将广播宣传的深度和力度引入更广泛的层次。

节目虽涉及宗教人士、宗教内容但并不是传播宗教，而是把宗教思想与法律规范、社会公德结合起来，运用广播访谈、专家解读、公益广告等形式引导信教群众理性地认识宗教、认识社会、认识自己。中央台藏语广播 2013 年曾邀请藏传佛教的高僧大德制作专题节目《解读佛教生命观》，诠释佛教对生命的理解和尊重，在藏族听众中获得非常积极的反响。中央台新近在维语广播节目中设置涉及宗教内容的新栏目，让专家学者、宗教人士正确解读伊斯兰教义，有针对性地帮助信教群众厘清宗教与现代生活的关系，引导信教群众理性对待宗教与生活。当前占领这块阵地，时不我待。

四、民族宣传既要面向少数民族群众也要面向汉族群众

从广义的角度来看，民族宣传不仅仅是面向少数民族群众的对象性宣传，而是面向全国各族人民的广泛性宣传。在对中华民族的阐述上，费孝通先生曾经做过精彩阐述："中华民族这个多元一体格局的形成有它的特点：在相当早的时期，距今三千年前，在黄河中游出现了一个由若干民族集团汇集和逐步融合的核心，被称为华夏，像滚雪球一般地越滚越大，把周围的异族吸收进入了这个核心。它在拥有黄河和长江中下游的东亚平原之后，被其他民族称为汉族。汉族不断吸收其他民族的聚居区，构成起着凝聚和联系作用的网络，奠定了这个疆域内许多民族联合成的不可分割的统一体的基础，成为一个自在的民族实体，经过民族自觉而被称为中华民族。"① 只有站在历史和现实的高度，才能更好地理解中国的民族问题，理解汉族与少数民族的水乳交融的关系。

汉族是中国人口最多的民族，执行民族政策，维护民族团结氛围，是各民族共同的责任，更是汉族干部群众应尽的义务。少数民族传统文化的延续和传承需要借助汉族群众的了解、传播和创新，才能在全国上下形成对少数民族传统文化、对中华民族传统文化的尊敬、爱护和发扬之心，从而形成中华民族共有的文化认同，达到各民族的交流与融合。汉族干部群众对民族政策的执行效果、民族团结局面的形成，无疑起到决定性作用。

但是一段时间以来，面向汉族群众的民族宣传强度弱化了，内容稀释了，时间分散了，民族广播宣传都讲给了高原和草原，撂下了平原。在当前民族工

① 费孝通等：《中华民族多元一体格局》，中央民族学院出版社 1989 年版，第 1 页。

作任务十分繁重的情况下，扩大民族宣传的覆盖范围势在必行。面向全国范围内的汉族干部群众开展民族宣传，需要全国主流媒体的通力配合，通过设置民族宣传栏目，向各地干部群众宣传党和国家的民族政策，介绍少数民族历史文化、经济发展对国家的贡献，歌颂少数民族战胜恶劣生存环境、与自然和谐共存的人类精神，宣扬少数民族热情友好、淳朴深厚的民风民俗，更好地诠释少数民族与汉族共荣共存的深层意义，努力实现习近平总书记所要求的民族团结局面："各民族要相互了解、相互尊重、相互包容、相互欣赏、相互学习、相互帮助，像石榴籽那样紧紧抱在一起。"因此，只有把对少数民族干部群众的宣传和对汉族干部群众的宣传结合起来，民族宣传的对象才是完整的、全面的。

总之，新时期的民族广播宣传要有世界眼光、国家意识，要有人类胸怀、民族感情。要关注变化、关注动态、关注特点，从内容到渠道，从理念到手段都需要跟随着时代的步伐进行革新和改进，只有这样，民族广播宣传才能够担当起党和国家赋予我们的历史使命。

（作者：中央人民广播电台副台长）

（本文刊于 2015 年第 1 期《中国广播电视学刊》）

禀赋决定路径　融合需要选择

◇ 赵曙光

古典经济学有一个 SCP 分析框架，基本原理是“禀赋决定结构，结构决定行为，行为决定绩效”。所谓的禀赋决定结构是什么含义呢？一个产业和行业选择什么样的路径是你具有的要素和禀赋决定的，你的要素和禀赋决定了你的产业结构，你的竞争性行为决定了你能够产生什么样的效果，按照经济学的说法是绩效或福利。我们来看传统媒体的禀赋和新媒体的禀赋，几乎没有相同之处，所有传统媒体擅长的不是互联网公司擅长的，所有互联网公司擅长的都不是传统媒体擅长的，所以传统媒体向互联网方向的转型是有问题的，它挑战了整个基本经济学原理现代意义的框架。

传统媒体的优势很明显。第一，政治敏锐性很强，这不是缺点，是优点，所有企业和媒体如果能够很好地领会治国纲要的变化，理解社会政治经济生活的发展趋势一定是它的优势。第二，我们一般来说传统媒体都偏向稳定，它的禀赋不属于高风险高收益的禀赋，所以，《人民日报》的一家搜索引擎公司失败了，很多媒体指责说国有资产流失，但是腾讯搞搜索引擎也做不起来，为什么不怪它？很简单的道理，它的资本是有属性的，作为一个由风险投资参与建立的民营企业就是追求高风险高收益的，作为《人民日报》一个媒体，如果上十个项目九个项目失败了，国有资产流失的责任谁负得起？一旦追究这个问题的时候，传统媒体怎么向互联网公司转型呢？第三，我们的内容优势到现在为止仍然很明显，在中国最能写的这一批人都在传统媒体里，不管是报社、电台还是电视台。第四，我们是国有的事业单位，担负着守土有责的意识形态的重任，所以我们最重要的禀赋是政府的资源，当然这种支持的形式很多，政策的支持、资金的补贴、资源的优先……这些是传统媒体的禀赋。

我们再看互联网公司的禀赋，一是市场敏感，BAT 都完全是在市场竞争中冲杀出来的。我们还没有见到一家广播电台死过，但团购网站死了一批。当年做搜索引擎的有新浪、搜狐、腾讯、网易，现在就剩下百度一家独大了，当年做即时通信工具的一大堆，现在去哪儿了？就剩下腾讯一家独大了，连MSN都被轰出去了。在中国很难找到一个行业像互联网公司这样野蛮生长，所以这些互联网公司经历过市场竞争的残酷考验。我们对政治敏感，它对市场敏感，所以它具有非常好的捕捉市场机会，非常优秀的洞察市场敏感的能力，这一点传统媒体不具备。但要命的是传统媒体要融合转型，中央电视台办一个网站和他们在那个环境中PK，这可能是一个残酷的转型。二是互联网公司偏向高风险高收益，这是它的禀赋。你去看风险投资没有人愿意去投资开个小饭馆，它追求的都是风险要高、收益要高。整个新媒体行业都是高风险、高收益，大家愿意去投资愿意去做，都是看到它未来的收益。三是如果说传统媒体很明显是做内容，互联网公司很明显是做产品。你看互联网的架构，所有的互联网公司没有总编是一把手的。四是互联网公司在市场中募集资源的能力很强。我们常说计划经济的优势是有很强的组织和动员的能力，但是计划经济是在市场不愿意干的地方才有组织和动员的优势。你看看资本市场的动员能力，那不是财政拨给我们的那点钱所能比的。对于腾讯来说，好的项目在市场上募集10亿、20亿人民币根本不是问题。钱的优势一定不是传统媒体的优势，我们千万不能误会我背靠政府我有钱，你要比钱还真不见得行。所以，我们对比发现这两个行业的禀赋其实是不一样的。如果进入互联网行业，你就会发现我们原来的禀赋在互联网行业里发挥不了太大作用。

我比较反感的词叫作“全媒体记者”，亚当·斯密当年早就讲过，专业化分工是提高整个社会效率和创造社会财富的重要源泉，我们倒好，我们逆潮流。你听说过倡导全能型的农民或全能型的工人吗？你见过别的行业提过这个概念吗？没有的，因为它不符合专业化分工的基本逻辑。

如果我们去分析当年中国宏观经济转型为什么相对成功，而其他国家失败，其实对我们今天分析媒体转型路径有很重要的依据。成功的原因在于，它提出一个基本的框架是，你要转型可以筛选与你的要素和禀赋比较接近的产业去转型。林毅夫讲，当年抛开计划和市场不谈，为什么毛主席当时建立计划经济会遇到挫折，为什么邓小平当年推经济改革能够成功，是因为毛当时提出的发展钢铁工业和发展现代意义上的重工业是和中国的禀赋不匹配的，中国当时是缺乏资金和技术的，而邓转型的路线是发展纺织业等低端的劳动密集型产业。产业结构升级的过程中不可能一蹴而就，一步跨到做波音飞机的程度，只能一步步做，先做鞋子，你有劳动力密集型的优势，你积累了资本和技术，你再在产业结构上面升级转型。转型不能筛选长得很像的行业去转型。什么是长得像呢？我们是传统媒体，门户网站也是媒体，都有“媒体”两字，长得很像，但要素和禀赋不接近。我们该转到哪里去呢？连阿里巴巴、腾讯都要转型去做银行，为什么《人民日报》、中央人民广播电台不去银监会要一个银行的牌照，牌照只要拿到立刻把腾讯叫过来，要不要和我合作办银行，咱俩干。我们传统媒体进入的行业都应该是政府掌控、政府资源能够发挥出优势的行业，因为我有政府资源。

像中央人民广播电台、新华社、《人民日报》等进入教育、健康、金融、旅游、房地产可能都比进入互联网领域成功的概率要高，因为这些领域都是政府高度管制的领域，而我们进入的行业都是我们没有优势的，可我们一定要进。

转型要想成功需要具备几个条件：第一，禀赋要类似。第二，这个行业是有潜力的，增长速度要快，所以我进去后才有发展的空间。第三，在增长速度较快的行业里要可持续发展，能够发展相当长的时间。但现在互联网公司进入的行业都是利用它自己积累起来的市场化优势，到市场里面去洗牌，所以政府每放开一个领域那个领域就被它洗一遍，原因是传统的竞争对手不具备市场竞争的优势，因而它能够打败那个领域。

传统媒体要想与互联网正面竞争主要手段是两个：第一个是赚钱，第二个是我们逐步形成提高我们市场化运营的能力，然后适当改变我们的禀赋，这个时候再进入。媒体能够通过正常商业模式赚钱的空间将越来越小，它如果通过正常的商业模式赚不到钱，它一定要找非正常的赚钱模式，21 世纪网就是典型的例子。再出几次像 21 世纪网这样的事，传统媒体公信力就跌到不能再低的地步了，那时候你再跟别人谈有什么内容优势和公信力优势，大家会笑话你的。所以我们说我们的转型可能不是一步到位的转型，它需要有一个过渡，最终形成一个以入口为核心的产业链模式。如果我们在其他一些领域赚钱，反过来反哺媒体，再搞媒体融合，那就好多了。

提点建设性的意见：中央人民广播电台作为一个国家媒体，应当选择在很多市场不能干、不愿意干的领域发挥优势去做转型。第一，在比较重要的、具有政治、民生、公益等社会意义的领域，例如民族、宗教，服务老年人、残疾人等基本公共服务领域的媒体融合，中央人民广播电台可以做，而且可以形成优势。但现在一些中央媒体似乎要在市场感兴趣的领域里去跟这些市场化的媒体正面 PK，我们老说守土有责，但其实在该守的地方没有守。第二，广播应当借助政府资源来拓展渠道。广播要尝试进社区，进入银行、加油站、机场，包括将来国家电网公司和南方电网公司要建一些充电桩……这些领域都是政府掌控的，广播进入这些领域可能比做一个新闻客户端，和成百上千的客户端

PK 的优势更大一些。所以，这是渠道的力量。类似“大喇叭村村响”的工程我觉得它是很重要的，那些领域互联网公司不做，我们在那些领域建立广播为核心的融合媒体发展体系是非常有必要的。广播怎么实现融合发展，实现祖国的声音更多地落地这是非常重要的。第三，我们按照十八届三中全会提出的推进混合所有制改革的基本思路，应该放弃中央人民广播电台单打独斗的想法。再做新闻客户端，中央人民广播电台应发挥自己资源和牌照的优势和腾讯等合作来做，我觉得可能比中央人民广播电台单挑更有优势。其实对商业化的公司来说他们非常需要在政治上和政府资源上的保护，我们要发挥我们牌照、内容和政策体制的优势，大家共同来做，才能掌握在互联网领域内的话语权。第四，对广播行业来说，未来的资金和资本的来源一定会成为问题，这个问题一定要重视。所以，还是要想办法通过进入一些领域来解决收益问题，然后来实现对发展主流媒体资金层面的支持，寻求全面发展。

（作者单位：清华大学新闻传播学院）

广播媒体在移动互联网领域的媒介融合与战略拓展

◇卢　迪

一、媒体融合视角下的广播+移动互联网

（一）溯源："媒体融合"与中国的媒介产业化

传播史上的"媒体融合"这一概念来源于英文的"融合"（Convergence）一词。Convergence与大众传播真正意义上的联姻源于20世纪70年代中叶计算机和网络的发展时期。1983年传播学者伊契尔·索勒·普尔在其《自由的科技》（*The Technologies of Free－Dom*）一书中提出了"传播形态聚合"（The Convergence of Modes）的观点，他认为，数码电子科技的发展是导致历来泾渭分明的传播形态聚合的原因[①]。

20世纪末，我国开始推进传媒行业内部的融合发展，从1999年开始的"集团化"客观上推动了广电媒体之间的融合。然而，传媒体系内部的"集团化"只是在行政命令下的硬性融合，是一种规模上的整合。2002年前后，我国传媒行业又经历了一次大范围的"剥离"，网与台开始独立，内容和广电传播渠道开始分离，即所谓的"四次剥离"[②]，但这仍然仅是广电行业内部的一次经营改革。与此同时，广电行业也开始了轰轰烈烈的"数字化"进程，无论是台内数字化还是有线网整转，数字化也只是广电媒体对新技术的采纳和应用，可谓一次技术升级，其改变所触及的范围仍然局限于台、网之间，所影响

① 宋昭勋：《新闻传播学中Convergence一词溯源及内涵》，《现代传播》2006年第1期。

② 黄升民：《网路与组织的双轨整合——解读中国电视媒介经营走向》，《现代传播》2000年第1期。

的深度只在业务和技术层面。

我国广电媒介产业化各阶段的发展，虽然事实上促进了传统媒体的现代化和规模化，但并没有实现真正的“传播形态聚合”，并且与当前中央所提出的“推动传统媒体和新兴媒体融合发展”指导思想也还有较大差距，中央提出的“媒体融合”不同于传统的媒体融合基础理论，因为这次“媒体融合”是一个国家战略①。

（二）历史：传统媒体与互联网的融合

就在广电行业相对封闭的产业化发展过程中，中国的互联网迅速崛起，在极大程度上争夺了传统媒体的受众。十几年来，我国传统媒体与互联网的融合，可谓是对计算机技术和网络技术的应用过程。并通过与先进技术的融合，把内容输送到互联网，进行渠道的拓展与延伸。

例如，“报网互动”成为当时报业发行渠道的拓展②；广播网成为广播电台节目在播出时间和接收终端上的延伸。传统媒体与互联网的融合更多的是应对互联网的冲击，对自身传播渠道萎缩的弥补。当前，就广义上的传统媒体与新媒体的融合而言，我国的媒介融合正处于围绕内容而展开的渠道竞合阶段，内容在整个媒介融合的发展过程中处于核心地位③。

（三）创新：移动互联网的发展特征

移动互联网是当今发展最快、创新最多、市场最活跃的领域。移动互联网的发展与桌面互联网时代不同，本质差异在于更加开放的终端操作系统和随时随地可接入的信息网络，其平台的开放性给以移动互联网为载体的内容和应用带来了蓬勃的发展生机。移动互联网产业表现出高度的行业交叉融合特征，移动互联网是移动通信行业、互联网行业、传媒行业以及其他社会各领域的交叉融合，但其在网络、终端层面受制于移动通信行业的整体推进，在平台和入口层面受制于垄断型的互联网公司，因此通信行业和互联网公司目前是移动互联网产业链的主要角色。

传统媒体即使经历了互联网时代的技术更新和渠道拓展，然而在移动互联网面前仍然无法适应、无从引导。以网页为核心的应用形态无法成功迁移至移

---

① 赵子忠：《我们还缺“大国媒体”》，人民网 2014 年 9 月 14 日。

② 林如鹏、顾宇：《媒介融合背景下的报网融合》，《暨南学报：哲学社会科学版》2009 年第 1 期。

③ 宋哲：《媒介融合观察——以内容为核心的渠道竞合》，《声屏世界》2014 年第 9 期。

动领域[1]，传统广电媒体与互联网的融合模式及成果并不能延伸、复制到移动互联网。相反，移动互联网也为广播媒体的转型和创新提供了新的机会和新的舞台，广播与移动互联网的融合发展将并不仅仅是简单的内容与渠道的融合，其想象空间将远远超越互联网时代传统媒体的网络化模式。

二、移动互联网收听市场——需求与竞争

（一）“收听”需求向移动互联网的转移

1.“娱乐＋信息获取”，广播服务大有可为

从移动互联网用户的媒介使用行为来看，“娱乐”和“信息获取”是当前移动互联网用户的主要使用行为诉求。独立移动广告网络公司 InMobi 发布的《2014 中国移动互联网用户行为洞察报告》显示，在 2014 年中国移动互联网用户的手机使用行为诉求中，占比最高的就是“娱乐”，例如，听音乐、看视频等；同时，听音乐、看视频的使用行为在移动端的增长率也很突出，仅次于移动购物；此外，从用户有效使用时间长度来看，在“娱乐”、“信息获取（新闻等）”功能诉求方面，目前用户投入在移动互联网上的时间也已经超越了 PC 端。

而在各类传统媒体中，广播的音乐基因最为突出；广播媒体的时效性更强；广播节目与生俱来的轻松欢乐氛围，以及与交通密不可分的天然联系等。广播媒体的这些特征属性都能够在相当大程度上与移动互联网用户诉求相契合。因此，在移动互联网用户面前，广播媒体应当大有可为。

2. 听音乐，移动互联网用户的重要选择

用户收听的内容形态可以分为音乐歌曲、新闻资讯、故事、曲艺等多种类型，但就移动互联网收听市场而言，目前用户最主要的选择还是音乐。通过音乐播放类 App 在各大应用商店的下载量就能得到印证，音乐播放类在我国移动互联网各类应用中一直处于领先地位且保持持续增长势头。“91 无线”发布的《91 无线移动应用发展趋势报告（Android 版）》数据显示，2012 年第二季度，在应用下载量 TOP200 的 25 类产品中，音乐播放类 App 排名第四位，仅次于即时通讯类。

可见，移动互联网用户收听音乐的需求旺盛，人们对于听音乐的行为习惯正在发生转移，通过移动互联网听音乐成为特定用户群体的主流选择。

---

① 工业和信息化部电信研究院：《移动互联网白皮书（2014 年）》，http://www.catr.cn/kxyj/qwfb/bps/201405/P020140512339464414386.pdf，2014 年 5 月。

3. 电台App，音频内容通往移动互联网用户的渠道

近年来，用户对于通过移动互联网收听的需求越来越强烈，在图文、视频、动画等信息形态中，消费者开始更多地关注和选择音频为内容载体的信息服务，并且移动互联网音频内容的种类和规模开始增长，音乐已经不能代表移动互联网收听的全部。然而，在内容愈发丰富、类型愈发细分的条件下，用户寻找、发现、选择所需的内容又开始成为问题。移动互联网电台App就成为移动互联网音频内容的集成平台和重要载体，成为当前音频服务直达用户的重要窗口渠道。

本研究通过在“百度指数”(index. baidu. com) 大数据平台的关键词检索趋势研究发现，2013年10月之后，用户在移动端搜索“电台软件”的行为出现爆发增长；特别是2014年9月的搜索指数比2013年全年最高搜索指数高出53%[①]。可见，2014年开始，用户对于移动互联网电台软件的搜索、下载、使用需求进入了快速增长期。

(二) 互联网公司向广播电台服务的渗透

移动互联网的开放性为广播媒体机构之外的互联网公司进入音频服务市场提供了最佳的机会和舞台，并使其迅速成长为具有一定媒体属性的移动互联网电台，如：蜻蜓FM、豆瓣电台、喜马拉雅电台、考拉FM、窄播、荔枝FM等。目前，移动互联网电台App已不仅仅是单纯的音频播放软件，从其用户市场规模、所提供的内容形态、内容生产集成规模、商业模式的成熟度等方面来看，移动互联网电台App已经初步具备“平台”的特征和规模，在我国移动音频服务领域占据相对主导地位，与传统广播媒体的竞争已成为不争的事实。例如，截至2014年5月，喜马拉雅电台已有5000万的用户规模[②]；考拉FM上线后，日均下载量超过3万并仍在持续增长[③]。用户群体规模是“平台”得以成长的重要基础，当前传统广播媒体之外的移动互联网电台已聚集了大量用户，并且用户的规模和使用黏性还在不断提高，互联网公司向电台服务渗透的程度越来越高。

---

① 本研究通过在index. baidu. com平台以“电台软件”为关键词检索得出，2014年10月12日～10月18日期间搜索指数为170，2013年5月26日～6月1日期间为2013年最高峰值，搜索指数为111。

② 何洛先、赵翰露：《在窄众市场里拓展出5000万用户——喜马拉雅，互联网上的“极致声音”》，《解放日报》2014年5月17日。

③ 数据来源：中国经济网，《考拉FM：汽车里的“中国好声音”》，http://biz. ce. cn/news/201310/29/t20131029_1174023. shtml，2013年10月。

三、广播媒体与移动互联网的融合现状——模式与问题

（一）现状：从渠道拓展到门户创建

以 Android、IOS 为代表的手机操作系统的开放性和 App 应用技术的迅速普及，为广播媒体向移动互联网的拓展与融合提供了最佳机会。从技术实现手段来看，App 应用程序和微信公众账号是当前传统广播媒体与移动互联网融合的具体表现形态。从媒介信息传播的角度来看，就内容与渠道之间的关系而言，传统广播媒体与移动互联网的融合发展先后出现了四种模式，即内容平移模式、内容输出模式、地区全媒体门户模式和区域市场深耕模式。目前，这四种模式同时并存，不同的广播媒体机构因其战略发展目标、资源实力、运营能力，及所处的区域环境等因素影响，而选择了不同的发展模式。

首先，“内容平移”是广播媒体与移动互联网融合过程中采纳最多的一种形式。广播媒体机构所开发的绝大多数 App 客户端，功能相对单一、工具属性强。为移动互联网用户收听广播提供另一种途径与选择。与“内容输出”模式不同，在“内容平移”模式下，传统广播媒体机构得以构建自身在移动互联网领域的传播渠道，使内容直达移动互联网用户成为可能。

其次，“内容输出”是最早出现的广播媒体机构与移动互联网的合作方式；是传统广播媒体与其他移动互联网音频应用之间在业务层面的合作，属于广播节目内容与移动互联网音频传播渠道之间的合作。例如，蜻蜓 FM 提供的绝大部分内容都是对传统广播频率进行的集成与整合，目前蜻蜓 FM 收录了大部分中国内地、港澳台地区、海外地区的广播电台，已与数百个电台、DJ 合作。“内容输出”模式下，广播媒体机构并不需要投入新的技术开发、内容生产和市场运营工作，只是将自身内容提供给第三方移动互联网电台 App，在实现了传统广播节目覆盖移动互联网用户的同时，也扩充了移动互联网的音频内容资源。然而，从产业链运转角度而言，传统广播媒体机构仅处在内容生产的中间环节，必须通过网络、终端、渠道、平台等多个环节才能到达最终用户，不免受到产业链各环节的影响和制约。

第三，目前用户规模较大的一些广电媒体 App 大多属于“地区全媒体门户”和“区域市场深耕”模式，例如“无线苏州”、“FM93 浙江交通之声”等。无论是采用 App 客户端技术还是微信公众账号，这种模式的广电媒体 App 以其自身在本地区的社会影响力和群众认可为基础，或横向整合本地区报纸、广播、电视媒体资源，或纵向整合本地区旅游、商业、餐饮等社会资源，进而形成了在本地区的移动互联网信息门户，形成了地区性的移动互联网用户入口。其中，“无线苏州”是“地区全媒体门户”模式的代表，截至 2013

年10月，已有100万用户下载使用“无线苏州”客户端[①]。“无线苏州”App中设置的版块有十余个之多，除了广播电视直播以外还包括媒体类、交通类、生活服务类及沟通互动类板块等，其业务形态不仅包括图文、音频、视频内容，还有在线投票、在线政务、打车、租车以及社交网络等新型信息服务。

而“FM93浙江交通之声”则是“区域市场深耕”模式的代表，截至2013年11月，FM93微信公众账号上线不到一年的时间内，用户量就超过了16万[②]；据相关人员介绍，截至2014年10月，其用户规模已超过60万，是浙江省内最大的微信公众账号之一。“FM93浙江交通之声”微信公众账号不仅在信息发布和内容运营方面更亲民、接地气、极具本地特色，而且还为其本地用户提供了更多与交通出行、日常生活息息相关的新型信息服务。例如，对本地音乐节活动、周边休闲游、时令农产品销售和在线租车服务等服务所进行的推广和营销，可谓广播媒体机构在移动互联网O2O领域创新探索的代表。

（二）广播媒体的移动互联网发展问题分析

纵观当前我国广播媒体向移动互联网的拓展和实践，从广播媒体机构的角度来说，通过App客户端和微信公众账号运营，广播媒体机构得以在用户覆盖、渠道拓展、门户创建、本地服务方面取得了较好的效果和成绩。但如果从移动互联网产业生态的角度而言，广播媒体的独立性、引领性和控制力目前尚未建立。

首先，没有针对移动互联网用户群体特征提供的音频内容，没有挖掘用户对于通过移动互联网“收听”的需求。传统广播媒体App和第三方网络电台App之间最大的差异之一就是内容形态，第三方网络电台App围绕移动互联网用户的收听需求，持续生产提供了大量定制化、细分化的内容产品；传统广播媒体App则基本上仍然在复用既有的广播频率节目内容。面向移动互联网用户提供的音频内容服务怎能一成不变、循规蹈矩？

其次，对于“微信”这个超级App的依附性过高，没有发展出自己的移动互联网信息服务平台，从而不得不受制于超级互联网公司的商业运作和发展战略。然而，当前App仍然是移动互联网应用服务的主导形态[③]。因此，可能对于传统媒体而言，向移动互联网的拓展“不能押注在微信公号上，那只是一个辅助工具，对于媒体而言——尤其是主流媒体——移动策略可能最根本的还

---

① 百度百科：“无线苏州”，http://baike.baidu.com/view/7994251.htm? fr=aladdin。

② 张家英：《微信让广播更“贴地”——浅谈广播节目的微信运用》，《新闻实践》2013年08期。

③ 工业和信息化部电信研究院：《移动互联网白皮书（2014年）》，http://www.catr.cn/kxyj/qwfb/bps/201405/P020140512339464414386.pdf，2014年5月。

是在 App 上”[①]。

第三，同质化特征突出，定位不清、目标市场不明。在 App 形态主导的格局下，广播媒体 App 表现出同质化的特征，朝着大而全的方向发展。然而，App 的特点是独立性，能够以自身客户端为核心建构起新的商业模式。广播 App 的创新不应仅仅是内容层面和技术层面的创新，更应该是服务的创新和商业模式的创新。

四、广播媒体与移动互联网融合拓展的战略思考

当前，广播媒体与移动互联网的融合，尚未找到自身具有竞争力的发展方向和切入点。从对于广播媒体与移动互联网的融合发展模式分析来看，目前存在四个层面的限制和约束，或依托以腾讯微信为代表的超级应用平台，或依附于以蜻蜓 FM、喜马拉雅电台等其他拥有大量用户基础的网络电台 App，或受制于已形成垄断市场的应用商店的分发推广，或用户市场的发展限于本省、本地区的特定空间范围内。大平台、强渠道、用户争夺、市场扩展，成为摆在传统广播媒体面前的四个重要问题。

移动互联网是一个由网络传输、平台搭建、内容运营、终端市场和用户消费构成的完整而创新的生态体系。就广播媒体与移动互联网融合的当前状况与市场环境等具体问题而言，“广播＋移动互联网”不仅意味着内容形态创新、技术产品开发、微信账号运营，应将拓展的首要战略重点和着眼点放之于“用户”之上。纵观移动互联网应用服务的用户发展逻辑，其一是抢占入口、迅速争夺用户；其二是依托原有用户资源、积极转化引导；其三则是通过持续运营，逐渐发展用户。那么，移动互联网广播的用户入口在哪里？

微信、应用商店等移动互联网用户入口不等于移动互联网广播的入口。移动互联网广播入口的形成将取决于以下三个方面：一定的用户规模、鲜明的用户群体特征和明确的用户诉求。例如，蜻蜓 FM 是发端于“频率集成”、具有大而全特征的移动互联网广播入口代表；喜马拉雅电台则致力于“PGC”，已形成较大规模用户市场的代表；考拉 FM 是带有“汽车”基因的，具有鲜明用户群体特征的代表；而荔枝 FM 则是聚焦于“UGC”，是用户的媒介使用诉求明确的移动互联网广播入口代表。移动互联网广播 App 正在朝着平台化趋势发展，用户规模持续增长，用户市场定位日趋细分，一个个新的用户“入口”正在形成，广播媒体在当前的行业环境中需要尽快找准自身定位，构建自己的

---

① 魏武挥：《微信媒体属性的退潮》，中国新闻出版报供稿，http://weiwuhui.com/6015.html，2014 年 6 月 26 日。

移动互联网广播新媒体平台。

寻找移动互联网广播的“入口”，可以从以下三个维度去考虑：一是由时间和空间交叉形成的情境维度。移动互联网用户使用行为与传统广播媒体的受众接触时间不同，前者更为分散、扁平化，高峰时段发生迁移；并且，用户使用移动互联网的空间环境与传统广播也不同，前者在途中、户外的移动特征更加明显。广播媒体需要正视受众媒介接触情境所发生的改变，转换既有广播节目思路，为移动互联网用户生产他们所需要、喜爱的音频内容；二是终端的维度。移动互联网终端多样化、融合化特征突出，与车载设备、家电、安保、可穿戴结合，向交通、健康、生活等领域渗透，移动互联网广播应搭载什么终端？适合搭载什么终端？不同类型的终端应匹配什么形态的内容和服务？广播接收终端或将不再仅限于收音机和手机，而成为可穿戴设备、交通工具甚至家用电器的一部分；三是还是需求的角度。“听”是用户的核心诉求，而以移动收听为基础，移动互联网用户的使用需求也是变化多样的。广播媒体应思考探索移动互联网广播服务如何更好地满足用户的收听需求，这才是从用户视角出发的产品思维的核心精髓所在。

参考文献：

[1] 宋昭勋：《新闻传播学中 Convergence 一词溯源及内涵》，《现代传播》2006 年第 1 期。

[2] 黄升民：《网路与组织的双轨整合——解读中国电视媒介经营走向》，《现代传播》2000 年第 1 期。

[3] 赵子忠：《我们还缺“大国媒体”》，人民网 2014 年 9 月 14 日。

[4] 林如鹏、顾宇：《媒介融合背景下的报网融合》，《暨南学报：哲学社会科学版》2009 年第 1 期。

[5] 宋哲：《媒介融合观察——以内容为核心的渠道竞合》，《声屏世界》2014 年第 9 期。

[6] 工业和信息化部电信研究院：《移动互联网白皮书（2014 年）》2014 年 5 月。

[7] 何洛先、赵翰露：《在窄众市场里拓展出 5000 万用户——喜马拉雅，互联网上的“极致声音”》，《解放日报》2014 年 5 月 17 日。

[8] 张家英：《微信让广播更“贴地”——浅谈广播节目的微信运用》，《新闻实践》2013 年 08 期。

（作者单位：中国传媒大学新媒体研究院）

借互联网大势　奏广播强音

——关于广播融合新媒体的战略思考

◇樊　璇

广播融合新媒体的重要性和必要性已无需多言。在广播该怎样融合新媒体的问题上，众说纷纭。在笔者看来，广播的发展必须敏锐捕捉互联网的发展动向，借助互联网的大势，前瞻性地进行战略布局，才能摆脱广播被冲击甚至被削弱的颓势，乘势而上，更上层楼。

今年以来，腾讯科技、艾瑞咨询等机构纷纷发布了关于互联网发展趋势的研究报告，分析了互联网对团购、打车、教育等行业的影响并进行了趋势预测，但这些大多是企业落点、商家视角，重在对市场的判断。那么，互联网未来几年的发展方向如何？将对广播在内的传媒行业产生哪些重大影响？笔者对此进行了梳理，形成了以下判断：

1. 网民规模增速放缓，互联网用户向移动端迁徙

截至 2014 年 6 月，中国网民规模达 6.32 亿，其中，手机网民规模 5.27 亿，手机上网使用率（83.4%）首次超越传统 PC 上网的使用率（80.9%）。[①] 工信部发布报告显示，2014 年 10 月份，全国移动电话总数达 12.77 亿户。固定互联网宽带接入用户总数超过 2 亿户，8M 以上宽带接入用户占比达 36.6%，移动电话 2G 和 3G 用户呈现向 4G 迁移的趋势。[②] 可见，手机作为第一大上网终端的地位更加巩固，网民移动上网环境将更加便利。同时，年轻并

① 第 34 次《中国互联网络发展状况统计报告》，中国互联网络信息中心（CNNIC）2014 年 7 月 21 日发布。

② 《2014 年 10 月份通信业经济运行情况报告》，工业和信息化部 2014 年 11 月 20 日发布。

具有较高教育水平的人群互联网普及率即将触顶，可以推断未来几年网民规模增长即将进入平台期，增速将持续放缓。随着4G的提速，移动互联网将是未来几年的行业主战场。

2. 网络娱乐增速放缓　网络生活应用增速较快

2013年较之2012年，网络团购、旅行预订、购物等生活应用的使用率有较大幅度的上涨，而网络游戏、网络音乐、微博、论坛的使用率滞胀甚至有较大降幅。[①] 几年前，网民们忙于在互联网娱乐社交，而今，网民的生活琐事都与互联网息息相关。事实上，网络对餐饮、旅游、教育、交通、金融等领域的渗透才刚刚开始，这一点，从互联网巨头们频频伸出的投资收购巨手就可看出端倪：从旅游、地图到教育、团购，从打车到点餐外卖，从本地生活服务到在线交易等，腾讯、阿里、百度等网络巨头掀起的业务争夺战已遍布用户日常生活的方方面面。

3. 运营战略向移动端渗透已成趋势

2014年上半年相比2013年年底，手机购物、手机团购和手机旅行预订网民规模增长率分别达到42.0%、25.5%、65.4%，保持快速增长态势。[②] 近年来，百度收购“91无线”，加强布局应用商店；腾讯战略入股搜狗，加码移动搜索；阿里投资新浪微博、高德地图，高调推出来往，开启移动扩张之旅。百度对糯米网的战略投资，不仅标志着百度的“线下延伸”战略获得了重要突破，也意味着百度从本地生活服务平台开始向交易层面过渡……互联网巨头们大举布局移动端，丝毫不隐瞒其扩张移动版图的野心。

4. “个性化、平等、共享”的自媒体魅力会继续闪烁光芒

以高晓松为代表的“个体英雄”们，打造出的个人品牌脱口秀节目，形式活泼，个性鲜明，拥有相当数量的粉丝群，通过个体的病毒式传播，显现出巨大的影响力，甚至令人产生“一个人抵得过一个卫视”的感慨。

如今，搜狐新闻客户端的自媒体平台已见端倪，网易云阅读开放了自媒体入口，腾讯也推出全平台推广资源吸引百位“自媒体精品”入驻，新媒体联盟打造了自媒体超市，百度百家意图打造完整的自媒体生态链……经过之前的野蛮生长，互联网巨头的全面介入或将使自媒体的商业潜力日趋明朗。未来，自媒体因其个性鲜明、口吻亲近、互动自由等优势还将爆发出更强的生命力，新媒体技术与平台的发展，将加速自媒体的蓬勃兴起。

---

①② 第34次《中国互联网络发展状况统计报告》，中国互联网络信息中心（CNNIC）2014年7月21日发布。

5. “免费、众筹、众包”的互联网特质会继续吸引眼球

众筹是指在互联网上向大众筹集资金，众包可以提供在线协作平台，发布者的创意精彩就可以免费获得投资，不仅可以降低投资风险、汇聚爱心情感、释放网民个体的热情，还可以迅速实现对市场的调查预判。这些独有的生产方式展现出网络的无穷力量，展现出互联网为创新营造的无限可能。未来，众筹、众包等会进一步细分市场，精确需求，在专业领域继续深入，从而激活更大的创新潜能。

6. 大数据将无孔不入

大数据如同是互联网世界里的金矿，引无数企业竞折腰：百度依托搜索数据实现精准营销；阿里构建数据挖掘与交易平台，两万名员工中从事数据业务的已近千人；腾讯背靠大社交数据打通全平台营销；京东也把移动和大数据纳入未来的五大战略……如果说，十年前还是消费互联网的时代，那么，未来十年将是互联网产业的时代。大数据之所以魅力无限，是因为它将发挥出更大的商业价值，大数据在各行各业的应用也将空前广泛。

7. 车联网仍在起步阶段　前景尚无明确方向

各界对车联网市场虎视眈眈：2014 年，苹果、谷歌先后发布自己的车载互联产品 Car Play 和 Android Auto，车企纷纷开发自己的车联网产品，腾讯也不敢怠慢，从硬件产品“路宝盒子”，到平台产品“趣驾”，在车联网上的布局高调铺开。腾讯公司副总裁马喆人表示：“腾讯将在车载场景下积极进行人际社交、人车互联和物联的开拓创新，并期待能把车载信息服务的用户体验进行本质性提升。”

但是，就目前情况而言，国家车联网行业发展战略不明，业界标准不一，车企各自为战大多处于被动跟随阶段，IT 界只侧重通信和信息服务领域，整车厂、通信服务商、第三方服务商、车主等各个利益主体之间很难平衡，车联网如何盈利还有待探索。

8. 可穿戴设备潜力凸显　各类终端实现无线互联

互联网连接一切的硬件基础就是各种智能设备。一定是因为看到了以可穿戴设备为核心的新一轮智能硬件浪潮蕴含的机会，谷歌、苹果等巨头纷纷斥资收购设备公司。谷歌斥资 32 亿美元收购智能家居设备公司 NEST，苹果斥资 30 亿美元收购高端耳机等的生产商 Beats，Facebook 宣布 20 亿美元收购虚拟现实技术公司 Oculus……以智能硬件、智能家居、车联网为核心的物联网经济将成热点，思科预计未来十年物联网经济产值将达 19 万亿美元。

9. 欠发达地区互联网产业前景广阔

2014 年“双十一”天猫 571 亿的日销售额一定还让您记忆犹新，值得注

意的是，这一天的农村消费占比10%，达到57亿元。截至2014年11月底，阿里巴巴集团已经与海南、贵州、广西、宁夏、新疆、甘肃等共计9个省级政府签署战略合作框架协议，将提供电子政务、民生服务、智能物流等互联网服务。这些省份传统商业相对不发达，拥有独特的农副、农牧产品资源，借助电子商务可能使这些地区实现跨越式发展。无独有偶，Facebook的CEO马克·扎克伯格曾经宣布，他的目标就是让全球50亿没机会上网的人都能通过手机免费上网。为此，Facebook已经和爱立信、联发科、三星等企业成立联盟，落实该计划的实施。

欠发达地区的市场潜力巨大，互联网不会遗漏它们。

10. 互联网将由泛化走向深入

互联网兴起初期，网民们满足于娱乐、猎奇、获取资讯等基本需求，随着业务模式的发展、用户成熟度不断提高，网民们获得细分、专业服务的需求与日俱增，更高层次的商务应用也将大行其道。艾瑞咨询机构2014年7月10日发布的“2013年中国互联网企业营收增速TOP20”中，我们可以看到唯品会、一号店、聚美优品、途牛、去哪儿、汽车之家等一系列细分服务网站的名字。未来，互联网的发展重心将从“广泛”转向“深入”。

当然，以上这些不能穷尽互联网的发展大势。对于广播而言，需要做的是能借助和依托这些大势，居安思危，借力而行，传统广播才能实现在新媒体时代的涅槃重生。具体而言，广播可以获得以下启发：

1. 迎合移动收听需求，打造智能广播

“在移动互联网时代，真正被改变的是需求，是人的需求行为和需求心理，不是一般意义上的受众群转移。”[①] 既然已经看到了互联网向移动端迁徙的事实，那么广播就要更多考虑到未来移动收听的需要，研究受众移动收听的需求。例如：内容的表现形式上，移动收听由于是伴随移动过程的，因此对信息的时效性、浓缩型、直白性、趣味性要求更高，碎片化的内容会更受青睐。技术上，移动收听必须便捷，如果能有基于大数据的精准推送，如果能与LBS（基于位置的技术）相结合，将线上收听与线下服务结合起来，甚至如果能利用语音搜索的技术优势，解放双手双眼，那么，适应移动收听的智能广播就能找到更广阔的生存平台。未来随着受众需求水平的提高，智能广播的独特价值也会进一步凸显。

2. 广播要融入生活应用，开拓音频服务

未来，网民生活将进一步“互联网化”，金融、医疗、教育等移动应用将

---

① 陆小华：《以互联网思维改造传统媒体》，《中国广播》2014年第11期。

进一步满足用户的生活需求。广播也不能脱离这种潮流，不能仅仅满足于作为资讯传播的工具，广播在内容、营销和产业链的构建上，应在提供生活服务方面加以布局。例如，苏州广电集团推出的城市公共生活服务类手机客户端——无线苏州，囊括了资讯、直播、微博、爆料、天气、路况、违章查询、打的、电力、水务等多个应用功能模块，截至2014年11月，已有170万用户下载使用，活跃率超过30％。在媒体融合时代，广播也应更深入地渗入生活。

3. 广播营销应注重移动端布局

尽管目前移动互联网的变现能力尚未体现、商业模式还不成熟，但是移动端消费在电子商务中的占比越来越大，移动互联网已成为产业发展的大方向。这个平台潜力无限，首先拿到一张船票无疑是没错的。虽然目前看来，广播营销尚未遭遇困局：2014年上半年报纸与杂志广告投放量均以两位的降幅严重下滑；电台媒体广告投放量则逆势上扬，涨幅18.3％；在四大传统媒体中涨速最为迅猛。① 但是，广播也需要居安思危。未来广告的形式和渠道会不断丰富、创新，传统广告的空间和价值会不断被压缩，广播现在就应当有意识地在移动互联端进行营销布局。北京广播电视台、江苏广播电视台等均已实现了整合全台全媒体资源，开展立体化营销，但这只是开始。未来的广播营销应当摆脱目前单一的广告营销模式，利用大数据技术、依托网上支付功能，结合消费者生活应用场景等开展深度营销。

4. 革新传统内容生产方式，丰富广播信息来源

互联网上个性、鲜活、自由又不失专业的内容的涌现，分散着受众的注意力，也会对传统的“专业人员生产内容＋点对面的传播”的生产模式产生一定冲击，未来这种冲击会愈演愈烈。尽管目前互联网上的优质内容与信息总量相比还非常有限，并且精彩的内容犹如散落的珍珠隐匿于各个角落，需要进行系统、专业地策划整理和分类筛选、有针对性地推送等，这正是广播电台等专业机构的长项。因此今天的广播不能再闭门造车，应当加大用户生产内容的比重，选择和吸纳闪亮的个体在广播中精彩发声，逐渐消融互联网与传统广播之间的风格界限。这种革新和吸纳，必须具有专业的眼光和开放的胸怀，必须尊重和保留互联网表达的活力和个性，才能使互联网的精华更好地为广播所用。

5. 融入社交元素，创新内容互动方式

2014年上半年我国社交网站用户规模为2.57亿，网民中社交网站使用率

① 尼尔森网联全媒体广告监测数据，2014年7月发布。

为40.7%，用户规模和使用率持续下降。[①] 可见，网民的社交行为正在从以往的社交网站、微博、论坛转移至操作更便捷的微信等手机客户端。“新媒体的传播方式是要把每一个听众变成接力传播者，这样形成人链传播，形成关系链传播。”[②] 传统广播的模式是我说你听，在新媒体时代，如果广播还是只顾着内容生产，而不融入互动、社交等因素，广播就真的“OUT”了。只有将内容传播与人际传播结合起来，将线上收听与线下活动联系起来，将收听忠诚与粉丝经济捆绑起来，将广播收听与生活消费贯通起来，才能打造新时代的广播。在这个过程中，广播主持人是一条非常好的纽带，打造好主持人与粉丝的关系圈，进而形成生活方式的拓展和与实体资源的互联，可以创造出有巨大挖潜空间的商业模式。这一点，从粉丝报名参加《海阳现场秀》新年旅行团的踊跃程度中就可窥见一斑。近日，湖南电台推出了首款带社交属性的音画互动应用App“吐鸦”。

其实，在社交领域，广播具有先天的传播优势。未来“语音实时对讲”、“摇一摇”、“数字化存储”、“定位服务”等新的移动互联技术与广播的结合，将使广播的节目样态和互动方式产生新的突破。

6. *积累用户行为、态度的广播大数据*

“数据将越来越重要，帮助商家变得更智慧，更好理解每一个用户，用户有机会享用更个性化，更好的产品。用好数据的企业会超越同行。”[③] 事实上，媒体已经开始利用大数据进行内容生产。今日头条利用技术指标和结构方程，根据用户阅读行为的大数据来推送个性化的头条新闻。SMG目前正在致力于财经数据领域的突破，进而开发财经资讯以及商业金融数据领域的价值。考拉FM的目标是做一款能学习用户使用习惯和内容偏好的移动电台，用“手势操作+智能推荐”解放手眼……尽管目前不少广播电台已经将新媒体收听数据纳入视野，但是大多数还停留在利用数据进行内容生产或节目评估的阶段，与全面开发大数据的商业价值还有一定距离。未来，随着媒体产业化进程的加快，广播如何收集并打通不同业务形态之间的用户数据资源，进而依托大数据作用于产品研发、内容推送及广告营销等，还有巨大的发展空间。

7. *广播战略布局应兼顾生活服务落点*

随着媒体融合进程的加快，传统媒体都看到了移动互联市场蕴藏的巨大商

① 第34次《中国互联网络发展状况统计报告》，中国互联网络信息中心（CNNIC）2014年7月21日发布。

② 陆小华：《以互联网思维改造传统媒体》，《中国广播》2014年第11期。

③ 摘自2013年11月10日腾讯公司举办的“WE大会”上CEO马化腾的演讲实录。

机，纷纷布局移动互联网。截至目前，人民日报、新华社、中央电视台、中央人民广播电台等中央媒体先后发布了自己的手机客户端产品，但这些新媒体产品大多是新闻资讯类产品，突出传统媒体的内容优势，实现了在新媒体领域的权威发声，但是在生活服务领域似乎鲜有布局。少数传统媒体已经开始了向生活服务领域的业务延伸。重庆广电集团发布的互动电台客户端近日上线测试，该项目依托广电集团现有新媒体集成播控平台和电台播出管理系统，可以观看音视频互动直播并享受电子商务等各种在线服务……未来的全媒体生产将由以节目制播为核心转变为以用户服务为核心。广播融合新媒体，除了要打造发挥自己的内容优势的产品之外，也应兼顾生活服务领域的战略布局，例如，在心理咨询、演讲与口才培训、文化教育等领域均可以有所作为。

8. 打造内容独家战略

车联网还在起步阶段，将经历疯狂试错的成长阶段，无论车联网的最终赢家是谁，广播所要做的只能是苦练内功，力争内容的不可替代，才能使听众愿意跨越千山万水找到你。如果不能居安思危，不能生产出有足够竞争力的内容产品，车联网甚至有可能毁掉广播。由于音频内容的制作门槛较低，UGC、PGC 等都会对广播形成不小的冲击，打车软件对传统广播的冲击仅仅是个开始，在移动互联平台上盘踞着的潘多拉等音频媒体巨头都将是强大的竞争对手，内容独家战略至关重要。

此外，独家原创内容策略还会带来品牌传播和受众成长等额外收益，原创内容通过人群的病毒式传播，会爆发出更大的产业价值。2014 年，互联网已然掀起了内容自制的潮流：这一年，被搜狐视频视为"自制元年"，优酷土豆投入 3 亿资金发展自制内容，乐视自制投入翻倍，爱奇艺启动工作室战略……搜狐视频推出的制剧《匆匆那年》单集的成本投入已经超过百万，这相当于卫视大剧，但是搜狐视频还是尝到了自制剧的甜头，可见原创内容的盈利空间来自于后续发力，从内容植入到持续延展盈利等，可以预测，内容自制的潮流会愈演愈烈。

9. 广播的战略布局应关注欠发达地区

如果说，在互联网普及程度较高的地区，广播已没有先发优势的话，那么中西部幅员辽阔的欠发达地区应当成为广播战略布局的重要落点。在这些互联网和商家还没有太多关注的特定区域，充分发挥广播的品牌影响力，融合新媒体抢占区域市场，具有良好的发展前景。中央台正在为此积极努力：中央台在相继开播藏语频率、维语频率之后，哈萨克语频率将于 2015 年正式开播。目前，中央台还与新疆移动签署战略合作协议，将加强互联网应用、产品开发、信息化服务等领域的合作。

10．勇敢跨界，广播可以不仅仅是广播

新媒体时代，是跨界的时代，未来的传媒集团也必将包含多种业务。近日，SMG宣布合并百事通和东方明珠公司，意图打造市值千亿的“文化航母”，全面覆盖内容生产与研发、IPTV、数字付费电视、互联网电视及网络视频、广告、游戏娱乐、电视购物及电子商务、文化旅游等在内的互联网媒体生态系统。

综观国际传媒巨头的发展史，如新闻集团、迪斯尼、贝塔斯曼、时代华纳等，无一不是通过兼并、收购等资本手段，成为国际化的传媒集团。“跨界和融合成为行业的关键词，在三网融合重启、国家政策红利以及用户需求的多重驱动下，中国的传媒资本市场必将迎来黄金时期。”[①] 把听众变成用户，形成广播、App、听众、商家等一个完整的产业链条，广播的触角可以伸至社会生活的许多方面。广播，不应局限于广播。

总之，广播和其他传统媒体一样，正在融合新媒体的过程中坚强求索、勇敢蜕变。未来，将是资源贯通的时代，也将是创新爆发的时代。广播只有看清互联网的发展大势，迎合互联网的潮流和节奏，敏锐地进行战略布局，热情地拥抱移动互联网，才有可能站在互联网的潮头乘风破浪。到那时我们也许会心生感激地说：互联网，是你让广播变得更美！

（作者：中央人民广播电台办公室）

① 张锐：《传媒蓝皮书：中国传媒产业发展报告（2014）》，社科文献出版社。

媒体融合政策法律环境浅析

◇ 李　默

在全球新兴媒体迅猛发展和中国全面推进深化改革的大背景下，2014 年被称为“媒体融合元年”，相关政策法规密集出台，为媒体融合勾勒出更加明朗的政策法律环境。广播媒体需借传统媒体与新兴媒体融合的政策红利乘风破浪，深耕战略转型实践。本文将对当前政策法律环境及其中潜伏的机遇与挑战进行分析。

一、媒体融合政策法律环境

1. 政策法规频出的背景及目标

世界范围内的传统媒体都在新媒体的冲击下求索生存之道。过去一年，我国媒体融合百舸争流、焦点不断、屡有创新，但传统媒体也面临着在技术高速更迭与新兴媒体跃进式发展的倒逼下几近焦灼的转型困境，迫切需要政策的指引与扶持。与此同时，新兴媒体有待规制的谣言与盗版猖獗等乱象凸显，为现行政策与法律的适用带来了前所未有的挑战，亟待加强监管力度。在此背景下，国家将深化媒体融合发展上升到国家战略层面，推动传统媒体与新兴媒体融合发展的政策频出，并大力支持建设新型媒体集团。

正如《关于推动传统媒体和新兴媒体融合发展指导意见》所指出的，媒体融合，首先须遵循新闻传播规律和新兴媒体发展规律，强化互联网思维，坚持两者优势互补，实现一体发展。网络技术的裂变式发展颠覆了原有的舆论生态与媒体格局，新兴媒体在全社会范围内的渗透速度和强度超乎想象。国家已深刻认识到新媒体已成为传播格局中的结构性力量，传统媒体融合新媒体迫在眉睫。在这样的背景之下，近期密集出台了相关政策法规，使“媒体融合”的政策语境日益明朗，也为广播在战略转型关键期指明了方向。

2. 相关政策法律现状概述

(1) 战略层面的强势政策驱动

在十八届三中全会《中共中央关于全面深化改革若干重大问题的决定》、国务院《关于促进信息消费扩大内需若干意见》、广播影视作品制作、播映、发行纳入“营改增”试点等多项政策预热后，2014年8月，中央全面深化改革领导小组第四次会议审议通过《关于推动传统媒体和新兴媒体融合发展的指导意见》(下文简称《意见》)，首次将推动媒体融合上升到与国计民生同等重要的战略地位，开启了深化媒体融合的序幕。《意见》强调坚持先进技术为支撑、内容建设为根本，推动传统媒体和新兴媒体在内容、渠道、平台、经营、管理等方面的深度融合，着力打造一批形态多样、手段先进、具有竞争力的新型主流媒体，建成几家拥有强大实力和传播力、公信力、影响力的新型媒体集团。

面对迅速削减的受众规模与市场份额、不断降低的舆论引导能力与传播影响力，传统媒体在轮番冲击下无不自主或被动地被卷入媒体融合浪潮。当此“生死存亡”之际，《意见》无疑将为传统媒体融合进程注入强心剂，这一点率先体现在高度敏感的资本市场。《意见》公布当天，即2014年8月18日，浙报传媒、华谊嘉信、天舟文化、粤传媒、人民网等五股涨停；出版传媒、中技控股、北京旅游、华数传媒、人民网、新华传媒、松辽汽车、粤传媒、浙报传媒等9股涨停。同时，新媒体领域乱象凸显、行为失范严重，十八届四中全会公布《中共中央关于全面推进依法治国若干重大问题的决定》，提出加强互联网领域立法，完善网络信息服务、网络安全保护、网络社会管理等方面的法律法规，依法规范网络行为，表明我国致力于不断提高管理的法制化水平以期为传统媒体与之深度融合提供良好法治环境。

在创新成为新驱动力的时代背景下，2015年《政府工作报告》又提出制定“互联网+”行动计划，推动移动互联网、云计算、大数据、物联网等与现代制造业结合，未来基于云计算、大数据、物联网等现代技术的移动互联网应用场景将更丰富，为新兴媒体提供更广阔的延伸空间，也为传统媒体与新兴媒体融合创造了更多可能性和更成熟的技术环境。

(2) 具体融合层面政策法规的稳步推进

媒体融合囊括了体制改革、媒介管理、内容、技术、渠道与平台等多维度。“良法是善治之前提”，在宏观政策为融合发展指明方向的同时，具体规制与管理行为仍须有法可依。因此，所涉主管职能部门，如工信部、文化部、公安部、财政部、国家互联网信息办公室（简称“国信办”)、国家新闻出版广电总局（简称“广电总局”）、版权局等不断提高法制化水平，在各自分管领域，单独或多头联合地，以规范性文件的灵活形式实施新规范，以迅速对互联网领域发展变化；国务院、最高人民法院等部门亦分别以规范性文件、司法解释的形式为媒体融合清障护航。此外，主管职能部门频繁通过各种执法行动助力媒体融合进程。

表 1 为近两年来我国推进媒体融合进程的主要政策、法律法规及重大举措：

表 1　我国推进媒体融合进程主要政策、法律法规及重大举措汇总表

	时间	主要政策、法律法规或重大举措	核心内容
战略	2013	十八届三中全会《中共中央关于全面深化改革若干重大问题的决定》	推进文化体制创新。
战略	2014.08	中央全面深化改革领导小组第四次会议审议通过《关于推动传统媒体和新兴媒体融合发展的指导意见》	在内容、渠道、平台、经营、管理等方面的深度融合； 建设新型媒体集团。
战略	2014.10	十八届四中全会《中共中央关于全面推进依法治国若干重大问题的决定》	建设中国特色社会主义法治体系，建设社会主义法治国家
战略	2015.03	2015 年《政府工作报告》提出“互联网+”行动计划	推动移动互联网、云计算、大数据、物联网等与现代制造业结合，促进电子商务、工业互联网和互联网金融健康发展，引导互联网企业拓展国际市场。
体制	2013	财政部、国家税务总局发布《营业税改征增值税试点实施办法》	广播影视作品的制作、播映、发行纳入“营改增”试点等。
体制	2013	中央全面深化改革领导小组第二次会议审议通过《深化文化体制改革实施方案》	基本完成省级新闻出版、广播电影电视部门整合； 推进传媒企业实行特殊管理股制度试点。
体制	2014.04	中国广播电视网络有限公司注册成立	试点“三网融合”。
体制	2014.04	国务院办公厅发布《关于印发文化体制改革中经营性文化事业单位转制为企业和进一步支持文化企业发展两个规定的通知》	涉及财政税收、投资融资、资产管理多方面政策支持； 鼓励和引导社会资本以多种形式投资文化产业，推动融资渠道多元化等。
体制	2014.05	财政部认定光明网等 19 家等中央所属企业被认定为转制文化企业	享受税收政策。
体制	2014.09	财政部发布《关于编报 2015 年中央文化企业国有资本经营速算支出项目计划的通知》	鼓励兼并重组、深化体制改革； 鼓励文化与科技融合创新。
体制	2014.12	财政部《关于继续实施文化体制改革中经营性文化事业单位转制为企业若干税收政策的通知》	未来四年继续享受相关税收优惠政策。

续表

	时间	主要政策、法律法规或重大举措	核心内容
媒介管理	2013	原国家广电总局与国家新闻出版总署合并，成立国家新闻出版广电总局	统筹新闻出版广播影视资源。
	2014.08	国务院下发《授权国家互联网信息办公室负责互联网信息内容管理工作的通知》	增加国家网信办互联网内容的监督管理和执法权。
	2014.10	网信办举办“学习宣传党的十八届四中全会精神　全面推进网络空间法治化”座谈会	强调发挥法治对网络建设的引领和规范作用，将网络行为纳入法治化轨道。
内容	2014.03	中宣部等九部门联合印发《关于深入开展打击新闻敲诈和假新闻专项行动的通知》	查处严重危害媒体公信力和市场经济秩序的违规报刊216家，停办76家。
	2014.03	全国“扫黄打非”办公室和广电总局联合通知，3月中旬至9月在全国开展“扫黄打非·秋风2014”专项行动	打击假媒体、假记者站、假记者。
	2014.04	全国“扫黄打非”工作小组办公室、国信办、工信部、公安部决定，自4月中旬至11月，在全国开展“扫黄打非·净网2014”专项行动	清查网上淫秽色情信息、依法严惩制作传播淫秽色情信息的企业和人员、严格落实互联网企业主体责任、严肃追究失职渎职责任。
	2014.06	《著作权法（修订草案送审稿）》公开征求意见	广播权改为播放权；增加信息网络服务提供商的法律责任；增加技术保护措施和权利管理信息。
	2014.06	国家版权局、国信办、工信部、公安部联合启动“剑网2014”专项行动	打击网站侵犯传统媒体作品版权。
	2014.07	国信办工信部公安部联合打击网络造谣传谣行为	打击利用网络造谣、传谣行为；整顿疏于管理的网站。
	2014.10	2014年文艺座谈会	鼓励多创作优秀作品，文艺不能沦为市场的奴隶。
	2014.10	国家新闻出版广电总局出台《深化新闻出版体制改革实施方案》	将新闻网站从事新闻采编业务的采编人员纳入新闻记者管理； 将从事新闻转载、聚合、搜索等业务的新闻网站和网络出版单位编排人员纳入出版编辑职业资格管理。
	2014.10	国信办与国家新闻出版广电总局联合下发《关于在新闻网站核发新闻记者证的通知》	第一批：全国一类资质并符合条件的新闻网站的新闻采编业务人员。
	2014.10	最高人民法院公布《关于审理利用信息网络侵害人身权益民事纠纷案件适用法律若干问题的规定》	确定自媒体等转载网络信息行为的过错及程度认定问题； 内容发布网络服务提供者可与发帖者连坐。
	2014.11	国家新闻出版广电总局发布《关于加强互联网视听节目内容管理的通知》	整顿清理含色情、暴力、黑社会、凶杀等内容未取得著作权人授权的互联网视听节目。
	2014.11	国家网信办召开跟帖评论管理专题会暨《跟帖评论自律管理承诺书》签署仪式	

续表

	时间	主要政策、法律法规或重大举措	核心内容
渠道平台	2014.06	国家新闻出版广电总局整顿互联网电视：6月，国家新闻出版广电总局发函关闭互联网电视盒子视频客户端 8月，国家新闻出版广电总局下发《关于加强以电视机为接收终端的互联网视听节目服务管理有关问题的通知》	通过互联网连接电视机或机顶盒等电子产品向电视机终端用户提供视听节目服务，必须取得《信息网络传播视听节目许可证》； 播出内容须经集成业务牌照平台审核管理。
	2014.08	网信办发布《即时通信工具公众信息服务发展管理暂行规定》（“微信十条”）	从事公众信息服务应当取得互联网新闻信息服务资质； 新闻单位、新闻网站开设的公众账号可以发布、转载时政类新闻。
	2015.02	国家新闻出版广电总局继续加强监管互联网电视	增加产品细致检测和意见反馈，及与此相配合的产品市场准入许可，形成了牌照和产品的双准入制度。
技术	2013	国务院发布《关于促进信息消费扩大内需若干意见》	
	2013	国务院发布《“宽带中国”战略及实施方案》	
	2013	工信部印发《信息化发展规划》	推进网络基础设施建设和统筹规划，内推动广电、电信业务双向进入，培育壮大信息内容产业和信息服务业，积极培育数字出版、数字视听等新兴产业。
	2015.02	工信部部署“宽带中国”2015专项行动	深入推进落实“宽带中国”战略，加快建设网络强国。

二、政策法律环境对广播战略转型的利好因素

媒体融合是体制改革、媒介管理、内容生产、渠道与平台、技术发展多层面的共融互通，对媒体融合政策法律环境利好因素分析也可由这五方面入手。

1. 体制与经营层面

体制束缚使传统媒体难以释放活力。为此，政府对传媒事业单位发展与转制的扶持持续不断，主要体现在税收优惠方面：首先，2013年广播影视制作发行播映纳入营改增扩大试点范围；其次，国务院、财政部多次发文强调对经营性文化事业单位转制为企业实施税收减免政策①。在改革路径方面，《关于

① 2014年4月，国务院办公厅发布《关于印发文化体制改革中经营性文化事业单位转制为企业和进一步支持文化企业发展两个规定的通知》，完善一系列推动文化改革发展的重要经济政策，为新一轮文化体制改革提供有力支撑，激发内在动力，促进繁荣发展。对2008年国务院关于支持经营性文化事业单位转制为企业和文化企业发展的政策文件进行修改调整和补充，涉及财政税收、投资融资、资产管理多方面政策支持；12月财政部发布《关于继续实施文化体制改革中经营性文化事业单位转制为企业若干税收政策的通知》表示，在未来四年经营性文化事业单位转制为企业将继续享受相关税收优惠政策。

全面深化改革若干重大问题的决定》提出探索实行特殊管理股制度[1]，2014 年《深化文化体制改革实施方案》将在传媒企业实行特殊管理股制度试点列为工作要点，以期既充利用资本市场又掌握国有资本主导权，同时对国有企业管理团队和核心人员形成有效激励、激发活力。2014 年初百视通为国有媒体企业股权激励改革破冰。[2]

体制改革的同时，已有多项政策鼓励和引导社会资本以多种形式投资传媒产业、推动融资渠道多元化，如财政部发文重点支持兼并重组与深化企业改革，鼓励业务相近、资源相通的文化企业间优势互补，组建新企业或集团公司，或并购其他企业，加快公司制、股份制改造[3]。大规模并购浪潮已拉开序幕，2014 年文化产业共发生并购事件 159 起，并购总规模达 1000 亿元人民币，2014 年上半年并购规模已超过 2013 年全年总规模，其中影视传媒占比最大[4]。并购促进了媒体积极引入民间资本和战略投资者，整合促使其在内容、渠道的深度融合、完善了产业链布局、提高行业集中度、孵化集团化媒体。上海文广集团、浙报集团已率先实现资本化运作，以资本优势孕育新型媒体集团。

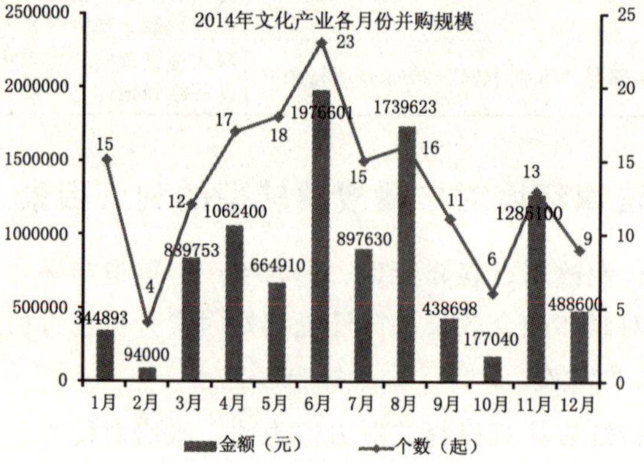

图 1

---

① 特殊管理股制度，通过特殊股权结构设计，使原始股东在股份制改造和融资过程中，有效防止恶意收购，并始终保有最大决策权和控制权。具体是将公司股票分为 A 类股和 B 类股两种，二者拥有同等的经营收益权，但原始股东的股票（B 类股）具有特别投票权，包括董事选举和重大公司交易的表决等。文化企业特殊管理股制度试点的原因在于该制度有利于加强意识形态管理与国家掌控力、坚持正确舆论导向，同时实现股权多元化以完善现代企业制度、缓解体制制约，参阅《特殊管理股制度改革与我国传媒的媒介融合》，王立亚、张春朗：《声屏世界》，2014 年第 5 期。

② 《百视通：股权激励方案落地是文化传媒国企改革的破冰之举》，http://kuaixun.stcn.com/2014/0221/11187706.shtml，2014 年 10 月 25 日访问。

③ 详见财政部发布的《关于编报 2015 年中央文化企业国有资本经营速算支出项目计划的通知》。

④ 《2014 文产并购规模超千亿　影视传媒成热点领域》，http://www.ce.cn/culture/gd/201412/27/t20141227_4214126.shtml，2014 年 12 月 29 日访问。

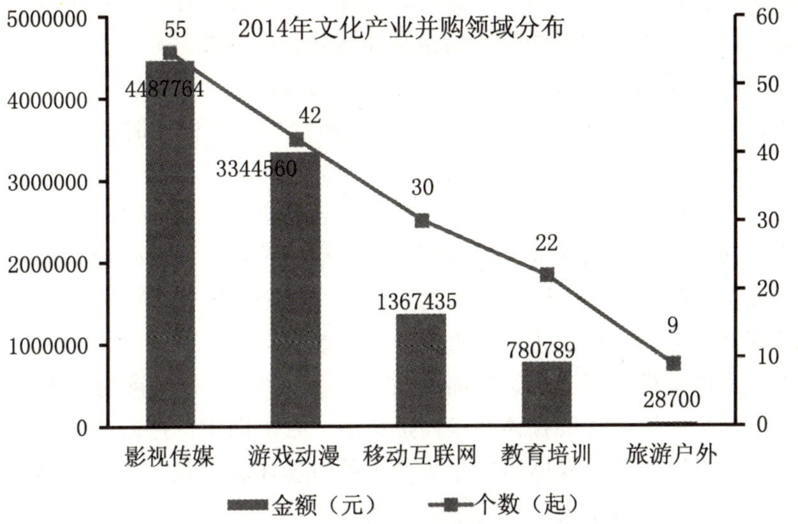

图 2　2014 年文化产业各月份并购规模及并购领域分布
（摘自中国经济网）

2. *媒介管理层面*

我国现行媒介管理框架似乎不能适应层出不穷的传媒新事件，改进现有媒体管理手段势在必行。2013 年，原新闻出版总署与广电总局合并成立国家新闻出版广电总局，有望提高管理效率。2014 年，全国互联网监管机构国信办重组扩权，加设互联网内容监督管理执法权，这项权力原分散于新闻出版、教育、卫生、药品监督管理、工商行政管理和公安、国家安全等部门。同时，主管部门注重提高法制化程度、加强规范制定的科学合理性，如网信办在 2014 年 10 月曾强调发挥法治对网络建设的引领和规范作用①。

信息内容服务、网络基础设施、传播权利保护、不良信息治理，虽仍分属于工信部、国信办、文化部等多部门，但彼此协同已是常态，管理体制桎梏逐渐消除，这将为广播等传统媒体整合优化既有资源、实现跨平台内容分发、加速布局产业链从而实现战略转型提供有力的制度保障。

3. *内容治理层面*

无论媒介形态如何演进，媒体满足公众信息需求的基本价值从未改变。新媒体环境下信息爆炸式增长使用户的选择范围几何式扩张，势必带来更挑剔的

① 《国家网信办主任鲁炜：推进网络空间法治化》，http://www.zj.xinhuanet.com/adnews/2014—10/25/c_1112972518.htm，2014 年 11 月 2 日访问。

择取标准和更稀有的集中关注；交互式传播的普及更使任何人都可能成为内容生产者。因此，优质内容的有效供给是媒体融合的基石。

就内容治理而言，2014 年可谓动作频频。11 月，习近平总书记在文艺座谈会中鼓励优秀文艺作品创作①。在鼓励优质内容生产的同时加码整治不良内容，如广电总局连续出击打击新闻敲诈和假新闻维护媒体公信力②、清理含色情暴力等网络视音频③，国信办等三部门联合治理网络谣言以净化舆论环境，最高人民法院出台司法解释以确保网络侵权信息传播主体及时承担责任、受害人司法救济渠道畅通④，国信办召集 29 家主流媒体及门户网站签署《跟帖评论自律管理承诺书》以强化媒体舆论导向功能。

另一重磅举措当属对一类新闻网站开放采访权⑤，在丰富内容采访权、有望扭转以往只能转载传统媒体新闻而形成的“百网同声”局面的同时，倒逼坚守“内容为王”的传统媒体适应平等竞争的市场环境，积极提高采编素质与产品质量以增强核心竞争力。

同时，版权作为传统媒体核心资源愈发受到重视：不仅版权局、国信办等部门联动的“剑网 2014”行动沉重打击了网站侵犯传统媒体作品版权行为，最新《著作权法（修改草案送审稿）》也针对自 2010 年《著作权法》修改后四年以来新媒体环境的巨变，以“信息网络传播权”为增补焦点，拟增加技术保护措施和权力管理信息、信息网络服务商的法律责任为权利人提供更为周全的

---

① 《习近平主持召开文艺工作座谈会》，http://culture.people.com.cn/GB/22226/389899/，2014 年 11 月 26 日访问。

② 《总局召开打击新闻敲诈和假新闻专项行动工作汇报会》，http://www.chinaxwcb.com/2014－04/24/content_291593.htm，2014 年 11 月 26 日访问；《“扫黄打非·秋风 2014”行动启动　集中打击假媒体假记者站假记者》，http://news.xinhuanet.com/legal/2014－03/28/c_1110001977.htm，2014 年 5 月 20 日访问。

③ 《关于加强互联网视听节目内容管理的通知》，http://www.law－lib.com/law/law_view.asp?id＝277815，2014 年 11 月 2 日访问；《全国启动“扫黄打非·净网 2014”行动》，http://news.xinhuanet.com/mrdx/2014－04/14/c_133259536.htm，2014 年 5 月 20 日访问。

④ 最高人民法院 10 月 9 日公布《关于审理利用信息网络侵害人身权益民事纠纷案件适用法律若干问题的规定》，利用自媒体等转载网络信息行为的过错及程度认定问题。内容发布网络服务提供者可与发帖者承担连带责任。参阅《最高法院发布网络侵害人身权益民事纠纷司法解释》，http://www.chinacourt.org/article/detail/2014/10/id/1456152.shtml，2014 年 10 月 10 日访问。

⑤ 2014 年 10 月 11 日广电总局出台《深化新闻出版体制改革实施方案》，10 月 21 日国信办与广电总局联合下发《关于在新闻网站核发新闻记者证的通知》，正式取得互联网新闻信息服务许可一类资质并符合条件的新闻网站中符合规定的新闻采编人员发放新闻记者证。参阅《关于在新闻网站核发新闻记者证的通知》，http://media.people.com.cn/n/2014/1030/c120837－25938459.html，2014 年 10 月 25 日访问。

预防救济手段、将广播权改为播放权以保护广播电视节目的网络直播与转播权[①]。随着版权保护日益完善，传统媒体挖掘无形资产价值的动力将更充足。

鼓励、保护、惩治甚至刺激的结合，为优质内容传播提供土壤与保障。对具有伴随性、及时性、易接受性等特征的广播而言，其专业采编能力、职业报道伦理及内容制作经验，将在内容生产传播领域突显优势。

4. 渠道与平台层面

用户接收信息的渠道在新媒体时代日益丰富，一贯重视文字新闻传统的“普利策奖”也在2014年顺应数字化阅读趋势将在线杂志纳入评选范畴[②]。渠道融合已成为媒体融合的必由之路，一方面传统媒体争先入驻微博、微信搭建社交媒体矩阵，或进驻“今日头条”等聚合阅读平台；另一方面又不甘受制于人纷纷自主研发客户端，在移动端领域接连发力，如“人民日报”、“新华社发布”、“澎湃”、“中国广播”等颇具影响力的产品。但微信公众号与移动客户端良莠不齐、鱼龙混杂，为此国信办发布“微信十条”打击违法信息、维护正当言论自由，保障了传统媒体时政新闻独家资源优势[③]，拟对移动客户端出台的管理措施也为传统媒体移动化提供制度保障。

互联网电视作为“兵家必争之地”也受到主管部门多番“倾顾”，广电总局频繁强调互联网电视内容审查、严惩违规内容服务商，并在181号文件的基础上增加产品细致检测和意见反馈，及与此相配合的产品市场准入许可，形成了牌照和产品的双准入制度，[④] 以保护网络视听节目播出秩序、强化七家传统媒体拥有的互联网电视集成业务牌照的资源优势。坐享政策红利的牌照方可在

---

① 根据2014年6月6日公开征求意见的《著作权法（修订草案送审稿）》，较之现行《著作权法》，修订草案针对互联网领域进行了三处调整：（1）为明确信息网络传播权与播放权的界限，将广播权改为播放权，后者专指非交互式的直播、转播，而信息网络传播权仅适用于可交互的传播模式，未来广播电视均可能通过交互方式进行播出，而对网络直播或转播则可由播放权控制；（2）增加了对信息网络服务提供商的法律责任，实际上《信息网络传播保护条例》已对此作出规定；（3）增加技术保护措施和权利管理信息。参阅《中华人民共和国著作权法（修订草案送审稿）征求意见》，http://www.gov.cn/xinwen/2014－06/10/content_2697701.htm，2014年10月25日访问。

② *Pulitzer Prize Expands Eligibility To Include Online*, *Print Magazines*, http://www.huffingtonpost.com/2014/12/08/pulitzer－prize－eligibility－expands－to－include－online－print_n_6288874.html? utm_hp_ref=pulitzer－prize.

③ “微信十条”指2014年8月国信办发布的《即时通信工具公众信息服务发展管理暂行规定》，规定即时通信工具服务者从事公众信息服务应当取得互联网新闻信息服务资质；新闻单位、新闻网站开设的公众账号可以发布、转载时政类新闻，其他公众账号未经批准不得发布、转载时政新闻。鼓励开设公众账号。参阅 http://news.xinhuanet.com/politics/2014－08/07/c_1111979566.htm，2014年10月25日访问。

④ 《广电总局加强OTT终端管理，合法合规方能入市》，http://otv.lmtw.com/zcjg/201502/112810.html，2015年3月5日访问。

此平台上发布自有内容，积极与网络视频内容服务商展开合作或资源置换以深挖牌照价值。

5. 技术支持层面

媒体融合的关键是实现“三网融合”、升级信息服务基础设施、推广新技术应用。2013 年 8 月，国务院发布《关于促进信息消费扩大内需的若干意见》将“三网融合”提升到“促进信息消费”这一关系国计民生的全局战略层面，并在 2014 年 4 月成立中国广播电视网络有限公司。同时，“宽带中国”战略稳步推进、4G 技术全面开启移动互联时代，云平台技术广泛应用，均推动着“三网融合”发展。“三网融合”将模糊广播电视网、电信网与互联网边界、打破利益壁垒，伴随渠道与平台分化裂变而生的，是更具兼容性和适应性的多媒体基础平台，不同媒体在技术架构和业务层面深度交叉融合，跨网信息互联互通，资源共享成为现实。这对广播来讲既是机遇亦是挑战：行业融合利于实现资源共享、避免基础设施重复建设、使音频传播更快速、成本更易接受，但也意味着更大范围内的市场竞争。

媒体融合的另一场域是移动互联网，积极推进大数据、云计算平台应用，深耕移动音视频市场，以新技术驱动媒体转型升级，从云、管、端的角度，实现内容生产存储云化、传输渠道互联网化、终端智能化多屏化①。上海文广集团已搭建混合云架构“新闻资讯全媒体采集平台”整合内容资源，广播媒体也可合纵连横，利用大数据、云平台提高传播效率与质量。

三、广播战略转型应注意的问题

1. 充分利用政策红利加速实现转型

广播能否顺利转型受政策导向、市场环境等多重外部环境因素产生的共同影响。媒体融合作为国家重大战略部署被提升到前所未有的高度，为完成这一紧迫战略任务而密集出台的系列政策法规，虽通过加强互联网领域监管力度、加快技术层面战略部署、为体制改革提供税收优惠、鼓励投融资与并购等手段为传统媒体争取转型时间与空间，但在新兴媒体扎根的互联网领域，无论是技术革新或市场运行，乃至信息传播，都有自身规律：依靠技术与资本优势打破垄断是其自身发展的要求，平等、自由的市场竞争秩序是其延续生命力的必然保证，交互性、即时性、超文本型的数字化信息传播是其发展趋势。对广播而言，这一关键阶段的政策红利是机遇亦是挑战，这种红利虽并非是其转型成功

① 《2013 年度中国传媒业资本运作报告》，http://yjy.people.com.cn/big5/n/2014/0617/c245079－25159134.html，2014 年 11 月 23 日访问。

与否唯一的决定性因素，亦不可能恒久持续，但若能准确把握时机、果断行动将政策法律环境优势最大化，必将迎来突破性的进展。

2. 全要素竞争格局中加强合作

新媒体的成熟使相对封闭的垄断市场呈开放多元之势，基于最新社会思潮和先进科学技术交融而催生的极具包容性的传播和运营业态拆解了传统媒体的既有利益格局和受众市场结构①。内容已无法使传统媒体一枝独秀，技术、渠道等因素的权重无可替代地大幅上升，媒体博弈将进入全要素竞争阶段，未来新兴媒体集团的一大特质必将是其资源有机整合的平台属性。对于新技术应用相对滞后、传播渠道不够健全的广播媒体，“合作”将取代“以短搏长的竞争”成为战略转型的基调。在国外，传统媒体联姻互联网并非罕见，如路透社关闭新闻网站评论功能鼓励用户通过 Facebook 等社交平台分享评论②、CNN iReport 向 Google glass 用户开放视频上传权限以扩充渠道源③；在国内，亦有上海文广集团收购风行网并与阿里巴巴在多领域深度合作④、浙报集团及央视先后与腾讯联盟⑤、《广州日报》与“今日头条”由诉讼转为合作、多家互联网公司入股上海报业集团⑥，以及中央人民广播电台银河互联网电视收编爱奇艺

---

① 吴峰、赵晨星：《在传统媒体发展“焦灼期”布局新愿景》，《青年记者》2013 年 8 月上。

② 基于近年来读者与新闻的互动方式发生巨大变化的实际考虑，路透社于 2014 年 11 月关闭新闻网站评论功能，以让位于新的用户习惯。路透社认识到许多围绕新闻展开的信息丰富、见解深刻的讨论以及对新闻报道的批评和褒奖，都已转移到社交网络和论坛，这些社区不仅提供热烈的讨论氛围还使参与者可以自行维护秩序。参阅《路透社网站关闭评论功能：禁止读者滥用评论权》，http://tech.sina.com.cn/i/2014－11－10/doc－iavxeafr4563082.shtml，2014 年 11 月 18 日访问；Editor's note: Reader comments in the age of social media，http://blogs.reuters.com/great－debate/2014/11/07/editors－note－reader－comments－in－the－age－of－social－media/，2014 年 11 月 18 日访问。

③ 参阅《CNN iReport 开始向 Google Glass 用户开放视频上传权限》，http://www.cnbeta.com/articles/290839.htm，2014 年 11 月 18 日访问。

④ 2013 年 8 月，上海文广集团旗下百视通收购风行网，将旗下品牌节目通过风行网实现移动互联网发布；同年，上海文广集团旗下东方卫视与阿里巴巴集团启动在内容、天猫旗舰店、技术与硬件开发、游戏开发、娱乐宝等五大领域的深度合作，并表示未来也将通过收购等资本运作方式实现互联网平台的内容快速分发。这是继湖南卫视与阿里巴巴联合收购 PPTV 后广电领域“台网融合”的又一重要行动。参阅《在线视频再掀整合：SMG 旗下百视通宣布 3.07 亿控股风行网 54%股份，SMG 将全面启动“台网融合”战略》，http://www.36kr.com/p/205426.html；《东方卫视中心与阿里巴巴开展五大领域合作》，http://www.smg.cn/review/201406/0163865.shtml，2014 年 10 月 25 日访问。

⑤ 浙江报业集团与腾讯公司合作创办大浙网，借助腾讯公司强大的用户基础和导流能力，一举成为浙江地区问量最高的综合资讯网站，此外，浙江报业集团在以 31 亿的价格收购盛大旗下边锋游戏竞技平台，一举获得 3 亿注册用户、2000 多万活跃用户的成熟游戏平台，开创党报利用资本平台兼并重组资源的先河；央视与腾讯合作打造社交电视应用 CCTV 微视。这一系列合作行为皆旨在与腾讯这一成熟的平台融合，拓展用户资源。

⑥ 参阅《上海报业集团旗下新媒体项目“界面”商业新闻网上线》，http://www.shanghai.gov.cn/shanghai/node2314/node2315/node4411/u21ai935935.html，2014 年 10 月 25 日访问。

制作部[①]等战略部署，其中最为典型的当属重组后的百视通业务布局[②]。

无论政策环境如何有利，若要实现长远发展，最根本的是广播本身突破阵营化的对立思维，寻求与自身优势要素匹配的合作方，真正实现与新媒体优势互补、一体发展。广播的合纵连横可在两个维度进行：纵向对行业内部资源整合，如搭建广播云平台；横向与一流技术及平台方合作或在教育、娱乐等领域尝试跨行业产业链布局。

3. 保持创新力以避免同质化竞争

2014年6月，人民网研究院发布“报纸移动传播百强榜”、“电视节目移动传播百强榜”和“广播频道移动传播三十强”等五个榜单。[③] 若干百强突围，说明传统媒体移动化已颇具气候，但同时印证了传统媒体的移动化策略高度同质化，即搭载既有聚合平台或推出自有客户端，竞争思维僵化为“人有我也有”的跟风模式，一时间进驻“双微平台”、上线移动客户端成为传统媒体重要的战略支点。且不说盲目开设众多官方微博账号、微信公众号稀释了用户关注度，并受制于平台方基于商业利益争夺不断缩紧的管理手段[④]，多数斥巨资研发的自主客户端在已临近饱和的市场中与成熟聚合客户端争夺屏幕，仍“死生未卜”。

唯有以创新力为核心的差异化竞争才能使媒体立于不败之地。就广播而言，政策法律的助推已为未来广播媒体样态描绘出多种可能，广播媒体更应对自身优势资源有清醒的认知，并从战略规划到产品设计将其最大化实现。

4. 强化传统媒体社会责任担当

新兴媒体因市场化而具有鲜活生命力，传统媒体欲与之融合发展，无论是

---

① 2014年11月，爱奇艺互联网电视事业部由中央人民广播电台银河互联网电视“收编”，商务、运营团队将由银河接管，爱奇艺将向银河倾注版权、CDN资源、技术，全力支持银河互联网电视的发展。参阅《央广银河收编爱奇艺电视事业部》，http://bc.tech－ex.com/2014/ottperator/58287.html，2014年11月5日访问。

② 《两巨头联手 互联网航母起航》，http://www.yicai.com/show_topic/4044143/，2014年12月24日访问。

③ 榜单均出自2014年6月12日人民网研究院发布的《中国媒体移动传播指数报告》，系对2014年1月至4月国内报刊、广播、电视媒体在微博、微信、聚合新闻客户端和媒体自有移动客户端等4个移动传播平台的影响力进行评估后制，报告共评估报纸200家，杂志150家，中央和省级46家电视频道，134个电视节目，102家广播频道。参阅《中国媒体移动传播指数报告发布》，hhttp://it.people.com.cn/n/2014/0612/c1009－25140004.html，2014年10月23日访问。

④ 在微信方面，首先是2013年8月微信5.0上线后全部公众号被折叠在一个图标中显示，据不完全统计，直接造成一些公众号阅读率降低50%；2014年4月微信官方称禁止第三方平台推广、微信互推、诱导分享等行为。在微博方面，2014年11月，微博禁止微信公众账号的一切推广形式，包括背景图、微博正文引导等。参阅《传统媒体在微信遭的那些罪》，http://tech.163.com/14/0522/11/9SRIMLGK00094ODU.html，2014年10月25日访问。

体制改革、技术革新抑或合纵连横，固然需要资本的驱动。浙报集团与上海文广集团的突围已印证了资本运作在完善媒体产业链、促进转型升级中的基础性作用。受政策驱动，未来传媒产业的发展趋势：一是体制内的企业改制加速及由此产生的系列并购整合，二是传媒与教育、娱乐等相关产业长线发展。传统媒体在资本化运作初期极易走上片面追求经济效益的道路，加之在转型中遵循“互联网思维”强调用户观念、迎合受众需求，导致新闻内容日益产品化和消费化，新闻消费主义倾向消解了新闻专业性，极易削弱媒体的公共效益①。

实际上，传统媒体在泛商业化时代仍肩负着正确引导舆论、增进社会共识、捍卫公共利益、推动社会进步的历史责任，更应强调坚持公益属性与追求社会效益。随着媒体融合进程推进，活跃的民间舆论场成为重要的信息发源地和舆情热点温床，公众良莠不齐的信息解读与重构能力及其自净功能的滞后性常常左右着传播效果。因此传统媒体对信息理性、客观、深刻的处理分析和把控能力，在壮大主流舆论影响力和公信力的同时，对守护公共理性、构建公共良序至关重要。

四、结语

近年来，媒体融合利好政策接踵而来，既有顶层设计布局，亦有制度执行层面详细规划。广播媒体在深刻理解并充分利用政策法律环境利好因素的基础上，更应清楚地认识到外部因素是推动战略转型发展不可或缺的条件，但最终能否成功仍取决于自身实力。

参考文献：

[1] 王立亚、张春朗：《特殊管理股制度改革与我国传媒的媒介融合》，《声屏世界》2014 年第 5 期。

[2] 李继东：《复合规制：媒介融合时代的规制模式探微》，《国际新闻界》2013 年第 5 期。

[3] 万芳、张薇：《新闻消费主义对新闻专业主义的建构与消解》，《湖北师范学院学报》（哲学社会科学版）第 26 卷第 5 期。

[4] 李丹林：《论媒介融合时代广播电视法律制度的几个基本问题》，《南京社会科学》

① 新闻消费主义可以简单概括为新闻传媒通过最大限度的占有新闻资源实现对其目标受众的最大限度地占有，从而实现商业利益的最大化。这为只着眼于满足公众知情权而不计成本不计受众广度、甚至不顾触犯利益攸关者的新闻专业主义精神相背离，可能将动摇媒体从业者对真实性、客观性等价值的追求。参阅万芳、张薇：《新闻消费主义对新闻专业主义的建构与消解》，《湖北师范学院学报》（哲学社会科学版），第 26 卷，第 5 期。

2012 年第 1 期。
[5] 李丹林：《媒介融合背景下我国传媒政策与法律研究论纲》，《南京社会科学》2014 年第 2 期。
[6] 李丹林：《媒介融合时代传媒管制问题的思考——基于“公共利益”原则的分析》，《现代传播》2012 年第 5 期。
[7] 陈昌凤、李宏刚：《媒介融合：从政策到生产与消费的关系转型》，《新闻爱好者》2014 年第 10 期。
[8] 肖叶飞、刘祥平：《传媒产业融合的动因、路径与效应》，《新闻与写作》2014 年第 7 期。
[9] 邱鸿峰：《美国、欧盟媒介融合政策述评——兼论作为政治—电视场域互动中介的制度化文化资本》，《国际新闻界》2011 年第 2 期。
[10] 易法万：《面向媒介融合的媒体政策整合要求》，《中国传媒科技》2013 年第 10 期(下)。
[11] 喻国明：《社会化媒体崛起背景下政府角色的转型及行动逻辑》，《新闻记者》2012 年第 4 期。
[12] 喻国明、苏林森：《中国媒介规制的发展、问题与未来方向》，《现代传播》2010 年第 1 期。
[13] [加] 马歇尔·麦克卢汉著，何道宽译：《理解媒介——论人的延伸》，商务印书馆 2000 年第 1 版。
[14] 黄炜：《构建中国广播电视新媒体政策体系研究》，中国传媒大学 2007 年博士学位论文。
[15] http://www.sarft.gov.cn/
[16] http://www.gov.cn/
[17] http://politics.people.com.cn
[18] http://media.people.com.cn
[19] http://www.ce.cn/
[20] http://www.yicai.com/
[21] http://www.law-lib.com/
[22] http://www.tmtpost.com/
[23] http://techcrunch.com/
[24] http://www.e-works.net.cn/report/Inforconsu/Inforconsu.html

（作者单位：中央人民广播电台办公室）

媒体融合背景下广电行业的版权策略

——以“版权工具主义”为视角

◇ 王昆伦

2014 年 8 月 18 日，中央全面深化改革领导小组第四次会议审议通过了《关于推动传统媒体和新兴媒体融合发展的指导意见》，新形势下我国传统媒体与新兴媒体融合发展全面启动。媒体融合过程中，“内容”的全媒体多平台传播是核心，而版权制度是控制内容传播的重要工具。能否利用好版权这个制度工具，对于广电行业媒体融合转型，意义重大。

对于“广电行业版权策略”这个问题的研究，以前的文章大都是以“版权资产”的视角来进行分析论证的。在这种视角下，版权是一种静态的资产，广播电台电视台把节目中所用到的版权素材都逐一进行版权确权后，就拿到了完整的节目版权，放进自己的版权库里，储存下了版权资产，之后可以通过版权贸易获得收益。以这个视角来分析版权问题，在法律上、逻辑上都是正确的。但在实践中，版权机制不完全是这样运行的。实践中的“版权”更像是版权人用来控制作品传播的工具，版权人基于自己利益的最大化，随时可以拿起这个“工具”限制作品的传播，或者放下这个“工具”推动作品的传播。本文将阐释“版权工具主义”理论，进而以“版权工具主义”视角来分析新媒体发展过程中的四个典型现象，从中探寻值得广电行业借鉴的启示，从而提出在媒体融合背景下广电行业的版权策略。

一、“版权工具主义”的理论基础

针对“物”的“所有权”早在人类蒙昧时代、原始社会就已经存在，而针对“智力成果”的“版权”直到 1709 年才正式登上人类历史的舞台。“所有权”是人类与生俱来的“自然权利”，而“版权”是复印技术发展到一定水平后[①]，人类社会公共政策的产物。

作品创作完成之后，从便于传播的角度来看，没有版权制度是最有效率的，因为这样，全社会的使用者都可以零成本地拿到作品的复制件，此时作品的使用效率趋于最优水平。那么人类社会为什么还要拟制“版权”这种权利呢？这主要是因为，如果没有版权制度，作品创作者的回报是最差的，创作者将无法通过控制作品的传播直接获得任何的经济利益，潜在的创作者也就不会期望创作作品能直接获得任何利润，因而将失去动力创作作品，导致整个社会的作品减少。假如没有版权制度，那么对于整个社会的福祉而言显然是不利的。正因如此，在复印技术发展到一定程度，作品的复制与传播比较便利的情况下，人类社会逐步建立了版权制度，赋予作品创作者专有权，作者可以利用版权控制作品的传播并从中获利。然而，版权制度赋予作者对作品的控制权不是绝对的，绝对的控制将阻碍作品的传播效率，这不仅对于作品的使用者是不利的，对于作者本身也是不利的。作品如果不能广泛传播，将违背作者创作作品的初衷。正因如此，世界各国的版权法律制度都着力于实现“作品保护”与“作品传播”之间的利益平衡，实现“作品创作者”与“作品使用者”之间的利益平衡。版权制度的这种利益平衡功能，不仅体现在各国版权法中的“合理使用”、“强制许可”制度，而且还体现在把“版权”设定为一项“民事权利”，版权人考虑利弊得失后，既可以拿起“版权工具”限制作品的传播，也可以放下“版权工具”推动作品的传播。

二、新媒体典型版权问题的工具主义视角分析及启示

（一）视频网站在发展初期“罔顾版权”却取得飞速发展

2004年11月，乐视网的成立拉开中国视频网站成长的序幕。2005年上半年，土豆网、56网、激动网、PPTV、PPS等相继上线。2006年开始，视频网站呈爆炸式发展，据不完全统计，中国视频网站的数量在高峰期有上千家。[②] 在发展之初，各家视频网站都把主要精力放在技术完善与用户体验等问题上，以用户需求为基础，不断加强内容布局与用户运营，着力增加网站的访问量。在这一阶段，视频网站对于版权问题无暇顾及，其资金也主要投入在技术改进与市场推介上，版权方面的投入微乎其微。但就在这个时期，我国视频

---

① 当人类社会有了便利的复制传播技术之后，才会考虑如何通过制度设计让作者控制作品的传播。

② 贾金玺：《中国视频网站发展简史》，载于中国社会科学网，2014年4月17日。

网站取得了飞速发展。“依据中国互联网络信息中心发布的《第21次中国互联网络发展状况调查统计报告》披露，截至2007年年底，网络影视观看比例达到76.9%，位居所有网络应用第三高的位置，有1.6亿人（网民总计2.1亿人）曾经通过网络欣赏过影视节目。”[①]

虽然这一现象招致了很多人的非议（批评视频网站靠侵权盗版起家），但是一个不争的事实是：如果我国的视频网站在发展初期，都严格地对视频中的每一部作品、每一段配乐、每一个素材进行版权确权，并一一找到著作权人、邻接权人获得许可，再逐一向这些版权权利人支付报酬，那么我国的视频网站早就因为无法解决海量作品的版权问题，或无力支付巨额的版权许可费用而纷纷倒闭，不可想象视频网站能取得今天这样的成就。为什么视频网站在发展初期“罔顾版权”，但众多的版权人不伸张权利，任由视频网站“野蛮生长”呢？

首先，在特定发展阶段，作品在新媒体上飞速传播给版权人带来的“名利”远远大于版权人通过伸张版权实际获得的利益。如果有版权人主张权利，对于发展初期的视频网站来说，很多情况下就只好放弃使用他的作品，这就意味着版权人舍弃了自己作品在新兴媒体上传播的机会，“理性”的版权人通常不会这么做。其次，在特定发展阶段，视频网站规模都很有限，其违法所得以及可能给版权人带来的损失都相对较小，版权人如果伸张权利，获得的赔偿就非常有限。对版权人来说，把视频网站“养肥了”再维权，或许是更好的选择。再次，我国著作权法正式实施不过二十多年，一部分版权人的维权意识相对淡薄；法律制度不完善，版权人维权成本较高，一部分版权人对维权望而却步。

这一现象给我们的启示是：在版权授权机制不畅通、逐一取得版权人许可不现实的情况下，我们要做的不是主动停止对作品的传播，也不是不顾客观实际非要做到对所有作品素材的确权，而是要对所传播作品的版权风险作出科学的评估。在版权风险很小且可控的情况下，无需因为担心动辄侵权而畏首畏尾，切不可把版权当成阻碍传播的桎梏。

（二）微博微信内容的创作者通常不用版权控制作品传播

打开微信“订阅号”或“朋友圈”，我们看到好文章、好图片、好视频、好音乐，直接一点，就“分享到朋友圈”，而在我们收到这篇文章或这张图片之前，它就可能已经被复制、传播千次万次了。打开微博，我们能看到“大V”们每天给几万、几十万粉丝转发的文章、图片、视频、音乐等作品。大量

---

① 贾金玺：《中国视频网站发展简史》，载于中国社会科学网，2014年4月17日。

的作品通过微博、微信广泛快捷地传播，这样的情况在我们周围时时发生着。很多复制和传播行为已经不是著作权法上的“合理使用”，而是地地道道的“版权侵权”。但一个奇怪的现象是，在微信、微博传播内容领域发生的版权纠纷非常鲜见，为什么版权人会在很多情况下有意放纵侵权行为？

从版权工具主义视角来看，产生这种现象的原因是：微信、微博上内容的创作者，在作品创作完成后，自愿把作品放到微信、微博上传播，通常他们的直接动机就是希望这些内容能够在人群中获得最广泛的复制与传播，利用版权这个工具来控制传播并非这些创作者的初衷。

这一现象给我们的启示是：在特定情况下，作者创作作品并不是为了利用版权专有权控制作品的复制传播从而获得财产利益，作者创作作品的目的纯粹就是为了让其作品中承载的信息得到最广泛、最快速的传播。在这种情况下，如果还非要在作者授权后才肯复制、传播，那就与作者的真实意愿背道而驰了。“凡是使用受版权法保护的作品就需要百分之百取得版权人的许可”，“凡是存在版权法律风险的复制传播行为均不可实施”，这“两个凡是”的观点，在版权工具主义视角看来，实不科学，亦不可取。

（三）广播电台通常不向音频 App 经营者主张版权

近年来在互联网资本市场，“音频”是一个快速蹿红的词汇。最早进入移动端市场的“蜻蜓 FM”自 2011 年推出以来一直在市场中处于领先地位。随后，“喜马拉雅电台”、“优听”、“荔枝 FM”和“考拉 FM”等音频 App 相继涌入[①]，移动互联网音频市场在我国方兴未艾。这些音频 App 有直接转播广播电台节目信号流的（如“蜻蜓 FM”），也有提供精品音频节目点播收听服务的（如“喜马拉雅电台”）。音频 App 对广播节目的上述复制传播行为，无论哪一种都涉及广播电台对其“内容”的版权问题（在不同的情况下，广播电台或有著作权、或有录音制作权、或有广播组织权），但从目前现实情况来看，广播电台并没有“拿起版权工具”控制其作品（或录音制品或信号）的传播，而是主动“放下版权工具”鼓励音频 App 广泛传播其内容。在移动互联网音频市场正在形成的阶段，为什么广播电台不向音频 App 经营者主张版权？

首先，可以预见在相当长的一个时期内，广告收入仍然是广播电台收入的主要来源，广告收入的多少与广播频率的收听率、影响力紧密相关。音频 App 在移动互联时代“渠道优势”明显，音频 App 传播广播节目能够有效拓展广播电台的传输渠道，深度挖掘潜在听众，对于提高广播收听率、提升广播

① SAKURA：《移动互联网音频市场，谁主沉浮》，载于雷锋网，2014 年 7 月 7 日。

影响力显然有很多益处。正因如此，即便音频 App 未经许可就复制传播了广播节目，广播电台通常也不会伸张权利。其次，广播电台如果想把节目版权打造成未来新的增长点、把版权资产变现，那么就必须扩大音频用户群体，培育出一个比较成熟的音频交易市场。音频 App 发展得越好越快，音频用户群体也就越大越稳定，共同属于传统广播电台与新兴音频网站的音频交易市场也就越完备越成熟。只有在这样的条件下，音频节目版权才能卖出好的价钱。立足长远，广播电台目前也不会拿起版权的"大棒"，把新兴音频媒体扼杀在摇篮之中。

这一现象给我们的启示是：版权开发既要立足当前，又要放眼长远。对于版权资产蕴藏的眼前小利能够"舍"，才能在长远的版权开发中有更大的"得"。

（四）视频网站版权成本快速飙升

近年来，随着视频网站的快速发展，视频网站对于优质电影、电视剧、综艺节目等视频内容的需求不断增强，视频内容版权方在议价谈判中逐渐处于更加有利的地位，视频网站版权成本快速飙升。2008 年，《金婚》、《士兵突击》的网络售价每集 3000 元；2009 年，《我的青春谁做主》是 2 万元一集；2010 年，《借枪》涨到约 10 万元一集；2011 年，《宫锁珠帘》的网络售价竟高达 185 万元一集；最近，姜文新片《一步之遥》将电影的互联网版权价格刷新至 3000 万元的新高。比影视剧价格更高的是综艺节目。2014 年，爱奇艺最重要的一笔投入，是斥资 2 亿拿下湖南卫视的《爸爸去哪儿》第二季、《快乐大本营》等 5 档节目的版权；腾讯视频则为《中国好声音》第三季花了 2.5 亿元。① 从某种意义上讲，版权支出已经成为互联网视频行业的刚性投入，因为如果视频网站在版权上不舍得花钱，那么版权方就可以运用版权这个"工具"禁止其播出，这样视频网站的用户会减少、市场规模也会缩小。

这一现象给我们的启示是："内容为王"在视听新媒体时代依然通行，版权是通过控制内容传播来获取利益的可靠工具。

三、媒体融合背景下广电行业的版权策略

（一）广电行业作为版权使用者的策略

目前"百分之百解决版权素材确权"不可行，"不解决版权素材确权"也

① 郑道森：《热门综艺节目版权过亿　主流网站探寻盈利新模式》，载于《新京报》2014 年 9 月 22 日。

不行，那么广电行业作为版权使用者该何去何从呢？引入“版权风险评价机制”可以有效解决这个问题。“版权风险”反映的是未经许可使用作品，被伸张权利的可能性大小以及可能承担法律责任的轻重。根据版权风险的大小，可以决定哪些作品要优先确权，哪些作品可以暂不确权。在媒体融合背景下，广电行业对于其使用作品的版权风险评估，要综合考虑以下几个方面的因素：一是版权人及作品知名度的大小、篇幅的长短；二是对作品的使用方式，是否把作品素材用于音视频节目的核心内容；三是是否以盈利为目的使用作品，以及可能获取非法所得的多少，可能给版权人造成的损失的大小；四是特定类型作品的版权交易市场是否成熟，同业经营者在类似情况下版权确权做到什么程度。评价版权风险大小没有固定的标准，只能在个案中全面考量各种因素，再综合其他个性化因素进行判断。在对“版权风险”做出较为准确的判断后，我们就可以比较科学地、更加符合市场规律地分配用于版权确权的各种资源。

（二）广电行业作为版权所有者的策略

广电行业不仅是巨大的作品使用者，同时也是巨大的内容生产者、版权所有者。面对“未经许可就使用广电行业享有版权的作品”的行为，如果将之视为侵害广电版权资产的行为，认为不主动维权就造成了“国有资产流失”，做到“侵权必究”，将有可能阻碍相关版权市场的形成与发展。在特定的发展阶段，对新兴版权市场上的未授权使用行为给予一定程度的包容，反而有利于广电行业在媒体融合中的长远利益。只要广电行业能够不断地推进新兴媒体“内容”市场的繁荣与发展，提高新兴媒体对广电生产的音视频的需求度与依存度，那么广电行业“以内容为核心、以版权为工具”的全新增长点就会快速形成。媒体融合背景下，广电行业作为版权所有者要把握住以下几个关键点：

1. 是“拿起版权工具”控制传播，还是“放下版权工具”推动传播，要把握时机、因事制宜。在用户市场对我们生产的内容产品需求不旺之时，“拿起版权工具”显然是不明智的，正如名不见经传的作家首次发表作品时，通常不会主张“如果出版社不支付版权费，就不得出版其作品”，因为此时作品的快速广泛传播才是这位作家的当务之急。在用户市场对我们生产的内容产品需求提升之后，我们就可以逐渐加大版权维权力度，缓缓地“拿起版权工具”，获取版权所带来的效益。

2. 准确判断某一内容产品的价值究竟在于传播带来的效益还是版权带来的效益。广电行业对一些内容产品虽然享有版权，但是这些内容产品的自身禀赋决定了对其快速广泛传播所带来的效益远远大于对其主张版权所能产生的效益，在这种情况下，就要果断地“放下版权工具”，只要使用者尊重了作者的署名权、标明了出处，就可以任其传播这些内容产品。例如，在现阶段，广播电台对于音频新闻作品虽然享有版权，但不伸张版权、任由各种渠道广泛传播，对于广播电台会是更加有利的。

3. 结合受众需要、市场需求，以内容品质的高低来衡量其版权价值的大小，打造精品版权资源。版权价值的大小不是内容生产过程中投入成本高低来决定的，大成本可能会生产出不受市场欢迎的“烂内容”，小成本也可能会生产出受市场青睐的“好内容”。作品版权价值的大小归根结底是要看作品内容的优劣。在媒体融合进程中，广电行业推进版权开发的前提基础就在于“生产出受到用户市场欢迎的精品内容并在用户市场中成功地推广这些内容”，具备了这个基础，再“收放自如”地用好版权这个能够控制内容传播的“利器”，广电行业就一定能在未来的媒体竞争中拥有非常光明的前景。

参考文献：

[1] [美] 斯蒂文·沙维尔著，赵海怡译：《法律经济分析的基础理论》，中国人民大学出版社 2013 年 1 月版。

[2] 宋慧献：《版权保护与表达自由》，知识产权出版社 2011 年 4 月第 1 版。

[3] 王迁：《知识产权法教程》，中国人民大学出版社 2014 年 3 月第 4 版。

（作者单位：中央人民广播电台资产管理中心）

广电媒体推进媒体融合的再认识

◇ 刘春理

推进媒体融合是党中央做出的重大部署，习近平总书记的讲话为我们指明了方向，是我们开展媒体融合工作的总依据、总遵循。习总书记强调：要加快传统媒体和新兴媒体融合发展，充分运用新技术新应用创新媒体传播方式，占领信息传播制高点。党的十八届三中全会提出，要整合新闻媒体资源，推动传统媒体和新兴媒体融合发展。刘奇葆同志的讲话对开展这项工作做出了明确部署。面对这项紧迫的战略任务，我们应把它放在关系媒体前途和命运的高度来认识和重视。

一、推进媒体融合的共识

媒体融合工作已经上升到中央层面，我们一定要认真学习领会中央精神，进一步统一思想、提高认识，切实增强推动媒体融合发展的紧迫感、责任感和使命感。

1. 媒体融合的要义

“媒体融合”是指传统媒体和新兴媒体优势互补，融合发展，互为促进。从发展趋势来看，融合是化学变化，而不是简单的物理变化。媒体融合是必然趋势，只有将传统媒体与新媒体有机整合，发挥各自优势、取长补短，才能在融合之路上走稳走好。

媒体融合着重于传统媒体和新兴媒体一体化发展的理念，是实现各种媒介资源、生产要素的有效整合，实现信息内容、技术应用、平台终端、人才队伍的共享融通，形成一体化的组织结构、传播体系和管理体制，做到你中有我、我中有你。

2. 开展媒体融合的必要性

一是媒体格局发生重大变化。互联网的出现改变了舆论格局现状。从媒体发展格局看，传统媒体的受众规模不断缩小，市场份额逐渐下降，越来越多的人通过新兴媒体获取信息，青年一代更是将互联网作为获取信息的主要途径。从舆论生态变化看，新兴媒体话题设置、影响舆论的能力日渐增强，大量社会热点在网上迅速生成、发酵、扩散，传统媒体的舆论引导能力面临挑战。可以说，传统媒体已经发展到了救亡图存的重要关口。面对这种严峻形势，推动融合发展刻不容缓。

二是传统媒体的新闻优势难以发挥。当前，已经从新闻稀缺时代进入信息过载时代。在之前的信息稀缺时代，只要有优质的、稀缺的内容，就“酒香不怕巷子深”，就一定有听众观众买单，取得传播效果。而当今已经进入信息过载时代，信息的播出传送量远远大于用户需求，用户可以自主选择，单纯的内容价值往往难以一枝独秀。而互联网以其海量的空间能够承载原来根本难以获得版面的生活服务类资讯，这些资讯和用户的关联度更高，对于用户的价值最高，自然就会大幅度地稀释原创新闻的商业价值。根据中国互联网信息中心数据显示，截至 2014 年 6 月 30 日，中国网民规模达到 6.32 亿，互联网普及率为 46.9%；2014 年上半年，网民人均周上网时长 25.9 个小时；手机网民规模为 5.27 亿。可见，媒体接收方式改变着人们的生活习惯，媒体要跟着人的习惯走，跟着接收方式改变。不用收音机，要用手机，广播也要跟着手机走。

3. 中央电台对媒体融合发展的认识

2013 年，王求台长在中央电台举办的“互联网新闻信息传播规范”专家研讨会上提出“网台一体，以网带台”的融合发展思路，提出在“台网一体”的基础上，除了利用互联网做好宣传工作外，明确要依托互联网来改进、改造广播媒体的传播形态和模式。

第一，通过媒体形态和服务场景看，广播电台还将长期发挥巨大的新闻宣传作用，尤其国家应急广播不可替代。

第二，“进平台”和“建平台”同时发力，把媒体的“连接”能力发挥到极致。要从人民群众接触媒介的实际情况出发，听众在哪，就要信息服务送到哪。

第三，从行业出发，广播技术向“音频形态＋信息网络传播”演进，中央电台需要和全行业一起进步。

二、广电媒体融合存在的困境

总的说来，广电媒体属于党和政府的喉舌，属于事业体制，传统媒体属性明显。在融合过程中，不同程度地存在着各种困境：一是采编人员的媒体融合观念和意识很难推进。许多记者觉得这项工作客观上加重了负担，兴致不是很高。二是绩效考核标准不一。许多媒体目前还是按照传统方式考核，虽然网络稿也算工作量，但稿费比报纸低。如果全面铺开的话，考核量会比较大，稿酬该怎么算是一个问题。三是媒体组织架构中存在明显的“双轨制”问题。往往是传统媒体工作人员是事业编，而内部的新媒体人员是企业编，同工但待遇不同，内部造成一定的矛盾。四是在与外部互联网公司开展合作之时，受到资本束缚。传统媒体大部分没有进入资本市场，投融资渠道不畅通，无法占领互联网传播渠道。五是人员流失严重。面对新媒体的强烈冲击，传统媒体正在面临人才流失问题。

我们认为，目前的利益格局不打破，体制机制不改变，难出规模和效益。融合是观念、能力、队伍的整体融合，是需要触及机制体制的深度改革。

三、融合工作开展的路径探讨

推动媒体融合发展，既需要进行技术升级、平台拓展、内容创新，也需要对组织结构、传播体系和管理体制作出深刻的调整和完善。从目前情况看，我们的一些体制机制还不能适应融合发展的要求，束缚了媒体生产力的发展。要加快改革步伐，积极探索创新，推动形成一体化发展的体制机制，为融合发展提供坚实保障和有力支撑。

1. 借力新媒体，实现传播效果最大化

传统单一的广播渠道已无法满足现代受众的需求。利用各类新媒体平台延伸传播渠道、优化传播方式，推动广播电视形式的创新，已成为增强广播电视生命力的重要途径。以北京人民广播电台为例，该台利用微博、微信、移动客户端等新平台，实现传统广播与新媒体手段的深度融合，在扩大影响力、提升关注度方面取得较好效果。其做法主要有：

一是利用法人微博增强传播力，鼓励主打栏目、名牌栏目等在电台官方网站和指定的商业网站开设微博，仅在新浪微博开设的法人微博数量已近八十个，粉丝量达数百万，由专人统一负责微博群运营并进行分散式传播，全方位宣介电台节目内容，引导网友收听。

二是通过微信平台加强互动，充分利用微信到达率高、针对性强等特点，向听众征集“最想听到的节目”，并充分发挥微信的语音功能和特色，将一些听众反馈的语音内容直接播出，大大增强了节目的互动性和吸引力，实现广播人和听众共同创作节目的新突破。

三是通过移动客户端增加覆盖面，推出在线收听电台直播节目的手机应用

“北京广播在线”，整合电台节目单系统，帮助听众通过手机浏览节目时间表，安排收听计划。该应用的推出，实现了只要有网络的地方就可以收听电台节目，而不受地域和广播信号的限制，成为吸引手机用户群的新途径。

又如，为推进新媒体融合发展，浙江广电集团已决定，用三年时间，投入重金发力新媒体。其中已创办的新蓝网和将要创办的蓝天视频网两个网站，队伍规模将由目前的120多人扩大到500人。

2. 建立适应融合发展的组织结构

广电新媒体初建时大多采用了传统媒体的组织架构。在媒体融合中，同样面临着内部组织架构的调整，生产与发布流程的再造。

广电新媒体起步于PC端，对移动客户端的开发还是近两年的事。近来，随着新浪总编辑陈彤的辞职，传媒界几乎一致唱衰PC，认为PC已沦为传统媒体。广电新媒体还没有拉开架势大干一场，却已经面临着是同时做强PC和客户端，还是重点打造移动客户端的选择。因此，在融合发展过程中，媒体内部组织结构的重组是一大难点。要根据融合发展的需要，加强新兴媒体的力量，改变传统媒体和新兴媒体分立单干的状况，推动传统媒体和新兴媒体的深度融合。要重构新闻采编生产流程，升级采编系统，建立统一指挥调度的多媒体采编平台，实现新闻信息一次采集、多种生成、多元传播。

3. 广电媒体融合需要“融合”各类人才

广电新媒体初创时期，除了从广电媒体抽调少量业务骨干外，基本队伍主要来自刚毕业的大学生。由于新媒体作为边缘性产业，大多需要自己挣钱过日子，很难集中心思集中力量做内容，也难以吸引中高端采编和技术人才。整体队伍素质偏低，结构不完善，难以形成人才梯队。当下，广电新媒体首先应该抓住这一发展良机，广纳英才，全力提升事业的核心竞争力。

要转变用人机制，建立统一的人才管理体系，加大新兴媒体内容生产、技术研发、资本运作和经营管理人才的培养引进力度，优化人才结构、统一调配使用。要完善绩效考核机制，探索媒体融合发展条件下吸引人才、留住人才、用好人才的有效办法，形成创业的良好环境。

四、开展媒体融合工作的建议

媒体融合不但要在主观上积极推进，还需要在一个相对稳定有序的环境下进行。开展媒体融合工作，以下提出一些针对性意见和建议：

一是进一步加强顶层设计，明晰传统媒体和商业网站之间有关新闻内容、采访权等问题的限定。要牢固树立全媒体管理理念。媒体发展到哪里，管理就应该推进到哪里。坚持管理与发展并重，依据有关管理制度，研究新媒体发展规律和趋势，加强对新媒体的管理，确保新媒体舆论导向正确、内容安全。为了加强全台官方微博（博客）的管理，2014 年 10 月，中央人民广播电台修订并印发《中央人民广播电台使用社交网络平台和即时通讯工具发布新闻信息管理办法》，对新媒体达到了既发展、利用，又管理、规范的目的。

二是大力加强新闻生产、传播秩序的管理。对于新闻资质、采访限度、发布内容和渠道，要做出明确规定，做到发布规范、管理尺度统一。确保网上新闻宣传与传统媒体新闻宣传保持同一导向要求和内容标准。坚持党管媒体原则不动摇，在各类宣传中统一管理度量衡，统一导向要求、内容标准和纪律约束，对传统媒体和新兴媒体、网上网下进行科学、有效管理，建立良好传播秩序。

三是大力推进中央媒体的整合力度。避免广电媒体所属报纸、网站之间的重复建设，统一整合部分资源，集中推出具有竞争力的新媒体形态，变体制机制不足为优势。

四是大力深化中央倡导的文化体制改革。希望借融合工作之机解决对于媒体普遍存在的人员“双轨制”等问题，增强人员归属感，发挥员工最大积极性。

五是既要创新内容，又要强化技术支撑。我们引以为傲的内容优势也要创新，适应新媒体传播形态。与此同时要补上技术缺位。谁掌握技术谁就占有渠道。大数据、云计算为新闻生产开辟了广阔空间。内容和技术都不是一劳永逸的，以新技术新手段引领发展才是王道。建议继续发挥广电媒体音频资源与版权优势，向内容提供商、运营商转型，加强媒体间合作，重点打造音频客户端、新闻客户端，占领移动互联市场的一块专属领域。

参考文献：

[1]《习近平主持召开中央全面深化改革领导小组第四次会议，强调、强化互联网思维，打造一批具有竞争力的新型主流媒体》，新华社 2014 年 9 月 23 日电。

[2] 刘奇葆：《加快推动传统媒体和新兴媒体融合发展》，《人民日报》，2014 年 4 月 23 日第 6 版。

[3] 新蓝网钱黎明：《媒体融合，且容且改变》，中广互联，2014 年 10 月 11 日。

（作者单位：中央人民广播电台总编室）

新媒体环境下广播媒体如何加强公共服务功能

◇安　康

随着我国文化体制改革的不断深入，公共文化服务体系的建设完善业已成为当前社会的重要任务。党的十八大会议指出，全面建成小康社会宏伟目标的重要内容之一，就是基本建成公共服务体系、总体实现公共服务均等化。从“十一五”规划和近年来中央陆续出台的有关文件看，加强农村和边远地区的基础设施建设、维护并提高公共服务的质量和水平是中国广播电视公共服务建设的重点。在公共文化服务体系中，音视频一直以来都是社会公众获得新闻资讯、文化娱乐等公共服务的主流媒介，广播电视等传统媒体在公共文化服务中占有重要地位，并发挥着巨大的作用。

然而，近年来新媒体的飞跃式发展对广播等传统媒体造成了极大冲击。传统媒体的用户资源大量转向信息多元、传播快捷、到达精准、高度社交化的新媒体，其竞争力下降，公共服务功能亦随之渐次削弱。

在国家完善公共文化服务体系建设的宏观背景下，广播作为兼具公益属性和社会属性的国有媒体，依旧承载着公共服务的重要责任；尤其是当“村村通、村村响”工程基本解决了广播覆盖传输难题后，广播媒体公共服务的主要任务便是通过新闻资讯、生产生活信息、文化教育和娱乐等基本节目内容满足人民群众基本资讯需求、文化教育和娱乐需求①。面对新媒体的步步紧逼，广播应如何通过与新媒体的融合增强自身的公共服务功能？本文即旨在探讨这一问题。

---

① 杨明品、李江玲：《中国广播电视公共服务理论几个基本命题探析》，《中国广播电视学刊》2011年第1期。

一、新媒体对媒体公共服务环境的改变

毋庸置疑，互联网和移动互联网将是未来媒体生存发展的基础环境，基于网络环境生存的新媒体也正日益成为用户获取公共服务以及媒体提供公共服务的主流渠道。

1. 用户对公共服务的要求更加个性化

新媒体的发展推动了整个媒体行业的发展，造就了媒介产品的更加多元。这就意味着，广播媒体不再是公共服务内容的唯一来源。与此同时，在新媒体环境下，传统的“受众”概念被更强调主动的“用户”取代，用户在媒体公共服务过程中的作用愈发显著，对公共服务内容的要求也越来越高。在媒体公共服务的“大超市”中，用户选择的自主权越来越大，可以通过对比、根据自己的好恶兴趣选择公共服务的产品。由此，用户对媒体公共服务产品的要求越来越高，个性化需求也越来越明显。这就对广播等传统媒体在新媒体环境下的广播公共服务水平提出了更高的要求。

2. 新媒体成为提供公共服务的重要媒介渠道

新媒体“双向”、“多向”、“去中心化”的交互传播模式令用户的表达和社交等需求获得了充分满足。在此情况下，广播等传统媒体的用户大量转向新媒体，新媒体已经成为用户获取新闻资讯、文化娱乐等公共服务内容的重要渠道，微博、视频网站、社交类网站以及各种移动应用成为用户接触的主要媒介。于是，公共文化服务的新形态应运而生。以移动互联应用为例，截至2014年6月，我国手机网络用户规模达5.27亿。交流沟通类、信息获取类、休闲娱乐类、电子商务类等是手机网络用户使用率较高的基础公共服务类应用。再以广播应用为例，用户收听广播音频节目的方式不再局限于收音机，通过数字电视/机顶盒、电脑以及移动终端等新媒介方式收听的用户越来越多。尤其是蜻蜓FM、喜马拉雅电台、荔枝FM、考拉FM等通过UGC或者PGC[①]方式集成音频内容的移动应用迅速获得了用户的青睐。其中，蜻蜓FM自2011年上线至今已集成了30多个国家和地区的3000多个电台以及300多万小时的有声内容，并实现了广播回听、有声内容点播、节目预告以及与主持人互动等功能。2014年5月蜻蜓FM对外宣称用户已达8000万。蜻蜓FM客户端之所以能成为苹果App Store中下载量排名最靠前的广播类应用[②]，显然与这些功能不无关系。

---

① UGC是指用户生成内容；PGC是指专业生成内容。

② 蜻蜓FM官网：http://www.qingting.fm

3. 传统媒体在公共文化服务中的地位受到冲击

新媒体裂变式的发展，在带来传播模式革新的同时，也在深刻改变着媒介格局。用户注意力向新媒体的转移，让传统媒体的用户规模不断萎缩，市场份额下降，在媒介市场占据垄断地位的格局被逐渐打破。公共文化服务传输模式也随之改变，广电、报刊等传统媒体在公共文化服务体系中的比重也在被新媒体不断地蚕食，微博、微信以及移动客户端等在社会公共文化服务中的使用率越来越高。在此形势下，广播媒体要赢得生存空间，增强其公共服务的功能，必须要积极适应这种媒介格局的变化，积极推进与新媒体之间的融合。

二、新媒体环境下广播公共服务面临的挑战

1. 新媒体交互式的传播模式对广播传统的公共服务模式冲击巨大

首先，新媒体把社交功能引入到了公共服务的传播过程中，让用户在获得公共服务的同时，交流沟通的需求也得到了满足。在网络新媒体出现之前，广播与受众之间的互动交流属于相对初级的“一对多”模式，而新媒体的传播模式不仅实现了媒体与用户的“一对一”沟通，更实现了不同用户之间的连接，从而产生了一个去中心化的强关系公共服务网络。相比之下，广播媒体传统的公共服务产品提供模式相对效率低，无法充分满足用户新的需求。

其次，在新媒体的传播过程中，用户已经不仅仅是受者的身份，他们也可以通过新媒体传播自己的内容。随着新媒体技术的不断更新，用户可以随时随地、方便快捷地上传自己制作的各种内容。这种 UGC 用户生成内容在新媒体的公共服务领域中所占的比例越来越大。比较流行的移动音频应用“喜马拉雅电台”选择的就是以 UGC 为主的运营策略，“目前喜马拉雅电台上来自购买和合作的内容占到 40%，其余的均来自 UGC，喜马拉雅电台的路子是在初期通过名人播客和电台电视台品牌栏目积累用户后，然后在 UGC 方向发力”[①]。UGC 内容的崛起使得广播媒体在公共服务产品生产领域的垄断优势逐渐被打破，影响力被削弱。

2. 广播媒体欠缺大数据应用能力，难以把脉用户需求

大数据应用能力是决定媒体在“用户至上”的新媒体环境中成败与否的首要因素。用户在新媒体渠道中的点击次数、浏览时间、转发转帖等都会被存储成为“大数据”资源。通过对这些大数据的采集、分析、应用，媒体可以更加精准地把脉用户在新形势下对公共服务产品的个性化需求，从而有针对性地为

① 《电台产品逆袭：杀向那片烧钱的红海》：http://tech.163.com/13/1211/01/9FPEKV53000915BF.html

其提供相应内容。

但就整体状况而言，广播媒体对数据的应用仍处于相对初级的阶段。收听率是广播媒体目前重点应用的数据形式。收听率虽然可以反映某地区某时段内收听广播节目的用户数量以及广播节目的市场份额，却无法具体反映用户收听节目的实际内容，无法判断用户对某一条或者某一段节目内容的喜好。因此，仅仅依靠收听率数据的应用，广播媒体根本无法为用户提供个性化的公共服务产品。在当前新媒体市场中，广播媒体之所以很难吸引更多用户的关注，相当程度上是因为其新媒体应用的用户体验不佳。而追本溯源，缺乏大数据应用能力才是造成“用户体验不佳”的症结所在。

3. 广播公共服务的公益性逐渐消解

新媒体的产生和发展是一轮轮资本注入的过程，商业性、市场化是新媒体市场的重要特征。然而，公共服务的公益性与新媒体市场的商业性之间存有先天的隔阂。首先，衡量广播媒体在新媒体公共服务市场中是否成功，市场占有率是目前能够达成共识的判断标准。为了能够吸引用户的关注、满足用户需求，一些广播节目在为用户提供基本新闻资讯、文化教育和娱乐内容时，开始“放弃自身伦理责任、片面迎合受众低级情趣和需要，如炒作明星绯闻、迎合猎奇心理、专注感官刺激、渲染色情暴力不良倾向”①，偏离了公共服务的公益性轨道。其次，公共文化服务市场的不断发展扩大，让脱胎于市场的新媒体公司找到了商机，他们利用掌握的新媒体技术优势，通过开发各种公共文化服务的新媒体平台获得盈利。商业性元素的侵入，势必会影响公共文化服务领域的平等性和公平性。

三、新媒体环境下广播加强公共服务功能需要坚持的原则

1. 内容本位

新媒体语境中关于“内容为王”和“渠道为王”的争论一直没有间断，“内容”还是“渠道”是传统媒体融合新媒体的关键抉择。对广播等传统媒体来说，在公共文化服务领域利用内容制作方面的优势重新赢回用户的关注，是增强公共服务功能的首选。2014 年一项对全国 20 个城市 2000 名媒介用户的调研结果显示，在用户新闻内容的需求方面，“国内/国际时政新闻”、“重大突发事件的报道”、“反映社会问题的新闻”等广播等传统媒体具有优势的领域，仍然是用户选择倾向性最高的类型。这也反映了“内容本位”依然是广播媒体

① 杨同庆、杨景越：《如何应对新闻报道的低俗化倾向》，《传媒观察》2010 年第 12 期。

在新的传播形态下做好公共服务产品必须坚持的原则。

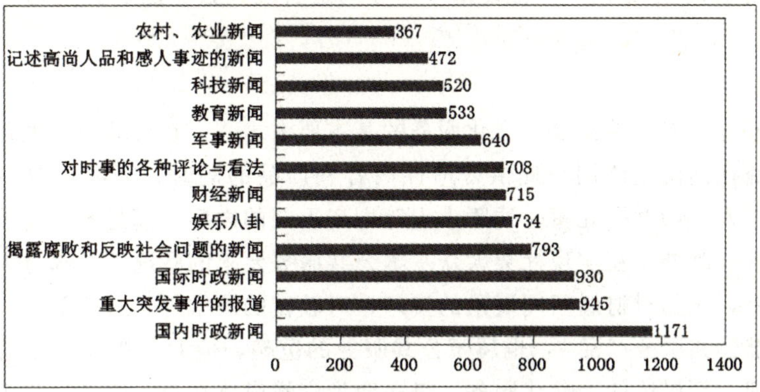

图 1　用户新闻内容选择倾向分布[①]

2. 用户至上

用户在新媒体传播模式中的地位越来越重要，“人”已经成为界定主流媒体的核心要素。[②] 广播在公共文化服务传播过程中要做到“用户至上”，就必须着眼于以下三点：其一，满足用户需求。即精准地为用户提供方便快捷的个性化服务内容；其二，极致用户体验。即关注生产、传播以及反馈等全过程中的各个细节，让用户有一种“宾至如归”的感受。例如，“瀑布流”[③] 浏览方式的设计发明就是用户体验至上的体现；其三，增强用户参与感。即利用新媒体交互的特性，让用户参与到公共文化服务传播的过程中，有机会表达自己。如小米公司的成功在很大程度上应归因于其塑造的“用户参与感”，“米粉”[④] 是小米公司产品开发、改进的动力源泉。

3. 大数据思维

大数据的应用是媒体在新媒体环境中生存发展的基本。要实现对用户的精准化服务，广播必须要改变现在仅仅依赖收听率“打天下”的局面，利用新媒体技术，充分挖掘用户的大数据资源，并在此基础上对大数据资源进行

① 孟威、姚金楠：《新技术与新应对：主流媒体舆论引导走势分析》，《中国新媒体发展报告(2014)》，第 125 页。

② 孟威、姚金楠：《新技术与新应对：主流媒体舆论引导走势分析》，《中国新媒体发展报告(2014)》，第 122 页。

③ 瀑布流，又称瀑布流式布局。是比较流行的一种网站页面布局，视觉表现为参差不齐的多栏布局，随着页面滚动条向下滚动，这种布局还会不断加载数据块并附加至当前尾部。最早采用此布局的网站是 Pinterest（https://www.pinterest.com/）。

④ 米粉是指狂热支持小米产品的用户群体。

专业化处理，从而实现对用户深层次的了解。鉴于广播媒体在大数据应用方面相对薄弱的基础条件，购买和外包方式是实现大数据运营更为切实可行的路径。

4. 多元化

多元化、多样性是公共文化服务的基本要求之一。在公共服务的传播过程中，广播在面向全体用户提供普适性内容和产品的同时，还要针对不同的人群，如老人、妇女、儿童、残障人士等生产不同的内容，满足不同特点特殊人群的需求；此外，在实现社会大众基本公共服务要求的状况下，部分人群尚有额外需求，比如对财经新闻资讯的偏好、对教育的需求等，对这部分人群的服务属于准公共服务产品[①]，也属于公共服务的范畴，但此类服务可以通过有偿方式实现。新媒体的个性化服务，势必会为广播媒体在公共服务过程中提供多元化、多样性的内容和产品提供有利条件。

四、新媒体环境下广播加强公共服务功能的路径分析

1. 充分利用新媒体渠道资源，积极搭建集成平台，实现广播公共服务内容的全面覆盖

需要指出，内容本位固然是广播在新媒体公共服务过程中应当坚守的原则，但渠道同样非常重要。也就是说，渠道搭建与内容输出需要并行推进。首先，尽可能多地搭载新媒体平台扩大用户的接触面，让广播公共服务内容可以实现与用户的全方位接触。英国公共广播服务商 BBC 很早就已经制定了跨多屏的发展战略；其次，利用掌握的内容和一系列相关的互联网视听牌照等资源搭建自有内容和服务集成平台，实现资源聚合、内容共享，为用户提供方便快捷的“一站式”公共服务。2013 年 12 月，河南人民广播电台、郑州晚报社和东方网联合推出新媒体公共服务智能终端。新媒体公共服务智能终端融新闻传播和便民应用服务功能于一体，可以为用户提供音视频和图文新闻、生活信息服务，同时还可以为用户提供水、电、气暖、交通罚款等各种缴费、充值、信用卡还款、订票、购物优惠等多种服务。[②]

---

① “准公共产品指的是介于以上两类产品之间的＃兼具部分公共产品和部分私人产品性质的某类产品，现实生活中，诸如医疗服务、非义务教育以及某些需要付费使用的基础设施等，均属于准公共产品。”参阅：陈其林、韩晓婷：《准公共产品的性质：定义、分类依据及其类别》，《经济学家》2010 年第 7 期。

② 《东方网新媒体服务智能终端落户郑州　千台机器服务 50 万人》，http://sh.eastday.com/m/20131213/u1a7828920.html。

2. 融入社交化因素，打造“参与式”的公共服务模式

社交化趋势是新媒体时代的重要特征。在此发展趋势下，用户以一种“关系网”的形式存在。“参与感”成为用户在获取公共服务过程中特别注重的需求。广播可通过与社交化元素的融合，提升用户体验，从而打造“参与式”公共服务模式。第一，通过与微信、微博等社交媒体应用的结合，利用“语音实时对讲”、“数字化存储”、“定位服务”等，实现与用户精准地“一对一”沟通，实现与用户之间的“强联系”，提升参与感；第二，实现 UGC 内容的有效利用。用户通过新媒体方式随时随地都可能产生海量的 UGC 内容，这些内容的大部分都能成为广播节目的线索甚至可直接成为节目的重要内容。北京人民广播电台的“1039 交通广播客户端”上采用的“LBS（基于位置的服务）＋UGC（用户生成内容）”的新模式让用户之间实时共享路况成为现实，增强了媒体与用户以及用户与用户之间的黏性，同时，来自用户的路况信息也极大丰富了公共服务的内容。

3. 强化服务意识，满足用户全方位的公共服务需求

在新媒体时代，公共服务产品也将会越来越丰富。用户对公共服务内容的需求更加个性化，原有普适性、大众化的理念将不适应新时期公共文化服务的传播要求。广播要增强公共服务功能，必须强化服务意识，深层了解受众特征，为用户提供方便快捷的个性化公共服务产品。可以尝试如下方式：公共服务订制产品。通过大数据的应用判断用户个体偏好，从海量的内容中打捞其需要的内容；“一站式”服务。打造“一站式”服务平台，集成各种公共服务产品，包括新闻信息、公共教育、电子商务等，最终形成“大而全”的服务终端；内容聚合服务。BBC2013 年提出将开设 BBC store，用户可以直接搜获自己需要的公共服务内容（BBC store 向用户提供最近一年时间内的节目内容）。此举的主要目的就是建构 BBC 用户无缝消费体验，实现其内容和服务与用户更紧密的联系。①

总之，在新媒体的“步步紧逼”下，广播公共服务功能的提升面临着巨大的挑战。在新媒体时代，广播要增强公共服务功能必须增进与新媒体的深层次的融合，在理念、思维、行动上进行改革。

参考文献：

[1] 赵娟娟：《新媒体发展对公共文化服务的影响》，《青年记者》2014 年 11 期。

① 李继东：《BBC 新闻改革的最新策略及其理念探析》，http://media.people.com.cn/n/2014/1027/c14677－25916657.html。

[2] 王辰瑶：《作为公共服务的未来新闻业》，《新闻记者》2013 年第 8 期。
[3] 李继东：《BBC 新闻改革的最新策略及其理念探析》，http://media.people.com.cn/n/2014/1027/c14677-25916657.html。
[4] 杨明品：《中国广播电视公共服务发展模式选择》，《中国广播电视学刊》2009 年第 4 期。
[5] 唐绪军主编：《中国新媒体发展报告》，社会科学文献出版社 2014 年 6 月第 1 版；
[6] 赵大伟主编：《互联网思维——独孤九剑》，机械工业出版社 2014 年 5 月第 1 版。

（作者单位：中央人民广播电台办公室）

第二篇

业务探讨

移动互联网语境下广播产品的设计原则与趋势

◇周　冲

一、广播与移动互联网融合产品的发展脉络

无论商品还是服务，任何产业都会经历一个“最初直接的品牌推广、商业营销——→产品整合升级阶段（主要是依托自己的优势资源）——→最终的差异化个人定制服务阶段”这样一个完整产业链条，移动互联网行业亦如此。而移动互联网语境下的广播产品，也经历了从初级阶段终端搭建为主的 App 广播，到中级阶段依托优势实现规模经营和品牌增值，再到高级阶段打造个性化、独立化广播产品这样一个过程。

App 广播，或者叫电台类 App，简而言之，就是传统广播的 App 化。通过在手机上定制一定的应用程序，把收听广播的终端从“收音机”、“PC”转移到手机的 App 客户端上，类似于中国广播网上的银河台，或者新浪微博上的微电台等。这种 App 应用模式主要是一种品牌推广，实现广播影响力的网络延伸，是一种最常见也是最基础的广播与 App 融合方式。目前国内外的 App 广播数量很多，在 App Store 中有将近 200 个电台类 App 客户端可供下载，其中有代表性的比如国外的 Turn In Radio，国内的蜻蜓 FM、Any Radio、咕咕收音机等，传统广播也已经在多个 App 商店上开设了自己的电台客户端，比如 App Store 中的“中国广播”、“西湖之声”等。用户只需要下载相应客户端，就可以通过手机网络收听到各套频率的广播。

伴随融合程度的不断加深，传统广播对移动互联网业务的经营也逐渐摆脱完全被动的局面，并向自己的优势资源转移。在产品开发方面，主要体现在对传统积累的内容、平台和受众等优势资源的产品化开发。比如，2012 年，包括中央电台文艺之声在内的 13 家广播电台或者频率就与开心人网上药店达成

合作，在电台 App 中开通购药频道，实现手机端在线购药功能。这实际上就是一种对受众资源的产业化利用。在互联网领域，流量即利润。任何一种网络服务或者应用，只有具备“人气”，才具备形成规模产业的可能性，连合作方相关负责人也直言，之所以选择与广播电台合作，而没有推出独立 App，是看重媒体移动应用的用户覆盖量。

无论是初级阶段类似 App 广播这样的平台简单移植，还是中级阶段广播电台对自己传统优势资源的产品化应用，都只能说是传统广播与移动互联网的一种浅层次的融合，但不是根本思维上的颠覆与创新。“多媒体、多渠道、多终端时代，从品类、质量、数量等方面对内容的需求提出了更新更高的要求。”① 在这一条件下，“定制化”必将是媒介发展的方向，而“窄播产品”则是实现定制化的一种重要形式。对于广播电台及其从业者来说，除了将传统的 FM 做好做精外，如何适应受众消费模式的变化，为用户“定制”出更为个性化、专业化的“窄播”产品，是移动互联网语境下广播产品的终极发展方向。

二、移动互联网语境下广播产品的“定制化”与“窄播化”

媒介产品的发展方向是“定制化”，即为用户提供个性化的需求满足解决方案，而移动互联网通过手机等终端实现对用户随时随地需求的服务，为这一概念的现实应用提供了可能。所谓“定制”，就不得不与“个人”、“私人”等词语联系在一起，简单地说就是为“你”量身打造的专属产品，它是一种个性化、专属化、“一对一”式的高品质服务。

在移动互联网时代，传统广播的收听终端、收听场所和收听习惯都会发生很大的改变，对于传统广播来说，符合用户个性化、陪伴性需求的广播定制产品，为各种“动态移动场景”提供了一个关于“听”的终极解决方案，也是其与移动互联网融合的未来发展方向。从用户关系管理的角度来看，定制产品能够帮助广播与受众建立信赖、信任和个性化关注的客户关系，进而增强客户的品牌认知和忠诚度，并且扩大品牌的渗透率。

“定制化”广播在形式上往往体现为一种“窄播”。在移动互联网时代中，那些突出个性化的碎片化信息，往往更能得到用户的青睐。每个用户都可以定制自己感兴趣的细分内容，并通过客户端的即时性推送实现随时随地的消费“窄播”产品。所谓“窄播”，实际上是从用户角度界定的概念，即受众通过个人定制实现对“广播”的“窄收”。对于传统广播而言，符合用户个性化、陪伴性需求的手机广播定制产品也是其与移动互联网融合的未来发展方向。

---

① 任陇婵：《“内容为王”须全新升级》，载《中国广播电视学刊》2013 年第 1 期，第 4 页。

对于长期定位于“公共服务”的广播而言，“窄播”的说法似乎与其基本构架有所悖逆。但从更贴近现实的思维角度出发，关于“广播”与“窄播”的概念构造，实际上是对立统一的关系。广播的“广”实际上指它的“覆盖广”，因为面向大众，所以东西很多很杂，但可能某一听众感兴趣的只有其中10%，因此就可以通过定制自己感兴趣的广播产品，做到随时随地去听自己想听的内容，实现“窄收”（对于传播者而言就是“窄播”），极大地提高了信息传播效率。

目前，已经有一些早先的电台类App在向此方向迈进。以2012年下半年推出的同名App应用——“窄播”为例。作为一款主打碎片化有声资讯产品的服务商，其通过新颖的界面设计、有趣的用户体验、智能的信息采集分发以及充分细分的定制选择，“不仅让用户只需选择一次就成为联想选择的标版，更有效地延长了产品使用时间，增加了使用次数，通过有针对性的数据分析获得更精准的广播对象行为模式，还将进一步强化该应用平台对用户行为转化的影响力。”[①] 在推出之初就荣登App Store排行榜广播App类首位。具体来说，目前的窄播产品主要有以下几项创新值得借鉴：

一是“推送式”广播。它主要是指在对用户数据分析基础上，基于对用户兴趣爱好，所在地理位置等数据的分析，主动地向用户推送广播产品，并引导其消费其他增值服务，包括一般的新闻、休闲娱乐、商家优惠等各种类型产品。“推送式”服务并不会让用户去主动点击某一段资源或者节目，而是根据用户的订阅进行推送，并大量收集用户收听喜好数据，以此来更精准地推送用户感兴趣的内容。这种应用主要依赖用户数据库的建立与用户分析系统的完善。

二是“微信式”微博。微信区别于微博的一大特点就是其“语音传送和收听”功能，但是微信又不可能完全取代微博的“公共信息平台”功能。但是在移动互联网环境下，就可以开发具有广播样态的微博应用产品，即“微信式”微博。这种产品能够让用户用耳朵代替手来刷微博，只要登录账号，就能同步“收听”自己关注的人发的微博，或者别人@自己或对自己微博的评论和转发。此外，你还可以选择进一步定制，按照分类或圈子选择性收听部分感兴趣的信息，并依照个人喜好程序确定播放语音的“播音员”。

三是“应景式”音乐。音乐类广播应当是广播类移动产品中相对成熟的一种类型，但是距离真正的“定制”还有一定的差距。目前一些技术开发团队提出了“应景式”音乐广播构想，笔者个人认为应当是比较先进的。他们认为，

---

① 马晓艺：《广播在移动互联时代的应用新方向》，载《中国广播》2012年第5期，第61页。

人们永远最需要听到最“应景”的歌，因此定制电台的歌单都是类似于“清晨正能量”、“运动 energy”、“午后小清新”这样的情景形态，并收集了大量同类音乐以供给需求。

对于传统的广播电台来讲，也需要抓住窄播产品的发展方向。除了上述三项设想外，还可以从以下几个方向上寻求突破：一是互动性，加强内容产品与社区产品的结合，突出产品的互动属性；二是多元化，要激发广大用户的力量，通过 UGC 模式强化广播内容优势；三是个性化，着重于用户体验和界面设计，以及个人定制服务的提供，帮助用户“准确地找到自己感兴趣的节目内容，实现信息接收方式从‘推’到‘拉’的过渡，实现由‘传受关系’到‘伙伴关系’的转变”①。

当然，“窄播”产品经营模式投入大、周期长，且并无过多经验可借鉴，也不仅仅是一家广播电台就能解决，还需要网络服务商、应用开发商、内容提供商、增值服务商、手机终端商的支持，并形成多方共赢的局面。作为广播从业者，需要在思维上顺应时代“人人即媒体”的发展趋势，以用户体验为中心，挖掘来自广播内外的智慧与力量，并通过开放的互联网平台分享而丰富资源，最终实现广播核心竞争力的重建。

三、广播产品设计对移动互联网应用技巧的借鉴

在移动互联网时代，获得成功的媒介产品类型有很多种，但在诸多方面也有共通的技巧。对于既是“后来者”也是“门外汉”的传统广播来说，通过对这些技巧的应用，往往可以达到事半功倍的效果。

1. 用户成长系统

用户是互联网产业的核心，“用户至上”是最具代表性的互联网思维。传统广播要将受众转化为黏性更强的用户，并维持较大规模的用户体系，就必须在产品设计上构建类似腾讯 QQ 或者阿里巴巴会员的用户成长系统。

成长系统是通过在线时长、消费量等标准进行等级定位，区分不同价值的用户，并使其享有不同特权（比如更多的话语权和购物折扣等），老会员增加了一个清晰传达自己累积实力的方式，新用户也能够感受到成长的引导，用户的忠诚度和活跃度自然会提高。对于传统广播来说，在培养自己的用户体系上需要做的有两点：一是与那些成熟的用户平台合作，比如腾讯 QQ、微信或者新浪微博，实现好友向用户的转化；二是在自己的用户体系上嵌入成长系统和

① 王清越：《手机广播：极具魅力的贴身移动新媒体》，载《学理论》2010 年第 22 期，第 139 页。

社交功能，实现用户到好友的二次转化。

2. 好友排名应用

当然，要直接提高用户消费的欲望，“成长系统”还需要“好友排名”的一臂之力。如果我们观察这些年活跃度和转化率双高的那些互联网应用，比如早些年QQ推出等级体系后，立刻引起用户们24小时在线升级的热潮，甚至出现了代管升级的产业，之后开心网的偷菜游戏以及微信的“天天酷跑”，它们实际上都应用了“好友排名”这一理念。即你可以随时随地与自己的好友比较等级排名，并可以通过直接付款或者网上推介等功能来实现超越。简而言之，就是用中国人的“攀比心理”去克服中国人的“免费情结”，提高转化率。

3. 扫一扫

“随时随地”的营销是移动电子商务的核心竞争力，而O2O则是形成这一竞争力的重要路径。所谓“O2O”，是指“通过网络推广把线上的消费者带到现实中去购买和享受线下的商品和服务，交易完成以后可以再回到线上评价和分享”①，大众点评网和众多的团购网站就是其典型代表。

通过“O2O”实现营销在线上、线下的双重覆盖，无疑是降低推广成本，提高营销效率的良策。这其中二维码的应用不可避免。与网址链接等方式相比，二维码更简单、更快速、更安全，而且在网络页面上嵌入二维码，用户的体验感更强，“它就像凭证，而且输入方式采用识别方式，无需人工输入，不管是用手机去扫描二维码，还是手机上的二维码被其他设备扫描，都很容易”②。

4. 碎片化

移动互联网时代，谁能占据用户途中、等候甚至马桶上的“碎片化”时间，谁就能获得更大的市场，这也是广播能否继续保持伴随性优势的关键。为此，有必要对传统广播的节目制作模式进行适当改良，具体可以通过分类、截取、细化等再加工方式，形成“碎片化”、“标签化”节目，并将内容产品与销售终端贯通起来，以网络化的模式进行多渠道和终端分发，增强客户的品牌认知和忠诚度，为日后节目的个性化定制与推送做好内容准备。

当然，伴随着4G时代的来临，高速网络拓展了故事、娱乐等长节目的消费空间。但在笔者看来，对节目的“碎片化”处理仍是传统广播的不二选择。理由有三：一是传统广播本身拥有完整版权、又适合市场经营的长节目资源并不多，以中央广播为例，据了解目前拥有完全版权的广播作品也就一千部左

---

① 肖震：《掘金微时代：移动互联网下的生存与制胜指南》，科学出版社2013年版，第157～158页。

② 张波：《O2O：移动互联网时代的商业革命》，机械工业出版社2013年版，第37页。

右；二是短小精悍的资讯类节目一直是广播的优势资源；三是较高的流量费用仍是抑制长节目消费的重要原因。

5. LBS

当前，为了提升用户的体验度，LBS 在移动互联网产品的应用几乎成了标配。对于传统广播而言，通过对 LBS 技术的应用，让传统广播与移动网络受众的空间位置结合，构建一个社会化广播服务系统，将会是一个新的业务增长点。目前，国内关于 LBS 技术的应用主要集中在商业、社交和生活服务等终端领域，与广播的融合，应当重点放在满足移动化、分众化的受众需求上，首当其冲便是汽车：一是车载广播，根据用户地理位置定位向其推送一些符合受众习惯的分类生活信息等，已超越地域的限制。比如高速路周围的超市和酒店信息，实现营销目的。二是交通调度，“根据受众的区域来推送相关的交通调度信息，从而有效地调度车辆，疏导交通，缓解高峰期交通压力”①。

四、结语

就像麦克卢汉所说的那样，“没有一种媒介具有孤立的意义和存在，任何一种媒介只有在与其他媒介的相互作用中，才能实现自己的意义和价值”②。在媒介融合、混业经营已成大势的背景下，广播作为“最容易和移动互联网融合的媒体”③，应当抓住媒介技术发展的宝贵契机，借力移动互联网扩大自己的社会与市场影响力。

当然，这种融合并不会自发产生，也不会轻易实现。关键在于尊重与遵循技术发展趋势和媒介传播规律，充分了解广播产品的“定制化”趋势和一些应用技巧，明确知晓哪些可为哪些不可为，将互联网思维应用到宏观的经营理念和模式以及微观的产品开发与销售上，推动“传统广播”到“手机广播”的战略转型。

（作者单位：中央人民广播电台办公室）

① 张乡平、赵方、黄佩：《LBS 技术在移动广播中的运用初探》，载《中国广播》2012 年第 3 期，第 47 页。

② ［加］马歇尔·麦克卢汉：《理解媒介——论人的延伸》，何道宽译，商务印书馆 2000 年版，第 56 页。

③ 张锐：《移动互联时代传统广播的发展趋势和创新策略》，载《中国广播》2012 年第 9 期，第 58 页。

新媒体时代广播节目声音元素拓展探析

◇ 顾熠男

当今时代，人们对文化产品的需求越来越多元，新媒体的发展不仅促进了受众主体意识的增强，也给了人们更大的自主选择的空间。广播想要在与其他媒介的竞争中取得优势、赢得受众，无疑需要通过各种手段增强节目可听性，为听众提供更好的收听体验。声音是传统广播唯一的传播符号和传播途径，拓展声音元素自然也就成为提升广播听众体验的切入点和着力点。本文从“突破口语语言，拓展声音来源”、“创造多种语境，拓展声音样态”、“满足审美需求，拓展声音特色”三个方面，结合互联网广播、高校广播和传统广播的相关探索与实践，为广播节目拓展声音元素提供一些方向和思路。

一、提升听众体验，从拓展声音元素开始

美国苹果公司前首席执行官史蒂夫·乔布斯认为，“用户体验”是成功的第一驱动力。所谓“用户体验”，即用户使用一个产品（服务）的过程中建立起来的心理感受。随着新媒体的发展，“用户体验至上”这一价值主张，愈来愈被各行各业奉为成功的圭臬。对广播行业来说，我们的“用户”就是听众，如何提升听众体验是广播工作者不得不思考的问题。

与电视、网络、报纸等媒体不同，广播作为一种“有听无视”的声音媒介，声音是其唯一的传播符号和传播途径。对声音元素进行拓展，从而丰富声音的艺术表现力、增强声音的传播效果，自然也就成为提升广播听众体验的切入点和着力点。

受众群体和收听方式的改变、收听需求的多样化，对拓展广播节目声音元素提出了更大的要求。2013 年赛立信媒介研究在 70 个重点城市的广播受众研究及收听率调查结果显示：2013 年有 47.8％的听众主要通过手机收听广播，

手机成为目前最多听众使用的收听工具。① 随着移动终端（智能手机）的普及和互联网的发展，市场上涌现出一大批优秀的电台 App。“喜马拉雅电台”自 2013 年 3 月上线以来，已累计用户 8000 多万；“蜻蜓 FM”对外公布的总下载量是 3000 万；“网易云音乐”近日也开通了电台入口，并吸引了一大批传统广播人制作节目上传发布。这些 App 大多提供节目下载功能，对部分听众来说，这在一定程度上改变了通过传统渠道播出的广播节目“伴随性”的特点。这些听众在空闲时间会对下载到手机中的节目（尤其以文艺节目为主）仔细地听、专注地听甚至反复地听。这一群体对广播节目的可听性有着极大的要求。为了不使他们产生听觉疲劳，提升听觉体验，广播工作者对声音效果的追求是满足这些听众需要的前提。

该调查结果还显示：52.1%的广播听众为 25～34 岁的中青年，25 岁以下青少年听众的占比也较 2012 年有所增加。②“中、青、少”已成为广播的最大收听群体，日益年轻化的听众会对广播节目声音元素质量的要求也会越来越高。同时随着新媒体的发展，年轻人审美日益多元化，受众群体被进一步细分，广播节目需要对声音元素进行个性化的调整，来满足听众需要。

总之，拓展声音元素，既可以在听众听到节目的头几分钟提升瞬间体验，吸引其继续往下听而不至于换台，也可以从整体节目上改善听众的全局体验，提升其收听黏性，培养出新的忠实听众。

二、突破口播语言，拓展声音来源

广播只能通过听觉来进行传播，如果只有主持人单一的口播语言未免呆板枯燥。为了发挥广播的魅力，就要拓展声音来源，把原先只能通过视觉、嗅觉、触觉等进行感受的内容，合理地利用现场音响、音乐等方式转化为有声语言，从而唤起听众的形象思维，吸引听众的听觉注意。

曾供职于中央人民广播电台都市之声的阿鹏叔后来创办了有声杂志《桒慐Sound》，通过豆瓣 FM、喜马拉雅电台、荔枝 FM 等新媒体平台进行传播。从栏目名称和“总有些声音，被我们错过或珍藏，那是生活的细碎瞬间”这句 Slogan 就可以看出阿鹏叔对声音要求的细致与苛刻。

在节目《上海寻声》中有这么一段：“从其中的一条街道出发，到丛林聚落中的某个门牌号码（出音效：转场声），比如说‘2046’（出音效：吱呀的开

① 梁毓琳：《2013 年中国广播收听市场分析》，http://www.bpes.com.cn/zh－CN/displaynews.php? id＝2444

② 同上。

门声)，门开之后，你只需要报上名字和门牌号码，然后大家挥手作别，一切妥当（出音效：渐行渐远的脚步声）。对一个外地人来说，在简单的方位名词和一大串冰冷数字的精确描述下，城市变成了更加抽象的符号。而感情丰富的你，充其量也只能想象一下敲门三下之后（出音效：敲门声；快递员‘取快递’的叫喊声），（出音效：摆碗筷的声音）一家人正在吃饭，（出音效：玻璃、陶瓷制品摔碎的声音，夫妻吵架声）或是两口子正在吵架，（出音效：敲门声、犬吠声）再或许根本没有人在家。在这些密密麻麻的快递单中，被涂写最多的两个字就是‘上海’（出音效：汽车喇叭声）。我甚至梦见自己蹬着一辆“中国邮政”的绿色自行车（出音效：自行车铃声）忽地从繁华的淮海中路拐进乌鲁木齐路（出音效：自行车链条转动的声音），或者像电影里那个马达一样，（出音效：摩托车发动时的马达声）沿着苏州河一路骑行，风驰电掣地穿过。”在不到250字的文稿里，音响竟被运用了11次之多，另外还有两段背景音乐。这些音效选择得当、与话语的结合点设计精准、制作与合成效果极佳。这样的节目制作需要极大的精力付出，但从听感上来说绝对不失为一种享受。

拓展声音来源不仅能在精细化制作的文艺节目实现。微信等实时交流工具在广播节目中的运用，也大大拓宽了一些新闻节目的声音来源。许多电台纷纷开设了微信公众账号、微电台，上海东方广播公司还开发了自有电台 App“阿基米德”，通过这些渠道增加与听众的互动，以听众生产部分内容的方式拓展声音来源。

以杭州交通广播（FM91.8）为例，截至2014年10月，其微信公众平台粉丝数量已突破62万，通过微信平台各种功能的运用，更好地让听众了解和参与节目，形成线上线下的有机结合，通过节目话题设置，提升听众互动频率，也让节目本身的声音元素更加丰富。上海人民广播电台《市民与社会》在一期讨论上海书展的节目中，通过电话和微信同时接进10余位听众的发言，让他们表达了对参观上海书展的体验和感受。这种多对多的交流改变了传统电台热线一对一的交流方式，满足了市民参与节目的欲望；男女老少褒贬评判的多种声音的出现也扩大了节目容量，加快了节目节奏，提升了节目的可听性。

三、创造多种语境，拓展声音样态

基于播音主持艺术创作的实践经验，学界和业界长期以来把话语样式归结为四种类型：宣读式、朗诵式、讲解式和谈话式。20世纪60年代，中央人民广播电台的齐越、夏青、林田、费寄平架构了这四种话语样式，并分别成为这几种话语样式的代表人物。这四种基本的话语样式指导着播音主持艺术创作的表达方式，为广播电视语言传播提供了广阔的创作空间。无论节目形态怎样变化，播音主持艺术创作基本都没有脱离这四种话语样式——新闻播报大多采用宣读式、朗诵式；文艺类、社教类等专题节目则以讲解式为主；而谈话式则在访谈类节目、多人主持的娱乐节目中有着广泛的应用。

但是在广播节目创作和播音主持艺术的实践中，拓展声音样态、丰富和变通播音主持话语样式已成为丰富和发展广播节目形式、增强广播可听性的必然要求。如果一档节目中只有单一、固定的声音样态，既易使听众产生听觉疲劳，也不利于节目内容的有效传播。

浙江传媒学院未来之星广播电台陈雨旻的生活标签类节目《Lofter》在这方面做了一定的探索。陈雨旻曾说："我一直想做一档有别于传统形式的节目，不是说一段话放一段音乐、说一段话放一段音乐的那种……我想要用不同的话语样态、音效和音乐营造出一种真实的生活氛围，进行场景再现，通过听觉去塑造鲜明的画面感，也给观众一种'出游'的感觉。"

为此，《Lofter》创新了传统文艺节目一般采用讲解式为主，谈话式为辅的话语样态，设计了一种被陈雨旻称为"语音日记"的播讲方式。这种播讲方式与现场报道有部分相似之处，但又比现场报道更私语化、体现个人风格、接近人际交流，内容上也比现场报道更灵活与丰富。节目中，演播室直播、语音日记、现场同期声和其他声音素材交替使用，极大丰富了节目的声音样态。

表 1 是对演播室直播和语音日记的一些比较：

表 1

	演播室直播	语音日记
表达性质	相对公众化的表达，属于大众传播的播音主持语言	更具私语化的性质，更接近人际交流
创作主体	主持人	生活中的自然人
语言风格	相对平实正规	相对随意活泼
有无稿件	有稿	无稿

通过分析可以发现，话语样态的拓展很大程度上决定于语境的拓展，语境是语体产生、存在的客观依据与前提条件。无论是采用讲解式还是谈话式的话语样态，"语音日记"都把有声语言表达放在了与演播室不同的各种"生活"和"现场"的语境中，声音样态也随之发生了非常自然的改变。

正因为节目在这方面较为成功的探索，《Lofter》受到了一大批学生及其他青年听众的欢迎。第一期节目《一个人的 798》在未经任何推广的情况下，在不同电台 App 中累积播放数量达到 8000 余次，这对一个校园电台节目来说是非常了不起的数据。

这种拓展声音样态的探索也值得一线业界借鉴和发展。如果播音员主持人可以依据节目定位和内容，创造出更丰富多样的语境，把内容进行重新编排后放入多样化的语境中进行表达，就可以拓展已有话语样态的层次，使声音形式更富吸引力和创造力，增强节目的可听性，更好地满足节目内容和受众兴趣的要求。

四、满足审美需求，拓展声音特色

一般来说，艺术无论在形式还是内容上都应该是统一的。但不可否认的是，作为一种伴随性、甚至只是充当生活背景音的广播节目，最先给人直接感受、影响受众体验的就是声音。声音是否有特点、能否让听众产生美感并得到听众的喜爱决定了广播节目能否给听众留下更深的印象、广播节目主持人能否被观众记住。

广播节目看不见主持人的外貌，声音几乎成了他们的唯一符号。拥有好声音的主持人和他们的节目往往能够在众多的主持人和电台中脱颖而出，被听众所熟知。很多听众都是从被一个声音所吸引，到喜爱一位主持人，再成为一档栏目的忠实听众的。从这个角度上来说，阿鹏叔所信奉的“夜晚的声音会发光”，绝不仅仅是一句诗意的表达，更是对现实的表述。

当今，新媒体的发展促进了受众主体意识的增强，受众审美日益多元化、私人化，所谓的“好声音”自然也不再是传统意义上的“宽音大嗓”，甚至不仅仅局限于“音色好”的标准。更重要的是，主持人的声音要有自己的独特性和辨识度，打造成属于自己独有的标签和名片。无论是高亢的还是低沉的，浑厚的还是清脆的，沙哑的还是清亮的，活泼的还是慵懒的，温暖的还是冰冷的，只要能与节目内容相符合、与节目受众相贴近，都不失为一种“好声音”。

阿鹏叔在发声时鼻音较重、唇齿力度稍弱，还有些压喉，但在深夜聆听时恰恰能给人一种“温暖”的感觉，与节目内容和风格相得益彰。因此有网友评价他的声音为“好的声音像是时间里的阳光，不能永恒相伴，但足够温暖”。北京交通广播《一路畅通》的三对主持人曾被听众这样评价：罗兵、刘思珈“坏”；王佳一、顾峰“憨”；杨洋、李莉“酸”。这三个字对应的不仅仅他们的性格特点，也十分恰切地形容了他们的声音特色。现北京人民广播电台文艺台副台长王为是原中央人民广播电台播音指导铁城老师的儿子，他在做主持人时曾自称是“声音最难听的百灵鸟”，他说开始实施他的“服务娱乐化”节目主持理念的时候，回到住的中央人民广播电台的大院，就被邻居问：“你怎么这么说话呢？不怕你爸打你啊，不怕他说你啊？”王为说：“但是我的父亲很支持我，父亲说，你的声音特质就是这个。”①

要实现主持人声音特色的拓展，既需要主持人不拘泥于最习惯的播讲状态和声音形式，在实践中苦练基本功，锻炼声音弹性，也需要广播电台在选拔和实践中培养出一批具个性化、有特点的主持人，最终摸索出最与节目内容相符合、与节目受众相贴近的声音，实现声音个性化与特定目标受众生活感受的一致性。

参考文献：

[1] 梁毓琳：《2013年中国广播收听市场分析》，http://www.bpes.com.cn/zh-CN/displaynews.php? id=2444

[2] 吴生华：《需求多样　定位细分——个性化主持成为广播频率的核心竞争力》，浙江广电编播导刊。

（作者单位：中国传媒大学播音主持艺术学院）

① 吴生华：《需求多样　定位细分——个性化主持成为广播频率的核心竞争力》，浙江广电编播导刊。

以音频为特色的新媒体内容生产模式研究

◇ 沙尔娜

新媒体是泛指以信息技术为基础，通过网络载体实施信息传播的媒介。广义上讲相对于报纸、杂志、广播和电视等传统媒体形式，一切新生的媒介都是新媒体，比如门户网站、博客、客户端应用程序①（下文简称 App）等。这是一个开放式的概念，未来还会随着时间的推移诞生出许多新生媒体种类。

移动互联网带给人们越来越多的便利，生活中衣食住行方方面面的信息唾手可得，几乎所有行业都已经或者开始尝试面向广大网民提供基于移动互联技术的新服务。与此同时，用户广泛参与甚至是主导其内容的各种新媒体形式已经成为互联网传播内容的核心，这种互动式体验给广大网民带来一种前所未有的参与感，他们自然而然地成为互联网内容的制造者和传播者。

一、新媒体的优势及特点

目前新媒体市场呈现出一片百花齐放、争奇斗艳之势。移动终端设备上的新媒体软件种类十分丰富，所关注的内容从时事新闻到财经证券到文化体育再到奇闻轶事，可谓包罗万象。如此遍地开花的新媒体形式具有什么样的优势呢？首先，新媒体是以网络为平台运作的，网络平台让它涵盖视频、音频、图片和文字等多种丰富形象的内容，是具象化、直观化的全媒体信息传播方式；其次，网络平台赋予新媒体极强的互动性，受众可以选择性的接受内容并且与内容发布者实时互动，从而参与内容制作和修改的过程；最后，网络平台的优势使得新媒体具备了足够的穿透力，可以突破地域、语言文字的限制进行内容

① 客户端应用程序，英文为 Application program，简称 App。

的全球化实时传播。

网络平台与信息技术的优势并不能完全成就现在新媒体的一片繁荣景象，真正将新媒体推上巅峰的，还是身居幕后策划并实施具体工作的从业者。最出色的新媒体产品绝大多数都是由各行各业的精英、成功人士创办或运作，大致归类为两种情况：其一，具有某一行业资深背景的人群，他们可能是某些技术领域的知名专家，知名高校的著名学者，大型企业的高层管理者，他们掌握行业内最新的情况，人脉很广，对行业从宏观走势到细枝末节无不了如指掌。自媒体成为了他们与广大业内人士和粉丝的互动交流渠道。比如知名军事专家宋晓军先生的博客，著名文化学者、收藏家马未都先生的博客等，都是相关领域的代表性自媒体。其二，是资深媒体人，作为新闻工作者他们熟知媒体工作运转的流程和关键点，文字功底深厚，又有独家的信息渠道。他们做新媒体的内容游刃有余，善于通过突发事件和社会现象做出快速准确的判断进而通过深刻的剖析，提出有深度的观点。比如，主办“滤镜菲林”的陈鸣，供职于《南方周末》时已经颇有名气，目前是《博客天下》主编助理；最近一年多来名声大噪的“罗辑思维”主创与音频内容讲述者罗振宇，曾为央视《经济与法》、《对话》栏目制片人。

二、以音频为特色的新媒体内容生产模式个案分析

（一）“罗辑思维”：初具规模的盈利性自媒体

2012 年年底，曾在央视任制片人的罗振宇同《创业家》杂志原主编，NTA 创新传媒机构创始人申音[①]合作制作一档知识性视频脱口秀“罗辑思维”，每周更新一期。视频由罗振宇主持，他充分展示了自己渊博的知识，通过诙谐的表达方式分享读书心得，引起受众独立思考。由此还衍生出微信公众账号、图书杂志、线下读书会等多种新型互动模式，服务于有读书需求的 80 后、90 后群体，意在创建互联网知识性社群，并以此试水社群经济。经历了一年半多的发展，“罗辑思维”品牌形成了良好的口碑，已初具规模，其视频在国内最大视频网站优酷网上的总播放量已经超过了 8300 万次，其微信公众号关注数量也达到了 100 多万[②]。两次会员招募，近 3 万会员贡献近 1000 万元会费。

1. 以声音作为载体，直观的展现出“魅力人格体”

“罗辑思维”微信公众号所提供的内容是以音频为主，文字为辅。罗振宇

---

① 申音，NTA 创新传播机构创始人，微信公众号“罗辑思维”创始人，2014 年 5 月宣布退出“罗辑思维”项目。

② 数据来源：优酷网播放页面统计数据，微信用户平台统计数据。

觉得在目前网络带宽不断扩充的情况下，网络上的信息量过于巨大，而人们的生活节奏都比较快，大部头、长篇幅的文章对新媒体受众的吸引力很小。“罗辑思维”虽然也提供文字的内容产品，但只是音频的补充和延伸阅读。他认为倚重音频而减少产品中文字比重的做法更深层的原因是，声音作为载体直观的展现出“魅力人格体”。他表示不会像传统媒体人那样笔耕不辍，微信发语音不发文字就是因为音频所能展示的人格更加全面清晰，比文字的渲染力强得多。

用微信的初始功能——语音来传播自家新媒体的内容，“罗辑思维”从形式上和传统的静态媒体传播方式有很大区别，同时也考虑到了节省用户流量，降低了门槛，也通过创新赚足了关注度。“罗辑思维”微信语音内容非常好地吸引了受众群体，同时也为网站视频内容提供宣传和接口，将自家旗下的两个新媒体品牌有机地结合起来。

2. *以极简主义为原则，对受众进行区分*

不论是做每周一期的网站视频节目，还是微信公众号的每天的60秒语音，罗振宇都坚持以极简主义为原则，追求将内容制作得小而美。罗振宇在视频内容的制作上一概摒弃视觉效果上的浓墨重彩，彻底将极简主义发挥到极致，从来都是单摄像机位，往往是一个镜头没有变焦地录到底，这种手法在传统的电视节目制作者来看肯定是无法接受的。在微信语音内容的制作上，他保持着每天清晨准时且精准的60秒语音内容推送，在语音的末尾根据内容的起伏话锋一转要求受众回复“××”的两字词语以获得补充和延伸内容。这个环节的添加看似不经意间的一个桥段，实则有两层重要功效：第一，这个设计运用了一种类似发短信的复古手法来实现受众和制作方的即时互动，富有想象力和趣味性；第二，这其实是用户对音频内容质量满意程度的反馈，同时也把草草浏览的用户和深度收听并且需要延伸和补充阅读的用户比例、名单进行了区分，为保持甚至提高受众黏度随时调整内容的生产和制作提供参考。

3. *在知识中寻找见识，制造不确定的悬念感*

“罗辑思维”微信语音推送的内容主要涉及历史、政治和社会方面的一些内容。罗振宇认为没人有工夫读那些很有营养但却压得人直不起腰的皇皇巨著，相反人们需要一个值得信赖的推荐者来告诉他们重要的内容点。这种化繁为简，寓教于乐的内容制作思路很有新意。在“罗辑思维”微信语音的制作过程中始终拒绝给内容一个明确的定位。罗振宇说，千万不能有定位，“罗辑思维”的语音就是在和大家的预测玩捉迷藏，什么都聊，如果你不打开永远也不知道我今天要说啥，这就是悬念的力量。在“罗辑思维”视频里面同样有类似的悬念，受众很难预测到下一期节目罗振宇会说些什么。从心理学上分析，这种不确定的悬念感，会非常有效地吸引受众持续关注新媒体的内容。对于志在打造“魅力人格体”的“罗辑思维”来说，只要能够满足“有种、有趣、有料”、“在知识中寻找见识”的宗旨，选题大可不必受限于条条框框。不做定位，就是发散性的思考和发现，不会故步自封，不会困于窠臼，不但节省制作成本，而且使得内容生产更有效率和持久性，这种“形散而神不散”的内容策略，非常符合罗振宇在内容生产过程中对于自由的追求。罗振宇操刀制作的内容有一种浓烈的人格色彩，传递着一种积极和上进的人生姿态。他不断强调：互联网时代的内容是一种体验式的经济方式，情感价值大于功能价值，制造一个叫“罗胖”的人格是重中之重，因为这是“罗辑思维”新媒体品牌所有价值增长的基点。

4. 构建“新媒体—社群—产业链条”价值链，提升受众黏度

“罗辑思维”对于会员的根本价值就在于这个群体对自我价值认可的需要。这个群体对自己的认知是追求上进、渴求知识、独立思考的人，“罗辑思维”将这种双方相互的认同转化为紧密连接的互动形式从而提升会员黏度。“罗辑思维”没有植入式的广告，罗振宇采取“团要”的方式从商家为会员争取新产品或者使用体验，从而通过平台宣传了商家，也为会员争取到了会员福利，这是一种双赢的模式。“罗辑思维”不是仅仅收取会员费，而是通过组织基于信任而又有行动力的社群，构建“新媒体—社群—产业链条”价值链，发展社群经济，在未来还有很大的发展空间。

（二）“为你读诗”：有相当影响力的公益性新媒体

“为你读诗”微信公众号是由 Be my guest 携手中国二十位各领域翘楚共同发起的诗歌艺术活动，倡导一种摒弃浮躁和麻木，回归柔软与真挚的诗意生活方式。这是一个完全公益性质的 App，关注该微信公众号的用户每天晚上 10 点可以收听一位特别来宾的朗诵佳作。参与发起该项目的基本都是各自行业的风云人物，或是出镜率很高的公众人物。在创建之初，很多人都没有预料到“为你读诗”能发展成今天拥有 60 万用户、点播次数破亿的具有相当影响力的新媒体，现在回过头来看其实绝非偶然。

1. 内容“精专”吸引特定受众

“为你读诗”采用完全公益性的运作模式，整个 App 没有任何的广告和附加内容，其 UI[①] 的设计风格和提供的音频内容一样清新唯美，紧紧抓住了文艺爱好者对清新风格和纯粹艺术内容的向往。其内容打造得又精又专，只涉足诗歌这一领域，聚集了一批热爱诗歌艺术的特定受众群体。

---

① UI：User Interface 中文意思为用户界面。

2. 用公众人物的感召力增加受众黏度

作为传播诗歌音频的新媒体平台，内容团队邀请到众多著名播音艺术家、表演艺术家、资深媒体人甚至丹麦女王玛格丽特二世与国家主席夫人彭丽媛女士都参与到诗歌音频的创作和录制中来，阵容之强大如璀璨星河尤为壮观，为广大爱好者和受众打造了一场场非同凡响、广为流传的诗歌盛宴。这些公众人物的作品牢牢吸引着受众，受众通过个人微博、微信转发他们的作品，吸引了更多关注，形成良好的口碑效应。

3. 传播内容专业化

内容团队专门从中央人民广播电台请来资深录音师和播音指导，音频制作全程使用业内顶尖的设备和环境，可谓独具匠心、至臻品质。

“为你读诗”创始人潘杰客表示，创办这样一个诗歌音频新媒体平台就是为了在现在浮躁喧嚣的社会氛围下通过推送具备艺术品位的高雅文化给受众，从而触碰到人们心灵深处最原始最本真的地方从而产生共鸣。“为你读诗”受到受众的广泛喜爱，说明在网络信息量爆炸式增长、新媒体内容质量参差不齐的情况下，广大受众从未放松对于新媒体内容质量的要求，有力地印证了内容是新媒体核心竞争力的观点。这次颇具文艺气息的新媒体实验在大获成功好评如潮的同时，其内容创作方式，生产过程中的细节处理技巧成为一个具有现实借鉴意义的范例。

三、广播发展新媒体的借鉴意义

综观近几十年媒体演变的历史，媒体的内容生产方式已经发生了本质的变化，随着时间的演进，生产方式是持续提供优质内容的保证。当技术革新带来的新媒体汹涌而来，它们不仅改变着传播方式，也孕育着新型受众。所谓适者生存，传统媒体必须明白受众要素和社会要素是无法改变的，那么唯一改变的是自身的结构和运作方式。作为“内容为王”的信息类组织，应该如何组织生产，才能提供优质内容呢？

1. 内容生产的再创造

从媒介之间竞争的角度来看，广播媒体，面对受众，要赢得信息通道的优先选择，首先需要解决的便是扬长避短提供自己特有的差异化信息内容，而这取决于内容生产方式的转变。新媒体的内容种类和信息量巨大，内容直观立体看得见摸得着，从业者对内容的加工生产方式灵活多变，手段花样层出不穷、日新月异，趣味性和创新性非常强；同时也存在内容分类不合理，内容制作良莠不齐，信息源头不可考带来的真实性差等问题。新媒体的优势和劣势恰恰和传统的广播媒体形成了互补，刚好可以作为广播媒体一种有益的延伸和补充。

广播媒体不仅要利用好自身内容素材丰富，制作精良的优势，还需要利用好新媒体这一信息内容丰富快捷，新生事物层出不穷的平台，取他人之长补自家之短，对现有内容进行再创造，来适应新媒体环境的新形势。

新媒体的影响力巨大而深远，在竞争日益激烈的传媒领域中，占据着越来越重的话语权。新媒体已经成为信息传播的重要平台，碎片化的时间、空间与媒体消费趋势，对媒体产品的内容和形式都提出了新的要求。电台自身有海量的节目内容和资讯，如果直接照搬到新媒体平台上，受众接触度较低。因此，一定要对现有的节目内容进行碎片化信息再造。比如，将一档节目打成碎片化的节目群落，打破现有板块节目的固有样态，再造节目流程，内容碎片化、制作精致化、编排格式化、传播多样化，以碎片化组合为听众提供插件式广播套餐，为受众提供精品化的内容，给予受众崭新的收听体验。

2. 利用自身的核心竞争力

广播媒体的核心竞争力包括它的品牌优势、内容优势和伴随性强等媒体特质等。核心竞争力具有稳定性和惯性力量，使得受众群不会轻易流失。广播媒体不仅需要认识到自身的核心竞争力，认识到自身的不可替代性，更要立足于时代发展，最大限度地“扬独家之优势”，从而在媒介竞争格局中获得一席之地。

综上所述，广播媒体只有敞开胸怀拥抱新媒体，利用自身独具的特点和多年积累下来的内容生产优势在新领域内大展拳脚，在网络信息化大潮中形成一个健全的全媒体生态，从而吸引更多的受众，抢得传播制高点。

参考文献：

[1] 丁钊：《构建广播媒体核心竞争力的探讨》，《中国广播电视学刊》2008 年第 4 期。

[2] 张凤铸：《扬声音之优势，增强广播的感染力》，《广播的创新与发展》，北京广播学院出版社 2004 年版。

[3] ［加］麦克卢汉著，何道宽译：《理解媒介——论人的延伸》，商务印书馆 2000 年版。

[4] 官承波主编：《广播电视概论》，中国广播电视出版社 2009 年版。

[5] 杜百川：《广播必须数字化》，载于《广播的创新与发展》，北京广播学院出版社 2004 年版。

[6] 白玲主编：《广播的创新与跨越》，中国广播电视出版社 2007 年版。

[7] 杨明品主编：《中国广播电影电视发展报告（2014）》，社会科学文献出版社 2014 年版。

（作者单位：中央人民广播电台民族节目中心）

融合与突破：数据新闻落地广播媒体的途径

◇ 陆明明

在大数据和云计算迅速崛起的今天，数据在社会发展的各个领域都发挥着不可替代的作用。2008 年 9 月，《自然》杂志推出了名为“大数据”（Big Data）的封面专栏，讲述了数据在数学、物理、生物、工程以及社会经济领域扮演的愈加重要的角色。[①] 而以信息搜集、分析、处理、传播和舆论引导为主要业务的新闻媒体，也在大数据的冲击下，重塑新闻形态，日趋数据化，使长期以来形成的报道形式产生了一定变化，这种变化主要表现在数据新闻的异军突起。

数据新闻，又称数据驱动新闻，是一种基于数据处理的新闻形态。欧洲新闻学中心（European Journalism Centre）和开放知识基金会（Open Knowledge Foundation）合作开发的《数据新闻手册》将数据新闻和传统新闻进行了比较，发现“数据新闻把传统的新闻敏感性和有说服力的叙事能力，与海量的数字信息相结合创造了新的可能”[②]。这种可能已经在报纸、杂志、电视和互联网等不同类型的媒体中得到了广泛实践，并越来越多地被各类新闻媒体和受众认可。

在成功运用数据新闻方面，英国《卫报》走在了世界的前列，早在 2010 年 10 月 23 日，《卫报》上刊发的一篇伊拉克战争日志，运用来源于维基解密

---

① Graham－Rowe Duncan. Big data：The next Google. UK：Nature[EB/OL]http：//www. nature. com/news/ 2008/080903/full/455008a. html. 2008－09－03. 访问日期：2014. 3. 5. 请添加访问日期以确保网址在撰文时有效。

② Jonathan Gray，Liliana Bounegru，Lucy Chambers：The Data Journalism Handbook [EB/OL]. http：// datajournalismhandbook. org/1. 0/en/，2012－07－18. 访问日期：2014. 3. 5. 请添加访问日期以确保网址在撰文时有效。

的数据，并基于谷歌地图软件制作了一幅点图（见图 1），通过图中密集分布的点标注出战争造成的人员伤亡等一系列信息。“此则新闻刊登后在英国朝野也确实引起了震动，相当程度上推动了英国最终做出撤出驻伊拉克军队的决定。”①

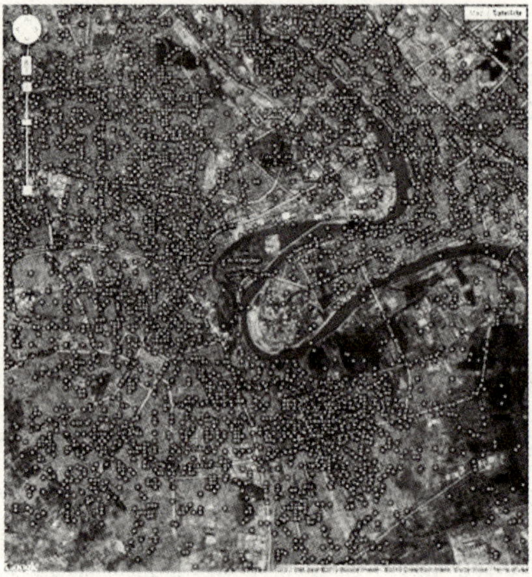

图 1　《卫报》制作的伊拉克战争人员伤亡点图

同样，我国电视和互联网媒体也对数据新闻进行了有价值的尝试。从 2014 年春节到同年 3 月的“两会”，央视《新闻联播》通过“据说春运”、“据说两会”系列节目，积极探索大数据电视新闻。以“据说春运”为例，央视一改以往派出记者在各大车站蹲点报道春运的形式，引入百度地图 LBS 定位的可视化大数据，在屏幕上直观地向观众展示全国范围内春运人潮流动的情况，并结合新颖的大数据洞察让观众大开眼界。对此，美国普林斯顿大学大数据科学家薛凌洲认为：“大数据新闻是富矿，新闻联播‘据说春运’基于大数据的迁徙图具有科技感、时代感，在美国还没有类似的可视化，体现出节目制作者对科技前沿的探索与融合。”②

然而对于广播媒体而言，数据新闻尚未得到有效实践。或者说，在广播媒

① 章戈浩：《作为开放新闻的数据新闻——英国〈卫报〉的数据新闻实践》，《新闻记者》2013 年第 6 期。

② 陈超：《中国大数据电视新闻时代的到来》，http://tech. caijing. com. cn/2014－04－11/114088088. Html 访问日期：2014. 4. 10. 请添加访问日期以确保网址在撰文时有效。

体中，尚未有严格意义上的数据新闻。原因有以下三个方面：第一，广播是听觉媒体，信道单一，信息量小，只能满足单一感官的体验，听众在收听过程中很难直接再现海量的数据信息，因此广播在更多时候充当的是伴随性收听工具，而不是数据处理工具；第二，广播是一种线性传播媒体，其收听过程是单向、不可逆转的，更加注重听觉感受上的连续性，而数据新闻恰恰是点面结合的，并与相应的文字情景进行对照分析，受众在数据信息的获取过程中思维是跳跃性的，这点是广播无法充分赋予的；第三，广播的故事性强，但可视性差，对于图形和数据的表述远远不如报纸、电视和互联网来得直接，这一点在数据爆炸的今天，大大削弱了数据新闻在单纯的广播媒体中全方位展示的基础。

但不可回避的是，在今天这个信息数据量呈几何级数增长的时代，新闻的数据化是未来新闻形态发展的大势所趋。如何让广播新闻紧跟数据化步伐，使数据新闻成为广播内容新的有机组成，笔者认为应该在两个方面做文章——融合与突破。融合包括广播媒体与大数据库融合，与新媒体融合，与社会化媒体融合；突破则体现在广播新闻的内容结构上、数据的呈现方式上以及数据新闻的团队协作上。

一、融合新型媒介业态

1. 广播与大数据库融合，搭建广播媒体数据平台

大数据库的发展开启了互联网大规模交互的新纪元。作为数据的重要使用者，新闻行业每天要处理海量的文字、图片、音视频等非结构化数据。对于目前互联网上每天产生的非结构化数据信息量，DCCI 互联网数据中心给出了一组惊人的数字：每 1 秒有 60 张 Instagram 照片被上传；每 1 分钟，有 60 小时视频被传到 Youtube；每 1 天，搜索引擎产生的日志数量是 35T。过去三年产生数据量比以往四万年的数据量还要多。[①] 面对如此大规模数据流的冲击，媒体有时会束手无策，从新闻的掌控者沦为被动跟随者。

随着数据分析和挖掘技术的发展，在海量的非结构化数据中提取有价值的

① 移动互联时代兴起的行业：大数据［EB/OL］. http://stock. hexun. com/2014－04－23/164198704. html 访问日期：2014. 4. 10. 请添加访问日期以确保网址在撰文时有效。DCCI 互联网数据中心（DCCI DATA CENTER OF CHINA INTERNET，简称 DCCI，www. dcci. com. cn），是中国互联网监测研究权威机构和数据平台。作为公共数据平台，DCCI 互联网数据中心负责实施每年一度规模最大的中国互联网调查，该机构的《中国互联网调查年度报告》、《中国网络广告市场年度报告》、《中国网络媒介监测报告》、《中国互联网用户调查报告》、《中国市场品牌传播监测报告》等已经成为相关领域的核心市场报告。

信息，获得第一手的新闻素材已经成为大数据时代新闻媒体的主要任务之一。因此，搭建广播媒体自己的数据平台势在必行。环顾媒体同行，新华社在这方面迈出了重要的一步，其采用了 TRS 系列产品搭建的多媒体数据搜索引擎（见图 2），整合了各个系统和互联网上有价值的新闻资源，实现了海量信息的分布存储和管理以及跨媒体统一检索和个性化服务功能。[①] 同时，新华社多媒体数据库搜索引擎不仅面向内部用户，还面向许多类型的外部用户，例如，为媒体用户提供大量丰富、前沿、精彩的各类新闻，作为编写稿件的权威参考；为党政机关提供不同针对性的政府专供信息，为各级政府及时把握中国政治、经济脉搏、正确决策提供参考；为大企业、经济决策层、经济管理部门、金融机构管理层等提供宏观经济、资本市场、货币市场的重要参考信息。

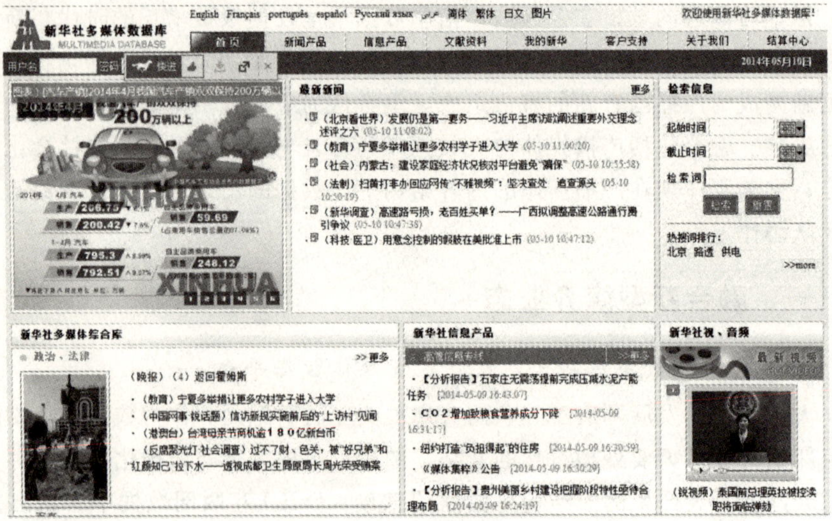

图 2　新华社多媒体数据库界面

相比之下，当前广播电视领域数据库建设重点是媒体资产管理系统，主要的功能是版权节目的管理和再利用，通过 HSM 系统（分层储存体系）完善音视频资源的检索、浏览、统计、点播、借阅、上传、下载功能的整合。或者说是对既有节目资源的管理、开发、应用，而在新闻数据的搜集处理、归类统计、整合比较、综合呈现方面还较少涉及，因此需要更多地借鉴国内外部分新闻媒体大数据库建设的有益经验，加快相关功能的开发和利用。

---

① 新华社多媒体数据库：国内最大的多语言集群搜索服务［EB/OL］http://www.trs.com.cn/solucase/case/case－xinhuasheduomeitishujuku.html 访问日期：2014.4.10. 请添加访问日期以确保网址在撰文时有效。

2. 广播与新媒体融合，丰富数据新闻的发布平台

数据新闻从产生之初就与新媒体结下了不解之缘。作为集数据搜集、数据处理、数据呈现多功能于一体的新媒体技术，在大数据大展拳脚的今天，为数据新闻提供了广阔的平台。英国《卫报》的数据博客（Guardian Datablog）就是这样一个多功能的发布平台。这一平台包括首页、用于检索各国及全球发展数据的搜索引擎、网络上和卫报视觉艺术家们的数据视觉化作品，以及探索公共开支数据的工具。数据博客的运营者通过分析这些数据，并将之可视化，来为报纸和网站提供新闻故事。

新媒体技术不仅可以帮助数据实现立体化、多元化的展示，更能够实现信息的宽渠道、多平台的分享互通。新闻资讯、图片数据在互联网任一平台发布，就会迅速在微博、微信、新闻客户端上同步转发，特别是网络微电台，可以实现广播内容的互联网同步直播，打破了传统广播稍纵即逝的窘境与尴尬，同时也为广播网罗更多新媒体受众提供了便利。

新浪微博和人民网舆情监测室联合发布的《2013 新浪媒体微博报告》显示，截至 2013 年 10 月 31 日，中央人民广播电台中国之声、音乐之声、经济之声三大频率的微博粉丝数和影响力在全国所有广播频率的微博中，排名前三位（见图 3）。如此高的关注度，是传统广播覆盖方式无法比拟的，也是新媒体技术赋予传统广播新的可能。

排名	昵称	地区	粉丝数	发博数	传播度	覆盖度	活跃度	影响力
1	中国之声	北京	4,624,988	13,688	63	483	377	923
2	MusicRadio音乐之声	北京	2,300,702	6,093	56	439	277	772
3	经济之声	北京	2,816,418	6,956	55	435	282	772
4	环球资讯广播	北京	2,589,442	15,849	36	419	254	709
5	杭州交通918	浙江	1,679,928	8,641	38	372	238	648
6	浙江交通之声	浙江	1,183,821	12,492	30	375	226	631
7	青岛交通广播FM897	山东	364,096	165,795	9	306	256	571
8	1048苏州交通广播	江苏	98,537	43,910	13	330	226	569
9	HITFM	北京	2,335,888	1,349	38	394	127	559
10	河北音乐广播	河北	599,533	8,975	24	337	183	544

图 3　2013 新浪微博十大电台微博排行榜

另外，不可忽视的一点——在新媒体传播的内容方面，新闻仍然居于主要位置。新媒体技术的广泛运用只是给人们拓宽了阅读渠道、丰富了阅读方式、充分利用了碎片化阅读时间，但并没有改变阅读内容。益派咨询公司 2013 年 9 月发布的《第 4 次中国新媒体受众接触习惯报告》① 显示，在新媒体中网民最关注的功能仍然是及时获取新闻动态（见图 4）。作为新闻内容生产者，广播媒体在这方面有得天独厚的优势——灵活的报道方式、快捷的内容发布、机动的记者队伍确保了广播记者能够在第一时间获得并发布新闻，而作为新闻内容的传播者，新媒体能够最大范围的传播和扩散新闻。因此，对于收听渠道相对单一的广播而言，与新媒体合作是广播丰富新闻发布平台、扩大自身影响力的必然要求，也是广播新闻数据化的必由之路。

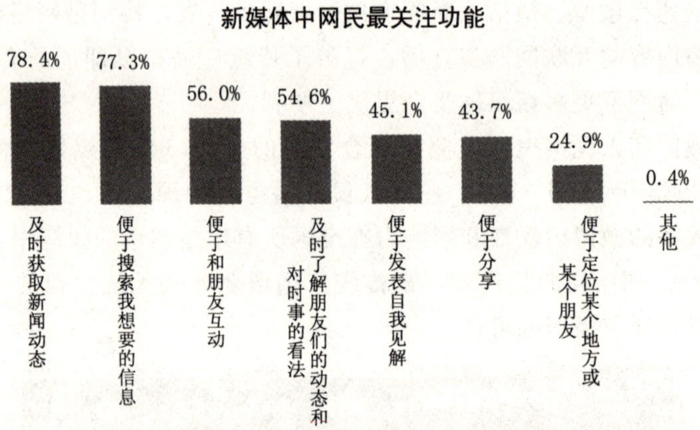

图 4　网民最关注新媒体的功能

3. 广播与社会化媒体融合，拓展新闻数据的获取来源

在互联网自媒体时代，人人都是传播者，享有传播的主动权。社会化媒体与专业媒体已经形成相互影响、互为依托的格局。其极度活跃的互动性和社交化，既可以帮助专业媒体消化和传播大量的信息，同时也是新闻数据重要来

① 北京益派市场咨询有限公司是中国大陆第一家开发并应用在线调查的公司，基于功能强大的在线调查平台（包括样本管理系统（PMS）和在线调查系统（OSS））和受访者数据库资源，为客户提供全方位的在线调查服务。截至 2012 年 6 月 30 日，ePanel 专属样组数量为1060295人。自 2012 年 11 月起，益派开展了新媒体受众接触习惯连续性调研。本调查以季度为周期进行更新，每期抽样结构按照 CNNIC 最新的互联网发展报告中的网民结构进行配额抽样，报告将呈现出互联网在普及和不断升级的过程中网民对于新媒体接触习惯的变化趋势。调查总体：中国大陆所有可以通过有线或无线，通过电脑或智能终端上网的 6 岁以上网民。样本规模：调查总体 2000 个，样本覆盖中国 31 个省、自治区、直辖市。抽样方法：根据 CNNIC 第 32 次《中国互联网发展状况统计报告》中的网民结构进行配额抽样。

源。在现今社会化媒体与专业媒体融合的大格局下，通过互联网，数据新闻搭上了社会化的“快车”。

社会化媒体上每天都会产生大量的用户数据（UGC，User Generated Content），并且具有空前的规模性和群体性。以新浪“图解新闻”4 月 23 日的《阅读 ing》为例，其中大量数据就来源于新浪微博上对网民阅读习惯的调查统计，在此基础上进行对比分析、归纳概括，进而说明了当前国民读书习惯。[①] 这类数据新闻的制作不仅运用来自传统媒体的统计数据，也采用了社会化媒体的数据调查，使数据来源更加丰富和多元。对此有效加以运用，可以使传统广播新闻焕发出新的活力。

二、突破现有报道方式

1. 以数据为逻辑线索突破广播新闻内容结构

数据新闻有别于其他新闻形式，以数据为核心和线索展开。以数据为线索，意味着新闻内容分析、解读数据之间存在的较强的逻辑性和关联性，通过一组或几组关联性的数据就可以让受众了解和把握新闻的主要脉络和内在联系。而在传统广播新闻中，数据往往只作为观点的补充和主题的强化，其本身并不是新闻故事的线索，一般而言，不会影响叙事的完整性。因此，转变新闻的内容结构，是适应数据新闻趋势的一个先决条件。

具体而言，数据新闻的内容结构以数据为主，必要的文字为辅；记者通过数据统计、数据分析、数据挖掘等技术手段或是从海量数据中发现新闻线索，或是抓取大量数据拓展既有新闻主题的广度和深度，致力于为读者提供客观、系统的报道。[②]

2014 年“两会”期间，中央人民广播电台经济之声在官方微信上推出了“数据两会”系列报道，通过对两会期间大量经济数据的汇总、梳理、分析，针对某一主题，提炼出一系列数据，进而反映数据背后折射出的某一经济领域的发展现状、存在问题。其中 3 月 10 日一篇题为《干货，数据里的农业大国》的报道（见图 5），从去年全国 1.2 万亿斤的粮食产量到 7000 万吨的粮食进口量，从农民 8896 元的人均收入到 1.5 亿的留守人群，新闻用一组富于内在联系的数字透视出我国“三农”领域当前存在的粮食安全、农民收入、留守人群

---

① 图解新闻：阅读 ing［EB/OL］. http://news.sina.com.cn/c/t/20130423/1041101.shtml 访问日期：2014.4.15.

② 文卫华、李冰：《大数据时代的数据新闻报道——以英国〈卫报〉为例》，《现代传播》2013 年第 5 期。

等问题。使受众在数据的强烈冲击下，直观而深刻地理解“中央一号文件”提出的“坚决破除体制机制弊端，坚持农业基础地位不动摇，加快推进农业现代化”这一任务的必要性和迫切性。

这种以数据为导向的新闻形态，强调的是用数据叙事，数据的大规模介入只是叙事方式不同，并不会取代内容本身。数据的运用能够帮助新闻报道变得更加可信赖、可验证，使广播新闻在讲故事的同时，进一步专业化和精准化。

图6 经济之声微信“数据两会”专题

2. 以可视化突破呈现方式

长期以来，广播媒体一直是“只闻其声不见其人”，虽然传播速度快、覆盖面广，但已经不能满足全媒体时代的受众要求。特别是在大数据出现后，单纯依靠声音这一种呈现方式，无法承载数据新闻的巨大信息量，这就要求广播新闻增加感官渠道，由可听向可视转变。这种转变一方面是广播内容的跨平台转移，包括网络电台、播客平台、微博、微信、新闻客户端等新媒体平台上发布、转播广播新闻。另一方面则是用新闻工具和技术来武装记者，记者将数据进行可视化，转化为视觉故事。

数据可视化主要形式是信息图表，道格·纽瑟姆教授认为，从表现形式的角度看，“信息图表”作为视觉工具应包括：图表（charts）、图解（diagrams）、图形（graphs）、表格（tables）、地图（maps）、名单（list）六类。数据记者通过上述可视化工具，将数据巧妙地嵌入新闻当中，并与传统广播的文字、音频相结合，共同构成立体化的数据新闻，让读者可以在数据与故事中来回切换，在可视化的程序中互动或者利用数据来挖掘新闻背后更多的事实真相。

从原始数据配上新闻故事，到创造出美丽的可视化和交互式网络应用程序，向公众展示数据有很多不同的方式。有时候，数据讲述新闻的效果胜过文字或照片，这就是新闻应用和数据可视化在编辑室里为何如此受人瞩目的原因。①

3. 以团队协作突破单兵作战模式

数据新闻的出现，一方面推进了新闻形态的变革，另一方面也对记者的采编方式提出了更高的要求。由于广播仅对声音有所需求，其中新闻的声音素材又更加单一（采访录音和现场录音），因此广播新闻记者长期以来一直保持着单兵作战的模式，一个人、一台采访机、一台电脑就可以进行新闻采访和后期制作的全部流程，这种模式一直维持了几十年。但是数据新闻需要富于经验的记者将对新闻的洞察和对数据的分析全方位地结合。记者不仅仅是新闻事件的记录者和新闻观点的提炼者，更是新闻数据的搜集者和分析者。作为数据新闻的记者，能否全面而深入地分析和解读数据，直接关系到能否撰写出好的新闻稿件，能否选择最恰当的叙事方式。如此高的要求，就不仅仅是记者的采访经验和技巧所能满足的，更需要强大的团队协作和技术支持。

这一方面，澳大利亚全国广播公司（ABC）的经验值得借鉴：一个数据新闻团队通常由7类人构成，包括一个网页开发及设计人员，一个主编记者，一个专长于数据采集、分析与整理的兼职研究员，一个兼职初级记者，一个制作人顾问，一个专长于数据挖掘、图形可视化以及其他先进的研究技巧的学术顾问，一个提供ABC跨平台支持的项目经理。② 数据信息有了专业人员的分析和处理，记者就可以专注于新闻采访和新闻叙事。数据的挖掘拓展了新闻的广度与深度。特定的语境和叙事，使数据与数据之间产生关联，帮助受众在抽象的数据信息中抽丝剥茧，把握规律。团队协作能够让数据新闻的生产更加专业化、精细化和准确化，为受众提供具有立体感、纵深感的新闻图景。

三、结语

作为大数据时代的新闻形态，数据新闻的出现给新闻行业创造了无限可

① 李希光、张小娅：《大数据时代的新闻学》，《新闻传播》2013年第1期。

② 徐锐、万宏蕾：《数据新闻：大数据时代新闻生产的核心竞争力》，《编辑之友》2013年第12期。

能。不可否认，大数据中所蕴含的潜在价值将成为未来广播媒体新的亮点，以及新闻行业未来发展的方向之一。但是作为专业媒体，广播在探索和实践数据新闻的过程中，应该保持一份冷静。正如伯明翰城市大学教授保罗·布拉德肖所说："数据可以是数据新闻的来源，也可以是讲述新闻故事的工具，还可以两者兼具。像其他信息源一样，我们应该持怀疑态度对待它；如任何工具一样，我们应该对于随新闻衍生的数据如何影响和左右新闻故事的发展持清醒态度。"①

参考文献：

[1] [英] 维克托·迈尔一舍恩伯格、肯尼思·库克耶：《大数据时代：生活、工作与思维的大变革》，浙江人民出版社 2012 年版，第 12 期，第 234～247 页。

[2] 喻国明、李彪、杨雅、李慧娟：《新闻传播的大数据时代》，中国人民大学出版社 2014 年版，第 22～52 页。

[3] 章戈浩：《作为开放新闻的数据新闻——英国〈卫报〉的数据新闻实践》，《新闻记者》2013 年第 6 期，第 7～13 页。

[4] 文卫华、李冰：《大数据时代的数据新闻报道——以英国〈卫报〉为例》，《现代传播》2013 年第 5 期，第 139～142 页。

[5] 李希光、张小娅：《大数据时代的新闻学》，《新闻传播》2013 年第 1 期，第 7～11 页。

（作者单位：中央人民广播电台地方记者管理中心）

① Jonathan Gray，Liliana Bounegru，Lucy Chambers：The Data Journalism Handbook [EB/OL]. http://datajournalismhandbook.org/1.0/en/,2012－07－18.

大数据在广播节目中的应用

——以江苏新闻广播《新闻夜分享》为例

◇高　昊

大数据（Big Data）这一概念最早出现在20世纪80年代，2009年成为互联网信息技术行业的专业流行词汇。随着互联网技术的不断发展，数据已经渗透到当今世界几乎所有行业和领域。大数据时代的到来，是人类生活、工作以及思维的一次重大变革。同样，在新闻传播领域，大数据促成了新闻生产、广告营销、舆情监测以及新闻传播研究范式等多方面的革新。就新闻生产而言，近年来《华盛顿邮报》有关奥巴马就职典礼的报道，《纽约时报》的雪崩报道，英国《卫报》的美国总统大选报道以及我国央视《新闻联播》2014年推出的“据说春节”和春运系列报道等，都已经成为典型的大数据应用案例。总体而言，大数据在新闻生产中的应用仍局限在报纸和电视媒介，且使用的范围相对有限。而在广播领域，大数据的应用尚比较少见。2014年9月，在大数据潮流的影响下，江苏新闻广播《新闻夜精华》栏目开始改版，由原先的一般新闻资讯类栏目改版为大数据广播新闻栏目《新闻夜分享》。这是广播媒介与大数据相融合、嫁接的一次尝试。本文以江苏新闻广播数据广播栏目《新闻夜分享》为例，从栏目创办背景、内容特征、传播效果等方面，分析大数据与广播媒介嫁接的成功经验与存在问题，进而为大数据新闻生产提供借鉴。

一、《新闻夜分享》简介及创办背景

《新闻夜分享》是由江苏省广播电视总台广播传媒中心新媒体部策划、制作的一档大数据新闻分享栏目，每周一至周五晚10点～11点在江苏新闻广播

频率播出。与其他广播节目不同的是，该节目制作与播出工作由不同部门合作完成，新媒体部负责节目内容制作，新闻广播频率负责稿件审查和节目播出。《新闻夜分享》是国内较为深入地运用大数据思维、使用大数据进行内容选择的广播栏目。

大数据广播栏目的创办背景，可以归纳为以下几点：一是在大数据时代，以百度为代表的互联网公司的数据挖掘工具，如百度排行、百度指数、百度预测等，为新闻业界提供了另一种新闻价值判断的模式；二是受近年来国内外新闻传播业界大数据新闻报道的成功经验所触动，考虑能否将大数据思维引入广播媒介，从而进行实践性探索；三是在与新媒体融合发展的理念下，江苏广播近年来已经具备相对丰富的与网络媒体、社交媒体等新媒介形式融合的创作经验，拥抱大数据这一互联网技术发展的新潮流也是广播发展的趋势。因此，江苏广播将原先以微博分享为主要内容的新闻栏目《新闻夜精华》改版为《新闻夜分享》。从“精华”到“分享”虽只是两个字的差异，但是折射出的是从“人为选择的精华”到“数据驱动的分享”的思维变化。

二、《新闻夜分享》内容呈现

1. 节目定位

从节目的播出时间来看，晚间这一时段中最活跃的人群当属年轻人。从节目内容构成来看，栏目以互联网海量新闻数据作为新闻来源，节目内容从某种程度上由互联网用户的关注程度和选择结果决定，大部分为互联网主力军年轻人关注的话题。从节目主持人的特征来看，主持人为典型的90后“工科男”，具备数据思维，熟练使用网络社交工具及多媒体制作软件；在播报、点评新闻时，更多的是采用互联网式的轻松诙谐的语言，其目的也是为了拉近与年轻受众的距离。

2. 节目构成

节目主要由《主题关键词》、《全网最搜索》、《小编精彩推荐》及《歌曲推荐》板块构成。

节目由《主题关键词》环节开始，主持人使用相关网络数据对网络热门关键词进行分析解读，如，2014年11月12日节目中，节目开篇主题关键词为“‘双十一’淘宝购物节”，主持人向听众介绍“双十一”淘宝购物节的相关数据，并分析数据呈现的购物节新特征；节目结尾主题关键词为“光棍节”，介绍“光棍节”一词最早出现时间及由来，及网络盘点出的古今中外“光棍大咖”。这一环节主要使用的是“淘宝指数”挖掘工具，其目的是为了从网络购物反映当下网民生活关注的热点，在夜间时段增强节目的生活气息。

《全网最搜索》是栏目主打板块，以新闻排行的方式介绍互联网关注度最高的十大新闻。由主持人先介绍每条新闻的大致内容，后播放来自于网络、电视和其他广播媒体的音频内容，主持人针对新闻再进行点评。该板块主要使用的是“百度排行”挖掘出的数据，但是考虑到使用单一挖掘工具的局限性，栏目也会综合参考其他网站的排行工具；结合对新闻价值的判断和新闻导向的考量，栏目会对挖掘出的排行数据进行取舍和编辑。总体而言，栏目在最大程度上保持挖掘出的数据原貌。

在《小编精彩推荐》板块，播报由百度、网易、新浪和腾讯等公司的编辑们推荐的精彩新闻。《歌曲推荐》环节，播放由合作互联网公司基于数据挖掘结果而推荐的当日热门歌曲。

3. 节目的播出效果

节目自 2014 年 9 月播出以来，在南京地区该时段的广播节目中收听率一直保持领先的地位。根据央视—索福瑞公司的调查数据，栏目在 2014 年 10 月 13 日～11 月 8 日的整体收听率为 0.37%，所占市场份额为 21.07%。[①] 在南京地区同时段的日播广播栏目中占据领先地位。

三、《新闻夜分享》“大数据”元素分析

1. 依据大数据选择播出内容

从新闻来源的角度而言，节目中所有的新闻都来源于互联网海量的新闻数据。栏目基本依赖互联网所挖掘出的数据结果，即依据百度等互联网公司的挖掘工具对新闻点击频率的排行数据来确定节目中播出的新闻内容，以此来代替传统的人为判断。

2. 可视化图文和音频传播的嫁接

栏目开设了微信互动平台“新闻分享”，在节目直播前推送“图文日报”，以图文形式将当天“全网最搜索”的十条新闻呈现给用户。数据可视化叙事是大数据时代新闻生产的重要创新。可视化新闻叙事可适应受众理性认知和感性认知整合的需求。[②] 采用微信平台推送“图文日报”，一方面是顺应了大数据时代新闻播报的可视化叙事模式，另一方面实际上是对传统广播媒介单一声音传播缺陷的弥补。受众在使用传统广播、互联网平台等渠道收听广播节目的同时，可以阅读相关信息的图片和文字，使得受众的信息接收变得更为具象，容

① 数据由江苏省广播电视总台广播传媒中心总编室提供。

② 喻国明、李彪、杨雅、李慧娟：《新闻传播的大数据时代》，中国人民大学出版社 2014 年版，第 26～27 页。

易产生更好的效果。更重要的是，栏目微信平台也嵌入了直播收听节目的模块，为微信订阅用户收听节目提供了更直接和便利的渠道。这也是传统媒体与互联网传播平台融合的体现。

3. 新闻内容的数据视角

栏目在新闻编辑层面同样力求凸显“数据”视角，即尽量以数据为依据呈现事实和观点。如在 2014 年 11 月 14 日，节目以“剩男”为关键词，从我国男女比例的数据说起，得出“剩男”这一群体存在的规模；又介绍“剩男”主要集中的年龄段、学历层次、收入水平等数据，随后又介绍“剩男”主要特点和成为“剩男”主要原因的调查结果。接着，主持人使用我国主要城市结婚成本数据，从另一个侧面佐证“剩男”群体存在的客观现实。这种充满数据思维的报道方式，也是栏目主创人员所倡导的一种方式。

4. 预测性报道的尝试

被誉为“大数据时代预言家”的牛津大学网络学院互联网研究所治理与管理专业教授维克托·迈尔·舍恩伯格认为：“大数据的核心就是预测，不是要教机器人一样思考，而是要把数学计算运用到海量数据上，来预测事情发生的可能性。”① 在新闻传播领域，预测性报道将成为大数据时代新闻报道的核心诉求。栏目在 2014 年 9 月曾基于互联网挖掘的数据，就流感爆发的趋势和“十一”长假旅行目的地热度进行预测，取得较好的效果。目前，对于栏目而言，预测性报道尚处于实验阶段，并未成为常态内容。

5. 基于互联网逻辑的合作模式

大数据新闻是基于互联网逻辑的新闻报道，将逐步走向跨领域、跨平台的开放式、众包式合作生产。② 一般而言，一档大数据广播新闻栏目，单靠传统广播媒体是无法完成的，传统广播媒体本身并不具备大数据挖掘能力。因此，大数据广播栏目首先需要实现合作生产。《新闻夜分享》采取与百度等互联网公司跨领域联合制作的方式，使用由这些公司挖掘的新闻排行数据，获取当日热点新闻。在此基础上，栏目制作或选播来源于互联网及其他广播电视媒体的音频，实现广播式的内容传播，加之微信平台的图文日报推送，栏目实现了多种媒介的融合。此外，栏目的《小编精彩推荐》环节，也实现了编辑、播报层面的跨媒体合作。

---

① 喻国明、李彪、杨雅、李慧娟：《新闻传播的大数据时代》，中国人民大学出版社 2014 年版，第 11～12 页。

② 同上，第 27 页。

四、批判与思考

《新闻夜分享》的实践实际上是广播拥抱大数据的积极尝试。从目前节目呈现的状态来看，大数据在节目中的应用尚处于摸索阶段，在实际操作层面也存在着一些困惑：

1. 是否可以完全信任互联网数据挖掘的结果？

在实际操作的过程中，往往会遇到互联网数据所呈现出来的热点新闻与媒体舆论导向存在矛盾的情况。在我国现有媒体政策环境下，一些网友关注的热点问题不适合在传统媒体平台中播出。新闻报道应当是数据结果的一种还原。而就大数据来讲，不同的数据公司因为算法和统计指标的差异，对同一主题所挖掘的结果也会出现差异，就栏目而言，如何科学地呈现新闻排行，仍然是一个难题。

2. 媒体技术发展现状难以满足数据新闻报道的要求

从国内外大数据新闻报道的实践经验来看，成熟的数据新闻报道往往高度依赖技术条件。条件成熟的媒体自身配备数据挖掘和开发小组，随时满足大数据新闻的要求。就新闻排行选择而言，若媒体能够研发出集结众多挖掘工具的相对科学的工具，将会大大提升大数据新闻的科学性和精准性，甚至能够促进预测式报道的常态化。然而，对于国内大部分媒体而言条件尚不具备这种能力。

3. 如何实现与受众的有效互动

在大数据时代，新闻媒体与受众的互动将进一步升级。根据受众相关数据而进行的个性化订阅新闻已经成为现实；利用集体智慧搜集、核实信息，进行新闻报道的众包式新闻生产，也出现了成功案例。因此，已经不能使用传统的思维来考虑与受众互动的问题。就《新闻夜分享》而言，虽然节目开设了官方微信的订阅平台提供可视化的“图文日报”，但尚停留在将内容“推送”给受众、让受众在听广播的同时阅读的层面，依旧是单线传播方式，与大数据时代倡导的双向传播、个性化订阅服务的理念仍存在一定的差距。

4. 如何凸显广播媒介的特征

大数据时代的到来加速了媒介融合的步伐。传统广播媒体只具备单一的声音传播渠道，在与大数据嫁接时这一弱点便被放大，即在提倡数据视觉化呈现的大数据时代，广播无法有效实现这一功能。传统广播媒介必须借助互联网、电视等可视化媒介进行数据的视觉化呈现。如何立足广播媒介传播的特征，借助媒介融合之势更好地发挥广播媒介的优势功能，是大数据时代广播媒体及其工作者必须认真考虑的问题。

参考文献：

[1] 维克托·迈尔－舍恩伯格、肯尼思·库克耶著，盛杨燕、周涛译：《大数据时代：生活、工作与思维的大变革》，浙江人民出版社 2013 年版。
[2] 喻国明、李彪、杨雅、李慧娟：《新闻传播的大数据时代》，中国人民大学出版社 2014 年版。

（作者单位：江苏省广播电视收听收看中心）

众筹：广播贴近听众的另一条路

◇ 陈佳沁

一、众筹模式与广播众筹

"众筹"，顾名思义即是指从众人处筹资金。众筹的历史可以追溯到商业社会发展的初期。而现代意义的众筹则离不开互联网的出现与普及，第一个成功的现代众筹出现于 1997 年，英国一支摇滚乐队通过网络从粉丝群中募集到了足够的资金来展开巡演。[①] 而众筹作为一种商业集资模式在 2009 年后迅速升温，很多大型的众筹平台应运而生，形成了一个全新的产业。

"众筹"之所以能够在互联网环境中获得"爆发式"的发展，很大程度上在于众筹与互联网特点的深度契合。一方面互联网的网状连接模式有助于众筹的开展与传播，而投资成本又由众人分摊，减少了投资的风险。同时，众筹对于个人创造力的强调，则与互联网的"自"属性相当契合，促进了很多创意的商业化发展。

从众筹模式的运行方式来看，众筹实际上是提前预支收入进行生产的过程。对于传统的广播媒体而言，众筹实际上提供了一种全新的接触听众的方式，也就是让受众直接参与到节目的制作和内容的筛选之中。听众对于节目的投资与否表现出听众的选择，其结果甚至比节目热线和问卷调查都更为直接。

众筹是否能给传统广播提供一条贴近听众的捷径呢？本文将从广播参与众筹的模式出发，结合几个具有代表性的广播众筹实例，对当前广播众筹的模式进行分析与探讨，并在此基础上探讨众筹模式对传统广播业带来的影响。

---

① The History of Crowdfunding（众筹的历史），http://www.fundable.com/crowdfunding101/history－of－crowdfunding

二、广播众筹的几种模式

众筹的一个重要特点就是准入门槛极低，任何人只要有一个点子，有可行的计划就可以在众筹平台发布项目，征集资金，发起众筹的主体既可以是团体也可以是个人。广播众筹的模式从发起者的角度来看，既有传统的广播机构也有私人广播。其中，受到各国媒介习惯和产业发展的影响，广播众筹参与的主体也显示出很大的不同。在播客影响力相对大的美国，私人广播参与众筹表现更为出色。而在版权保护十分严格的日本，广播机构更多地成为参与广播众筹的主体。

从广播众筹的内容来看，广播内容生产过程中的诸多环节都可以通过众筹来实现。包括，对某个广播栏目的众筹以及对于栏目中的具体节目的众筹。而对于依赖互联网播出的私人电台来说，从电台的创立，到节目制作人的聘用、电台 App 的制作等多项内容都可以通过众筹来完成。

广播众筹最成功的例子当属罗曼·马斯的网络播客节目《*99% Invisible*》。这个由罗曼·马斯自己策划、录制的网络播客节目通过众筹的方式筹集到了足够的资金支持了节目的持续运转。《*99% Invisible*》节目第二季播出后，罗曼·马斯在美国著名的众筹平台 Kickstarter 上发布了第三季的众筹项目，并成功筹得了 16 万美元的资金。《经济学人》的《一个公共与私人并存的伙伴关系》一文中描述了马斯的筹款过程："他设定了 42000 美元的目标，让他能够雇佣自由编辑萨姆·格林斯潘每周工作一天，来帮助他编辑一季 30 集的节目。这次众筹已经募集了足够的钱，让他能一周雇佣格林斯潘四天，并制作 40 集节目以及视频，还能够优化一下节目的网站，让听众能更好地登录。"①

2013 年 11 月，马斯联合了《*Strangers*》《*The Truth*》《*Radio Diaries*》《*Theory of Everything*》《*Fugitive Waves*》《*Love+Radio*》等六个广受欢迎的播客节目组成了"Radiotopia"（广播乌托邦），此后又加入《*Criminal*》《*The Heart*》《*The Allusionist*》《*Mortifiled*》四个节目。"广播乌托邦"以会讲故事、选择被传统媒体忽视的选题为主要的卖点来吸引听众。在 2014 年 11 月，为了能够进一步发展，"广播乌托邦"再次在 kickstarter 上发起众筹项目"广播乌托邦：讲故事的革命（Radiotopia：A Storytelling Revolution)"，以重塑公共广播为口号，设立了 25 万美元的目标，这些钱将被用于购买更多的设备，雇佣更多的工作人员，支付节目制作的成本，并推动每一期播客节目能够达到 5 万次下载的目标。截至 2014 年 11 月 15 日，"广播乌托邦"共获得了

① http://www.economist.com/blogs/babbage/2012/08/crowdfunding－public－radio

21808 个赞助者资助的 62 万美元，超过预期资金的两倍。从内容生产的成果来看，除了旗下节目每周一期的固定更新外，“广播乌托邦”还运营着几个网站和一个 App。

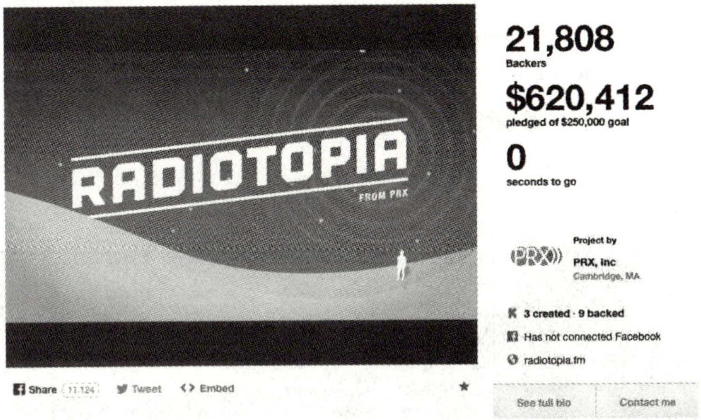

图 1

前文中提到，众筹的本质是提前预支收入来投入生产的过程，而“广播乌托邦”生产的是无形的文化产品。因此，为了回馈资助者，他们制作了一系列周边产品。赞助金额超过 5 美元的资助者可以得到一系列原创的铃声，超过 10 美元的资助者还可以得到私人定制的“Strangers”电子信件抬头，资助金额更多的人还能额外得到包括电子专辑、海报、T 恤、马克杯等物品。而资助金额超过 200 美元的人则可以成为节目内容的参与者，包括 15 秒的录音、参与制作一期节目等。作为公开传播的播客内容，节目的质量虽然是听众最期待的内容，但有这些产品作为实质的回馈，能使节目吸引到更多的资助。

另一方面，传统广播也积极地参与到广播众筹的实验中。日本关东地区的两大广播电台东京的 J-wave 和横滨的 Bay-fm 都进行了广播众筹的探索。以 J-wave 的尝试为例，2013 年秋天，J-wave 连同日本电通公司和日本第一个众筹平台“Readyfor”展开了名为“Listener power Program（听众的力量）”的广播众筹项目，该项目以有利于社会为宗旨，面向听众募集节目企划，通过众筹平台筹集资金，制作播出节目。2013 年 11 月的时候，J-wave 分别推出了《蜜蜂在自然界中的作用》和《复兴中的三宅岛的今天》这两个项目企划。经过一个月左右的众筹募集，第二个项目获得了 83 人的资助，募集到 126.2 万日元的资金，超过原计划 6.2 万日元。这个企划最终被制作成为一个时长 45 分钟的特别节目，在 2014 年元旦播出。J-wave 电台第二个达成的企划是在 2014 年 8 月 25 日完成众筹募集的《聊一聊川崎产的蔬菜》，该项目募集到了 104%

的资金，共 29.2 万日元。不同于《复兴中的三宅岛的今天》，这个企划并没有制作成特别节目播出，而是在 10 月 29 日的早间节目《东京的早晨》（*J-Wave Tokyo Morning Radio*）中播出。正是由于这个项目的成功，J-wave很快又推出了《聊一聊川崎产的蔬菜第二弹》，到 2014 年 12 月 19 日众筹结束，项目共征集到 28.1 万日元。从 J-wave 尝试的结果来看，虽然参与募集的人数和募集到的资金并没“广播乌托邦”那样庞大，但作为传统广播主导的一种全新的实验，多数的众筹项目能够募集到足够的资金并制作播出，可以认为是一种可行的尝试。

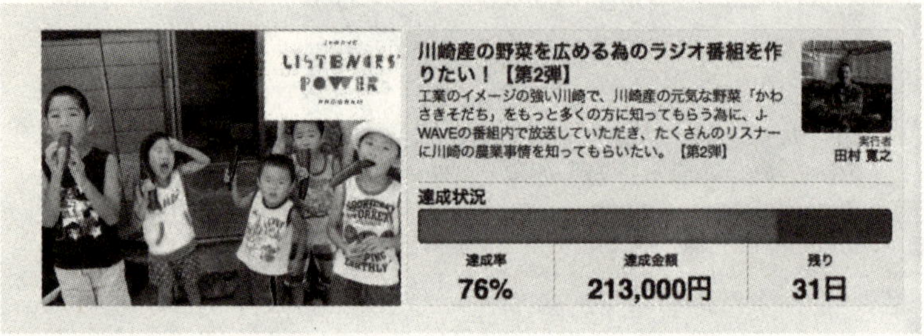

图 2

在尝试传统广播节目众筹的同时，作为专业的音乐电台，J-wave 也开始发挥专业台的优势，尝试音乐众筹。2013 年 9 月，J-wave 推出了“J－Crowd Music”项目（以下简称 JCM），通过与另一个众筹平台 WESYM 的合作，来尝试推动音乐人的发展。具体的操作方式是，歌手向 JCM 提出众筹项目申请，通过审核后即可开始募集资金，而电台也会在节目中向听众介绍歌手、音乐和众筹项目，听众可以通过 JCM 的平台参与募集，一旦项目募集到足够的资金，根据每个听众投入资金的不同，可以拿到各个规格的礼品。以 JCM 资金募集率 174%的项目“在一百年历史的建筑物里挑战最高音质的录音”为例，该项目的主题是支持歌手 Suara 在日本一百年历史的建筑求道会馆中，采用当前最高音质 DSD 来录音，募集到的资金则会被用来支付场地费、乐器租赁的费用、录音器材费、人员交通住宿费等。参与募集的人可以获得的礼物共分成 6 等，包括录音的音源、现场照片、参加试音会的入场券等。整体来看，在 JCM 至今发起 17 个众筹项目，除去三个正在募集的项目外，只有一个项目以失败告终，其余的都募集成功。可见众筹模式将与广播节目相结合，促成了电台的独家节目内容，还进一步推动了音乐行业的发展，对于具有一定召唤力的专业电台来说，是可行且回报丰厚的。

从整体内容上来看，自主播出的播客节目话题切入较小，例如，《*99%*

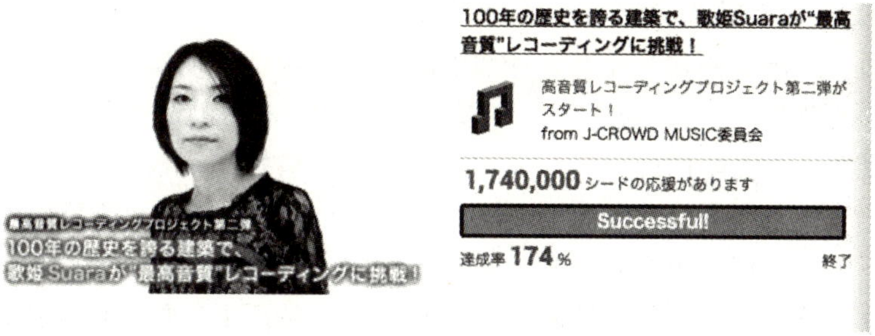

图 3

invisible》的第 139 期节目“椅子边缘的故事”从椅子的设计切入讨论，探讨了不同类型的椅子的设计和对坐的人的影响。而传统广播的内容或许是为了能够吸引更多的投资人，选题具有一定的宣传色彩。

从节目的制作和播出来看，由于众筹模式的特殊性，当前广播众筹的节目都是采用录播的方式来制作的。且不论播客本身无法进行直播，即使是 J-wave 的节目也都是事先完成节目主体内容的录制的。这反而使得众筹节目的播出过程缺少了受众参与。从节目的时长来看，播客节目每一期的时长都在 30 分钟左右，而 J-wave 的节目则考虑到节目编排等各方面的问题，在已播出的两次节目中分别采用了不同的时长。《复兴中的三宅岛的今天》是以 45 分钟特别节目的方式播出的，而第二期《聊一聊川崎产的蔬菜》则是以 15 分钟的嵌入早间节目的形式播出的。之所以减少节目的时长，J-wave 的制作人表示：“一些我们注意不到的小细节能够吸引听众，所以 15 分钟募集 20 万、30 万日元的节目正好合适。而且要在节目表中特地策划特别节目的时间也很麻烦，就采取了内嵌到平时的板块节目里的做法。”“放到平常的节目中，编排的自由度也会比较高，也可以当做节目的亮点来好好制作。”①

三、总结与思考

从上文的分析中可以看出，受惠于众筹的出现，越来越多的个人以及小团体开始采用众筹的方式来参与到声音产品的生产中去。特别是在播客应用相对发达的美国，个人通过众筹来募集资金，制作节目，已经有了例如“广播乌托邦”这样的成功案例。那么，对于传统广播机构而言，众筹除了作为一种资金的来源之外，又会有什么影响呢？

① 仲宇左百合（仲宇佐ゆり）：《成为节目制作的基盘》，《*GALAC*》2014 年 11 期。

1. 众筹与内容生产：进一步满足受众细分

正如“广播乌托邦”在众筹计划中对于节目定位的明确解释：“做传统电台上没有的节目。”当前众筹中的广播内容生产，是在生产那些趋向于盈利的传统广播所不会去生产的内容。无论是从“广播乌托邦”核心播客《*99% invisible*》的节目内容，还是从J-wave的众筹企划内容来看，节目的内容选题都相对小众化。可以说众筹这种特殊的先企划、再集资，最后制作的模式，正符合日趋细分的受众群体的需求。先集资的模式保证了节目制作和持续的基本资金来源，也使得再小的话题，只要有足够的受众关注，并愿意出资“购买”，就能够被生产成一个声音产品。

2. 众筹与传统广播：如何来平衡广播的公共性

另一方面，对于参与到众筹之中的传统广播电台而言，众筹是一种绝佳的判断听众喜好的方式。然而，众筹也同时可能导致受众的选择集中偏向更娱乐的内容，而放弃选择严肃的、具有教育意义的内容。传统广播面向全体社会成员进行播出，因而传统广播在节目的内容提供上必须考虑到公共的需求。众筹，虽然是由“众人”选择的结果，但是“众人”显然不能等同于所有的听众。因此，传统电台的普遍做法，是在企划层面先对选题进行把关。但是，如果众筹能够成为一个广播运营的模式，一旦进入大规模的生产，在少数人的选择与公共性之间的矛盾是值得考量的一个课题。

3. 众筹与盈利

最后，对于商业广播电台而言，盈利是一个绕不开的话题。例如，“广播乌托邦”这类个人播客通过众筹募集的资金，能够满足一段时间内制作节目的需要，因此只要保证每年能够募集到足够的资金便可以维持生产。但是对于传统媒体而言，庞大的额外开销意味着节目必须有足够的盈利。众筹所募集的资金只能保证节目本身的制作，而如果将广告引入节目中，就面临着一个基本的悖论：既然广告可以带来足够的资金，为何还需要众筹呢？在这个意义上来看，传统媒体的众筹之路难道只能是一种补充吗？但是J-wave的音乐众筹试验也给传统媒体的参与众筹提出了一个新的想法，发挥电台本身特点，通过众筹推动周边产业的发展。一方面减少了电台自身的投资风险，另一方面还能从中获得独家的内容。

（作者单位：中国传媒大学新闻学院）

以构建文化创意产业链思维推动广播全媒体建设

◇ 谢　喆

为什么要发展全媒体？也许最直接的原因是延伸单一媒体对不同媒介受众的影响力，扩大受众规模，以及综合利用多媒体资源，为节目的采编和互动开辟新的途径。但如果仅仅为了完成这样的目的，投入与产出是否能成正比呢？目前很多基于广播的全媒体探索还处于试水与布局阶段，以资本投入为主，可供借鉴的盈利的案例不多。但目前不盈利并不代表永远不以盈利为目标，媒体做大做强，必须遵循社会效益与经济效益双赢的基本规律。在此，将全媒体理念与文化创意产业链建设结合起来，希望能为未来广播节目的运营模式提供新的思路。

一、重塑广播节目核心内容

广播电台无疑是单一音频传播最适合的媒介，如何突破这一瓶颈一直困扰着从业者。目前，绝大多数电台将音频广播的节目资源打包传输至网络，一方面在网络上开辟了直播与回听的渠道，另一方面为众多的以整合音频节目资源、细分受众为卖点的App软件，诸如“喜马拉雅电台”、“蜻蜓FM”、“荔枝FM”提供了大量内容，在版权界定并不清晰的当下，并未在带火这些App的同时实现增值，颇有一种“为他人作嫁衣裳”的意味。

简单地将音频资源挪到不同的终端只是广播全媒体探索的初级阶段。网络终端大多可以实现多媒体呈现，在有丰富的视频资源的前提下，除非是仅仅出于伴随性的需要，否则受众没有理由只接受单一的音频信息。况且视频本身也含有音频内容。广播节目的全媒体覆盖，不应是广播音频的全媒体覆盖，而应当是原创性的、被重塑的、适应不同媒介传播规律的核心内容。

于是，如何重塑内容就成了摆在业者面前的一道难题。

没有图像永远是广播节目全媒体战略面临的第一道鸿沟，如何破解？如何让广播能够看得见？某些电台简单地将这一诉求落实为在电台直播间架设一部摄像机，让听众能从网络视频中看到节目主持人和嘉宾。这样的尝试唯一的意义在于能够满足听众的好奇心，但单调的广播直播画面无法具备长久的吸引力让观众围观，这样的视频内容不具备核心竞争力。

2010 年北京电台举办的“赢在创意”全国华语广播栏目大赛中，创意栏目《黑小米和阿小木》为广播节目在多媒体平台下的内容重塑提供了借鉴。《黑小米和阿小木》是某电台一档娱乐节目《嘻哈二人行》中常设的栏目剧，以角色扮演的形式演绎幽默情景片段。主持人将自己的声音形象经过特效处理为萌萌的效果，并设计了“黑小米”和“阿小木”的声音形象。《黑小米和阿小木》在当地收听市场表现卓越。但节目并未止步于此，而是积极进行了全媒体拓展。为了全面占领移动终端，节目团队与一家动漫制作公司合作，开发了系列动漫作品《黑小米和阿小木》。图 1 为该系列动漫作品的截图。

图 1　动漫短剧《黑小米和阿小木》

动漫是声画结合的艺术。从中国广播电视协会举办的历届广播娱乐节目大赛获奖作品看，角色扮演型娱乐节目深受听众欢迎，也是当前广播娱乐节目最常用的表现手法之一。广播节目对于声音的运用相当娴熟，很多成熟的广播节目配上画面就是很好的视频作品。《黑小米和阿小木》的尝试其实就是为广播节目配上了虚拟主持人，以这样的方式完成了音频节目的视觉化呈现。

节目经重塑后发布于新的媒介平台，还应主动适应新的媒体传播规律。比如，《黑小米和阿小木》计划覆盖移动电视终端，在题材上倾向于上班族、通勤人员感兴趣的内容，卡通形象、背景、画风等元素更贴近对象受众的审美趣味，篇幅上更加碎片化，制作成三分钟以内的短片、系列片。也就是说，除了声音是来源于广播节目既有的核心资源，其他所有内容完全是顺应视频媒介传播规律创作出来的新内容。

二、以全媒体互动形式影响节目进程

全媒体建设对广播而言带来的不仅是传播平台的变化，也意味着互动模式的变化。毋庸置疑，在互动方面，广播曾经领先于其他各类媒体，电台直播节目中的听众热线和短信就是最经典的互动形态，至今热度不减，可以看做是真人秀的表现手段。而微信语音技术的日臻完善，为广播吸纳了大量来自“草根”的语音信息，为丰富节目内容、创新制播手段带来了更多的可能性。

但现有电台节目中热线和微信语音的简单植入，都没有上升为基于全媒体思维的真人秀节目形态。今天，受众对媒体的期许，并不止于能够听到自己和别人的声音，近年来大量的电视真人秀节目的显著特点就是不断强化受众对节目进程的主导权，即利用多媒体互动平台，受众的参与可以左右节目的进程。

中央人民广播电台“华夏之声”2013 年推出了一档实验性栏目《故事连连看》，这档节目缘起于一个网络寻人事件：深圳地铁里，一个男孩被身边的一个正在读书的女孩深深吸引，于是通过微博寻找这个女孩，想和她交朋友。这个小小的事件在深圳引起较大反响，网友们纷纷从这个起点开始，畅想并创作后面的故事情节。于是，节目与深圳当地平面媒体合作发起了《地铁情缘》微小说接力创作活动，节目编辑每天从海量的故事接龙版本中选择若干合适的段落，在电台节目中以有声语言展播，最终由听众投票确定其中的一个版本，把故事情节顺延下去，当中穿插对草根创作者的访谈。以这样的方式，在促成网友合力完成《地铁情缘》微小说创作的同时，展现网民不同的心境和心声，反映人间百态、社会万象。

《故事连连看》是在全媒体环境下创意出的一种真人秀节目形态，它体现出了广播节目实现全媒体运作在互动方面需要具备的新思维：

1. 互动的开放性，保证节目的悬念——根据网友投票，在若干故事接龙的版本中选择唯一的一条延续故事情节，使节目始终充满着不可预知的结果。在此，开放的互动形式增加了节目的内在动力，引人入胜。

2. 强化游戏规则设定，保证节目的精彩——比如在故事接龙中，要求下一步的故事创作必须设计诸如“男主角突然失联”、“女主角的身边出现了有力的竞争者”等情节，引导故事朝着更加扣人心弦、更加出乎意料的方向发展。在此，成熟的规则设计成为掌控节目流程的有效手段。

3. 互动的目的不仅是为推动节目进程的不断演进，更要关注参与互动的人的因素——在节目中给参与故事接龙创作的网友提供自我展示的平台，讲述自己的生存处境、生活境遇、性格特点（正因为自身这样的因素，所以会创作出相应的故事情节）。在此，展示人性的多彩成为节目的重要卖点。

三、完善文化创意产业链

媒体如何实现产业化，这是一个很大的命题。但是如果我们将这个命题进行拆解，其中必然有一个重要内容是要实现节目的产业化。而全媒体建设恰恰为节目的产业化提供了可能。

优秀的创意产品之所以能创造市场价值，是依赖完整而强大的产业链，不断挖掘创意的影响力，然后生成财富。文化创意产业化发展需要构建一个完整的产业链，从而产生互动效应以及规模效应。由于全媒体实现了不同媒介之间的跨越与融合，因此在形成产业链方面拥有天然的优势。

按照传统的广播节目运作模式，一档好的节目，对广告具备较强的吸附力，节目时段内的广告卖价高，通过牺牲节目时段来换取经济收益。

但当节目延展到全媒体领域，就可以依循不同媒体的传播规律谋划总体上的营销思路。

1. 延伸产业链，在不同的媒体平台寻求收益

文化创意产业化发展需要构建一个完整的产业链，从而产生互动效应以及规模效应，相关文化创意产业设计机构得以在生产制作环节生成创意产品。

创意产品可以分为虚拟化产品和实物化产品两大类。实物化产品指实物形式的创意产品（如玩具、文具和时装等）和服务形式的创意产品（如广告、设计服务、休闲娱乐、艺术品交易等）。虚拟化产品主要包括传统形式的创意产品（如广播影视以及文化艺术等）和数字形式的创意产品（如网络游戏以及手机增值服务等）。创意内容可以通过图书、电影、DVD 光盘和 MP4 等不同载体的内容形式表达。

以上面提到的《黑小米和阿小木》为例，其在广播节目中仅仅作为栏目剧呈现，仅能获得电台广告收益。但经过动漫化改造之后，在移动终端呈现时，其画面出现的背景、道具都更便于广告植入，这就开辟出了符合视频媒体传播规律的收益渠道，即从动漫衍生产品中进一步开发市场获得收益。广播节目核心内容的重塑，不仅是为了生产出适合不同媒介的节目产品，也是为了在不同的媒介终端获取收益。此外，因为这档动漫节目目标是占领移动终端，因此为移动人群开发出了一系列兼具实用性的车饰、手机链、玩偶等，强化对移动人群的传播效力。图 2 是广播动漫剧《黑小米和阿小木》开发的车饰玩偶。

图 2 “黑小米”和“阿小木”车饰玩偶

之前提到的创意节目《故事连连看》，其基本形态就是广播文学节目（长篇联播）。但采用的是基于互联网思维的“众筹”模式，因而比单一广播传播能汇聚更多人气和关注度。在第一季《地铁情缘》创作成功之后，出版刊物合集即获得较高的销量。另外还将探索在既有的高人气、高关注度基础上，利用“众筹”模式将这一文学脚本翻拍成影视作品。

2. “送出去”与“拿来”并举，促进媒介融合实现共赢

如何实现全媒体覆盖？一种声音是做大做全，即某一类媒体要拥有广播、电视、平面、网络、移动等所有终端，如凤凰传媒集团，基本上涵盖了目前所能涉及的所有媒介。但当前能够做到这一点的媒体微乎其微。另一种声音是媒体融合，即各类媒体提供自己最优势资源，以换取自身欠缺的资源，与合作者达成共赢。而制播分离的日益深化为这种融合提供了更多可能。

首先，广播应强化核心竞争力建设，不断推出具有原创性的品牌栏目（节目），并将业已形成良好口碑的节目资源改造为适应不同媒体播出平台的节目产品，提供给合作的媒体播出终端，占领其他媒介的受众。

其次，广泛地吸纳高水平的跨媒介节目资源。广播对移动人群具有天然的吸引力，在移动受众的占有方面，当前的广播仍拥有得天独厚的优势，这一现实也引起各类媒介的关注。于是，视频节目的有声版、广播版，甚至整合媒介资源创作的合办节目逐渐出现在广播节目里。比如一些省级卫视的综艺节目以及黄金时段电视剧早已开始了与当地电台的合作，从综艺节目嘉宾的访谈、制作花絮，到电视剧集的热议……广播节目成了强势电视节目的伴生产品，当中不乏一些制作精良的品牌节目。这或许会让一些不愿沦为陪衬的广播从业者心有不甘，但打造全媒体首先就应怀有开放的心态，对于优质节目不妨来点“拿来主义”，不求所有，但求所在，非原创的节目也可以在传播中体现播出媒介的价值。

3. 做产业链上最出彩的一环，而不是最赚钱的一环

很多现有的广播节目，已经形成既有的品牌效应，但限于广播行业整体对广告的吸纳量相对有限，因此其规模难以突破。此时，文化创意产业生态链建设就更显重要。尤其是大量的生活服务类节目，由于其受众定位非常清晰，能够结合的产业项目一目了然，完全具有产业链延展的可能性。例如，有些地方电台依托一档成熟的婚恋节目，开拓交友网站、婚礼视频等多媒体服务；依托一档宠物节目，可以拓展宠物视频、宠物选美等服务。这些非广播类的服务项目获取的利润远比单一的广播节目有更高的回报，广播节目在这些产业链中仅仅是一环，但它一定是最出彩的一环，通过广播最初的开拓，形成受众定位明确的朋友圈经济，以此为基础，孵化出更多的上下游产业，这些产业在实现盈利的同时再反哺广播节目的运营，实现良性互动。

以上的案例体现出这样的思路：广播媒体的产业化，不能单一依赖节目的广告盈利。通过一档节目，不断延伸出新的产业，形成产业链，节目仅仅处于产业链中最恰当的位置，就足以带来可观的经济效益。而全媒体建构的过程恰恰为完善产业链打下了基础。

参考文献：

[1] 傅琳雅：《文化创意产业链的构建及发展战略》，《沈阳工业大学学报》（社会科学版）2014 年第 4 期，第 108～111 页。

[2] 汪传雷、谭星、谢阳群：《中国创意产业的问题及对策研究》，《生产力研究》2007 年第 6 期，第 81～83 页。

[3] 胥悦红：《创意产业链的动态衍生模式探析》，《改革与战略》2009 年第 10 期，第 120～123 页。

（作者单位：中央人民广播电台对港澳节目中心）

传统广播如何建立“视听产业链”

◇ 葛文婕

一、研究背景

据美国互动广告局（Interactive Advertising Bureau）发布的消息：2013年美国数字广告支出达到428亿美元，有史以来第一次超过传统电视广告。国内的媒体竞争环境更加复杂，传统媒体的广告营收环境不容乐观，海尔集团已经停止投放杂志硬广告，预示着企业广告投放将加速向互联网靠拢的趋势。如果还单纯依赖广告收入，广电未来的生存情况将变得日益艰难。

在全球范围内，以内容为基础的媒体产业化是一条重要的发展方向。对业内影响最大的莫过于互联网巨头如苹果的涉入，逐渐开始从渠道拓展到终端、进而到内容的布局，尽可能拓展产业链附加值，“内容—渠道—终端”的视听产业链逐步形成。这一产业链，既可以说是互联网产业渗透、倒逼传统媒体的场域，也是传统媒体开拓业务以及开展新、老媒体合作经营的平台。

二、视听产业链发展的新特点

广播的“内容—渠道—终端”的视听产业链模式是非常明晰的。2014年广播突然而至的危机感来自打车软件。由于“嘀嘀打车”和“快的打车”的补贴战，出租车司机只关注打车信息，而让广播收听受到巨大影响。这个案例敲响了警钟：广播没有输给电视或者流媒体网站，而被打车软件重创，这恰恰反映了未来的竞争会更加广泛而激烈。对受众来说，在同一段时间里，用户可以选择听广播，或者是使用车载导航、收听MP3，也可以使用打车软件“抢单”增加收入。

走出汽车，在互联网上，人们面临着软广告、服务信息、视听节目等各种内容的选择。与其说在网络时代周围的世界发生了变化，不如说人们对这个世界的理解、认知和分类模式发生了变化。在以前的认知范畴里，最重要的是要区分资讯、服务、娱乐等意义完全不同的信息。而在互联网和物联网时代，摆在人们面前的是：作为内容的文字、图片、音视频等，作为工具的地图、字典、游戏等，作为终端的智能化了的手机、车载终端、电视、收音机等，以及提供后台网络保障的通信运营商等。而对于媒体而言，进入智能化、信息化的时代，把握好自己的定位会更加关键。

未来围绕用户需求形成了一个从硬件到软件，从工具到提供服务的需求体系，如图 1 所示。每一个环节都构成一个竞争点，也是盈利点。这也是各大厂商都在拼命合作、并购，以各种形式拓展自己的产业链的原因。我们要看到的是：用户需求市场充满了机会，这些都是传统广播涉足但并未深入的领域。

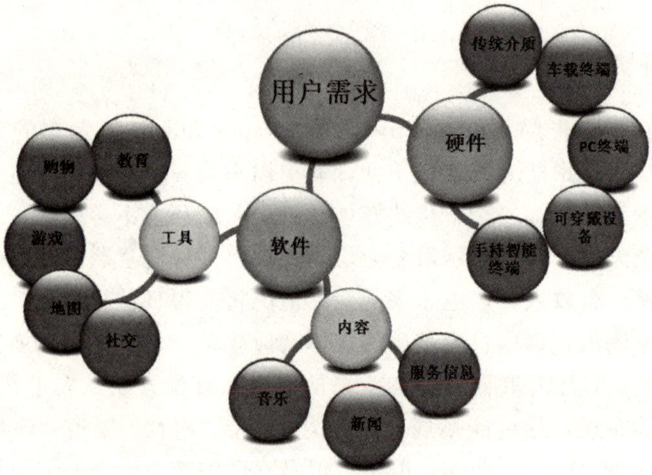

图 1　新媒体时代下的用户需求模型和产业链示意图

在车载市场，作为广播支柱的交通广播来自互联网和车联网的压力会更大。2014 年 3 月，苹果发布全新开发的车载电子系统 CarPlay，给传统广播敲响了警钟。该系统不含广播功能，用户可以通过此系统收听网络广播，而且苹果已经拥有 iTunes Radio 这一音乐服务，以及与美国国家公共广播电台合作的新闻资讯服务。它还已经和谷歌等在美国申请了众多与车载智能设备相关的专利。老牌的通信服务商爱立信也将基于爱立信车联云技术，实现无线影音娱乐、导航、停车付费等应用。试想一下，如果一个智能化的车载系统能够在汽车内得以应用，那么相比之下，只能提供简单的资讯或者路况信息的交通广播就显得竞争力不足了。

视听产业链的兴起有两个重要特点：

（一）移动终端是推动视听产业链发展的重要基础

著名的智能手机生产商、互联网科技运营商都在着力推进发展上游的内容产业，以争取更有利的地位。苹果推出了 iTunes Radio，并想要从 iOS 系统中独立出来成为单独的 App，三星在 Google Play 上推出免费的广播流媒体服务 Milk Music，诺基亚也发布了 MixRadio 如果说互联网时代促进了一大批网络视频或网络音频的发展，移动互联网则更加适应并真正推动了视听产业链的形成。如艾瑞咨询机构的研究报告指出：移动用户比 PC 用户更倾向于为内容付费，或开展其他消费。[①] 这成为产业链发展的前提。微博、微信等渠道的碎片化伴随移动终端的发展，越来越能适应现代人们生活的需求。

（二）渠道和内容谁更重要的问题开始了新一轮博弈

不久前，美国卫视运营商 DirecTV 停播家喻户晓的气象频道，理由是对方的气象信息不需再面向电视订户独家播出。现在人们通过各种 App 即可随时随地获得气象信息。这对气象频道和 DirecTV 来说是一个重要的改变，也反映了新媒体的发展所带来的冲击：究竟是渠道把持内容的传播，还是内容决定渠道的盈利。

在这样的形势下，传统媒体认识到了来自互联网的挑战，因此也在渠道和内容建设上双管齐下。一方面，开始增加独创节目，希望改变提供“大路货新闻”的印象，如 CNN、福克斯新闻、MSNBC 都开始增加反映独家观点的节目；另一方面，也在积极引进新媒体渠道及其推广形式，如，纽约公共广播（WNYC）的 App 推出“发现”功能，基于用户偏好数据智能推荐用户感兴趣的谈话节目。美国全国公共广播电台（NPR）也与苹果 iTunes Radio 开展内容合作。根据 Emmis Communications 的调查，美国有 81%的 FM 电台提供 NextRadio（下一代电台）App 收听。

三、广播的发展思路

从现在的情况来看，可以肯定的是，一个成熟的广播或电视乃至其他传媒机构，今后的发展会越来越多地与广告营销、渠道拓展、有效的产业化乃至市场融资挂钩。不少省级卫视已经在着手探索新的发展模式，如湖南广电的广告收入在其创收的比重已经大幅度下降，产业收入则大幅度上升。上海文广更是对旗下的产业进行了梳理和分类，从各个方面进行市场化和公司化改革，并取

① http://report.iresearch.cn/html/20140703/233739.shtml

得明显成效。对广播来说，也要从体制机制、运营模式、内容建设三方面进行改革创新，并且需要齐头并进，才有快速发展的可能性。

（一）市场化经营进而推动内部改革

党的十八大和十八届三中全会对深化文化体制改革作出部署。2014 年 2 月 28 日，习近平总书记主持召开中央全面深化改革领导小组第二次会议，审议通过了《深化文化体制改革实施方案》，新一轮文化体制改革开始进入全面实施阶段。规划今年将完成数十项重大改革，其中最突出的两条就包括：基本完成省级新闻出版、广播电影电视部门整合以及推进传媒企业实行特殊管理股制度试点。在这样的背景下，上海、广东等发达地区的大型广电集团开始了事业、企业分离的机制改革之路。

上海文化广播影视集团有限公司挂牌，“大小文广”正式合并并进行整体调整，通过旗下两个上市融资平台——东方明珠和百视通实现文化产业的发展。广东广电的改革思路与此极为相似。在其他还没有开展大规模改革的地方，也都在围绕新媒体开展产业、产品上的市场运作，持续进行技术和业务创新，加强品牌运作，拓展产业版图，并积极开展外部合作。北京、重庆成立网络广播电视台，新疆广电网络通过机顶盒发展大型电视“云游戏”。浙江广电与移动合作开发运营“OTT＋”并建设“全省市县新媒体云平台”。青岛、广东等多地的广电致力于开发游戏、视频、阅读、缴费等增值服务。

目前在广播界，此类大步伐较少。但是中央级广播媒体已经开始积极创新，中央人民广播电台下属央广传媒公司在融资方面有不少创收；国际台则围绕新媒体进行了很多创新，并结合中华网推出手机浏览器。可以肯定，将产业剥离，推向市场，并进一步推动事、企分离，促进改革和市场化。这一经营策略无疑能够推动广电媒体未来的发展步伐。

（二）通过外部合作推动内部新媒体发育

作为国家级电台，中央台和国际台都已经在体制机制安排上做出新媒体发展的规划，中国之声的记者、编辑和主持人都在利用新媒体开展节目制作和播出，2014 年他们成功地实现在微信上推广了“主播不在家”等新形式的广播节目。央广视讯也获得中国移动手机视频业务“最佳业务创新”等三项大奖和“全球华语广播网络主播大赛”原创视频大奖。国际台则为了适应作为其主要受众的年轻听众的需求，新媒体建设步伐更大。例如与荔枝 FM 合作报道索契冬奥会，在荔枝 FM 平台上开设冬奥特别节目；与苹果公司举行了 CRI Podcast 交流会，努力与苹果平台对接。旗下手机广播电视业务运营商国视通讯获得 2013 年度中国移动颁发的“和视频”三大奖项。

然而大部分广播电台的新媒体建设（包括中央台和国际台）仍处于探索阶段，与外部新媒体的合作也主要是基于内容层面。此外，河南交通广播的《摇一摇》互动节目尝试在推广互动方面的创新，浙江电台民生资讯996推出的国内电台游戏节目《超级玩家》尝试涉水游戏，但似乎很难达到笼络年轻听众的目标。另一方面，传统媒体发展新媒体又往往面临渠道、技术落后的问题，与互联网公司合作是必由之路。

（三）强化内容的独特性专业性

在未来的媒体竞争中，掌握独特的优质资源将是最大的竞争优势。以版权为核心，未来会带来不少发展思路。

以版权为核心开展创新运营，一是要发展内容的独特性，二是加强市场化运作。国外的新闻媒体竞争更为激烈，前文已经说过，在渠道和内容日益争夺主导权的今天，各大电视商家竞争越来越激烈，而在这种形势下追求“内容为王”意味着要拥有更多、更独到、更深刻的节目。

围绕优质的精品节目，则可以开展一系列的品牌挖掘。以湖南卫视《爸爸去哪儿》为例，优质节目不仅能够取得高额的冠名和其他广告收入，而且更重要的是带动了节目周边产业的发展：一方面将电视内容产品放大为电影、图书出版物，如，《爸爸去哪儿》大电影的票房超过7个亿；另一方面将传统内容业态延伸到手游、动漫产品等新业态，如，2013年11月上线《爸爸去哪儿》手游，目前注册用户已上亿，日活跃用户超过300万。

在广播内容优势可能越来越不明显的未来，广播会不会式微？相比国内，国外的很多电台更强调小众和专业特点，在经营上趋向众筹、公益化。社区广播、青年人广播在新闻众筹的社会文化环境下仍有发展空间。英国开通一个名为“百鸟之声”（Bird Song）的电台，专门播出各种鸟叫；还有一个为宠物狗开办的广播电台“猎犬电波”（Hound Waves），获得了名人以及动物慈善机构的支持。专业细分的市场将是未来广播发展的重要方向。

广播未来还有一种重要的功能有待挖掘，这就是与广播的低成本、广覆盖特点相适应的应急广播这一形式。国家应急广播体系被列入国家的“十二五”规划中，国家应急广播中心在协调建立一个多部门参与、四级联动的国家级公共应急广播体系。中央台面向高速公路的交通状况开办新栏目《国家应急广播—高速加油站》，试图建成一个日播以应急服务为主题、遇到突发事件时则成为预警信息发布、指挥调度救灾的平台。在政府公共服务的领域，广播未来还有可发展的空间。

四、小结

综上所述，无论是从新媒体技术发展的趋势来看，还是从广告经营的前景来看，建立视听产业链已经成为广播发展的重要方向。新媒体与传统媒体开展可能性的机会也越来越多。未来广电媒体与新媒体之间是否能够协调发展，关键还在于相互的资源整合，取长补短，寻找促进共赢的合作经营途径。

参考文献：

[1] 崔保国：《中国传媒产业发展报告（2014）》，社会科学文献出版社 2014 年版。
[2] 彭锦：《欧盟视听新媒体产业创新对中国的启示》，《中国广播》2014 年 5 月。

（作者单位：北京人民广播电台研究中心）

从用户体验出发创新广播广告生产过程

——浅析原生态情境式广告创作实践

◇赵东　尹墨

如今，通过技术手段，传统广播媒体已经在传播渠道上实现了创新，广播收听方式由单一的传统收音机收听扩展到车载收听、网络收听、手机 App 收听和家庭数字电视收听等多种方式。借助新媒体传播渠道，实现了用户对内容的点播等互动性功能。但同时，传播渠道的多元化也对传统的广播内容生产与编播带来了新的挑战，而互动点播的实现给传统时段广告带来了更大的挑战——用户选取符合自己感兴趣的内容收听。这种变化之下，广播广告获取用户的注意和兴趣就显得更为重要，因而必须改变传统的广播广告生产方式。

中央人民广播电台广告经营中心（以下简称“央广广告”）在 2014 年年初开始尝试一种完全不同于传统广播广告创意生产的全新广告生产模式。其思路就是从互联网思维的用户收听需求出发进行广告创意和广告生产，将广告创意内容还原到普通人的生活情境中去，以最原汁原味的生活化创意表现方式来增强广告收听时的代入感，提高受众对广告内容的兴趣与接受度，达到潜移默化地有效传递广告信息的效果。经过一年来的实盘操作，“央广广告”将这种从用户体验出发创意生产的创新广告形态称为原生态情境式广告。这类广告一经播出立即得到了全国听众、网民和广告主如潮的好评和积极认可。

一、从用户体验出发创新广告生产的实践步骤

“央广广告”认为，互联网的用户体验理念运用于广播广告生产的目的，就是把广告主希望传达的品牌或信息以用户最需要、最接受的方式传播出去，从而使广播广告宣传由单向的“传”转变为与用户之间的情感与需求互动，从

而提升广播广告的效果与竞争力。

在具体操作过程中，“央广广告”总结出这一生产过程中的几个关键性环节：

1. 创意生产时间点的选择

从用户体验出发生产广告，就需要先弄清楚用户的需求。通过技术手段和大数据，网络媒体可以很容易掌握用户的需求和兴趣点，并有针对性地推送相关内容，但在传统广播媒体上，这一点却难以实现。

尽管如此，作为传统媒体的广播，仍然可以从一些具有普遍性的大众需求时间点出发进行广告生产。据此分析后“央广广告”认为，贯穿全年的各个重大节庆是先行先试的最佳窗口。比如春节，虽然中国人的过年方式存在着地域不同，但是阖家团聚和“开开心心过大年”的情感需要是普世的。为此，在2014年春节期间，“央广广告”以“年味儿”为主题，从“阖家团圆”、“亲情关爱”、“过年安全”、“新年心愿”、“异乡过年”、“春节民俗”等多个角度，针对高集中度的用户需求创意生产了一百多条原生态情景式新春广告上播，在听众中引起强烈反响。

循着这个路径，继而“央广广告”在端午、五一劳动节、中秋、国庆黄金周等听众具有高集中度需求的节日期间，连续推出原生态情景式广告。事实证明，以这种集中式的用户需求为出发点进行的广告内容创意生产，的确都取得了事半功倍的效果。

2. 文案创意方式与创意来源

在传统广告生产流程里，广播广告的文案是以广告主为核心组织创意，创意的内容更多地被要求体现广告品牌或产品的利益诉求点，传达品牌或产品优势。

在“央广广告”原生态情境式广告的生产过程中，收集和时间点主题相符合的生活情境成为创意过程的第一步，而文案内容选取时的优先考虑因素则是听众的收听体验，这样的创作过程，最后被注入的才是符合情境的客户信息。

从以上这两种截然不同的创意过程我们不难发现，传统的广播广告的创意是情境需要服务于品牌，而在原生态情境式广播广告的创意却是品牌需要服务于情境，最终目的是服务于用户体验的舒适与流畅，这恰恰也是从互联网用户需求出发所希望达到的终极效果。

举个例子，在原生态中秋节广告的创意实践中，先由创意小组成员根据各自对“中秋”的不同回顾来判断哪些情境最亲切、最生活化。在收集到足够的生活情境之后，进入小组讨论并确定最能符合主题的情境。接下来就是选取和加工品牌与客户信息，植入到设置好的相关生活情境中完成文案创作。需要强调的是，文案创作需要特别注意品牌植入的自然以及品牌与情境的协调，否则就会出现硬伤。

例如，表 1 是一段街坊对话情境的初始文案，在这段情境中，植入了三个客户的信息。买保险、防火等一应俱全的信息被还原到日常生活场景之中，但在一段街坊邻里的生活对话中，以刘大妈的人物特点，完整说出“中国保监会”和“公安部消防局”的名称显然和生活情境不符，在收听体验上这种不符合生活常识的硬伤就会极大削弱广告代入感。于是在文案修改时将对话中出现的客户名称变为表 2 口语化的表达方式，听起来就有生活的画面感，从而让听者融入情境中。

表 1

(刘大妈) 咦，小王，你是不是要出国玩儿啊？我可听广播里**中国保监会**说了，出国旅游得买保险啊。
(小王) 放心吧刘大妈，我已经买好**太平保险**啦。
(刘大妈) 还有这节日家里没人的，电源、煤气可得检查好了，**公安部消防局**天天在广播里提醒着呢。
(旁白) 安心过节，快乐中秋。中国之声！

表 2

(刘大妈) 咦，小王，你是不是要出国玩儿啊？我可听广播里内**保什么会**说了，出国旅游得买保险啊。
(小王) 放心吧刘大妈，我已经买好了**太平保险**啦。
(刘大妈) 还有啊，这节日家里没人的，电源、煤气可得检查好了，**消防局的同志**天天在广播里提醒着呢。
(旁白) 安心过节，快乐中秋。中国之声！

3. 音频制作与人声的选择

文案创意完成了对情境的选择与铺设，我们还需要通过广告音频录制将所选择的情境很好地呈现出来。

在原生态情境式广告中，音效是非常重要的元素。广播缺少画面支持，对于所描述情境的呈现需要通过声音和语言来完成，一些音效的合理运用不仅可以帮助听众迅速识别场景，熟悉的声音还能够增加广告的亲切感，将听众迅速代入情境。宴会上的碰杯声与笑声，离别时的火车鸣笛与启动声，年夜饭上的“春晚”直播声，这些音效在背景中的运用可以迅速增强情境的画面感，实现创意内容的有效表达。

在人声的选择上，情境式广告人声的演播并不一定要字正腔圆，但需要与具体场景、氛围贴近，听起来自然亲切。在对不同情境进行广告人声录制时，有的情境甚至可以选用非专业人声，例如，在一版五一劳动节情境式广告中，为了展现不同企业劳动者节日留守岗位的真实情景，广告采用非专业普通人声进行录制，使得每一个声音听起来都像是自己身边熟悉的普通人，使广告情境和内容得到更好地传达。

4. 广告编排

原生态情境式广告在创意制作上采用多版本，在播出编排上打破传统的广告编排方式，通过不同版本和不同播出位置的组合实现传播效果的最大化。

“央广广告”的具体操作是，在多版本广告录制完成后，在全部门范围内对录制完成的多版广告进行听评，从听众的角度对广告进行评分。得分最高的广告版本在播出编排时安排较高的播出频次；评分较低的广告版本则安排较少的播出频次，有的甚至不安排播出，通过收集评价意见后重新进行调整与录制。

在整体播出频次的安排上，由于该类广告针对具体的节日主题在短时间内播出，因而适合采用集中式的高频次广告铺排，营造主题气氛，并在短时间内实现广告效果。但同时，高频次的广告播出安排也要充分考虑到听众的收听体验，通过不同版本广告的穿插播出，某一时间点位上的广告版本轮换播出等方式进行合理编排，营造广告密集感的同时不影响收听体验。此外，还可以依据不同版本中所呈现的不同内容来选择播出时段，获取最佳收听体验。例如，将一则讲述春节年夜饭变迁的广告内容安排在晚饭前播出，更能勾起人们的回忆与话题，从而提升广告效果。

二、原生态情境式广告的优势

1. 听众满意度高

由于这类广告的生产过程始终以用户体验为导向，因而生产出的广告成品也更能够引起听众兴趣，获得听众共鸣，得到听众认可，而巧妙融入其间的广告信息也润物细无声地传达给听众。

以 2014 年春节期间播出的原生态情境式广告为例，“央广广告”创意团队将品牌与产品在人们生活中的点点滴滴融入到年味儿中最触动情感的部分，以最易被接受的方式潜心入脑地传导给受众。比如在《新春之计划》中，广告以老百姓对新年的美好规划、愿望为出发点，结合“自驾出游”、“陪伴父母”、“新房装修”以及“爸爸去哪儿”等人所熟知的生活情境和热门话题，引发人们的共鸣。

应景的内容透过演播人员的演绎和特定音乐音效的铺垫，愈加显得温情脉脉，获得了广泛好评，特别是通过网络收听的听众好评云集，这也是在中国之声节目平台上第一次大面积集中出现对所播广告的积极评价。下面选取的是一些网友的评论：

网友［四花］说：“现在的娱乐项目越来越丰富了，但始终难忘最初的记忆，中国之声好多广告串在一起，很有新意，仿佛把我带到了小时候。”

网友［金色的光芒］感慨道："热腾腾的饺子刚上，就听见中国之声的《春节贴春联》，广告说的真有年味，随着一句'干杯中国'，我也'一饮杯中酒，福藏酒香中'。"

网友［陌路高］说："原来，广告也可以这么好听，好听不腻的广告，尽在央广电波中。"

网友［大飞象88］认为，这些广告"反而引起我的注意，蕴含情意的叙述，温暖人心"。

类似的评价与肯定在2014年随后的大批量原生态情境式广告播出后都有出现，也从侧面印证了听众，尤其是互联网听众对该类广告具有很高的接受度和满意度，增强了"央广广告"对原生态情景式广告创新向纵深发展的信心。

2. 广告主认可度高

得到听众的认可并获得广告效果，广告目的得以达成，因而通过这种创新生产方式播出的广告在实践过程中也得到了广告主的普遍认可。

对于广播广告来说，广告主既是客户，同时也是听众，更好的收听体验可以帮助广告主从听众角度理解广告形式和广告内容，最终获得认同。

同时，由于原生态情境式广告集中以节假日和重大事件期间的用户需求为出发点，并在节假日和重大事件期间集中播出，因而又构成了一种全新的事件营销方式，这一方式除了贴合热门节日和事件，还将广告品牌与产品的内在文化理念和属性特征，还原到普通人日常生活场景和日常思考中去，实现了广告信息的柔性传递，将浸入式营销与事件营销融为一体，构成了广播广告的创新营销方式，这种创新与广告主所希望的借助更加个性化、更具效果的方式进行品牌或产品营销的需求契合，也使传统媒体的规模化与新媒体的精准化有机结合得以实现，因而得到了广告主的一致认可和赞扬。

3. 提升媒体整体形象

对于传统媒体来说，广告与节目是一对矛盾的共生体，二者既相互依赖，有时也相互冲突。对于广播来说，好的广告编排与广告内容可以呼应节目，增加收听节奏感与美感，而粗糙的广告内容与不合理的广告编排同样也会对节目内容甚至频率整体形象造成伤害。

原生态情境式广告从最广泛的用户体验出发，其内容满足普遍需求，具有一定的公益性，而广告内容的柔性浸入又保留了广告原有的商业属性，实现了公益性与商业性的结合，在实现广告经营的同时也有助于提升媒体公益形象。

例如，2014年原生态情境式新春广告在内容上尽可能将所宣传的品牌和产品特色与新春提示、家庭关爱、春节传统等弘扬主流价值观的内容相结合。而在原生态情境式国庆广告的生产上，广告围绕中国经济与中国品牌的快速成长，普通民众生活的不断改善以及国庆黄金周假期注意事项等情境展开。这些内容不仅符合了广播听众收听需要，提升了企业品牌形象，还呼应了中国之声国家级新闻广播和“以责任赢信任”的媒体定位，实现了广告客户品牌、中国之声品牌、收听市场三者的统一、共赢。

此外，这些具有“事件营销”特征的广告内容往往也与在此期间的节目内容、特别报道内容形成呼应，节目与广告内容之间自然关联、调性统一，有利于提升媒体整体内容的质感。

三、原生态情境式广告生产的市场价值与实践应用

从用户需求出发生产原生态情境式广告相比传统广告拥有许多优势，但同时，该类广告由于必须从用户高集中度的需求出发进行生产，在实际使用时也会受到诸多因素的限制。传统广播究竟如何利用这种创新手段发挥价值？“央广广告”提供了三个维度的考量：

1. 为客户提供增值服务，提升满意度

广播是时间媒体，广播时间资源稍纵即逝，广播媒体的空余时间资源如果不能加以利用，最终都将被浪费。因此，广播媒体常常会利用剩余时间资源，为广告客户提供更多的增值服务，广告赠播就是传统广播的主要增值服务形式之一。

传统广告赠播更多地体现了“增值”特点，而原生态情境式广告生产模式则完全从收听需求出发，以“效果”为目的，通过文案创意、制作、编排等多个部门、多个环节的有效配合完成产品，利用这种创新生产方式进行赠播能更多地体现出一种“服务”。同时，由于该类赠播的收听体验更优，客户对于该服务的感知度也相较更高，两者配合使用可以更好地为广告客户提供服务，提升客户满意度。

2. 多情境组合，实现营销精准度

虽然同一批原生态情境式广告的创意都是从某一个集中度高的用户需求出发，但在具体创意环节上，仍然会有多个不同角度与不同的情境，不同情境在不同周期和不同时段也会存在需求与体验上的差异性。以春节原生态广告为例，“归家旅途”情境所反映的需求在春节前的返程高峰集中出现，而“年夜饭”的情境在除夕夜播出更能引发共鸣，不同特性的品牌信息搭配相应的情境，通过合理的组合，在相关的时间位置进行投放，能够更好地浸入不同的品牌信息来影响不同环境下的不同受众，实现传统媒体的精准营销。

3. 创新广播事件营销新模式

在传统广播媒体上开展事件营销，绝大多数方式还是依托广播相关栏目或

者相关报道进行开展。而原生态情境式广告以主题事件为核心，从用户体验出发进行广告生产，它的创新形成了一套不基于节目内容的事件营销内容生产流程，为媒体开展广告经营提供了更大的自由度与灵活性。

通过 2014 年全年的原生态情境式广告生产实践，“央广广告”发现，从用户体验出发进行的广播广告生产创新不仅在传播效果上具备优势，同时对于广播媒体广告经营工作的开展也有着很高的市场价值。

这一广告生产方式的创新需要媒体经营部门既具备优秀的软实力，运用互联网思维从用户体验角度出发创意文案，不生拉硬拽，真正将广告产品或品牌还原到用户的真实生活情境中去，也需要具备优秀的广告制作与快速、灵活发播等硬实力。最终，通过多个环节的创新配合，传统广播可以搭建起一套具备互联网思维，拥有用户观的广播广告生产体系，使传统广播媒体在全新的媒体环境下更好地参与市场竞争。

参考文献：

[1] 张斌：《广播广告产品研发的几个维度》，《中国广播》2014 年第 9 期。

[2] 毛珊珊：《故事：微广播剧广告成功之关键》，《传媒评论》2014 年第 8 期。

[3] 尹志强、曾一帆：《代入感对受众植入式广告认知的影响》，《广告研究》2014 年第 5 期。

[4] 周伟：《广播广告的创新营销》，中国广播电视出版社 2013 年版。

[5] 程耀东：《广告效果需差异化衡量》，[2014－11－13] http://www.chinaadren.com/html/file/2014－11－13/20141113141200.html.

[6] 陈亚洲：《广告效应几何化下适合做硬广告》，[2014－11－13] http://www.chinaadren.com/html/file/2014－11－13/20141113141306.html

（作者单位：中央人民广播电台广告经营中心）

从制作角度浅析新媒体环境下广播广告的创新与发展

◇徐　晨

广播广告是广播节目的一种类型，但它也是目前广播的主要盈利模式。在新媒体环境下，广告市场变得更为开放，充满竞争，这也让广播广告的生存环境日益艰难，从而进一步影响了电台自身的可持续发展。正因如此，广播广告的创新与发展事实上已经成为一场产品水准和商业模式的创新性较量，也成了电台必须重视的问题。本文将以央广传媒发展总公司广告分公司（以下简称“央广广告”）的广告制作创新理念为例，对广播广告的创新与发展模式进行简要分析。

“央广广告”是中央人民广播电台的全资子公司。作为国家广播广告的顶级服务品牌，它一直被视为行业翘楚，其营销模式、制作流程、节目品质和管理理念均被众多地方电台学习和效仿。与此同时，“央广广告”也在不断探索，在经过多年积累沉淀之后，总结出了一系列关于广播广告的创新性理念。作为“央广广告”的一名制作人员，笔者认为，在新媒体环境下，广播广告一方面需要进一步提升节目本身的质量，另一方面则需要在保证质量的前提下进一步压低广播广告的制作成本，这是未来广播广告制作较为可行且缺一不可的发展方案。

一、拓展视野，提升广播广告的质量

通常，我们对于广播广告的质量把控，总是从文案创意、音频制作和调度发排三个方面单独考虑，即文本创意负责信息传达，音频制作负责节目呈现，调度发排负责安全播出。但是，无论广播广告最终是通过何种媒体播放，以何种方式传播，其中的广告信息只能通过具体的音频信号得以体现。这也就意味着，广播广告的质量必须通过听众接收到的音频信号质量以及信息传播的效果加以衡量。因此，作为影响广告播出质量的三个环节，文案创意、音频制作和调度发排应该是相辅相成，而非相互独立的。为了提升广播广告的质量，我们一方面要考虑提升其中每一个环节的质量，另一方面还应该将这三个环节作为一个整体加以考虑，通过统筹规划来实现更好的播出效果。对此，笔者作为广告制作人员，认为制作环节目前可以采用的改进方案有三点：一是通过跨界借鉴和吸收，进一步提升音频制作的本身质量；二是将制作环节与文本创意环节结合，使之成为广告营销的一个组成部分；三是让制作人员熟悉广告的发排点位，实现广告与节目内容的平缓过渡，达到更好的聆听效果。

1. 引进国外影视类版权音乐、音效，为广告质量保驾护航

细数国内影视类节目的音乐使用情况，不难发现，不论是以《爸爸去哪》为代表的综艺节目，还是前阵子热播的《女人帮》等都市情景剧，抑或是央视宣传片、纪录片，均引用了大量的版权音乐。这些音乐多出自于国外的电影音乐原声大碟、美剧音乐，或是一些电影配乐大师及其团队专门为唱片公司创作的一些版权音乐。由于其在音乐形式和职责功能上与广告音乐颇有相似之处，并在一定程度上满足了广告的制作需求，所以在广播广告的制作过程当中，亦可以直接被应用其中。

引进国外影视类版权音乐、音效的另一个原因在于这类音乐和音效在制作过程中拥有一套完善、成熟的流水线制作体系，以及一批素质专业、分工明确的从业者，这就能够确保音乐和音效的制作细致、成熟、流畅、快速。此外，与广播广告相比，影视类节目对音乐的要求通常更为严苛，这就使得这类音乐和音效拥有更高的声音质量和更快的更新频次。因此，在版权音乐库中提升影视音乐的占有率，可以提升广告听感的饱和度和整体品质感。

2. 将制作环节纳入广告营销，提升广告听众与广告客户的满意度

(1) 制作环节由“二度创作”转型为“一、二度结合创作”

在广播广告的制作过程中，文案创意通常被定义为“一度创作”，其后的制作环节——录音、剪辑、缩混等环节则被视为“二度创作”。广告信息的顺畅传达，是广播广告价值的基本体现，也是广播广告生存的核心需求，这便决定了制作（二度创作）必须服务于文案（一度创作）。但是，如果仅仅将制作环节的作用定义为是文案创意的声音化呈现，并将这两个环节相割裂，就会严重限制制作环节“二度创作”的发挥空间，从而影响广告音频的最终形态，这也是当今广播广告同质化现象严重的原因之一。

面对“一度创作”与“二度创作”相互割裂难以达到理想效果的困境，“央广广告”用“融合”孕育了新的契机——让制作人员参与广告文案创意，

直接在“一度创作”过程中提出具体的声音创意，并在“二度创作”过程中加以实现，从而使制作环节由“二度创作”转变为“一、二度创作结合”。

这种改变的结果，就是能够让制作人员在文案创意过程中产生“内心听觉”，对音频节目的最终呈现形态拥有完整预期，从而在具体的制作过程中合理安排人声、音乐、音效的排列位置，让三种元素有序地相互让位，全面塑造广告氛围，突出宣传重点。从具体效果来看，“央广广告”的广告节目质量在进行了上述调整之后得到了显著的提升，文案创意与音频制作环节的沟通也更为顺畅。

(2) 制作团队“走出去”，企业客户“迎进来”

与业务经理相比看，广告制作人员对于企业诉求、产品特征、营销方案等方面的理解是稍显逊色的，但他们可以把对艺术的独到理解融入到创作之中，用感性的力量赋予广告别样的光芒。因此，让广播广告的相关制作人员走进企业，直面客户，了解企业历史，聆听企业需求，感受企业文化，建立种种感性认识，会使制作人员对产品的理解更加全面透彻。同时，制作人员以听众的视角看待企业，作为听众的眼睛，用感性的认知进行文案创作和声音制作，得出的作品会更加真切，更加有人味，更加打动人心，广告的气质和意境也会得到全面提升。

此外，把企业客户迎进中央台，将广告的生产流程透明、直观地呈现给客户，会为彼此之间的合作带来新的商机：一方面，通过在机房的现场监制，客户可以直接向工作人员和主持人提出录制需求，更好地传达企业理念；另一方面，邀请客户到机房参观，通过制作人员的讲解，使客户全面了解“央广广告”节目制作的软、硬实力，也会为双方进一步的合作打下基础。

3. 制作人员熟悉广告播出点位，实现广告与前后节目内容的平缓过渡

广播广告常常出现在频率宣传片花之后，或在广播节目的前、中、后穿插播出。若广告风格与前后内容差异很大，就容易出现“跳戏”现象。如此突兀的过渡，不仅影响了节目的整体连贯性，也会破坏听众的收听心情。因此，制作人员需要在一定程度上熟悉广告的调度发排，明确广告的相应点位，从而对频率的片花风格、节目的主要基调以及紧随其后的具体广告客户有深入地了解。这样，就能够在制作广告的过程中挑选演播风格相近的人声、配器氛围相似的音乐，从而实现具体节目与广告的无缝衔接。

此外，广播广告经常是以“打包组合”的方式播出的，即在一个广告时段内，听众们所听到的内容并非是单一的一条广告，而是若干条不同商家广告串联的集合体。因此，在广告制作过程中割裂地看待单一作品，就显得较为狭隘。制作人员如果能够熟悉广告的播出点位，就能够对同一时段的广告进行差

异化制作，避免前后连续的两条广告采用同一人声录制、同一音乐配置等情况的发生，实现广告的风格多样化。

二、效仿好莱坞电影制作流程，降低广播广告的制作成本

广播广告的特殊性，在于其既具有节目属性，又具有明确的商品属性。对于任何商品而言，性价比永远是客户最为看重的部分，因此面对新媒体的竞争，广播广告如何在保证质量的同时，更好地实现成本控制，将是广播电台生存与发展的重要问题。

笔者认为，关于如何在保证产品高质量的同时做到严密的成本把控这一问题，广播广告的生产者可以从目前高速发展的好莱坞电影中获得启发。

在好莱坞体系下，电影这一传统媒体通过与最新的制作、营销手段相结合，成功获得了口碑与市场的双赢。好莱坞在奉献视听盛宴的同时，其自身也形成了一套完善的工业化流水线。其中，不论是各司其职的人员分工、数据库资源的整合分类，还是虚拟化制作的先进技术，都能够很好地实现影片在制作过程中的资金管控，从而有效地降低商品成本。尽管广播广告的制作远没有好莱坞电影那样复杂，但如果将后者的制作方案加以简化并进行有针对性地调整，也会让广播广告的制作从中获益。

1. 流水线式生产广播广告原创配乐

为企业量身定制原创广告音乐，是“央广广告”近年来提供的增值服务之一。该项业务对制作人员的音乐专业技能要求很高，有利于提升企业价值，也能够极大地增强客户对“央广广告”的认可度。这是因为与广告制作过程中常用的版权音乐相比，原创音乐被赋予了更强的企业特色和品牌内涵，其“独有性”备受商家青睐。但是，原创音乐的创作周期较长，很难贴合广播广告“快速制作、快速发播”的行业理念，所以在广告制作量大的情况下很难全面推行。同时，使用原创音乐也会显著增加广告的制作成本。

在这种情况下，效仿好莱坞的电影音乐制作流程就很有必要了。通常情况下，一部好莱坞电影的音乐创作团队会由作曲家、配器师、抄谱员、乐手、录音师、音乐编辑、音乐主管等成员组成。该流程最大的特点，就是将任务肢解化、精细化、责任化和专业化，从而最大限度地节约创作时间，保证基本的创作质量，并节省创作成本。借鉴这些特质，广播广告音乐创作在以下方面加以改进。

(1) 明确音乐制作团队的人员分工，根据每个人的知识储备和擅长领域，设立音乐总监、作曲、配器、混音、音乐质检等职位。

其中，音乐总监担任音乐总导演的角色，需具备丰富的业界经验、综合的

音乐素养和良好的表达、领悟能力，并全程参与音乐创作，统筹全局。遇到具体制作任务时，音乐总监负责与客户沟通，并提供符合客户需求的参考音乐（例如版权音乐），让客户从中挑选，进而在听觉感受上更全面细致地领会客户意图。随后，音乐总监要将客户较为宽泛、模糊的需求转换成让作曲、配器、混音等技术人员能够精准领会的工作任务，下达指令的同时一并附上客户选好的参考音乐，从而保证整个创作工作顺利启动、快速执行。

（2）作曲、配器人员展开具体的音乐创作。这类人员要熟悉各种音乐风格的具体表现手法，分别在旋律、节奏、乐器配置上予以展现。当不同工种在创作中出现分歧时，可由音乐总监统一调控。

（3）乐曲的各声部均创作完成后，可由混音师对该作品进行声部间音量比例的调整和效果处理。

（4）在输出成品后，交给质检部门做音乐质量的整体评估和再次校正。此环节也避免了整个音乐创作因遵循音乐总监的个人意图而产生的偏差。

音乐创作的流程化生产模式将直接有效作用于影响广告音乐的风格把握，以及客户（或听众）对广播广告的接受程度，同时降低原创音乐的制作成本。

2. 版权音乐标签化

为广告添加恰当的音乐是广播广告制作过程中至关重要的一环。制作人员面对庞大的版权音乐素材，看似拥有了更多的选择空间，但也会因精力有限而造成资源冗余和时间浪费。因此，“央广广告”率先提出了智能化管理版权音乐的理念——效仿好莱坞制作团队，利用频谱分析技术，对现有素材进行标签化分类，使目标搜寻范围精确细化，提升搜索的“命中率”。这样便能大大缩短广告音乐的挑选时间，达到了节省人员精力、压低时间成本的目的。

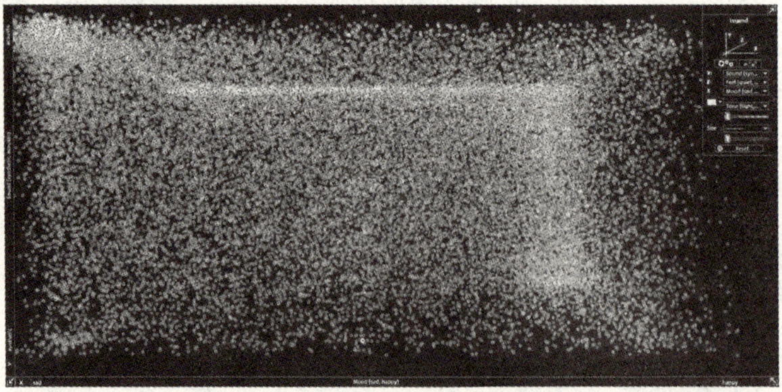

图 1　版权音乐的“星云云图”

如图 1 所示，“央广广告”采用“云图”模式对版权音乐进行有效整合，其实质在于将音乐数据库中的所有音乐按照指定的标签（筛选条件）进行排列，并在一个3D空间内予以呈现。图中的每一个原点即是一首版权音乐，数以万计的乐曲井然有序，形成了浩瀚的星河。该“云图”由x轴、y轴、z轴、颜色、大小五个维度组成。这五个维度可以关联、定义成五种标签，诸如情绪、节奏、时长、响度、使用次数，等等。音乐经过如此细致的筛选划分，便会自动排布在相应的选择区域。此时，制作人员只要在区域内随意点击，均会得出符合要求的音乐。此时若再稍加筛选，就更能为最终的广告增光添彩。

另外，频谱分析技术还可以应用于音乐的相似度匹配。例如，客户表示非常中意某条广告音乐，该广告可能是其曾经投放的，抑或是其他商家正在播出的。现该客户想要用与之类似又不完全相同的音乐为自己旗下的产品做广告。海底捞针般的素材选择方式不但耗费人力，而且也未必能达到客户预期的效果。而“央广广告”利用频谱分析技术，能够全面分析客户提供的音乐，继而根据分析结果在版权音乐库中匹配相似音乐，省时省力的同时还有效满足了客户的需求。

3. 推行“虚拟化”制作理念

好莱坞近年来大力推行数字虚拟化的制作方式。该方式一方面避免了环境、气候、转场等因素的限制，节约了大量的拍摄时间，另一方面也能够通过制作数字三维模型、减少传统模型材料消耗，降低拍摄成本。

广播广告的制作精度远没有电影严苛，因而在制作过程中推行“虚拟化”制作理念便显得更加简单可行。具体来说，广播广告的“虚拟化”制作可分为人声虚拟化和音乐虚拟化两方面。

（1）利用音源、效果器实现人声虚拟化

当今，许多国内外当红的流行歌曲在制作上均大量使用虚拟人声音源为歌手“伴唱”。影片《第五元素》中脍炙人口的神曲《*The Diva Dance*》更是采用女高音歌唱家Inva Mulla Tchako与人声音源相结合的方式，以独唱的形式华丽呈现。这种手段亦可启发广播广告制作人员用全新的思路进行创作。

一些广告为彰显个性，会让主持人以歌唱（或说唱）的形式进行演绎。这样，无论是主唱部分的排练还是伴唱部分的筛选、统筹和录音，都需要花费大量的时间和精力。不过，众所周知，伴唱的存在只是为了丰满音乐的织体，塑造一种环境氛围。特别在广播广告中，充其量只会出现在背景层。因此对于广告中的伴唱部分，我们完全可以采用虚拟人声，提升制作的性价比。比如“央广广告”的制作团队通常会在主唱（通常1～2人）录完主干部分后，再请其单独录制一轨伴唱。随后，利用效果器对伴唱音轨的音质、音色、声场进行调节，从而得出“多个”不同的声音。最终，再通过虚拟人声音源（诸如“啊”、

“啦”等伴唱惯用歌词）和声码器的翻倍叠加，重塑多人伴唱的音响效果。

(2) 利用软、硬音源重塑、扩充版权音乐

电台购买的版权音乐通常拥有精良的制作和符合行业标准的音质，但由于其让位于人声的特殊职能和属性，往往只提供节奏律动与和声走向，缺乏明确的主题旋律，普适性过强而个性不足。若对其加入核心旋律并稍加修饰，便可画龙点睛，取得意想不到的卓越效果。

例如，“央广广告”在为红楼梦酒业制作广告时，曾在大气的管弦乐上增加了一把琵琶，恢弘厚重的同时兼具浓郁的中式风情；在为中国国际航空公司制作广告时，在原有版权音乐的弦乐和声织体上加入了变化声像的钢片琴，温暖柔情的背后，多了一份旅途的欢愉与灵动；在为蒙古电台制作频率片花时，在《草原晨曲》中用人声音源模仿了长调和呼麦，悠远绵长的同时，为原乐曲注入了原汁原味的民族色彩……

此外，这种制作方式为“同一首音乐服务于不同客户”提供了良机。添加不同原创旋律后，整个乐曲便像“整容”般旧貌换新颜了，这从某种意义上提高了音乐的使用率，扩充了版权音乐库。

面对新媒体的挑战，广播这一传统媒体在面临转型的同时，也需要正视和进一步发挥自身的优势。具体到广播广告而言，如何能够在“提升节目质量”的同时“降低制作成本”，将是电台自身与广播行业发展的重要课题。广告制作作为广告生产的一个环节，其价值绝不仅仅在于文案创意的音频呈现，更是全面应对质量提升和成本把控的双重需求。新媒体时代，广播广告制作人任重而道远。

参考文献：

周伟：《广播广告的创新营销》，中国广播电视出版社 2013 年版。

（作者单位：中央人民广播电台广告经营中心）

浅析广播广告编排在媒介融合业态下的变化和创新

◇李　粤

一直以来，从广播广告的市场分析到广播广告的营销策略，从广播广告的文案创意到广播广告的创意制作等方面，著书立说的很多，但对广播广告的编排领域的研究少之又少。广播广告的编排看似很简单，其实却是一个综合性很强的工作，涉及经济学，统计学，心理学和新闻学等多个学科。一个优秀的广告编排人员必须要融会贯通多方面的专业知识，才能进行合理的广告编排执行。本文主要结合广播广告编排在传统媒体样态下的执行路径，分析如何探索融媒体环境下广播广告编排的思维创新，保证广告高效正确的执行，以提升广告的营销新价值。

一、传统媒体时期的广播广告编排策略

美国政治学家拉斯韦尔在其1948年发表的《传播在社会中的结构与功能》一文中，最早以建立模式的方法对人类社会的传播活动进行了分析，这便是著名的“5W”模式。“5W”模式界定了传播学的研究范围和基本内容，影响极为深远。“5W”模式是：“谁（Who）→说什么（Says what）→通过什么渠道（In which channel）→对谁（To whom）→取得什么效果（With what effects)”，广播广告的编排策略也是基于此得来。

Who	Says what	In which channel	To whom	With what effect
谁	说什么	通过什么渠道	给谁	取得什么效果
传播者	讯息	媒介	受众	效果
控制研究	内容分析	媒介分析	受众分析	效果分析

1. 基于时间维度的考虑

广播广告是典型的时间媒体，广播广告资源具有不可驻留，无法再生，线形分布的属性。尤其在《广播电视广告播出管理办法》（俗称“61号令”）中，明确规定了单个频率的不同时段广告和节目的配比，由此可计算出单个频率的全天商业广告时长的最大容量。广播广告在执行时要充分利用统筹学原理，综合考虑各种要素，灵活掌握时间调配原则，做到既能满足客户要求，又能让有限的广告资源实现最优配置，达到资源利用最大化。

2. 基于听众心理和需求维度的考虑

听众不是被动地接受传媒信息，而是根据兴趣和需求对信息主动选择。一旦引起听众的心情烦躁势必会导致听众换台。所以我们在进行广告编排时不但要求做到广告效果的最大化，同时还要求听众收听影响最小化。在进行编排时要考虑广播广告的时段分布和单位时段最大时长，制定既能达到刺激听众记忆度的频次而又不引起厌烦的广告执行策略；充分了解听众的生活行为习惯，让播出的广告能尽量和他们的日常生活路径相吻合，以产生亲切感；通过数据分析了解听众的购买习惯，在编排时根据具体产品内容选择合适的播出顺序。如同类互斥的产品分散编排，而类似于建材的同类属性不同的产品聚合编排等。

3. 基于客户心理和需求维度的考虑

广播广告的销售始于客户需求，终于客户满意。广告商选择广播媒体投放广告的目的是希望给合适的听众听到合适的广告，达到良好的广告收听效果，并最终转化为消费者的购买行为。根据客户的各种需求，在进行广播广告的编排时要依据数据分析结果，根据听众的不同类型不同需求，采用广告的多版本制作，用不同的广播广告内容去匹配不同的听众人群，协助企业制定全面的事件营销策划并在“黑天鹅事件”发生时采取及时有效的危机公关策略。

4. 基于节目维度的考虑

广告要和频道、节目定位一致，风格统一。广告的播出效果和多种因素有关，包括频道属性、节目属性、广告时段属性、广告播出位置属性、主持人属性、广告客户品质属性及广告自身制作水平属性等，所以在对待广播广告的时候不能割裂地认为就是单纯的广告，而应该用节目整体包装的思想去对待；量体裁衣的软性广告要契合栏目特点和气质。

5. 基于宏观环境维度上的考虑

我们的媒体是党的媒体，一是要把党性放在首位，在广告编排时要时刻跟党的宣传口径保持一致；二是要维护民族团结，广告编排时要特别注意民族禁忌。

二、媒介融合下的广播广告发生了哪些变化

1. 广告传播方式的变化

传统的广播广告是把时间进行分段，根据不同时段对应的主流听众的喜好和需求进行广告的传播。听众是单向的，线性地接受信息。而在媒介融合的时代，广告信息的传播是多渠道，多类型，随时随地，可选择的，是和受众可交互的无缝对接。这时候的受众逐渐转化为用户的角色，他们拥有了更多的主动选择权，可个性化定制，可主动搜索，甚至还可以作为一个微媒体再次传播。

2. 广告内容的变化

传统的广播广告是以声音为传播载体传播内容信息，通过多频次的播放去刺激听众的识别和记忆。而在媒体融合时期，广告内容已经不仅仅是音频这一单一模式，而是可以用视频、动画、图形、文字、声音等多元化的形态来呈现。甚至可以是多种形式联合作用，形成一个巨大的场来包围受众的生活。

3. 广告受众的变化

传统的广播广告虽然在传播时有主要受众对象，但还是属于广泛的多类别的受众。而在媒介融合的时期，受众是因为某一喜好而聚合，具有非常明确的特征性。也许某一族群人数少，但却是精准细化的一类人群。同时广告受众的行为习惯也发生了变化，从原来单一的接受信息变成主动的搜索和分享。

4. 广告主投放策略的变化

传统的广播广告时期的广告主在投放广告时，首先是选择合适的广播媒体，再根据广告产品或服务对应的消费人群选择相关节目对应相吻合的听众来选择投放广告时段。而在媒介融合的时期，广告主在投放广告时不是选择具体某个媒介，而是打破各个传统媒体的壁垒，根据受众人群的细分和需求，构建多个融合多媒体性质的平台，分别传递不同的信息流来与不同的受众沟通。

5. 广告效果评估的变化

传统的广播广告时期，评估广告效果主要使用的是第三方数据。而第三数据更多的是针对收听率等节目相关指标，并不能如实反映广告的播出效果。2009年“央广广告”创新出了一种甲方数据营销广告效果评估，可以让厂家直接根据电话呼入量等信息得到第一手数据，从而随时评估广告效果。但目前多数客户还是主要通过第三方数据获得相关信息。而在媒介融合时期，由于具备了网络的特性，广告效果可以通过后台的浏览量，点击率等详细得出，并可通过大数据分析得到更详细的客户行为、态度等信息。

6. 广告编排的变化

传统的广播广告时期，广告的执行流程是“广告公司和广告客户签订广告合同→广告监审部门审查合同和稿件→广告制作部门制作广告音频→广告运行部门按照不同频率编排广告音频单→审听发播”。而在媒介融合的时期，广告的执行也许不再是分部门的单打独斗，内容也不再是某一条广告信息。而是针对一个广告客户实行一个项目管理，信息先汇聚集中在广告策划部门，然后根据广告内容特性和不同媒介特性，制定全套广告执行策划方案。广告是以一个广告包的形式发送。适合广播播出的内容就制作广告音频给广播频率；适合文字呈现的就通过央广网，微博，微信，手机端来实现；适合视频呈现的就通过央广网，手机客户端等来实现。这些不同媒介端可能呈现的方式及内容都不同，但他们互相联动，互相补充，实现全方位的展现广告客户的各种信息。广告信息就这样通过不同媒介渠道或者不同生活服务平台分发推送给精准的受众群体。同时联合其他各部门进行线上线下的相关活动，与受众互动，进行各种产品体验、试用、分享活动，及时得到信息反馈。

三、媒介融合时期关于广告编排的几点创新思考

媒介融合时期，拉斯韦尔提出的“5W”模式依然有其研究价值，在媒介融合时期，广告编排在基于时间、听众、客户、节目、宏观环境五个维度的考量依然十分必要。下面笔者就从“5W”模式为出发点，并考虑媒介融合的特点，谈谈在媒介融合时期关于广告编排的几点想法。

1. 有效利用广告资源

媒介融合时期的广播广告资源不仅仅是广告时间段、媒体官方网络、网络电台、手机报等，而应该是所有可利用的媒介及因素，包括官方和个人的微博、微信、主持人的粉丝团、热门网站上的主题社区、App应用、游戏等。

2. 建立企业智库

聚合各门类的专家，建立企业智库。让技术、营销、节目制作、策划统筹、数据分析、政策研究等各领域专家汇聚一堂，定期探讨交流，碰撞出思想的火花。研究探索媒介融合下媒介广告的发展路线，生产规划，实施细则等。

3. 整合媒介传播中心

媒介融合时期的传媒特点，不再是把一条信息单向地发送到不同媒介平台，而是把信息分散为多个落点，根据不同平台特点，在不同时期用落点不同的形态去满足不同受众的需求。以中央人民广播电台的广告为例，在媒介融合的背景下，一个广告可以尝试这样操作。在品牌建设期，可以首先在中央人民

广播电台的广播频率播放品牌宣传广告，利用中央台的公信力和影响力让受众对这个品牌产生一定识别度和记忆度。第二步，推出线下活动，制造一定话题，通过企业、中央人民广播电台的各频率节目活动广告，官方网站，官方微博，主持人的微信、微博传播给不同受众；在热门网站的社区里制造话题，展开讨论，和网上的用户展开互动。同时在一些节目中也可就热门话题展开讨论，进一步扩大影响力。紧跟着在央广网，手机客户端，微博微信端可链接到详细产品信息介绍，动画视频的模拟体验，使用经验分享，评价等。“感兴趣的”用户可直接链接到央广购物平台购买产品。

4. 项目制一体化运行广告编排

媒介融合时期，各媒介平台是联动的。信息先“整合”再“细分”，在各媒介平台间流动、共享，所以必须要保证平台间的接口是标准统一的，并且按照同样的规则操作。数据库中的每个云数据有详细的标签项，方便检索使用。

5. 操作层面的广告无障碍执行

传统媒介时期的广告执行按照流程牵涉到业务部，策划部，制作部，运行部等多个不同部门。如果部门间沟通不畅，势必会造成广告执行困难和实际效果打折扣。在媒介融合背景下，广告执行的环节更加繁多和细化，如果还沿用以前的广告执行流程可能会因沟通不畅导致广告执行不到位，必须考虑新的广告执行流程，建立以客户为中心的项目制，组建涵盖广告销售、项目策划、广告制作、广告运行、广告数据分析人员以及各媒介平台关键节点对接人员的项目组，用一体化运行方式，实现媒介融合背景下的广告，从整合营销到执行的全过程。

6. 广告受众的深度挖掘

媒介融合背景下不同的媒介提供的海量的信息既吸引了更多的受众，但同时如此多的信息又对其产生干扰。如何保证让合适的广告信息以受众不排斥的方式传达给合适的人群，是需要特别考虑的问题。基于大数据分析的受众信息数据库可以很好地解决这个问题。受众在网络上的行为轨迹被计算机记录下来，通过大数据分析，可以得出每个受众的行为习惯、消费习惯、心理特征、地域特征等各项数据，为广告的精准传播奠定数据基础。媒介融合背景下，受众会按照不同标准、不同特征，被细分化为各个受众群，广告的传播是有针对性地匹配推送，受众在点开广告信息的时候，基于大数据和信息平台的服务，可以很贴心地自动告知某个客户在他居住地附近的，关于这个产品或服务的详细信息、用户体验、口碑评价、购买渠道、售后服务等一系列信息。并根据媒介融合时期的受众互动参与性强的特点，提供强大的搜索链接功能和信息分享平台，进行以受众为信息源的二次传播，增强广告投放效果，并持续不断地为受众提供有价值的黏性服务，使得更多的用户集聚并保持长期活跃的关系。

7. 广告和信息的深度融合

在广播广告领域，节目冠名、赞助、特约、协助、片花广告等特殊广告操作已经比较成熟。这些特殊广告和节目贴合密切，基本上属于量体裁衣。从广告的内容、制作形式到和栏目结合的方式是根据节目整体策划、整体包装的，广告收听效果较好且听众的反感度最低。

进入媒介融合时期，广告和信息的内容将会更上一层楼，而且方式更加丰富。如在广播广告领域，引入互联网思维，在一些特殊广告上增加新的播出方式。根据以往经验，广告客户特别制作的，具有社会责任感和人文关怀的广告，播出以后无论是营销效果还是社会效果都非常好。但由于特殊事件的发生都有其不可预知性，一般客户根据情况快速反应也要一天后。如果能提前做好从人文角度关怀、必要救灾知识等可应对各种灾难的广告版本，预先保存在广告的JINGLE库里，在灾难突发时，通过由节目主持人在灾难报道节目后的位置从JINGLE库里点击播出。这样可以第一时间传达广告客户的关怀和社会责任意识，最后以实际播出次数计算广告费。尤其适合人身保险类和车辆保险类、应急药品等广告。

媒介融合时期，还可以根据受众喜好互动和分享的特点专门定制特别的广告节目。比如选取有悠久历史和传奇的大广告客户，像同仁堂、一汽集团、海尔集团等，制作精美的广播剧。从广播剧的编剧内容到演员的选取都可以通过各媒介平台和受众互动，征集意见，让受众参与到整个广告的策划中。此外，还可以针对聚合类的广告客户订制专门的广告专题，把这一类的广告客户聚合在一起，并在各媒介平台和受众互动，进行知识传递，经验分享等。非常适合汽车类，建材类的广告。

8. 打造不同领域的个性化主持人，做大“粉丝经济”

一个人的资源可以分为财富，学识和人脉。而主持人正是通过他们的学识和鲜明的人格魅力聚集了大量粉丝。这些主持人可以成为某个领域的意见领袖，具有很强的舆论领导力。主持人可以通过微博、微信、社群网站等和粉丝互动，把节目做得风生水起，同时这些粉丝也是广告的潜在消费人群。可以根据粉丝的特质，选择吻合的广告产品，通过展开话题，各类体验活动等形式，把各类产品以奖品或活动主题相关的方式展开广告营销。

四、结语

媒介融合时代已经到来，作为传统媒体的广播必须要明确自己的核心竞争力在哪里，抓住核心竞争力的点做大做强。运用互联网思维，借力互联网的优势，以数据挖掘分析为基础，研发适合不同用户需要的不同产品，从内容生产、营销、管理执行等方面，实行一体化运作。在广播不擅长的领域积极与已成熟的、有丰富经验的企业合作，实现最大程度的合作共赢。

参考文献：

[1] 许颖：《从“5W”模式看媒介融合的融合与细分》，《传媒研究》2008 年第 6 期。
[2] 余霖：《媒介融合背景下传播方式变革对广告传播的影响》，《新闻爱好者》2010 年第 9 期（下半月）。
[3] 郝玥媛：《媒介融合下的广告运作分析》，《语文学刊》2012 年第 9 期。
[4] 周伟：《广播广告的创新营销》，中国广播电视出版社 2013 年版。

（作者单位：中央人民广播电台广告经营中心）

新媒介环境下对台湾广播传播策略初探

——以中央人民广播电台中华之声为例

◇ 刘双庆　刘　杨

新媒介是近年来传播领域中的关键词。以数字化和互动性为主要特点的新媒介丰富了传统媒介形态并深刻地影响和改变了传统媒介格局。就广播而言，随着数字技术的发展以及媒介融合趋势的推进，听众收听广播的方式更加多元，而新媒介的互动性以及赋权功能又提升了听众的参与意识，改变了听众对于节目的诉求。

自中央人民广播电台1954年成立对台湾广播部以来，至今已有六十余年。在其发展过程中，对台湾广播（以下简称“对台广播”）在传播技术和传播手段等方面经历了诸多变化。本文主要论述当下新媒介技术与传统广播的嫁接给广播的整体生存环境带来的影响，以及给对台广播的发展带来的发展机遇。

一、新媒介与广播的嫁接：终端与渠道的拓展

1. 广播终端的丰富：从“传统广播”到“声音媒体”

美国媒体理论家保罗·莱文森提出了“补偿性媒体”理论：“人在媒体演化过程中进行着选择。任何一种后继的媒体都是一种补救措施，都是对过去的某一种先天不足的功能的补救和补偿。换言之，人类的技术越来越完美。”①

作为声音媒体的广播存在着信息传播转瞬即逝，收听方式单一等劣势。广播与网络的结合打破了传统广播覆盖空间上的界限，弥补了信息传播转瞬即逝

① 曹璐、张彩：《微博与广播重塑——从中国之声新浪微博粉丝数量突破200万说起》，《中国广播》2012年第7期。

的时间缺陷，延伸了广播的生命力。以中央人民广播电台为例，对台广播中心成立了“你好台湾网”。该网整合了中央人民广播电台两套对台广播频率中华之声和神州之声共16个节目的音频，提供线上同步收听和点播收听服务，弥补了传统对台广播覆盖空间有限和线性传播的劣势。根据“你好台湾网”的统计数据，2013年，网站制作平面及音视频专题49个，独家原创视频访谈节目200分钟。网站在台湾传播影响力稳定提高，其中台湾访客数量占全部访客来源的32%。对台广播两套节目点播收听日均21万人次。借助“你好台湾网”这个新媒介平台，中华之声的覆盖范围和听众数量无疑将有所提升。另外，面对新兴手机电台的崛起，中央人民广播电台中华之声已经与蜻蜓FM建立合作关系，支持蜻蜓FM手机客户端收听，丰富了节目的收听终端。

2. 广播生产渠道的变化：从“信息采集者”到“信息采集者+资源整合者”

“‘人人都是记者’，是网络传播时代广为人知的口号。的确，网络赋予了普通公民一种崭新的角色：新闻报道者。在美国新闻传播研究中出现了一个新名词：‘参与式新闻’（Participaory Journalism）。在英文中，‘Participaory’的含义是‘提供参与的机会的、供人分享的’，指普通公众可以借助现代网络技术主动地加入传播活动中。此外，还有‘开放信源新闻’（Open－source Journalism）、‘草根报道’（Grassroots Reporting）、‘博客新闻’（Blogging Journalism）等名称，仅仅从字面上，这些新概念都与普通公民利用新媒体成为新闻报道者有关。”①

在新媒介环境下，广播第一时间发布信息的时效优势正逐步被微博为代表的社交媒介所取代。现实中很多热点新闻事件首先是由新闻现场的普通民众通过微博等平台发布的。面对媒体格局的变化，传统广播媒体应该顺应时代潮流，在加强自采新闻的同时，积极利用新技术整合听众提供的新闻线索、事实和意见性信息，从单纯信息发布者向资源整合者转变。②

此外，从广播节目生产的角度来看，听众通过新媒介提供的素材丰富了广播节目的内容，降低了广播的生产成本，保证了广播节目的日常运营。而通过与听众的互动，广播节目制作者可以更好地了解听众的诉求和偏好，从而有的放矢地进行节目生产。比如中华之声的主要栏目在“你好台湾网”开设互动专区，方便听众与栏目的互动。同时《两岸嘉年华》等栏目还利用Line等社交

---

① 蔡雯：《“人人都是记者”——“参与式新闻”的影响与作用》，《对外传播》2010年第3期。

② 刘双庆：《基于关系视角下的传统广播发展探析——以新浪微电台与传统广播的互动为例》，《中国广播电视学刊》2013年第10期。

工具与听众互动，将听众提供的素材嵌入到节目生产中。

二、新媒介与受众诉求的变化："听众身份"与"收听状态"的再界定

法国哲学家鲍德里亚认为："铁路带来的信息并非它运送的煤炭和旅客，而是一种世界观，一种新的结合状态。"循此思路，广播电视新媒体带来的信息，并非以0、1字符组合的信息模式，它同样带来了新的传播生态和社会交往方式。

1."听众身份"的再界定：从"信息接受者"到"传播参与者"

传统广播的信息是线性传播的，听众被动接受信息。随着新媒介的发展，听众可以使用手机等移动终端收听节目。这些新型终端不仅支持传统广播实时收听，还为听众提供了"点播"服务。听众不再是被动地等待节目播出，他们可以选择自己收听节目的时间，从信息的被动接受者变成节目的主动收听者。

比如，针对对台广播的特殊性：在新媒介出现之前，台湾听众很难与大陆电台的主持人进行互动，而包括主持人在内的节目生产者也很难了解台湾听众对于节目的反馈和诉求。新媒介的推出则为台湾听众对节目进行反馈并通过互动的方式参与到节目中提供了渠道。"你好台湾网"开设的节目互动专区为台湾听众参与节目互动提供固定的网络平台，而Line等社交工具的引入，则吸引了更多年轻听众通过文字及语音等方式参与节目，其中有价值的信息和观点则成为节目中的重要素材和内容。

2."收听状态"的转变：从"深度收听"到"伴随收听"

微博时代的到来和人们生活节奏的加快使现在的信息传播越来越呈现出碎片化的特点，广播节目从原先的大板块逐渐转变成碎片切割式的呈现。[①] 而社会环境和传播环境的变化又影响了听众收听广播的状态，从过去专注收听节目到伴随收听。

具体来说，一方面随着城市化的发展，以及私家车数量的剧增，流动状态下听广播已经成为现阶段广播消费的主要模式，近年来全国交通频率蓬勃发展就可以印证这一点。另一方面，新媒介的发展，给繁忙以及经常奔波在路上的现代人听广播提供了更加灵活和便捷的方式，改变了听众收听广播的时间和状态。手机和iPad等新兴移动终端的兴起满足了听众利用堵车、走路、排队等

① 申启武、吴侠：《2012：广播与新媒体在互动融合中实现新跨越》，《中国广播电视学刊》2013年第3期。

零碎时间，在流动状态下收听广播，使听众的广播消费呈现伴随性的特点。如对台广播中华之声曾经在听众联谊会上就收听节目方式进行问卷调查，发现超过半数的听众是通过《你好台湾网》的在线直播收听节目。还有一些年轻人习惯边上网浏览信息边听节目，同时在节目专属的留言板上进行留言互动。

三、对台广播的新媒介传播策略

1. 台网联动：提升对台广播的触及率和影响力

根据上文的分析，新媒介既冲击了传统广播，又为广播的发展提供了新的技术和机遇。以中央人民广播电台中华之声为例，节目制作人员在坚持做好音频节目内容的同时，要积极利用"你好台湾网"这个新平台，利用网络的覆盖范围广、存储海量信息、多种媒介信息传播以及互动性优势，提升对台广播的触及率。

具体来说，在日常节目传播中，广播制作人员要利用"你好台湾网"的互动专区加强对节目的宣传预告，并积极对听众的留言、评论进行反馈，通过与听众的互动，了解听众的需求并不断提升节目的质量。同时，节目制作人员还应该利用蜻蜓 FM、Line 等在台湾听众中拥有较大用户群的网络电台和社交工具加强对于节目的预告并积极与听众进行互动，从而提高听众的忠实度。

值得一提的是，社交媒介是一种通过"关系"、"圈子"进行信息传播和内容分享的新媒介，通过这些新媒介传播节目的互动话题，不仅可以实现"一对多"式的大众传播，还能通过听众之间的互相转发和分享实现类似"人际传播"式的"口口相传"，从而不断扩展节目的触及率，累积节目的影响力。除了日常传播之外，在重大事件报道中也应该加强"台网互动"，利用网络传播的速度优势、互动优势、多媒介信息融合的优势，提升报道的质量和影响力。

2. 用户意识：提升对台广播的亲和力和节目忠实度

新媒介的快速发展加剧了媒介之间竞争的激烈程度，重构了传播者和受众的关系地位。在媒介信息和产品不断丰富的时代，听众的注意力成为了稀缺资源。在新的媒介环境下，对台广播节目制作者要重新思考与听众的关系，提升用户意识，改变传统媒体时代传播者高高在上，听众被动收听的姿态。

具体来说，第一，要加强对听众的研究，细分目标听众，根据不同听众的需求，制作面向特定群体的对象化栏目；第二，应加强对于节目的预告，利用多种媒介平台，向听众介绍节目内容，方便听众及时了解节目内容并关注收听。新媒介时代，媒介信息极大丰富，面对海量的信息，听众有时候不知道如何做出选择。广播节目制作者要熟悉新媒体的规律，学习新媒体思维，树立用户意识，积极通过听众熟悉的方式向他们介绍节目，降低听众选择节目的时间成本，方便其一目了然地了解从而收听节目；第三，加强与听众的互动，对于听众的反馈意见及时做出回复，并通过定期抽奖等具体方式鼓励听众参与到节目中，并提升听众对于节目的忠实度。

四、结语

数字媒体和移动互联网的发展催生了更多的媒介形态，这些在年轻群体中有较大影响力的新媒介的出现与发展无疑将会分散听众的注意力，影响听众收听传统对台广播节目的时间。但同时，我们更应该看到，新媒介所特有的便利性、互动性等优势也为广播与新媒介的融合提供了便利，从而也为对台广播未来发展提供了机遇和空间。对台广播工作者应该顺应媒介发展趋势，在坚持不断提升节目内容水准的同时，主动了解、学习新媒介的技术和规律，努力掌权多媒介传播的理念和技术，从而提升对台广播的影响力和亲和力。

（作者单位：中国人民大学新闻学院、中央人民广播电台中华之声）

浅析全媒体背景下两岸客属电台的协作

◇ 曾爱友

全媒体的传播方式惠及各类传播，对象性的客家语广播也不例外。新媒体渠道的拓展为两岸客属电台的协作提供了新的平台，也激发出许多新的合作思路，使得两岸客属电台在资源、信息、技术等方面呈现出多方位的协作。两岸的客属地区分布广而散，隶属于各个客属地区的电台有着独特的客家内容资源。总体而言，大陆客属电台掌握着客家原乡的资源优势，台湾客属电台占有靠近台湾客家受众的区位优势。同时，两岸的客属电台在政治理念、传播口径、表达方式、区域文化等方面又存在着千差万别，如何求同存异，谋求双赢，是两岸客属电台共同面临的机遇和挑战。

本文结合中央人民广播电台对台湾广播客属电台协作网的工作实践，探讨全媒体环境下两岸客属电台协作的意义和方法。

一、社会交换论视角下两岸客属电台协作的意义探讨

社会交换理论是在20世纪60年代兴起于美国进而在全球范围内广泛传播的一种社会学理论。美国社会学家、社会交换论的代表人物之一彼得·布劳提出了使行为变为交换行为必须具备的两个条件：“一是该行为的最终目标只有通过与他人互动才能达到；二是该行为必须采取有助于实现这些目的的手段。”布劳把社会交换分为三种形式：一是内在性报酬的社会交换。参加这种交换的行动者把交往过程本身作为目的。二是外在性报酬的社会交换。这种交换的行动者把交往过程看做是实现更远目标的手段。外在性报酬对一个人合理选择伙伴，提供了客观的独立的标准。三是混合性的社会交换。这种交换既具有内在报酬性，也具有外在报酬性。

客属电台协作网成立于2012年6月20日，由中央人民广播电台对台湾节目中心联合海峡之声电台、福建龙岩市人民广播电等客属电台发起成立，至今已经有

17家成员台，覆盖大陆闽粤赣三省和台湾地区。客属电台协作网成立以来，两岸的成员台之间的协作方式是一种“交换共享”的工作方式，不仅资源高效利用，而且合力推进同一个目标的实现，那就是营造电波中的“两岸客家一家亲”。

因此，两岸客属电台的协作既有利己的目的，更有互利的初衷，可谓是混合性的社会交换，这种交换既具有内在报酬性，也具有外在报酬性。内在报酬性是通过外联以广播会友，打破过去单打独斗的局面，外在报酬性是各台充分发挥各自优势，在节目、活动等方面携手合作，共创多赢，创建两岸客家话广播交流合作的新模式，取得更好的传播效果。两岸客属电台的协作具有以下意义：

1. 有助于推动两岸信息交流，从而增强情感认同

台湾特殊的政治环境造就了岛内广播阵线分明的现状，部分台湾受众对大陆广播也存在心理防线。只有打破两岸之间的信息壁垒，才能加强彼此的信息流通，通过丰富两岸民众的信息接收渠道，才能加深两岸民众的情感交流，从而打破坚冰。大陆原乡的客家话与台湾客家话一脉相承，用客家乡情亲情感化听众，拉近两岸客家乡亲的情感认同，进而为两岸互信发展提供舆论支持，这是成立两岸客属电台协作网的初衷。大陆客属电台把节目植入加入协作网的台湾成员台播出，让台湾听众“很自然”地了解到客家原乡的发展，不失为一个好办法。客家电台协作网成立至今，来自两岸客属电台的成员台，从陌生到熟悉，从试探合作到深化合作，建立起了交换所必需的“信任”。在这个基础上，两岸广播才能有利于两岸民众互信，这就是用“大客家”的概念做对台广播工作的意义所在。

2. 低成本高回报的合作模式能够获得双赢

两岸各界交流正在形成新局面，两岸的客家乡亲也希望能获知更多彼此信息，两岸的客属电台也有义务和责任更广泛地参与到交流合作中来，使两岸的声音通过成员台及时、有效地实现“登陆”和“入岛”，用客家话促进两岸听众乡情交融。目前，客属电台协作网的各成员台可以说是收获大于付出。按照规定，客属电台协作网每年都有年会、联合采访的业务合作活动，并且还有一系列的联合直播活动，成员台可以相互学习和交流，并通过彼此的平台，获取更多素材，相应的，也可输出各种素材，扩大广播节目宣传范围。

例如，由客属电台协作网成员台联合制作的节目《天下客家》，素材由原乡各成员台选送，涵盖各客家地区的时政要闻、文化艺术、民俗民风，并且集合了各地客家方言，是台湾听众聆听乡音、了解祖籍地风土人情和发展变化的一个窗口，也是成员台资源贡献与共享的平台。这样不仅不会增加成员台的其他不必要支出，反而能叠加宣传效果。两岸客属电台推出的联合直播等活动，在共襄盛举的同时，扩大了影响范围，改进了播出效果，各成员台都收获了高

质量的节目内容，并打造了共有的品牌栏目。正因如此，两岸的客属电台协作才能成为一种“互通有无”、“求同存异”、“真诚交流”的媒体互动，惠及客家听众，惠及两岸广播。

二、“和而不同”背景下的“交换”实践

近年来，两岸客属电台通过交换协作，很多资源得到了共享，也让资源达到更大的利用。新媒体技术的运用为两岸客属电台多维度协作插上了翅膀，两岸客属电台利用新媒体的交互性、即时性与共享性，使得协作更为顺畅。两岸客属电台之间的“交换”实践归结起来，有以下几个方面：

1. 资源协作

两岸客属电台协作网的成员台都有一个共同的语境：客家话；拥有一群特有的受众：客家人，关注的焦点也都是与客家息息相关。起初，协作只能停留在节目内容上的交换，彼此信任后，便可以进行联合报道等深度互动合作，将两岸的客家话主持人与节目资源统筹起来。

2013 年 11 月 5 日，由中央人民广播电台神州之声和台湾大汉之音电台联合录制的首部两岸合制客家话广播剧《圆梦一甲子》在两岸同步开播，再现了台湾听众的时代记忆和对两岸和平发展的共同愿景。国民党名誉主席吴伯雄先生向栏目组发来贺信，并给这部由两岸联合录制、有着特别意义的广播剧送上了自己的贺礼，并亲笔题写了剧名。《圆梦一甲子》的成功播出，证明了两岸客属电台通过资源协作可以进行更深化的交流，可谓是联手制作精品节目，使两岸的客家方言“无障碍”地融入一个节目当中，开创了两岸客家话广播剧创作之先例，也是两岸广播媒体走联合发展之路的又一次成功的尝试。

2. 技术协作

随着协作的深入，两岸客属电台的合作方式更加多元化，包括各种大型联合直播，而直播首要解决的是技术问题，中央人民广播电台作为协作网的发起台，对活动给予了全方位的技术支持，至今已经顺利完成了“世界客属第二十五届恳亲大会”、“第六届海峡两岸客家高峰论坛”、“原乡快线系列直播”等联合直播，向广大听众呈现了两岸客家文化、经贸交流活动的盛况，而各个成员台在参与联合直播的过程中，也进行技术方面的沟通和学习，丰富直播技术操作经验。

客属电台协作网每年都会举办年会，总结过去部署未来，由于成员台众多，时间很难协调，个别电台的负责人如果无暇参加年会，可借助网络视频的技术手段参会，同步获取会上的所有内容，并发表个人意见，如同亲临现场。这样的方式已多次用于客属电台协作网成员台之间的协作和沟通。例如，客家话广播剧《圆梦一甲子》的开播仪式就是两个成员台通过网络技术同时启动完成的，这种低成本、高

效率的新媒体协作，方便快捷地解决了实际工作中遇到的许多难题。

另外，由中央人民广播电台携手各客属电台联合推出的大型直播节目《原乡快线》在 2014 年已经完成了四场直播，各参与的成员台不仅同步转播，而且会在每场直播前，在各自的网站、微信平台等新媒体上共同进行直播互动，方便了两岸听众就直播内容进行交流。例如，《原乡快线》走进沙县的直播活动中，就在直播间收到了台湾和沙县本土“粉丝”发来的互动话题，并通过主持人和嘉宾及时在电波中进行了回应。随着《原乡快线》直播范围的扩大，这种各微信平台的互动形式和技术手段将会进一步创新。

3. 信息协作

信息协作实质是实现目标过程中，部门与部门之间、个人与个人之间及时的信息交流、情报传递。及时地掌握信息，才能制定正确的决策，这是实现目标的重要保证。

在每年举行的协作网年会上，各台互相交流经验，台湾成员台分析台湾受众的特性、台湾广播的发展趋势，有助于大陆其他成员台研究宣传对象所需、宣传时机和宣传方式，这些决策信息让对台广播的内容可以适当做调整，更具“贴近性”，接近台湾的客家文化形态。同时，在两岸大事件的播报上，协作网成员台可以相互连线，共享资讯，联手对新闻事件进行全方位解读等。

三、两岸客属电台协作的基本原则

从成立开始，各成员台就秉承联合力量，共筑平台，共享资源，共谋发展的原则，以弘扬客家文化为己任，以为客家乡亲搭建交流心桥为宗旨。在两岸客属电台的协作过程中，特别应当坚持以下几个原则：

1. 把好导向　严防失言

两岸客属电台在意识形态、价值理念上存在一定差异，在协作过程中，要坚持正确的舆论导向，强化对台意识，在中央对台政策指导下开展对台广播，抱着“和而不同、求同存异”的协作心态，但也要警惕“失言”，在新闻信息交流方面应当避免产生歧义。应提高认识水平，把好信息输出关口，做到有的放矢，即交换有底线，切忌只顾宣传效果不顾宣传后果。例如客属电台协作网的共建栏目《天下客家》就会收到来自两岸电台的报道内容，在通过中央人民广播电台神州之声“播出”之前，会通过节目制作人与主持人的二重把关，并在确保安全播出后，再通过特有的共享平台，让其他成员台共享。

2. 公平交换　互惠互利

客属电台协作网有属于自己的一套制度，调节和稳定复杂的交换过程，也要求各成员台之间是一种公平交换的关系，这种交换应该利己，也利他。唯有此，已经形成的交换网络才能给大多数交换者带来利益，激发他们参与交换的积极性。尤其是台湾客属电台多为商业性质，更加希望借助协作网实现品牌效益和广告价值更优化，而大陆客属电台也通过协作网把声音实实在在地入岛、入心、入脑，所以协作网的运作要努力为各成员台创造共同的利益空间。

3. 协同求优　持之以恒

客家方言节目逐渐成为维系两岸客家文化，拉近两岸客家乡亲的重要纽带之一，客属电台协作网成立的目的是聚合两岸客属电台力量，打造更优质的节目，吸引“台湾耳朵”，因此，成员台直接的交换协作，要力求塑造更多精品节目、品牌节目，并且做到常态化，拓宽“交换”的形式和范围。但主持节目的客家话腔调以及习惯用语还是稍有差别，两岸成员台可以在“大同”之间通过语境交换，了解彼此之间“小异”，使大陆客属电台的对台节目更“走心”更动人。例如，原乡电台的主持人在节目中谈到单车时，本是发“脚车”音，但为了适应台湾客家乡亲的习惯，会改为“脚踏车”。

目前，中央人民广播电台微信平台“客家天地”已经开始尝试在手机平台上发布各客家地区的新闻，吸引了两岸“粉丝”的关注。在这个基础上，为了提高两岸客属电台在手机终端的影响力，两岸客属电台协作网计划开设官方微信账号，内容主要来自各成员台的新闻报道，这个平台将在手机端打造大客家信息宣传渠道，整合闽粤赣和台湾地区的热点新闻和重点资讯。平台搭建好后，推送给各成员台的“粉丝”，并吸纳他们成为“粉丝”，形成信息量的多重叠加效应。从长远来看，“客家天地”微信平台可以使各成员台实现更大范围的宣传，并可与更多客家听众实现互动，为对台广播注入更多的活力，从而实现更大的情感认同。

两岸的客属电台都在期待碰撞出更精彩的火花，也都在寻求更多可能的合作机会和空间。未来，两岸客属电台的协作将会更加频繁，将在各种“交换”的过程中，更好地实现共同繁荣。

参考文献：

[1] 布劳：《社会生活中的交换与权力》，华夏出版社 1988 年版。

[2] 温昌衍：《两岸客家话异同说略——以梅州客家话与台湾梅州腔客家话为例》，《梅州日报》。

[3] 社会交换论豆丁网文档，http://www.docin.com/p-579542148.html

（作者单位：中央人民广播电台对台湾广播中心）

媒体融合背景下的文艺广播节目创新

◇刘 佳

以移动互联网和社交媒体为代表的技术革新对媒体发展产生了巨大的影响。对于广播来说，这种影响主要表现为基于移动终端的收听迅速勃兴。赛立信媒介研究数据（2013年）显示，虽然广播受众使用选择率最高的依然是传统收听终端，达到63.2%，但较2012年减少了10.2%，使用智能收听终端的目前已达到了50.3%，比2012年增加了近70%，相比2009年，这个数字更是翻了四倍。收听市场的“瓜分者”层出不穷，在移动互联网中，蜻蜓FM、考拉FM、荔枝FM等收听应用相继出现，音乐、有声读物、广播节目成为音频类App的主要类型。

这种影响既是冲击，也是促进媒体融合、促发变革现有节目生产制作流程的强大推动力。2013年4月4日，江苏人民广播电台文艺广播在酝酿数月之后，推出全新的节目生产、制作、编排模式——《文艺微生活》，以碎片化、垂直化为内容生产模式，以迭代化为生产理念，以轮盘化播出为编排方法，以多平台输出为传播手段，打破了传统广播大板块直播的固有样态，其主动拥抱、融合新媒体的创新做法，值得借鉴与思考。

一、碎片化、垂直化、迭代化的内容生产

文艺类节目是广播节目中深受听众喜爱的一个重要类别。然而，自20世纪90年代直播节目成为主流节目形态后，一段时期以来，对于大板块的文艺类广播节目，不少人的印象是“干货：少、水词多”，一个小时的直播中，主持人插科打诨占了一多半时间，这种节目形态，在广播被长时间消费的伴随收听状态下，是可以被接受的。但随着移动互联网以及社交媒体的快速发展，受众信息接收途径愈发多元，篇幅较长或不精彩的文字或音视频易引发抵触情

绪，而更倾向简短、浓缩的碎片化信息。江苏人民广播电台文艺广播的“文艺微生活”正是在此趋势下应运而生，其内容生产表现出碎片化、垂直化、迭代化的特色。

1. 碎片化

“文艺微生活”目前由《国学微讲堂》、《DJ 私房歌》、《影视留声》、《少儿古诗词赏析》、《微剧场》、《轻松微笑点》、《说时依旧》《梨园故事》、《戏曲知识》、《好书推荐》、《成语故事》、《为你读诗》、《我的故事》、《我想对你说》、《健康小贴士》、《心灵深呼吸》、《妈咪宝贝听我说》、《天天百科》等 19 个“微单元”碎片构成，每个微单元时长 5～8 分钟，以音乐、综艺、文化、读书、戏曲、曲艺、故事、经典等文艺内容为主打单元，健康、亲子、心理等其他类型作为收听调剂，分别由 10 位主持人担纲制作，定期更新微单元内容，最终构成“文艺微生活”的节目库，经过编排选择实现每天的节目播出。（见图 1）

图 1　文艺微生活“微单元”（文艺微生活 3.0 版）

每个“微单元”的内容都是事先编辑、录制完成的主持人在微单元的录制中，不得播报与节目主题无关的内容，最大限度地使节目精致、凝练。

2. 垂直化

“文艺微生活”的“碎片”不是杂乱无章、随意设置的，每个微单元内容均不相同，力求做到此类内容的垂直深入，如，《国学微讲堂》主打国学知识和典故；《影视留声》推荐电影电视剧中的经典歌曲、音乐；《轻松微笑点》播出笑话段子；《说时依旧》介绍南京的民俗、掌故等。这种垂直化的“微单元”中常常通过设置主题细化单元内容，如近期的《影视留声》中，推出了“张艺谋电影系列”，以电影人物为依据进行分类；《国学微讲堂》近期播出的“史记人物系列”，介绍《史记》中出现的人物及其故事，以经典典籍为主题组织内容。

3. 迭代化

在互联网思维中，迭代思维是重要一条。“文艺微生活”引入产品迭代理念，自2014年4月4日、7月7日先后推出“文艺微生活”1.0版（见图2）及2.0版本（见图3）后，10月20日，升级后的“文艺微生活”3.0版正式上线。

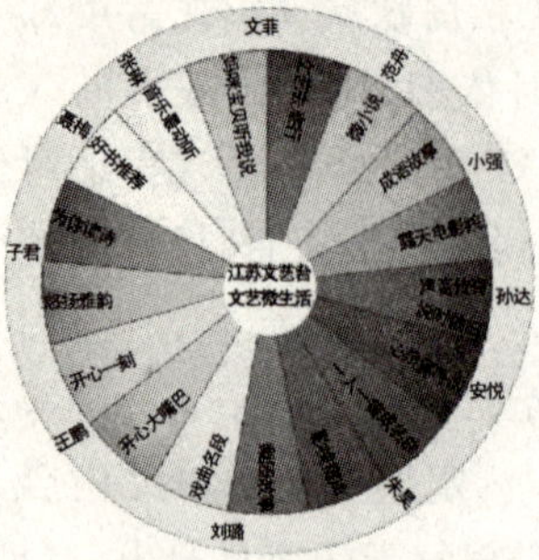

图2　文艺微生活1.0版

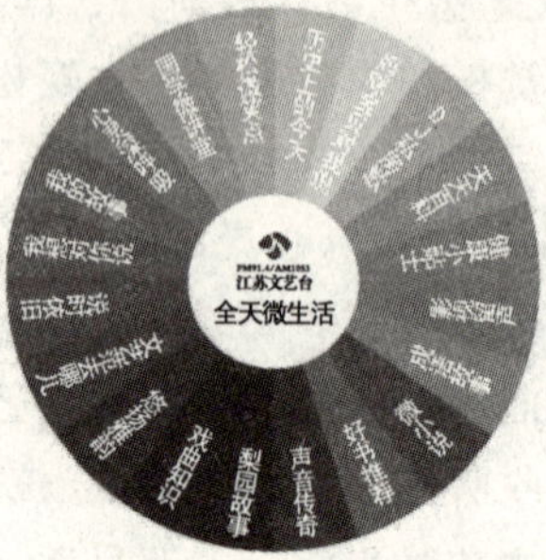

图3　文艺微生活3.0版

每三个月一次的版本升级，包含着对产品内容和编排方法的提升改进。在内容上，“文艺微生活”根据听众的喜好程度，以及专家的听评意见决定“微单元”的去留。在1.0版本中，“微单元”几乎均是文艺内容，音乐单元比重较大，包括《影视留声》、《悠扬雅韵》、《一人一首成名曲》、《音乐最动听》四个“微单元”；在2.0、3.0版本中，音乐内容减少为两个单元，增加了《天天百科》、《健康小贴士》等生活类“微单元”（见表1）。

表1　“文艺微生活”各版本“微单元”

1.0版本	2.0版本	3.0版本
好书推荐	好书推荐	好书推荐
梨园故事	梨园故事	梨园故事
戏曲名段	戏曲知识	戏曲知识
说时依旧	说时依旧	说时依旧
国学微讲堂	国学微讲堂	国学微讲堂
妈咪宝贝听我说	妈咪宝贝听我说	妈咪宝贝听我说
成语故事	成语故事	成语故事
开心一刻	轻松微笑点	轻松微笑点
心灵深呼吸	心灵深呼吸	心灵深呼吸
影视留声	影视留声	影视留声
音乐最动听	DJ私房歌	DJ私房歌
声音传奇	声音传奇	

续表

悠扬雅韵	悠扬雅韵	
文艺去旅游	文艺范去哪儿	
微小说	微小说	
一人一首成名曲		
开心大嘴巴		
露天电影院		
为你读诗		为你读诗
	历史上的今天	历史上的今天
	我想对你说	我想对你说
	我的故事	我的故事
	天天百科	天天百科
	健康小贴士	健康小贴士
		少儿古诗词赏析
		微剧场

二、轮盘化的编排方式

"文艺微生活"产生后，分别在传统广播与互联网平台播出。在广播平台上，采用轮盘化的编排方式，这是全新闻或全音乐的类型化电台常用的播出方法。在"文艺微生活"上线之初，轮盘化的编排方式只是运用在周末节目中，到了3.0版本，这种编排方式已运用在全天九个时段（见表2）。

表2 2014年江苏文艺广播节目表

时 段	节目名称
07：00～07：30	《天天早知道》
07：30～08：00	《文艺微生活》
08：00～08：30	《你好，今天》
08：30～09：00	《文艺微生活》
10：00～10：30	《风从东方来》
10：30～11：00	《文艺微生活》
11：00～11：30	《乐行天下》
11：30～12：00	《文艺微生活》
12：00～12：30	《艺流行》
12：30～13：00	《微剧场》

续表

时　　段	节目名称
14：00～15：30	《梨园漫步》
15：30～16：00	《文艺微生活》
17：00～17：30	《小星星》
17：30～18：00	《文艺微生活》
18：00～18：30	《大城小爱》
18：30～19：00	《文艺微生活》
19：30～19：30	《未央歌》
19：30～20：00	《E 现场 live show》
20：00～20：30	《麦田守望者》
20：30～21：00	《文艺微生活》
21：00～22：00	《月光会说话》
22：00～23：00	《文艺微生活》
23：00～24：30	《钢琴别恋》

九个时段的“文艺微生活”，采用了两种编排方式，在 7：30～21：00 的 8 个时段，以半个小时为一个轮盘，采用主持人直播串编的形式呈现（见表 3），而晚间 22：00～23：00 时段，则采用无主持录播形式编排（见表 4）。

表 3　2014 年 11 月 14 日 7：30～8：00“文艺微生活”节目编排

时间	微单元	内　　容
7：30		宣传带
7：31	《轻松微笑点》	三个笑话
7：34		主持人串词，预报当天天气，预先接下来播出的微单元
7：36	《历史上的今天》	印象派画家莫奈出生、张艺谋出生、王府井新华书店翻新复建等内容
7：40		歌曲《美酒加咖啡》
7：41		宣传带
7：44	《心灵深呼吸》	“再见，前任!”系列之“因为害怕别人的眼光”
7：48		歌曲《亲爱的你怎么不在身边》
7：50		宣传带
7：51	《健康小贴士》	介绍味道奇怪却富有营养的菜肴
7：54		公益宣传带及广告

表 4　2014 年 11 月 14 日 22：00～23：00“文艺微生活”节目编排

时间	微单元	内　容
22：00		报时、台标、宣传带
22：01	《国学微讲堂》	韩信的故事
22：04		宣传带
22：05	《DJ 私房歌》	推荐歌曲《天路》，介绍其创作背景
22：10		宣传带
22：11	《历史上的今天》	印象派画家莫奈出生、张艺谋出生等
22：14		歌曲《看完烟火再回去》
22：17		宣传带
22：18	《我想对你说》	情感故事
22：21	《影视留声》	介绍张艺谋系列电影之《归来》及其主题曲《跟着你到天边》
22：27		歌曲《驿动的心》
22：29		广告
22：30		频率宣传带、节目宣传带
22：32	《好书推荐》	介绍青年作家笛安的作品《南方有令秧》
22：36		歌曲《笑忘书》
22：41		宣传带
22：42	《微剧场》	《斯巴达克斯》电影录音剪辑片断
22：48	《DJ 私房歌》	《当时的月亮》
22：53		宣传带
22：54		歌曲《屋顶》周杰伦、温岚

无论直播或录播，编排都以“宣传带＋微单元＋歌曲”作为一个基本的播出单元或称一个“环”（但若“微单元”本身为音乐内容则不再播出歌曲），每半个小时播出四个这样的单元组合，一个小时即有八个“环”，以此形成轮盘（见图 4）。

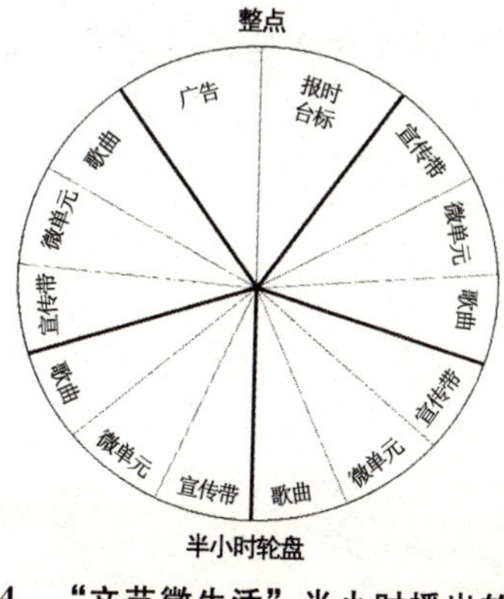

图 4　“文艺微生活”半小时播出轮盘

在轮盘化的“文艺微生活”中，即使由主持人直播，其串联语言也不得超过3分钟，且只能播报天气或预告下一“微单元”，不能随意播报其他内容，以最大限度地突出与展现“微单元”之精炼。

三、多元化的传播手段

与广播节目生产与编排模式创新相辅相成的是节目传播方式的多样化。WiFi普及、4G时代来临，高速网络必将拓展广播节目的移动消费空间，广播节目在互联网及移动媒体中的二次使用、二次传播将成为新的趋势。以碎片化为主要特征的“文艺微生活”，其用心就在于主动与新媒体进行融合，将线性的广播节目变成可反复收听、传播的音频产品。

目前，除了传统广播，“文艺微生活”在江苏广播网、微信等多个互联网及移动互联网平台播出。

在互联网平台传播的“文艺微生活”的“微单元”，注重遵循网络传播规律，每一期都留有一个短小的关键词或关键句作为标签，以便听众在海量信息中进行搜索；5～8分钟的节目时长、轻松闲适的文艺表达，适于用户在微博、微信等社交媒体中转发、分享，将广播原有的由点到面的传播，拓展到点对点的人际传播。

在“文艺微生活”3.0版本推出的同时，江苏文艺广播开始尝试向整个江苏广播乃至全国广播界、音频界开放平台，搭建一个PGC（专业生产内容）、OGC（职业生产内容）、UGC（用户生产内容）共同参与的平台，让更多优质的“微单元”进入其节目库。而江苏广播业也已加快碎片化音频产品生产节奏，包括“文艺微生活”微单元在内的145档音频产品于2014年10月正式上线江苏广播网和移动微啵网，全面提速音频产品布局。

（作者单位：江苏省广播电视总台广播传媒中心）

媒介融合态势下广播问政节目如何发展

——以湖北台《政风行风热线》栏目为例

◇纪 莉 赵本凯

20 世纪 90 年代初普遍推出的广播热线节目开启了广播问政的节目模式，广播“政风行风热线”类节目层出不穷，成为听众与主持人广泛互动的公共服务节目类型。

这一类节目从地级市电台开始发展，至今在全国各级广播电台中均有涉及。它一方面向听众传递党和国家的各种方针、政策，介绍政府部门的工作情况和行业法规，一方面听取听众对这些部门和行业的意见与投诉，并由嘉宾进行现场解答与解释。被看做是新闻媒介进行良性的舆论监督，促进上下沟通，敦促政府部门树立良好行业风气，为民服务，共同建设和谐社会家园的必要载体。

在“政风行风热线”类栏目开播热潮期间，2005 年 5 月 18 日，湖北广播电视台新闻广播部正式开播《政风行风热线》栏目。经过近十年的发展，《政风行风热线》栏目已经成为湖北省开办最早、坚持最久、影响最广的一档舆论监督节目。2013 年，该栏目在全国率先实现了问政类节目的策略性媒介融合，构筑起全媒问政平台，在全国首创省级政风行风评议全媒体呈现。2014 年，被国家新闻出版广电总局评选为“全国最具特色省级广播栏目”。

本论文主要以湖北省《政风行风热线》栏目的全媒体发展方式为例，聚焦媒介融合背景下广播问政节目的发展方式，探讨其经验，并试图探究广播媒体在媒介如何时代的发展问题与突围思路。

一、《政风行风热线》栏目的高品质内容介绍

广播问政节目为群众提供了民主监督的直接形式，同时也搭建了政府机关

部门、公共服务部门与广大群众沟通与交流的重要平台。在2005年前后，《政风行风热线》栏目在全国市（地）级的开通率达到了80%以上[①]是有其深刻的社会动因与功能要求的。

根据中国社科院《2005年中国社会形势分析与预测》，2004年的中国经济进入新一轮高速成长期。经济的高速发展还伴随着许多重大的社会问题，其中城乡矛盾、收入差距比等都使得人们对社会的不满情绪聚集，导致人们的生活满意度下降。而在当年对社会发展预测所进行的调查发现，专家都认为马上启动的下一轮改革中收益最多的人群是党政官员，群众对社会的不满也极为容易凝聚在党政官员身上。各种不公平的感觉降低了人与社会、民众与党和政府、群体与群体之间的和谐度，各种群体事件频发，矛头都指向政府，考验着政府的社会治理能力和抗风险能力。

在这样的时代背景之下，主动并良好地利用媒介，通过广播平台听民言、察民意、解民忧、暖民心，就具有稳定地方、协调矛盾、构建和谐社会的重大意义。以湖北《政风行风热线》栏目为例，开播当年，湖北省直六十多个政府职能厅局和公共服务企业定期上线，4个市（州）政府负责人轮流上线，参与节目直播。截止到2014年8月27日，该栏目共播出2370期，1359人次副厅级以上领导干部参与上线，受理群众咨询约18万件，处理群众有效投诉近27000件，有效投诉的解决率超过98%。这个目前湖北省覆盖范围最广的广播栏目，其节目影响力不断增强，并被评为全国十大品牌民生栏目。

作为一档广播问政栏目，《政风行风热线》的发展与影响力恰恰得益于独一无二的节目内容与节目设置，是真正“内容为王”的节目。首先，这是邀请各部门和行业领导人直接与受众互动的节目。它可以在一些小问题还没有成为大事件之前，就让利益相关人直接与问题解决方获得沟通，并以公开、透明的形式对其他有类似问题的群众进行示范与教育；其次，节目内容设置所有问题都是老百姓直接相关，而且责任追究多为政府或者机关部门的问题。它通过广播办公与新闻施政的形式向各政府部门与机关施加压力，敦促其迅速解决群众最关心的问题；最后，该节目内容还往往在播出后成为部门与行业作风建设的教材和自查自纠的依据，成为进一步实现与落实群众知情权、参与权、表达权、监督权的平台。这样“硬”的时政内容与互动形式正是广播节目不可替代的优势内容，也是“政风行风热线”节目存在与发展的必要性所在。

---

① 《人民日报》2006年8月21日第1版。

二、《政风行风热线》栏目的问题与不足

在媒介多元发展的今天，湖北台新闻广播部《政府行风热线》栏目历经十年运行，与众多广播节目一样也遇到了发展中不可回避的问题。其主要表现在以下几个方面：

1. 传播方式相对落后

目前，虽然“四位一体”平台的建设整合了省内多家主流传统媒体，但节目本身以及这些传统媒体的传播方式依然跟不上目前信息化时代的节奏，还是以由点到面，由上至下的传播方式在传递信息。因此，在与新媒体的竞争中无法最大程度方便受众收听，更无法吸引年轻人群及新媒体忠实用户的关注。

2. 广播节目收听人群集中在三四线城市和农村，在中心城市的影响力较弱

据赛立信公司数据分析，2013 年湖北新闻广播《政风行风热线》栏目在全省的同时段收听率排名第二，武汉市同时段收听率排名第三。这组数据说明该栏目的受众认可度并没有达到应有的高度，也部分说明栏目的传播方式还是有政治说教的痕迹。尤其在媒体竞争较为激烈，互联网发达、信息丰富、快节奏生活的发达地区，该节目的优势日益微弱。

3. 栏目功能单一，受众黏稠度低

虽然《政风行风热线》在倾听民情民意、监督政府工作作风、加强政风行风建设等方面起到了重要作用，但是这一类信息的内容本身并没有以群众喜闻乐见的方式呈现，从而制约了该节目本身优势资源的发挥。

目前，湖北省大部分“政风行风热线”节目的内容都只是按照省纪委的统一部署，进行着常态化的播出工作。虽然湖北省六十多个厅局机关全年都有上线接受问政的任务，线下全年 365 天也都在转办着各个厅局机关的投诉受理件，但对各单位聚焦式的监督问政仅仅局限于该单位上线的那一个星期，非常容易形式化。受众也只能在当周里与某部门进行透明公开的互动。这也极不利于吸引听众的长期收听兴趣。

同时，由于栏目受理投诉基本依靠热线电话，沟通渠道较为单一，因此导致了节目与投诉者双方的信息无法更有效地传达，其服务大众的功能没有得到延伸。受众往往只是在有问题的时候偶尔关注下节目，无法达到通过收听了解政风、行风，主动监督、交流的效果。

三、媒介融合背景下《政风行风热线》的融合实践与探索

综上所述，我们可以发现在媒介融合时代，广播问政节目面对的最大挑战

是如何将优势的信息资源与渠道融合，实现“以内容占领渠道，以渠道优化内容”的目的。媒介融合的步调启动，需要面对的竞争者却更为广泛。互联网广播和移动广播的生产者越来越个体化，内容也越来越细分和丰富，这些都对传统的广播形态形成了挑战。新一代广播听众的收听习惯也受到这种新广播形式的影响而发生了急剧的变化。在这种情况下，《政风行风热线》进行媒介融合背景下的数字化改革已是“箭在弦上”。结合目前信息化时代新媒体的迅猛发展，湖北省的《政风行风热线》栏目采取了的以下几种方式进行媒介融合。

1. 结合所有媒介形态，实现立体传播与媒介融合

就《政风行风热线》栏目内容本身，是由湖北之声、湖北经济广播发起并担纲，并携手湖北电视台、湖北网络广播电视台、《楚天都市报》、荆楚网立体联动，广播、电视、网络同步直播，并结合报纸进行深度报道。在新闻生产过程与播出过程中，《政风行风热线》栏目采取一次采集、多次生成、多元发布、多渠道融合、多平台互动。打通所有节目资源，辅之以暗访视频、暗访现场图片等问政现场直播音视频同步播出。并且电视台根据电视的特性，将广播直播的重点内容编辑成短小精悍的新闻，进行碎片化播出。

2. 利用网络与移动平台，全方位开展与受众的互动

全媒体融合之后的《政风行风热线》让受众不再仅仅依靠拨打直播间电话参与讨论，还可以通过短信平台、网络爆料台、网络论坛、官方微博、官方微信全方位互动参与。以 2014 年 8 月 26 日举办的《媒体问政》特别节目为例，当天直播时，在线关注的网友多达 136 万人次，打进的热线电话达 348 个。人民网、新华网、新浪网等近五十家权威媒体和网站先后对此进行了报道。

在 2015 年推出“湖北政风行风热线”微信公众服务号是湖北省首创的维权服务类微信服务号，也将成为全国第一个由政府、媒体、新媒体共同打造的便民电子服务工具。目前该微信号已经计划推出三大板块：（1）我要投诉；（2）我要咨询；（3）我要对话。计划在其中包含四大功能：1. 透明化一站式投诉反馈服务。2. 民生政策百科全书。3. 60 多位市长、厅长线上答疑解惑。4. 全民参与省级政府行风评议调查打分系统。

3. 建立四位一体投诉转办平台，以投诉办结率推动节目收听率

此外，在《政风行风热线》建立四位一体投诉转办平台后，投诉转办件数远远大于厅局参与节目上线接到的投诉量。《政风行风热线》节目全年累计受理咨询、投诉合计 2597 件。其中节目转办 874 件，日常转办 1723 件。投诉办结率 99.5%，群众满意率 83%（数据截止到 2013 年 12 月 5 日）。

4. 以节目信息的数据分析为依托，为政府相关部门建言

有了数字化内容平台资源后，《政风行风热线》以此为依托对湖北省的省

级职能部门推出了一项服务，那就是结合节目每年8万多件的热线电话进行数据分析，将这些来自群众和基层最真实的反映以数据技术结合节目组庞大的专家资源库的形式进行分析，有针对性地对政府部门建言献策。例如，湖北省省交通厅上线时，发现近两年群众对交通的诉求已较以前有很大不同，矛盾由对道路不通畅的投诉转为对交通布局和管理的更高要求。湖边省交通厅厅长当即表示，希望和节目组与专家一起，针对“科学大交通”的议题进行专项分析研究。

四、广播问政节目在媒介融合过程中面对的挑战与启示

通过分析湖北新闻广播的《政风行风热线》，我们可以看到地方广电的媒介融合尝试的种种努力，但是广播问政节目要进行媒介融合后的转型并非易事。比如湖北省的省级报业集团等都纷纷成立了新媒体发展中心，但是效果并不理想。例如，湖北日报集团成立了新媒体发展中心，湖北广播电视台成立了湖北长江广电新媒体有限责任公司。这些传统媒体在成立新媒体机构后都推出了湖北手机报、“长江云”微信公众号等一系列的新媒体产品，可是效果却差强人意。对于广播问政节目而言，融合发展还要面对以下几个方面的问题与挑战：

1. 传统媒体管理体系阻碍新媒体转型

众所周知，大部分广播媒体都还是事业单位体制，吃的是还是“公家饭”，同时上级宣传部门对其有监管权，其中心工作是服务同级党委政府的宣传工作。因此，如果上级宣传部门对媒体领导没有新媒体业绩方面的硬性考核，那么传统媒体这种由上至下垂直结构的管理模式下，还是会一如既往地将精力放在常规的宣传报道任务上。这样一来，一些新媒体发展往往只是在走走形式，搭搭架子，而无法真正获得发展机遇。

2. 打破传统媒体根深蒂固的传播理念仍然阻力重重

目前，虽然很多传统媒体都推出了自己的微博、微信、App等新媒体产品，但这些产品大多还是用传媒的思维在做新媒体开发。没有真正理解新媒介的显性特征，用户体验、开放互动的环节设置在这些新媒体产品中荡然无存，这些产品只是将传统媒体上的信息“搬了家”，换了一个发布平台而已。这种集中、垄断的工业化时代传播思路，在当今融合、共享的信息化时代已显得过时，大部分传统媒体开发的新媒体产品没有延伸服务功能，交互性极弱，导致大众关注度低。在各种商业网站的夹攻之下，根本没有竞争力。

3. 缺乏掌握新媒体技术的专业性人才

目前，传统媒体研发运行新媒体的团队大多还是传统媒体的从业者，在开

发某件新媒体产品时，这些人被临时凑到了一起，一个团队里面可能没有一个人懂得新媒体技术。如某电台的一个微信公众号推出后，几年以来其表现形式及重要板块一直没有改变，用户关注度却屈指可数，这恰恰违背了新媒体产品迭代开发的原则。因为一个完整的新媒体产品的研发运行应该是先上线，然后进行测试，不断根据用户体验进行不断升级，保障产品的用户体验。新媒体产品的生命周期一定是生长、成长、衰败的过程，新媒体产品一旦发现用户流失无法阻止，便应立即下架，然后研发适应用户的新产品。

另外，广播问政节目的发展不仅面对上述这些问题，而且还面临着政策风险。这一类节目的“硬”内容往往依靠政府部门与机关的配合与协作，而一旦转为彻底以公众服务为导向的节目平台，这样的资源是否还能持续发展，以及以什么样的形式发展，更是摆在该类节目面前的重大考验。

参考文献：

[1] 胡正荣：《媒介融合与广播发展的机会》，《中国广播》2009 年第 12 期。
[2] 李静：《全媒体环境下的广播发展之道》，《中国广播电视学刊》2012 年第 1 期。
[3] 孙宏利、白咏珍：《城市广播发展的态势和前景》，《中国广播》2005 年第 1 期。
[4] 张常珊：《中国广播现状观察与前瞻思考》，《视听界》2014 年第 2 期。
[5] 张振华：《“三善论”：新闻传播第新推力——以政风热线类节目为例》，《现代视听》2010 年第 4 期。

（作者单位：武汉大学新闻与传播学院、湖北广播电视台新闻广播部）

如何实现传统广播人到“全媒体记者”的蜕变

◇凌　晨

一项新技术的诞生，总会引起“旧”的是否会被“新”的取而代之的担忧和讨论。关于传统媒体与新媒体最终胜负的争论也一直喋喋不休。笔者认为，争论的实质不是传统媒体与新媒体谁替代谁的问题，而是传统媒体如何踏上网络快车，实现传播效果的最优化。

一、传统传播方式与以网络为载体背景下的信息传播

1. 传播方式的变迁

媒体业的发展从未离开过新技术的支撑。从60年代开始，计算机技术使得大众传播媒介得以极速发展。中国社会科学院新闻与传播研究所研究员陈力丹在所著《世界新闻传播史》的研究成果称：“20世纪之前的发展处于相当缓慢的算数级数，而20世纪内的电子大众传播媒介，其发展则是几何级数。”①

如今，媒体业在历经不同的发展阶段后，到了新技术发展机遇空前的新时代，即，电信、计算机和视听技术的融合；技术、功能和商业的融合。“数字化革命”在不久的将来，会彻底颠覆此前媒体的运行方式，当下，制造商研制、出售的所谓“多媒体配置”向其终端用户提供视听综合服务正在成为主流。美国博客主编亨利·布拉基特在撰写的《传媒业（新闻业）进入黄金时代》一文中称：随着移动设备和社交网络等的发展，新闻业已经进入空前繁荣的“黄金时代”。

2. 网络信息的样态的多元

互联网被视为报纸和广播电视之后的“第四媒体”，其最大的特点和优势

① 陈力丹：《世界新闻传播史》，上海交通大学出版社2002年版。

是，互联网是一个承载和集纳了所有传统媒体优势和劣势的信息平台。网络传播与“一对多”的大众传播方式不同，信息的传送者和接收者在网络平台中呈点式散状分布，信息也由单向向立体式传播转变。相对个体用户而言，特定信息是从海量信息中找出来的，因而具有独特性。从这个意义上说，网络的传播方式是“点对点”，即特定的信息针对特定的用户。

PC机和移动终端让信息的传播呈现碎片化和弥散化，人人都是传者的同时也是受用者。但是，一个负面的特点是，信息的传播呈现快速灵活的同时，散、乱、杂，假新闻、伪信息、诈骗信息也充斥其间，纷扰人们的生活，导致的一个后果是，信息的权威性受到严峻挑战。解决这个问题的最终任务终究还是要落到媒体从业者身上。传统媒体从业人员要快速转变观念，实现尽快“融入”才具有现实意义。无论在哪个时代，人们对信息载体的依赖都是源于对信息的需求，而硬件和软件所要满足人们的是，如何确保信息发布者在第一时间、第一现场为人们提供最有价值的信息服务。所以，如何借助新媒体的优势和适应新媒体的需求，是传统媒体记者实现向“全媒体记者”转型的关键问题所在。

二、“全媒体记者”是网络社会发展的必然选择吗？

1. 网络时代下“全媒体记者”的现状

可以说，“全媒体”将会是人类至今掌握的所有信息交流手段的集成者。据百度词条显示，“全媒体”这一概念源自1999年美国玛莎·斯图尔特全媒体家政公司，该公司旗下拥有图书、杂志、广播电视、网站等多家媒体，是个不折不扣的融合性媒体。“全媒体”概念由此诞生同时也预示了世界媒体的发展方向，“全媒体记者”的概念也由此应运而生。

随着媒介融合的必然趋势，“全媒体记者”的概念也随之扩散到全球新闻界，起初人们将之定义为“全才型记者”，浮现在人们脑海中的“全媒体记者”的场景如下：一名记者肩背手提着各式装备，穿梭于新闻现场，在他的身上承载了“采访、编辑、播出、制作、发送”等各种功能。但是，实践证明，这种“能写会道，能拍会编”，能够熟练掌握各种电子设备的所谓全能型的记者并不是一把万能钥匙，全能型记者在实践中也很难真正遇到。

经过所谓全能型记者处理的信息缺陷开始显现。例如，图片没有摄影记者拍得好；文稿没有文字记者的精；编辑、播音、主持也不如专业人员的更到位，信息传播的实际效果大打折扣。这就促使更多的研究者对“全媒体记者”的定义、要求提出新的思考：网络时代如何做一名“全媒体记者”？“全媒体记者”如何才能更好地服务于“全媒体时代”？

2. 对“全媒体记者”的理解和思考

实践证明，“全而不精”是所谓“全媒体记者”最大的诟病。因为在操作层面，没有一个记者能够做到真正意义上的“全能”。所谓“闻道有先后，术业有专攻”，一个记者能够熟练地掌握两门报道技术已属不易，样样精通几乎不可能，即使有可能，也不具有普遍操作性。

美国密苏里大学的迈克·麦金教授的观点是：媒介融合教育最重要的是培养学生媒介融合的态度——以团队的方式工作。团队合作是媒介融合的基础。该校新闻学院所设置的媒介融合课程，包括基础理论、报道、编辑与生产、高度融合共四个阶段。在第四阶段要求每位学生按照分工的不同组成团队，利用一个学期的时间，综合报告、编辑、管理、营销等多种技能共同完成一个项目，以作品的方式接受最后的检验。从中可以感觉到，该专业学生的培养目标并非全才记者，而是能够熟练掌握一两门报道技术，同时熟悉其他报道手段，具有很强的团队合作精神和媒介融合意识的新闻人才。①

暨南大学新闻与传播学院院长范以锦在第三届媒介融合转型论坛上的演讲中提到，提高各媒体质量的还是专业型的记者，要利用好全媒体这个平台，打造报业核心竞争力的始终是专业记者。在全媒体时代，海量信息已经不是媒体的核心竞争力了，与日俱增的受众的深度信息需求、规模化信息提供与个性化信息需求，对记者的专业度提出了更高的要求。②

由此可见，“专业素养（技能）＋团队精神＋配合能力”，是衡量“全媒体记者”的基本构成要素。这种认识已越来越多地被媒体从业者接受。

三、如何完成从传统广播人到“全媒体记者”的转变

1. 网络发展为传统广播注入了新活力

人们将网络作为自己了解世界，服务生活的主要媒介。但是，广播电视媒体在面对网络的冲击时，同样也遇到新的契机，广播从业者应树立职业信心。

首先，在受众心目中，传统媒体的社会公信力较高，品牌影响力较强。例如，对于中央人民广播电台而言，金字招牌就是其优势之一：独家言论、权威观点、严谨的工作方式和专业化的队伍，形成了属于自己的强大基础优势。凭借这种优势，传统广播与网络融合之后完全有可能创出一片新天地。

其次，在心理上，普通网友往往希望其言论或爆料被传统媒体重视和引用。由此可见，传统媒体的回应对网络舆论影响的重要性。任何事业，只有通

① 陈一新：《全媒体记者如何掌握“全”新闻战线》2011 年第 2 期。

② 于雪：《全媒体记者的发展趋势》，《新闻知识》2012 年第 8 期。

过新生力量的不断注入才能保持旺盛的发展动力。传统媒体只有搭上网络这列快车才能实现再创辉煌的目标。

再次，获取独家新闻的数量和解读的效果决定着媒体的影响力。纵观中央主要媒体，各家的特长各不相同，突出表现在评论、舆论监督、深度报道、快速反应等方面。媒体在拥有各自特长的同时，也拥有了忠实于自己的受众。新闻以时效性为先，时间对个人的重要性日益凸显，通过固定时间收视、阅读新闻的人群在减少，在行程移动中“浏览”新闻的人在增多。央广的受众基础在于“大众”，因传播的成本低，收听方式便捷，为流动的人群提供新闻产品是其特长。如何提供大众喜欢的产品应该成为新的研究方向。

2. 利用好“数据”完成从传统的广播人到“全媒体记者”的华丽蜕变

“大数据”是时下的热话题，“热”是因为它为人们提供了无限的可能和前所未有的丰富性。“大数据”不单纯指“数字”，它还可以有“文本，图片，音频，视频……”等多种表现形式，其聚焦的内容十分丰富，从博客、播客、微博，微信，音视频、图片到通话录音以及位置、评价信息、交易信息等互动信息等，包罗万象。“大数据”指的是收集和分析大量信息的能力，而这些信息涉及人类生活的方方面面，目的在于从复杂的数据里找出事物发展的趋势和规律。这种“预测未来”的能力是网络发展所带来的，这也让媒体人看到了一种可能，即谁拥有了“大数据”谁就拥有了主动权、话语权。

“央广”的优势还在于“央”字，其多年经营的覆盖网络和与各专业机构的良好合作，均为媒体传播标注了权威的标签，这也让“央广”具有了其他媒体难以比拟的优势。利用好这种优势，依靠“大数据”的力量，就可以做到在传播中引领热点，在信息中把握导向，在竞争中完成蜕变。

3. 增强派驻记者站在本地新圈的竞争力

面对新媒体融合的新平台，记者站要完成“全媒体记者站”的转型，首先要从观念的转变开始，要从单纯的“工种”概念中跳出来，要建立数据、技术与思维的三足鼎立的新理念，依靠团队力量，塑造“全媒体时代”的新记者。记者站的影响力主要体现在以下两方面：(1) 将驻地采访所获得的有价值的新闻融入新闻频率，针对全国区域播出后实现放大其影响力的目的；(2) 通过快速、准确、公正、符合道德规范的新闻，赢得记者站、记者在本地的影响力。

媒体派驻各省、自治区、直辖市的记者站情况各不相同，政治、经济、文化背景及各类资源的体量不同，发生各类新闻的几率也不同，而发生在同一区域内的新闻，则是当地各家媒体角逐的战场，谁家能够在第一时间获取新闻，谁家就有影响力。记者站人员少、采访力量不足是一个实际问题。近几年，中央人民广播电台记者中心与总编室、中国之声合作，设定项目目标，调集精干的记者组成采访小分队深入采访，采访播出的节目在社会上产生了积极的效果。另外，重视区域性现状的调研和采访，也是记者站实现影响力的重要手段，例如，针对长三角、珠三角、藏区的采访取得的效果十分明显。

四、结语

随着互联网的普及和运用，媒体及记者的传统思维方式受到挑战，作为网络时代的“全媒体记者”至少要具备以下能力：较强的政治敏感性，宽泛的视野，高屋建瓴的判断力，独到的视角以及清晰的逻辑表达能力。熟练掌握采编拍摄制作等操作技能，构建网络人际信息关系。

面对新媒体融合的新平台，从传统广播人到“全媒体记者”的转型，首先要从观念的转变开始，要从单纯的“工种”概念中跳出来，要建立数据、技术与思维的三足鼎立的新思维，依靠团队力量，塑造一个“全媒体时代”的新记者。

（作者单位：中央人民广播电台青海记者站）

浅谈全媒体记者的必备素养

◇周　洪

随着新媒体不断更新发展，媒介信息环境发生了巨大的改变。为了适应这种变化，把握住发展机遇，各个媒介机构纷纷从组织结构、运作流程、产业布局等方面开启了全媒体化改革。全媒体是在媒介融合时代下发展出来的一种全新概念，随着媒介技术的不断发展，新的媒介形态层出不穷，为了适应媒介生态环境的改变，媒介从内容、渠道、终端等多个层面出现融合态势①。传统媒体如报纸、杂志、广播、电视、通讯社等，都将不再仅仅生产一种形态的新闻产品，也不再仅仅依靠单一的媒介载体为受众提供新闻信息②。广播被认为是融媒体时代最容易和新媒体相结合的传统媒体，它所具有的快捷性、移动性、伴随性，也非常符合新媒体发展的方向。对新闻及时性的追求，是传统广播与网络媒体的一致目标③。

目前，广播界的全媒体布局开始逐步开展，而在这一过程中存在着许多问题。特别是身处广播事业第一线的记者，已经被全媒体环境包围，如何适应这一变化是当前广播记者亟须解决的难题。

一、广播记者应积极适应全媒体环境

（一）新媒体的发展为广播记者转型提供技术支持

新媒体因其在新闻发布与接收上的优势，对传统媒体的市场份额造成了很大的冲击。根据《工业和信息化部发布今年第三季度电信服务情况通告》，

① 贾虹艳：《中央人民广播电台全媒体化研究》，黑龙江大学硕士研究生学位论文，2014年。

② 张蔚：《全媒体时代对广播新闻工作者的要求》，《中国广播》2011年第2期。

③ 华晓青：《全媒体时代广播记者的新定位》，《中国广播》2012年第8期。

2014年三季度，智能终端设备普及加快，智能手机出货量达到9050.9万部。互联网流量消费持续高速增长，月户均移动互联网接入流量达到186.5M，同比增长48.8%，已备案互联网站数达到354.9万家①。同时，以3G、4G与WiFi网络为代表的移动互联网不断走强，短消息、图片与音视频等信息的发布变得极为轻松，微博、微信等个人属性突出的媒介形式成为重要的信息源，"自媒体"时代来临。在自媒体时代，每一个媒介用户都有可能利用手中的手机或者平板电脑等播发消息，这对传统的新闻采编程序构成了极大的挑战，也对传统媒体的新闻发布与舆论引导功能构成了挑战。广播记者如果不能够主动适应新环境将会被新媒体所淘汰。

（二）广播的产业危机是广播记者向全媒体转型的必然选择

清华大学发布的《中国传媒产业发展报告（2014）》显示，2013年传统媒体和新媒体的角力更加白热化，互联网及移动媒体行业收入的增长幅度领跑各细分市场，市场份额超越传统媒体，网络广告市场规模也追平电视媒体。而移动互联网相关业态发展迅猛，对传媒产业增长的贡献率达到30.3%，较2012年上升12个百分点。随着手机用户和手机上网用户数量的快速增长，未来还有较大成长空间。传统媒体中广播和期刊2013年增长率均有大幅下降。2014年，移动媒体进入快速发展期。个人电脑用户向基于移动互联网的智能化平台加速迁移，新闻、阅读、音乐等移动服务和应用与微博、微信、视频等平台互联互通，构成全媒体业务战略，并加速商业化步伐②。统计显示，如今在各种新媒体的夹击下，广播等传统媒体必须充分利用新媒体的渠道和技术，保持和拓展市场占有率和产业份额，这也是广播记者向全媒体转型的客观要求。

二、广播记者全媒体转型的路径探索

向全媒体记者转型，已成了广播记者自身发展和适应职业变化的必由之路。但是，对于已经习惯了传统广播新闻生产流程的记者，重新学习操作使用最新的设备工具，并不是一件容易的事。如何在不同的新闻平台上扮演好不同的角色，是广播记者向全媒体转型的难点所在。转型过程中面临的问题大致可以概括为技术、思维、专业素养这三道难关。全媒体广播记者必须克服这三道

① 工业和信息化部：《工业和信息化部发布今年第三季度电信服务情况通告》，http://www.miit.gov.cn/n11293472/n11293832/n11293907/n11368223/16223945.html，2014年11月5日。

② 崔保国：《2014中国传媒产业发展报告》，人民网，http://media.people.com.cn/n/2014/0521/c385149-25046286.html，2014年5月21日。

难关，这也是每名广播记者为满足自身发展和职业变化需要所必须努力加强的三个方面[①]。

（一）由“术业专攻”向“通才全能”转型

1. 配备必要的全媒体硬件设备

俗话说“工欲善其事，必先利其器”，配备专业的广播采编传输装备是广播记者顺利完成任务的前提。记者一般必须配备微型采访机、笔记本电脑、无线上网卡、智能手机、数码相机和专业采访背包等。随着智能手机功能的日益强大，智能手机必将成为多媒体报道的常用设备之一，但手机的问题是，它虽具备多媒体功能，但每一项功能都不是专业级别，拍摄图片/视频的像素、采集声音的清晰度，都无法达到专业要求。不过，就目前数码产品的发展趋势来看，不同种类的产品都在朝着“一专多能”努力，如新型的数码相机和DV都具备了WiFi传输功能，平板电脑不仅能拍摄音视频还能打电话等。设备的不断革新，必将为全媒体报道提供更多便利[②]。当然，在现有设备的基础上，如何尽可能地实现全媒体报道要求，则是记者需要勤练的“内功”。采编部门可以定期对记者进行专项培训，例如，邀请资深摄影记者及其他专业摄影记者传授如何抓取瞬间，展示事件冲突性和现场感；邀请电视台摄像师来讲解影像知识、编辑软件的使用等；技术部门可以对智能手机和电脑软件的使用进行培训。

上海人民广播电台给每位记者配备了iPhone手机，并在手机上面安装了自主研发的发稿平台。除了能上传文字、音频以外，系统兼具文、图、声、视频各项传播元素。记者采访的一手素材上传到平台后，被后台编辑“按需”取用，分别提供给广播、微博、微信App。目前，这种新的模式已经在上海电台的“冬奥会”“亚运会”“共和国新地标”等报道中运用。

2. 掌握全媒体的新闻采集技能

随着新媒体技术的突飞猛进，记者与大众的沟通渠道和交流平台日益增多，无所不在的媒介终端为记者的新闻采访提供了极大的便利。通过互联网记者可以随时查询到自己需要的新闻背景资料、专业知识和事件相关信息。通过微博、微信等，许多平常难以触及的专家学者的观点也能轻松地获得。作为一个顺应媒体发展趋势的全媒体记者，必须培养在新媒体环境中获取新闻线索的新闻敏感性，利用传媒新技术完成对相关对象的采访，并最终完成一个新闻选题的报道。

---

① 雷颖俊：《报业记者全媒体转型探析》，湘潭大学硕士研究生论文，2012年。

② 于宏剑、翟婧秋：《全媒体报道中广播记者的能力培养》，《媒体时代》2013年6月。

作为一名驻地记者，必须时刻关注地方新闻办、各区县及委办局官方微博，如“上海发布”，“警民直通车”。同时，通过即时通讯工具加强与通讯员的沟通，及时获得一手信息。上海某知名记者，仅新浪微博粉丝量就有近70万人。遇有突发事件，他总是能第一时间到达新闻现场，微博、微信成了他获取一手新闻的重要渠道。

而在某些特定场合特殊条件下，广播记者必须适应全媒体的新闻采集。例如在重大活动中，记者采访报道名额有限，采用全媒体的形式发稿，能满足各平台的内容需求。每年的两会报道，是全媒体手段能充分派上用场、检验记者能力与素质的宝贵机会，几乎所有媒体记者，都在一定程度上成了全媒体记者，承担着各种采访任务①。

3. 掌握跨媒体平台信息发布技能

全媒体催生了全媒体记者，因此全媒体记者必须适应全媒体的传播规律，必须迈过技术关，熟悉掌握跨媒体平台信息的新闻采编业务技能。广播记者不仅只为广播提供音频内容，而是转为可生产图文音视频信息。这就要求广播记者完成自身的业务升级，从以往的“术业专攻”发展成全媒体时代的“通才全能”，熟练操作各种现代化通讯技术和数字工具，掌握写作、录音、摄像、摄影等多种传播方式的综合运用能力、实现新闻的多媒体表达。这样才能够身兼数职，同时为不同媒介提供新闻产品，并做到在各类新闻媒体的新闻文本和节目样式间灵活转换。

传统广播报道的形式主要是文字、连线和录音。记者首先用录音设备采集声音，然后进行后期工作，通过统一的投稿软件上传至各播发频道，再由编辑进行筛选、后期编辑、最后播发。

借助网络、微信等新媒体平台，同一新闻事件，听众与读者可以选择阅读文字稿件进行深入了解，也可以通过收听广播进行简单的了解。使得文字、图片、音视频融为一体，尽可能地将新闻表达多样化、人性化。

去年年底，东方广播中心联合上海联通推出“阿基米德”App，为移动互联网用户量身打造音频节目。以音频为载体、以社区为范畴，结合文字、图片等形式，通过网络电台形式传播，探索一条基于新媒介的用户挖掘、服务民生的创新路径。

（二）培养全媒体思维方式

全媒体记者要拥有全媒体语境下的大局意识，要通晓新闻事件报道在各种

① 陈国权：《气喘吁吁的全媒体记者》，《中国报业》2011年12月。

媒介传播的样式、特色，为用户提供全方位、多样化、一体化的“打包式”的信息服务，呈现“文字＋图片＋视频＋互动社区”的多形态，提高媒体在用户生活中的嵌入度，因此记者要具备跨媒体传播的意识，培养多媒体报道的思维和理念，了解不同媒介的传播效果，知道如何针对不同的媒介，将信息转化成不同的媒介产品，重视对社会舆论的引导和平衡。

广播新闻要求口语表达、通俗易懂、要求用音响营造气氛，把听众带入新闻现场。文字更适合进行深度报道和分析。而手机端发布的新闻则要求短小精悍、使用多媒体的表达方式、增强交流性和互动性，并且为受众提供个性化的信息服务。这就要求广播新闻记者在采访时要有全媒体的观念和思维方式，充分了解不同媒体的媒介特点、用户和传播需求。在采集新闻素材时，要有编辑理念，充分考虑到不同媒体对素材的需求，尽可能为后期编辑提供丰富的信息和多样化的新闻资源。这样才能够在后期编辑的时候，根据不同媒介的特点从多样化的素材中合理筛选、各取所需、有机整合，制作符合媒介传播规律的新闻，从不同的角度满足不同受众的新闻需求，实现同一新闻的多次使用，全方位充分利用新闻素材，实现效益的最大化。

作为“全媒体”时代的记者，必须强化以用户为中心的报道理念，时刻将用户的需求摆在首位，树立用户至上的报道理念。当然，还要有意识的培养经营受众的能力，即学会如何培养、经营和维持自己固定的用户群。学会利用新兴传播技术和手段留住用户，比如通过个人微博、微信等社交网络加强与用户的交流互动；在平时的采访中注意与当地的通讯员建立联系，培养自己的强大通讯员网络。只有珍惜与重视和用户之间的这些沟通“桥梁”，才能真正抓住用户的心，提高广播在“全媒体”时代的竞争力。

复旦大学新闻学院已经加大对“全媒体”新闻人才的培养，比如学术型硕士有专门的新媒体方向，专业型硕士也开设了新媒体课程。在社会实践中，学校会安排学生去新媒体单位实习，学习他们应用全媒体的方式，鼓励教师去东方网等单位挂职锻炼等。

（三）全媒体记者专业素养建构

1. 把好信息采集关

全媒体时代，在要求记者的专业技能全面、过硬的同时，也不能忽视记者专业素养的建构。一些突发事件爆发时，第一时间的信息往往通过手机短信、微博、微信等渠道发布到网络之中。这些“第一时间”的发布者大多没有接受过新闻报道的专业训练，受到的行业监管又几乎为零，因而其发布的信息往往良莠不齐，常常带有强烈的主观性和片面性，甚至含有不少虚假编造的成分。

所以广播记者都要对其进行多方求证，核实消息来源，在确保新闻事实准确无误后方可进行报道。必须杜绝为了偷懒省事而忽略或弱化核实程序，直接引用真假不明的消息来源的行为。例如，2014 年 8 月 4 日，中国之声在鲁甸地震现场报道“浑水泡面”事件，随即一些网络媒体发布消息称是假消息，广大受众一时间不明真相，纷纷指责央广散布假新闻。后经央广记者提供现场照片和现场群众的证言，加之其他媒体证实，消息属实，谣言不攻自破。若广播记者没有把好信息采集关，只是从网上得到消息而不经求证，那么必将产生难以估计的后果。

2. 做好舆论引导，体现社会责任感

随着新媒体的崛起，尤其是互联网、社交网络、微博等媒介平台的出现，信息的流通速度已快到了用秒来计算的程度。一些谣言、流言纷纷通过网络等新媒体渠道快速扩散，如何去伪存真是记者面临的难题。在全媒体时代纷繁复杂的媒体环境中，受众每天接受着成千上万真假难辨的信息的轰炸，高度的社会责任感对于全媒体时代的记者显得尤为重要。面对各种消息来源，记者要始终坚持自己的独立思考。只有这样，才不会被一些别有目的的利益集团所利用。记者要勇于承担职业赋予的社会责任，坚持自己的独立思考和职业操守。

手上拿着采访机、肩上扛着摄像机、胸前挂着照相机、口袋里装着手机、背包里是无线上网本……全媒体记者需要对报纸、杂志、广播、电视、音像等载体样样能玩得起来，还需操弄 3G、4G 等流媒体技术设备。而要想成为十八般武艺样样精通的全媒体记者，必须首先克服技术、思维、专业素养这三道难关，这也是每名广播记者为满足自身发展和职业变化需要的必由之路。

参考文献：

[1] 张蔚：《全媒体时代对广播新闻工作者的要求》，《中国广播》2011 年第 2 期。

[2] 华晓青：《全媒体时代广播记者的新定位》，《中国广播》2012 年第 8 期。

[3] 贾虹艳：《中央人民广播电台全媒体化研究》，黑龙江大学硕士研究生学位论文，2014 年。

[4] 工业和信息化部：《工业和信息化部发布今年第三季度电信服务情况通告》，http://www.miit.gov.cn/n11293472/n11293832/n11293907/n11368223/16223945.html，2014 年 11 月 5 日。

[5] 陈臻：《浅述全媒体时代广播新闻的创新与发展》，《今传媒》2014 年第 10 期。

[6] 崔保国：《2014 中国传媒产业发展报告》，人民网，http://media.people.com.cn/n/2014/0521/c385149－25046286.html，2014 年 5 月 21 日。

[7] 雷颖俊：《报业记者全媒体转型探析》，湘潭大学硕士研究生论文，2012年。
[8] 陈国权：《气喘吁吁的全媒体记者》，《中国报业》2011年12月。
[9] 于宏剑、翟婧秋：《全媒体报道中广播记者的能力培养》，《媒体时代》2013年6月。

（作者单位：中央人民广播电台上海记者站）

第三篇

融 合 探 索

媒体融合中互联网思维的落地路线图

◇ 马晓艺

作为时代性话题，互联网思维成为媒体人最拉风的常用语。习近平总书记在中央全面深化改革领导小组第四次会议讲话中特别提到“强化互联网思维，形成立体多样、融合发展的现代传播体系”，主流媒体终于必须大刀阔斧、坚定不移地在互联网思维指导下转型融合。平心而论，在融合新媒体的道路上，传统媒体“起步不晚却步步落后”的事实打击着一代媒体人的从业自豪感。

互联网思维到底是什么呢？和君商学院赵大伟讲师通过众包的方式，与数十名业内资深人士通力协作，仅用了两个月时间就完成一部颇具口碑的畅销书《互联网思维——独孤九剑》，他们勾勒出的互联网 9 大思维、22 个法则，让读者对这个问题的认识变得立体、系统。事实上，互联网思维是一种思考方式，它不是因为互联网才产生的，而是因为互联网的发展才使得这些“以人为本”的思维得以在产业结构巨变的宏观背景下集中爆发、普遍应用。

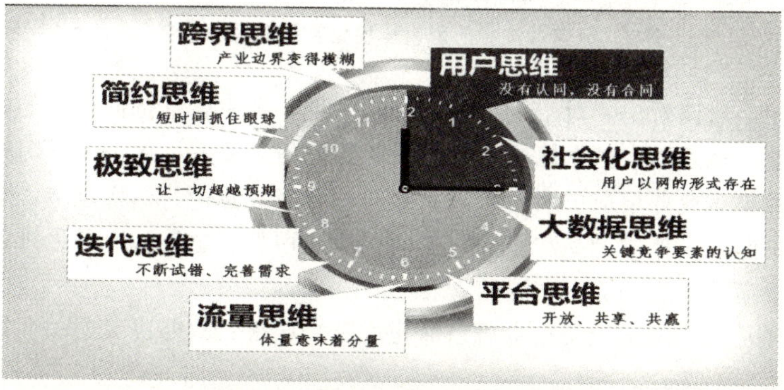

图 1　互联网九大思维矩阵图

该书主编特别强调互联网思维不是包治百病的灵丹妙药，也不是境界虚高的假空理论，以至于人人皆可为师，互动才能创造价值。因此，笔者尝试以此为纲描绘媒体融合中互联网思维的落地路线图，学以致用，彼此增长。

一、媒体内部的互联网思维落地必须重点不同

世界上最难的事情就是把自己的思想装到别人的头脑里。媒体从业者以充满使命感地“贩卖”信息和观点为生，角色所带来的优越感，让主流媒体人很难改变已经形成的思维惯式和以“安全播出为第一要务”的行为守则。每一家传统媒体，尤其是曾经辉煌的主流媒体，都带有那个时代使之立于不败的优秀禀赋，所以互联网思维在传统媒体中落地并不是一蹴而就的，目前最需要的是将互联网思维具体化。

著名管理学家迈克尔波特根据工业化生产流通体系，在企业经营管理方面提出了“价值链”理论。经过 20 年互联网化洗礼，价值链条上各个环节所要求的思维起点逐渐清晰。

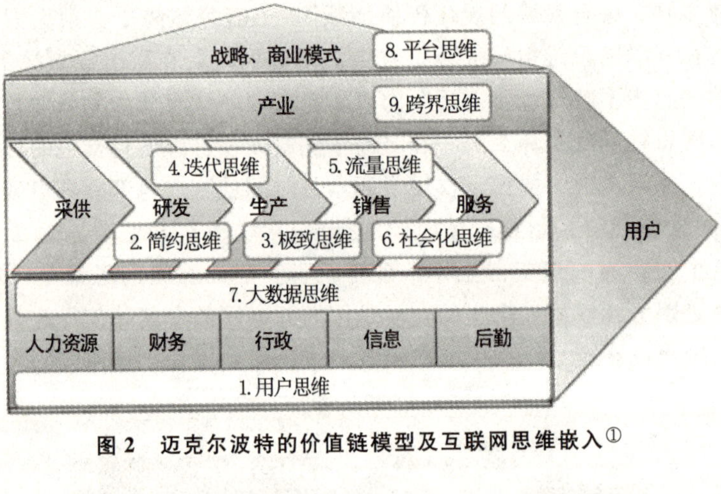

图 2　迈克尔波特的价值链模型及互联网思维嵌入[①]

从图 2 可以看出，对于机构所有部门来说，用户思维是最根本的核心；组织层应更多地运用大数据思维，将手里的管理信息变成可供一线部门使用和应用的好数据；业务层应更多地采用简约思维、极致思维、迭代思维，全力围绕终端用户的需求提供产品和服务；战略层应运用平台思维和跨界思维，找到合适、准确而有前途的方向和通道。

同样，媒体的组织架构也可以简化成三个层级：战略决策层、职能组织层

① 赵大伟主编：《互联网思维——独孤九剑》，机械工业出版社 2014 年版，第 24 页。

和一线采编层。从用户思维出发，他们各自服务的用户不同，思维革新的关注点必然不同。

1. 一线采编层的温度感与参与感

一线采编层是离受众最近的群体，也是媒体机构中最具活力的力量，推动用户思维、简约思维、极致思维、迭代思维和社会化思维在这个层级中的落地至关重要。一线采编层的用户思维是指围绕着信息消费者进行内容生产，让受众感受到你的存在，感受到你做了什么，感受到你带来的感动、惊喜或价值。未来的商业社会，品牌与粉丝更像是一种朋友关系，每一个直面受众的一线采编人员都需要在机构的规划下为自己寻找到合适的标签，并在传播中持续强化自身风格。个体力量的汇聚可以为高高在上的主流媒体添加柔性力量，让媒体品牌呈现出来的“虚拟的脸”更加清晰和立体。这绝不是一两个明星记者、主持人的工作或责任，而是所有一线采编人员应该进行的职业规划与角色定位。其实，受众喜欢你只需要一个理由，简约思维强调的正是“看起来简洁、用起来简化、说起来简单”。微信在移动互联网时代的火热，让更多人相信“再小的个体都有自己的品牌”，躲在大机构后面做随波逐流的消息搬运工已经不是潮流所指。过去，一线采编人员做得最多的就是节目改版与升级，强调在内容板块中进行加减法布局，但互联网迭代思维更加强调的是生产工具与创新思路的不落伍：哪些软件可以帮助一线人员作出更好的内容、进行更有效的分析、拓展更独到的角度，这种方向上的转变将使得内容产品改版和互联网产品一样，更贴近真实。

一线采编人员运用极致思维传播信息，可以从以下两个方面入手：主流传播渠道的亮点刊发和自身所属社群的二次传播。人群的多次细分，让受众以交叉网状形式存在，传播者真正处于网状的一个节点之上才有可能产生同感共振。静心研究你会发现，很多知名媒体人的风格并不是一蹴而就的，他们都是定位自身特色之后，不断根据所属群体的喜好趋势力求完善自我风格，并最终成为该群体的代言人。所以，个人品牌的调性是受众反馈回来的，这不是讨好或媚俗，而是把自己当成一个正常人去表达，让对方更爱听，本质上不过是一种“说话之道”。

互联网商业时代，一线采编人员之于媒体机构愈发重要，因为“一批批倾听者”远去，“一个个消费者”走来，强调温度感与参与感的新商业模式倒逼内容生产者去建立与用户的交流与互动，去在更广泛的传播平台上发出自己的声音。

2. 职能组织层的服务意识和顺畅度

传统的管理模式是依赖严格、细分的层级管理流程，依靠信息的逐层汇报、筛选来制定正确的决策，确保在流程各环节规避风险。但适应互联网商业发展的理想模式是依靠趋势数据和用户意愿来决策，管理扁平化，以确保效能的最大限度发挥。因此，在传统媒体的融合进程中，管理等职能部门的角色、岗位甚至于职业生涯都必须面临转型甚至颠覆。互联网时代的职能组织层的任务是为内部员工提供激励机制和科学高效的办事流程，打通信息孤岛，在服务中产生价值。这种价值首先来自于数据管理。大数据思维的核心是理解数据的价值，以及从中挖掘和预测的能力，沉淀的数据蕴含了改善企业经营、构架人才梯队、优化商业模式、拓展业务疆界的一切信息。职能部门在多年的管理中，累积出了大量的原始数据，这些数据的再次汇总、交叉分析都是融合中应该率先起步的内容。互联网时代的员工更加注重自我，追求成就感和存在感，机构必须要给足相应的舞台，才能最大限度地发挥人力资本的价值。对于试错的包容将鼓励内部员工义无反顾地进入不熟悉的领域探险和成长，激励机制的快速迭代、流程服务的微创新都将有效作用于传统媒体的改革创新。互联网时代的管理职能将退位于服务职能，这一层级的转变力度也将决定媒体融合的速度与效率。

总之，媒体融合带来的是共赢、分享和开放，使得传统媒体员工也可以享受创意释放的红利。其本质是高效率整合低效率，打破利益分配格局。当新业务与原有业务差异比较大的时候，最好的方式就是给它一块单独的土壤；推动它发展最好的方式就是内部竞争。

二、以游戏化方式呈现互联网思维

对于习惯严肃对待工作的成熟群体来说，学习新的思路意味着辛苦，多数人工作的目的是为了赚钱养家；对于年轻群体来说，他们本身就具有互联网思维，职业乐趣排在第一位，只想参与有趣和好玩的过程，奋斗的目的是实现自我价值，不再重视不透明的权利黑箱。美国经济学教授卡斯特纳瓦出版了一本名为《向虚拟世界移民》的畅销书，他认为人类史上有两次重大的移民事件：第一次是人类从非洲、欧洲向美洲的大迁徙过程；第二次是人类从现实社会向虚拟社会、游戏化社会的移民，我们正在经历这一过程。

“游戏化”是人性与设计过程巧妙融合后的产物，逐渐被认为是企业管理方式深度变革的正确方向，更应该内化为可持续的企业组织战略①。在媒体数字化过程中，为原始素材打标签是一项非常繁琐、复杂的工作，由于其操作中的不精准性，一直未能在一线应用中提供实质性帮助。然而，有一款配对游戏解决了互联网公司同样的问题：游戏程序会给随机的两位网友在 90 秒内展现一系列同样的素材，这对临时的搭档同时添加标签，一旦两人的表述吻合，就

① 凯文韦巴赫、丹亨特：《游戏化思维》，浙江人民出版社 2014 年版，第 176 页。

可以赢得一定的分数。90 秒游戏结束后，游戏会展示做过标签的图片和它们的来源。就是这个既无聊又有趣的简单游戏，获得大量网友的热捧，而他们本人却并不知道自己参与完成了一项前所未有的巨大工程——提高搜索质量。这就是用游戏的方式诠释互联网思维的有力注解。

这一轮坚持“以人为中心”的信息传播攻坚战，关键不是占领新的传播渠道和路径，而是能够去影响已经变化了的受众。用不同的方式吸引不同的人并建立忠诚度，最终形成主流媒体具有年龄梯度的受众群。在这个过程中，可能要运用“适龄匹配”的原则。让富有经验的现有中坚力量深挖传统垄断渠道的用户需求，争取更多的变革时间与资金；让深谙互联网文化的年轻人去生产新内容面向新一代受众，去迎合 90 后、特别是 95 后的价值观、审美和归属感。对于他们来说，戏谑但充满正能量的调性会让他们更富有参与感和行动力，但这些绝对不是已经可以称为叔父辈的人所能给予的。

三、天平式的互联网思维落地策略

笔者理解的“媒体互联网思维落地的天平”，一边托连着在互联网时代成长成熟起来的年轻人，他们需要实践去让互联网思维完善；一边托着努力学习不掉队的骨干力量，他们需要细节去让互联网思维具象。经历背景不同，起跑点也不同。天平的两端，其体量不同、方式不同、存在的意义也不同，在互联网思维落地的媒体融合背景下推出更有张力的年轻子品牌，组建新的互联网移民世界的规则更具创新和现实意义。同样可以预见的是，当互联网世界新移民的分量逐渐增加，天平在平衡的状态下出现互融，直到新业务的分量已经庞大到需要更新的内容来平衡。

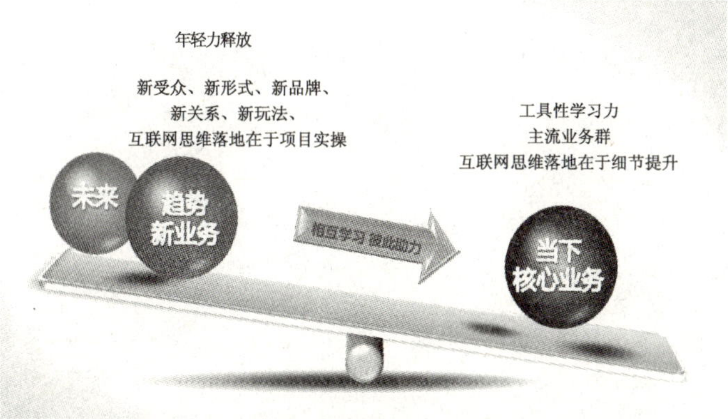

图 3　互联网思维落地的平衡策略

同时需要特别强调的是，承担着主流宣传任务的媒体正如一群行进中的快鱼，不能停也不能散，这意味着推动互联网思维的落地必须同步而不是从上到下层层行动。

人性的惰性与弱点有时会让转变成为痛苦的代名词，然而遭遇时代的变革又是万分荣幸的好事。过去二十年，互联网主要改变的是人们的消费行为和消费环境，可以称之为“消费互联网时代”，媒体在这二十年里成为互联网信息的打工仔，没有留住、摸到自己的用户，但庆幸的是，随着文化创意产业的发展，传媒产业也进入了发展快车道。未来二十年，社会将进入产业互联网时代，所有的商业行为，都是以互联网思维为起点的。希望这一次传统媒体的融合之路，能够真正实现互联网思维的落地生根，也让我们能遇见更好的自己。

参考文献：

[1] 赵大伟主编：《互联网思维——独孤九剑》，机械工业出版社 2014 年版。
[2] 凯文韦巴赫、丹亨特：《游戏化思维》，浙江人民出版社 2014 年版。
[3] 克莱顿克里斯坦森、迈克尔雷纳：《创新者的解答》，中信出版社 2013 年版。
[4] 迈克尔塞勒：《移动浪潮》，中信出版社 2013 年版。
[5] 曾航、刘羽、陶旭骏：《移动的帝国》，浙江大学出版社 2014 年版。
[6] 吴军：《浪潮之巅》，人民邮电出版社 2014 年版。
[7] 涂子沛：《大数据》，广西师范大学出版社 2012 年版。
[8] 叶开：《粉丝经济》，中国华侨出版社 2014 年版。

（作者单位：中央人民广播电台资产管理中心）

我国移动互联网电台发展的经验与启示

◇吴　菁

据2014年6月中国互联网信息中心发布的第34次《中国互联网络发展状况统计报告》的数据显示，截至2014年6月底，中国网民人数达到6.32亿，其中手机网民规模为5.27亿。我国网民中使用手机上网的人群占比由2013年的78.5%提升至83.4%，手机作为第一大上网终端的地位更加巩固。根据调查，我国手机网民每天上网4小时以上的用户比例达36.4%，相比2013年增加了16.4个百分点。这意味着每天有2亿左右的网民通过手机上网超过4小时，也意味着我国已然迈入移动互联网时代。

在移动互联网迅速崛起的时代背景下，广播电台也开始与移动互联网结合，将传统FM电台搬上移动互联网，并呈现出跨地域服务、用户定制、音频聚合、互动增强等特色。

目前国内的移动互联网电台主要有两种类型：一种类型是以大数据个性化推送为模式的音频流阵营，代表性电台有音乐类的豆瓣FM、综合类的考拉FM；另一种类型是以传统电台节目为主，并提供一部分网友自行上传节目进行点播的点播阵营，包括喜马拉雅电台、蜻蜓FM、荔枝FM、网易云音乐等。[①]

在这些新兴的互联网电台中，蜻蜓FM、喜马拉雅电台的发展颇具代表性，他们上线仅两三年便吸引数千万用户，成为一股不容小觑的新生力量。蜻蜓FM成立于2011年，称得上是国内的“元老级”移动电台。蜻蜓FM定位于音频聚合平台，提供在线新闻、音乐、经济、娱乐、相声、外语、教育、都

① 郭静：《音频怎么玩转移动互联网》，《钛媒体》2014年1月14日。

市、体育、小说、故事、戏曲、交通等3000多个电台频道，以及主播电台、有声读物、各类播客等点播内容，24小时不间断提供在线收听。上线两年，蜻蜓FM用户突破8000万，成为iOS、Android、WP各大应用商店排名第一的音频App。

喜马拉雅电台则更专注于移动平台的研发与运营。用户可以在平台上创建个人电台，随时分享声音。喜马拉雅电台的节目内容涵盖有声读物、新闻、音乐、脱口秀、教育培训、外语讲座、儿童故事、健康养生等。该公司自2012年8月成立迄今，产品用户已突破6000万，平台主播逾7000名，共创建24万档栏目，超过300万条音频节目，每日累计播放2000万次。

基于此，作者于2014年8月对蜻蜓FM与喜马拉雅电台这两家颇具代表性的移动互联网电台“新势力”进行了实地调研，以期深入了解移动互联网音频市场运行模式，并思考传统广播对迅速崛起的移动互联网电台的可借鉴之处，希望给予正处于转型关键期的传统电台些许启示。

一、节目内容的结构化重组与草根性特征

首先，借助移动互联网对节目内容进行重组与结构化。移动互联网电台的主要节目来源仍是传统电台的优质广播节目，如蜻蜓FM聚合了国内3000余家电台的节目，每天20个小时不停更新节目内容。但是移动互联网电台又借助于互联网特性将传统广播节目进行了重组与结构化，将电台广播内容存储在云端之后，一方面将这些内容进行垂直化整合，划分为时政、财经、科技等不同板块，另一方面还为音频内容添加新闻、娱乐等各种标签，以方便用户点播收听，从而超越了传统广播的线性传播模式。

其次，移动互联网电台还呈现出更为鲜明的“草根性”。如在喜马拉雅电台的平台上，用户可以随时上传音频作品，甚至创建属于个人的专属电台，使得内容更具“草根性”。同时，该平台还非常重视社交关系维护，通过“关注互粉”“评论点赞”“一键分享至社交媒体”等方式，建立用户与电台主播、用户与用户之间的联系，以增加平台的用户“黏性”，从而使得移动互联网电台体现出用户群较为固定、收听时间较为集中且持久的特点。

二、播出平台的多终端延伸

第一，移动互联网电台可实现多媒体聚合式直播。移动互联网电台可利用多媒体技术，跳脱广播单纯诉诸听觉的传播方式，将视觉信息复合加载于广播节目之上，从而可以综合呈现图文和音视频内容。

第二，移动互联网电台还可以通过互动式直播增加音频“社交”。借力于

互联网的互动性特点，移动互联网电台也积极通过用户互动的方式来提升用户体验：如蜻蜓 FM 积极推广“音频媒体社交化”，在节目播出的同时还提供互动平台，用户可以与主播互动，向主播献礼物、献花等；而喜马拉雅电台更注重打造“强关系平台”，用户可以关注互粉、评论点赞、发私信以及一键分享到社交媒体，还可以通过网上“丢纸条”的方式针对当日话题给主持人留言，留言内容可能被主持人播送出来。通过互动，用户（听众）参与的积极性得到极大的增强，并由此克服了传统电台单向传播或互动途径少、速度慢的缺陷。

第三，移动互联网电台也实现了向更多终端的延展。移动互联网电台的接收终端不仅局限于手机媒体、车载收音机、航空广播、可穿戴播放器等各种移动接收终端都可能成为移动播放平台，特别是车载市场已成为移动互联网电台的必争之地。据统计，1.37 亿中国车主平均每人每年要收听 600 小时的音频节目。目前，蜻蜓 FM、喜马拉雅电台等多家移动互联网电台已经与汽车厂商建立合作，进军车载广播。

三、基于大数据的效果评估

相比传统方式的收听率调查而言，移动互联网电台可以更为便利地通过大数据分析来充分、真实地分析听众的需求、态度、偏好以及行为模式，从而为后续广播节目内容的制作与调整提供依据，生产更符合听众需求、更受听众喜爱的广播节目。这在一定程度上降低了节目创新的风险。

以蜻蜓 FM 和喜马拉雅电台的受众调查为例，移动互联网电台一大优势，就是可以对受众数据进行精确的收集和分析。受众的点击率和对节目的选择，可以清晰留存在终端收听数据上，通过对这些数据的分析，不仅可以对用户进行细分管理，有目的地丰富节目内容形态，还可以大大降低节目创新的成本和风险。

在翔实的数据基础上，蜻蜓 FM 和喜马拉雅电台建立起了新的盈利模式，包括结合大数据的精准广告植入，在直播互动中的付费虚拟道具销售，以及与传统电台进行广告分成合作，从而促进了后期商业利润的实现。

四、对传统电台转型的启示

1. 移动互联网电台的经验借鉴

首先，观念的转变。从移动互联网广播的定位可见，当受众的接收终端从传统收音机变成现代化移动终端，收听习惯也由被动接受变成主动选择。这种转变需要新的思维方式与多种能力作为支撑，对于传统广播电台而言，需要以“移动互联网思维”来思考其转型路径，在传播的过程中重视受众的角色，不再将受众视为接受者，更将他们视为内容的提供者，发挥草根力量。

其次，在内容制作上主动打造垂直内容。随着人们生活节奏的加快以及获取信息的渠道多样化，人们收听广播的时间也被打碎。因此，广播节目必须拥有在开始的一瞬间便吸引听众的力量，而碎片化播放的最大特点，就是要保证无论听众何时打开广播，都能听到自己想要的东西，垂直式内容整合就很好地解决了这一问题。对于传统电台而言，类型化就成为这种垂直整合的最佳体现。每一个频率都必须对自己的定位进行清晰的界定并围绕这个主题进行节目配置，这样才能使听众能够轻易地通过对频率的选择来满足各自的需要。[①]

再次，以多媒体方式呈现内容。对于广播而言，其主要呈现方式是声音，一方面，需要用形象化与口语化的语言将内容表现出来，另一方面，还可以通过文字、图形、图表、动画、视频等方式更多元地在数字接收终端上呈现相关内容。

2. “师夷长技”主动与移动互联网电台合作

首先，传统电台与移动互联网电台的合作可以体现在“受众调查”上。传统听众调查往往是在抽样基础上进行调查，也就会发生样本与总体之间的抽样误差；而且，传统的听众调查只能了解听众在什么时间听什么电台，却难以知道他们实际听到了什么节目内容，当下又做出了什么反应。

而与新媒体合作，通过大数据进行的听众调查无疑可以在很大程度上减少传统调查的误差，并获得更多层面的调查结果。借助新媒体的数据调查平台可获得的有效数据包括：(1) 根据用户关注订阅的账号类型来确定用户的兴趣范围；(2) 记录用户好友的收听数据，将社交图谱和兴趣图谱结合起来；(3) 追踪用户一段时间内的收听内容、收听时段、收听时长等数据，更精准地把握用户习惯。所以，通过与移动互联网电台的合作，传统广播可以得到更精准的大数据，借助互联网实现二次腾飞。此外，传统电台还可以积极开发与利用新媒体技术，如基于大数据进行内容制作与数据处理，开发 App 软件等。

3. 重视风险控制问题

对于传统电台而言，在与移动互联网电台结盟、使用新媒体技术的同时，还需格外注意风险控制问题。

首先，注重内容风险控制。一方面，在利用新媒体平台传输内容时，要特别注意在新媒体平台上传播的“草根内容”的真实性与舆论导向的正确性；随着广播行业的进一步发展与竞争的日趋激烈，优质内容争夺乃至同质化竞争，

① 谢雪莹：《传统广播与互联网的融合之路》，赛立信媒介研究，2013 年 8 月 2 日。

也极有可能进一步加剧版权争端。

其次，重视大数据运用风险。数据的海量也带来“复杂”的体验和“辨别”能力的提升，需要传统广播电台成立专门的数据分析部门，以提供专业的数据分析与挖掘服务。另一方面，大数据有可能会涉及很多行业机密及个人隐私，因此也需建立一整套使用大数据的制度规范，以合理、合法地使用大数据。

最后，还要注意播出风险控制。在传统电台使用新媒体技术，或与移动互联网合作时利用数字技术的互动反馈的同时，也要特别注意这种互动反馈的风险控制问题。

（作者单位：中央人民广播电台新闻节目中心）

移动互联视域下的广播整合平台初探

——以蜻蜓 FM、凤凰 FM 为例

◇ 刘亦凡

中国互联网络信息中心（CNNIC）发布的《第 34 次中国互联网络发展状况统计报告》显示：截至 2014 年 6 月，我国网民上网设备中，手机使用率达到 83.4%，首次超过传统 PC 使用率（80.9%），手机作为第一大上网终端设备的地位更加巩固。该数据再次将传媒行业议程锁定在“移动互联”这一关键词上。不难理解，移动互联就是利用技术手段将移动通信与互联网结合起来，使移动终端成为互联网信息的载体，将互联网的影响范围从过去 PC 端所在的固定位置扩展到更为广阔的空间。硬件的革新改变了人们获取信息的方式。在广播领域，赛立信媒介研究公司 2013 年的调查显示：移动互联终端的使用比例由 2009 年的 10.2%上升到 2013 年的 50.3%。手机、平板电脑等移动互联终端已成为广播的重要传播渠道，是居家收听、车载收听、电脑网络收听之后的重要补充。为适应移动互联趋势，传统广播电台纷纷推出能够在线收听本台节目的 App，如北京交通台推出的“交通广播”等，但这类 App 用户数量少，辐射范围有限。与此同时，内容更为丰富的综合性广播整合平台表现出了较强的受众适应性与影响力。[①] 本文以网络电台中热度较高的蜻蜓 FM 和媒体创办的较受欢迎的凤凰 FM 为研究对象，从“整合”角度对此类平台做内容、传播方式、功能等方面的分析，研究其如何在移动互联背景下适应用户需求，以期为传统广播电台在移动互联时代的转型提供有益的参考。

---

① 在安卓市场中以“广播”为关键词搜索到的结果：蜻蜓 FM 拥有 1201 万热度，凤凰 FM 拥有 364 万热度，而交通广播热度仅为 1.8 万，传统广播电台的在线收听 App 热度普遍在 2 万以下，许多地方台 App 如山东经济广播热度在 2 千以下（数据截至 2014 年 11 月 20 日）。

一、综合性广播整合平台概念阐释

学者殷一丁与邓炘炘曾提出“广播电台集成平台”的概念，并依据技术手段与功能将之分为两类：一类是基于 HTML 标准的 Mobile Web 型广播集成网站，它们整合全国和世界各地的广播网络音频，只具有在线播音功能；一类是基于不同计算机应用程序语言的 Mobile Apps 型客户端，它们是收录中国和世界广播电台的虚拟收音机软件，使移动终端变成了一台不受无线电波发射范围限制的“移动”收音机，可以随时与电台进行互动留言。

学者叶培森与吴侠将上述概念进一步发展为“广播整合平台”，并依据包含内容的不同给出了专业化与综合性的分类：专业化整合平台是根据一定的分类标准将某一类广播电台或节目进行整合之后构建的平台；而综合性整合平台可涵盖尽可能多的内容，在优化用户体验的基础上以量取胜。

上述两种基于不同标准的分类方式彼此之间存在着重叠，而本文所研究的综合性广播整合平台就处于这种重叠之下：从技术手段和功能看，它是 App 形式的，同时兼有收听与互动功能；从内容选择看，它是综合性的，在互联网受众细分的环境下以量取胜。

二、蜻蜓 FM、凤凰 FM 整合手段分析

蜻蜓 FM 成立于 2011 年，是由麦克风传媒自主研发运营的一款综合性广播整合平台，发展至今已拥有来自百家唱片影视公司、万名电台主播、千所高校以及 60 多个国家的 3000 多个电台所提供的 300 多万小时有声内容，辐射用户量达到亿级。相比之下，凤凰 FM 成立较晚，于 2013 年从凤凰新媒体分拆，是凤凰新媒体旗下的三大核心移动应用产品之一，独家拥有凤凰卫视传媒集团的优质音频资源，同时也拥有其他类型海量音频的版权。

作为综合性广播平台，无论是蜻蜓 FM 还是凤凰 FM，都以内容数量为优势，但海量的内容并不意味着杂乱无章的铺排，二者都通过整合使其产品能更好地适应移动互联背景下的用户需求，具体手段包括内容整合、传播方式整合和功能整合。

1. 内容整合：打通节目类型、地域与媒介

传统广播经过多年发展基本形成了以节目类型、地域为分类标准的格局，特定广播电台辐射特定听众，受众规模有限。综合性广播整合平台则选择打通这种分类，在最大限度上聚集用户。

以蜻蜓 FM 为例，其内容包含新闻、音乐、小说、相声小品、综艺娱乐等 22 个板块，将来自不同广播电台及其他音频内容生产者的内容统一进行整理，

使用户能够一站式收听多种内容，而不必搜索频率。在每个板块内部，又有进一步细分——如新闻板块分为最热门、咨询、热点专题等 17 类——使用户能够迅速通过导航找到自己感兴趣的内容。与此同时，这类平台还打通了不同媒介之间的壁垒，与电视台甚至纸媒合作，以声音方式尽可能多地呈现优质内容。例如，凤凰 FM 就将《锵锵三人行》、《军情观察室》等凤凰卫视中文台的品牌栏目搬上平台，并将《凤凰周刊》的文本内容打造为音频形式，创办了独家栏目《凤凰周刊——有声故事》。

长尾理论揭示出：在产品存储和流通渠道足够大的条件下，小众产品共同占据的市场份额，可与少数热销产品相匹敌。互联网技术提供的存储与流通渠道，使小众产品能够汇聚起挑战主流产品的市场能量，在此背景下，综合性广播整合平台通过对海量产品的囊括和整合，既从产品数量上吸引了尽可能多的用户，又以个性化的细分优化用户体验，提高了平台用户的黏性。

2. 传播方式整合：包含线性与非线性传播

传统广播的传播方式是线性的，这就造成其两个弱点：一是信息稍纵即逝，二是听众接收的被动性。听众在收听广播时自主选择机会少，只能调换频率等待符合需求的内容出现，又可能因为注意力不集中或信号不好等种种原因错过重要信息，影响了广播的收听效果。综合性广播整合平台以可存储的音频产品解决了传统广播线性传播方式的弊端。

以蜻蜓 FM 为例，来自广播电台的内容在进行第一次分类编辑时就被切割成短小的音频，用户可以根据自己的兴趣选择某一类内容收听，也可以在收听时进行暂停、快进或快退操作，而不必担心信息的流失。同时，平台也提供音频的收藏与下载功能，满足用户反复收听的需求。此外，习惯传统收听方式的用户也可以通过平台实时收听各国家、省市、本地或网络电台的节目，而不必担心信号问题。

变广播节目为音频片段，将线性传播与非线性传播结合起来，改善了传统广播的弱点，能够在最大限度地满足不同用户的需求。同时，短小的音频产品更适合填充人们碎片化的时间，在移动互联时代进一步增强了广播的伴随性。

3. 功能整合：兼具音频收听与社交互动功能

传统广播领域，听众与主持人以电话、微博、微信等形式进行的互动，是以主持人或节目为主导的，这种方式虽然能在一定程度上提升听众的参与度，但听众所发挥的作用仍然非常有限。综合性广播整合平台提供了多种互动方式，并使之兼具社交性。

以凤凰 FM 为例，每个节目都有下设的评论区供听众交流，也可以被分享到豆瓣、微信朋友圈等社交平台，这使广播互动从主持人主导的活动转变为用户的自发行为，并赋予其社交性。蜻蜓 FM 的《校园之声》板块的《神回复》栏目完全以用户互动作为节目内容，由主持人提出一个话题，用户通过移动终端的录音功能对话题发表自己的看法，完成内容生产。这样的互动方式弊端在于不能保证内容的质量，但互动本身就足够吸引用户，也可以大大节约生产成本。

胡正荣在探讨传统广播转型问题时就曾强调："改变对听众的界定与认识，将他们视为用户，提升到生产消费者的高度去认识与对待。"这意味着对传统意义上"生产者一消费者"关系的全面颠覆，即过去的消费者通过对产品的评价、转发与分享对产品进行再生产，在与他人的互动中完成产品的消费和体验。

三、限制综合性广播整合平台发展的因素

虽然综合性广播整合平台在受众适应性与影响力上处于广播类 App 前列，但仍有许多因素限制其发展，具体包括内容版权、网速与流量资费、内容编辑与生产水平三方面。

第一，要通过海量内容集结用户，仅凭自主生产是无法实现的，因此必然面临版权购买问题，而巨大的版权作品数量意味着巨额的运营成本。那么如何实现既降低成本又拥有版权呢？蜻蜓 FM 的 CEO 杨廷皓在接受《南方都市报》采访时说：蜻蜓 FM 拥有渠道和用户规模，内容方需要的是曝光率，因此很多合作的成本都很低。而凤凰 FM 依托的是凤凰卫视传媒集团的大背景，拿到的很多版权都是独家，不仅能够囊括过去的凤凰用户，对新用户也有巨大吸引力。

第二，综合性广播整合平台是依托移动互联技术建立的，移动互联网的网速与流量资费直接影响用户的收听体验。为此，蜻蜓 FM 建立起一支优秀的技术团队，自主研发了编码、云存储分发和音频识别等技术，以节省用户流量，提高收听质量。同时，节目的下载功能也能在一定程度上解决网速慢的问题，用户可以在 WiFi 环境下下载节目以备在无 WiFi 环境下收听。

第三，内容编辑与生产水平将是制约综合性广播整合平台发展的核心因素。在当前的媒体环境下，想要获得独家内容已变得十分困难，生产者对内容的编辑是避免同质化的有效方式。虽然蜻蜓 FM 对内容进行了多板块及板块下多种分类的细致编辑，但由于分类方式不清晰，容易给用户寻找内容带来一些障碍，需要做进一步调整。同时，为避免同质化，蜻蜓 FM 也试图打造自己的节目，与过万名电台主持人进行合作，以节目的专业性凸显自身特色。

四、结语

2014 年是中国的“4G 元年”，更快速稳定的网络在给用户带来便利的同时也进一步冲击着传统媒体，与新媒体特别是渐成主流的移动互联网融合成为传统媒体的共识。

回顾互联网的发展历史，可以清晰地看到其对社会结构的影响：在包括媒体行业在内的许多领域，互联网逐渐打破了传统的金字塔形社会结构，构建起扁平化的社会结构。媒体已不再是传统意义上坐在信息生产与传播者高位的绝对权威，受众对信息的选择、互动与再生产成为新的活力点。

如果要对综合性广播整合平台在广播 App 中的相对成功做原因分析，笔者认为用一个词可以概括，即“用户为先”：从内容整合与传播方式整合来看，综合性广播整合平台适应了用户在移动互联背景下小众化、个性化、碎片化的需求，以良好的体验提升了用户对平台的黏性；从功能整合角度来看，它满足了用户在移动互联背景下的互动和社交需求，使用户成为内容的二次生产者，无形中扩充了自身内容，推广了自身品牌。

参考文献：

[1] 中国互联网络信息中心（CNNIC）：《中国互联网络发展状况统计报告》2014 年 7 月。

[2] 周宇博：《移动互联终端广播受众实证研判》，《中国广播》2014 年第 4 期。

[3] 殷一丁、邓炘炘：《2012 年广播业的“常规”和“非常规”变动》，《新闻与写作》2012 年第 12 期。

[4] 叶培森、吴侠：《关于新媒体视域下广播整合平台问题的思考》，《中国广播电视学刊》2014 年第 5 期。

[5] 胡正荣：《拥抱广播的新机遇》，《中国广播》2014 年第 7 期。

[6] 梁卓慧、陈群蕊：《移动电台：商业变现尚待时日需开发多应用场景》，《南方都市报》2014 年 11 月 17 日。

[7] 江妍：《蜻蜓 FM：想做世界电台“大篷车”让你和全球电台无缝对接》，《新民晚报》2014 年 5 月 29 日。

[8] 王晖：《凤凰 FM 吕靖：从职业经理人到创业梦想家》，《投资界》2014 年 6 月 10 日。

（作者单位：中国传媒大学新闻学院）

广播 App 发展现状浅析

◇ 王家源

我国移动互联网持续高速发展。中国互联网络信息中心（CNNIC）发布的第 34 次《中国互联网络发展状况统计报告》指出，截至 2014 年 6 月，中国网民规模达 6.32 亿，其中，手机网民规模 5.27 亿，互联网普及率达到 46.9%，网民上网设备中，手机使用率达 83.4%，首次超越传统 PC 端 80.9%的使用率，手机作为第一大上网终端的地位更加巩固。[①] 手机网民的数量为手机广播的发展奠定了雄厚的受众基础。2013 年赛立信相关调查表明，在广播的接收终端中，有 47.8%的听众主要通过手机收听广播，手机成为目前最多听众使用的收听工具。[②] 以手机为代表的移动终端的个人化、私密性、伴随性、交互性等特征为广播注入了新鲜动力，而广播与手机等终端的融合更是广播谋求转型发展的大势所趋，广播类 App 应运而生。

一、广播 App 分类

随着数字广播技术、互联网技术的发展以及智能手机的普及，移动通信和互联网络结合起来的移动互联时代已经来临。科技进步和听众收听方式的改变为广播带来了新机遇，在以移动终端普及，为特征的移动互联网时代，广播正在谋求其转型，广播类 App 悄然崛起。目前国内的广播 App 大致可以分为传统广播电台的 App、网络广播 App 和社交类广播 App 三大类。

---

① CNNIC 发布第 34 次《中国互联网络发展状况统计报告》，和讯网，http://www.cnnic.net.cn/gywm/xwzx/rdxw/2014/201407/t20140721_47439.htm。

② 梁毓琳：《2013 年中国广播收听市场分析》，赛立信媒介研究，http://www.bpes.com.cn/zh-CN/displaynews.php? id=2444。

1. 传统广播电台 App

由于传统广播的线性传播模式限制了受众内容选择的自由，在媒介融合的大背景下，传统广播也积极探索其融合道路，应需开发了其应用程序。传统广播电台的 App 一般为传统广播自主或请专门公司研制开发，内容以转播本台或本频道的节目为主。传统广播电台的 App 可以分为两类：

一是综合类 App，此种 App 依托于广播电台，内容上整合了本台的音频节目，提供全方位广播内容。例如湖南广播电台的官方应用“芒果 Radio”，集合了湖南电台旗下十一个频道，可获取新闻、交通、音乐、娱乐、购物、旅游等多方面内容和信息，并可提供十四个精品栏目的点播服务；“四川广播”拥有新闻、交通、经济、岷江音乐、城市之音、旅游生活、文艺、天府之声八个频率的节目内容，主要提供直播内容，并可提供音频内容的订阅和下载；北京人民广播电台的 App“北京人民在线”整合了该台北京新闻广播等十六个广播频道，并且听众可浏览每个频率播出节目的时间表，方便听众安排收听计划。

二是专门类 App，此种 App 依托于一个频道或多个同类型频道，提供专门类内容，以交通、音乐、新闻为主，此种 App 一般为收听率较高的频率所开发，有固定听众群。2011 年 12 月 28 日，湖南交通广播率先推出 iOS 版本的手机 App①，截止到 2014 年 11 月 10 日湖南交通广播更新三次。湖南交通频道 App 主要提供湖南交通广播频道的直播节目，除节目外，湖南交通广播 App 还提供路况信息，微博爆料，求职招聘等服务；山东经济广播电台 App“山东经济广播”集广播收听、节目指南、预约提醒、社交分享、评论互动为一体，主要分为直播间、精彩点播、明星主播、经广聊吧、彩票公告和图片宣传六个板块，提供山东经济广播电台的内容，并有意识地将听转化为视听结合；音乐类广播 App 如山东音乐广播电台 App“城市之音 991”提供节目直播和精品节目回放。

传统广播电台的 App 不受广播电台信号覆盖范围的圈限，打破了时间及地域限制，用户可通过网络在线收听节目，而对广告商来说，因其宣传范围更广，可创造更高的广告价值。但此类广播 App 依托于传统广播电台，没有跳脱出原有频道的内容，与网络电台相比在内容上有明显不足。

2. 网络广播 App

另一类是以蜻蜓 FM、考拉 FM、喜马拉雅电台为代表的网络广播 App。

---

① 首善文：《电台手机 App 对比分析——以湖南交通频道、湖南 893 汽车音乐电台、金鹰 955 电台手机 App 为例》，《传播与版权》2013 年第 2 期。

此类 App 丰富了广播的节目内容和产品形态。此类 App 在内容上表现出了不同于传统 App 的特征：

首先，资源海量，内容细分。依托于互联网，网络广播 App 在内容上拥有得天独厚的优势，利用技术和平台优势，网络广播 App 聚合了多领域的资源，并将不同内容进行细分，满足不同的受众需求，并利用大数据等技术，研究受众的收听习惯，向听众有选择的推荐内容，将内容选择权交由听众，增强听众的忠实度和黏合度。例如，集合全网广播电台的广播 App 代表蜻蜓 FM 可在线收听国内外 3000 多个广播电台，电台丰富并且全面，并可搜索、点播、预约、24 小时内回听广播内容；主打原创内容的喜马拉雅电台将节目细分为有声小说、音乐、综艺娱乐、相声评书、情感生活、商业财经等十九个板块，每个板块内部又有细分，如，“商业财经”细分为专家点评、企业文化、证券要闻、财经资讯等九个板块，用户有时需要跳转两三次才能找到自己想要的内容；在众多广播 App 中考拉 FM 以“个性化手机电台”为特色，用户可点击红心或者向上的拇指标识表示喜欢此广播，后台的大数据库可对用户进行分析，根据用户习惯逐渐推送用户偏好的内容。

其次，原创性内容多。网络的传输功能使得基于 App 的广播拥有了全新的内容生产方式，即由听众自己录制广播内容，通过网络上传、发布，最终实现内容共享。[①] 定位为 UGC（用户原创内容）模式的喜马拉雅电台，除了拥有海量的节目音频之外，也已成为音频创作者最集中、最活跃的平台。目前通过认证的音频节目创作者已有 6000 多名，创建栏目 24 万个，音频总量近 300 万条，日均新增上传音频超过 1 万条。[②] 用户原创节目的定位不仅吸引了大量草根主播，还吸引了众多电台主持人和自媒体人在喜马拉雅电台发布他们的节目；荔枝 FM 是一款集录制、编辑、上传、存储、收听、下载功能于一体的网络广播 App，拥有超过 10 万个原创电台。荔枝 FM 提出，移动互联网时代，人人都是主播。

网络广播 App 由于内容丰富，参与感强，功能强大而深受读者欢迎，弥补了传统广播 App 的不足，因此成为广播进行新媒体转型的重要方向。但网络广播版权、流量费、海量信息造成的时间成本等问题还亟须解决。

3. 社交类 App

以微信为代表的社交类 App 成为广播的新领地。微信是目前亚洲地区拥

① 段然：《移动互联时代广播传播理念新探》，《中国广播》2014 年第 8 期。

② 美通社：《国内最大音频分享平台喜马拉雅获 1150 万美元风投》，http://finance.sina.com.cn/stock/usstock/mtszx/20140522/085019189813.shtml。

有最大用户群体的移动即时通讯软件，从腾讯发布的2014年第三季度财报看，微信及WeChat的合并月活跃账户同比增长39%，总量达4.68亿。

源于微信语音功能的微信广播吸引了传统广播和网络广播App的目光，中国之声在其微信平台提供直播收听，蜻蜓FM更是将App主要内容搬到其公共账号，提供国内外电台收听、节目内容分类及收听排行榜，给听众收听选择权。同时，微信也成为广播App进行互动和营销的重要平台，听众除了可直接向公共账号发送文字或语音进行点对点互动外，还可参加公共账号的线上活动，如中国之声设置了新闻调查板块，每天推出一个话题，邀请粉丝参与新闻调查。此外，基于话题和共同兴趣的微信微社区促进微信公众号与粉丝互动、交流，微社区公众号的粉丝们可以在微社区里发帖、回帖、上传照片等，在互动中共同完成内容制造和传播，增强用户黏性。

微信广播集多种功能于一身，成为广播App重要的宣传平台和互动平台，广播抓住微信这一平台的优势，以积极姿态拓展发展空间，为自身创造机遇。

二、广播App的优势分析

通过对上述广播类App类型的分析，可以看出广播类App在传播音频节目上具有鲜明优势：

1. 伴随性传播，打破时间地域限制

传统广播的线性传播模式限制了受众内容选择的自由，而广播类App则实现了内容的点播。移动互联的发展使广播App突破了区域限制，真正实现了声音传播的无远弗界。手机作为收听广播的重要媒介，其便携性与广播的伴随性有天然的适应性，广播与手机的结合不再只是手机内置的FM电台，多样而个性的广播App丰富了广播市场。

2. 整合资源优势，打造定制广播

广播App在内容上有天然优势，无论是依托于自身内容的传统广播App还是网络广播App及其微信公共号，都实现了不同程度的内容聚合，多元内容为受众提供了多样选择。广播App，特别是网络广播App的内容细分，使广播呈现出更加多样化、个性化、差异化的特点。听众不再漫无目的地收听广播，而是根据喜好自由选择节目。在内容聚合的同时，采用大数据等技术探索按需定制，根据听众的兴趣偏好选择时机进行推送节目，打造符合用户的收听习惯与偏好的个性化定制广播。

3. 碎片化收听，符合听众收听习惯

广播受众市场呈现年轻化趋势。根据赛立信媒介研究2013年的调查数据显示：近70%的广播听众在45岁以下，听众通过手机收听广播时，睡前躺床上、乘坐公交时收听比例相对较高，其次是健身休闲、上下班路上、家务劳动等情况下。[①] 在移动互联背景下，广播App的收听行为呈现出碎片化特点，对于碎片时间的利用成为信息消费的常态，广播App短小精悍的节目形式符合听众的收听习惯，网络广播App的缓冲功能也可提供更流畅的收听体验。

4. 交互性和原创性，从“威权平台”到“民主平台”

广播App的交互方式较传统广播电台更加多样，包括聊天室、线上活动、微博、微社区等，有效实现广播与受众、受众与受众的双重互动。微信公共账号的微社区功能，使基于共同兴趣的粉丝在广播微信平台交流互动。中国之声微社区于2014年10月22日开通，中国之声微信粉丝在微社区中发表感言、提供建议、评论吐槽，可相互转发、点赞、评论，成为中国之声微信公共号的意见征集地和，有助于中国之声的内容改进和服务提升。

广播App特别是网络广播App内容原创性高，逐渐开放式的内容生产平台体现内容的参与互动，听众不再只是广播的倾听者，还是广播节目制作者，与过去封闭的、一次成型的内容生产截然不同，更强调吸引用户关注、参与信息生产与传播。

三、广播类App的再思考

随着受众信息获取方式和使用习惯向移动端转移，加之网络环境的不断改善，移动互联网时代的广播App成功崭露头角。正在转型发展阶段的广播App还需更加深入地探索实践和思考。

如何获取完全为受众个人定制的广播而不是满足某一类人需求的广播仍在探索阶段，但定制窄播一定是广播App未来的发展方向。广播App具有庞大的手机收听群体，大数据等技术为广播App开发商和广告商带来更为精准的用户行为分析，从而更大程度地契合用户兴趣偏好和收听时间，这将成为广播媒体有效满足用户需求和创收的重要途径。

车载广播的大规模兴起曾经拯救了广播，而如今车联网的快速发展成为移动广播新的发展趋势，目前多款汽车如福特Edge、奥迪A6和林肯MKX等都能够通过WiFi或3G网络与互联网连接。将海量优质的互联网音频内容引入车内，用户需要的是内容的精准性，既可以解决用户收听海量网络内容与复杂操作之间的矛盾，又能够让用户延续原来的驾驶习惯。抢占车载收听市场，

① 朱鲁丽：《移动互联时代手机听众收听行为》，赛立信媒介研究，http://www.bpes.com.cn/zh-CN/displaynews.php?id=2836

“位置”这一地理变量成为个性化信息提供的关键变量之一，广播 App 面临新的挑战。

对于具有伴随性的广播来说，传播深度性的内容易加重听觉负荷，不符合听众的收听习惯，“内容为王”的传播模式必然会突出广播的短板。① 广播 App 的快速发展使得声音作为一种媒介的价值重新被重视。广播类 App 的发展与创新应建立在声音传播特性和规律的基础之上，充分认识广播作为媒介形态的优势，发掘声音的更大价值，更有效传递声音信息，同时遵循新媒体发展规律，这样广播才能具有其他媒介无法取代的独特魅力。

参考文献：

[1] 段然：《移动互联时代广播传播理念新探》，《中国广播》2014 年第 8 期。

[2] 首善文：《电台手机 App 对比分析——以湖南交通频道、湖南 893 汽车音乐电台、金鹰 955 电台手机 App 为例》，《传播与版权》2013 年第 2 期。

[3] 成文胜：《广播新闻》，中国人民大学出版社 2013 年 7 月。

（作者单位：中国传媒大学新闻传播学部）

① 段然：《移动互联时代广播传播理念新探》，《中国广播》2014 年第 8 期。

移动互联终端音频产品分类及传播现状

◇常 昕

互联网传播环境不仅迫使传统广播在业务形态上做出改变，更激发人们从单纯对广播的关注，转向对声音符号细分的追求和音频信息分众服务的渴望。尤其是在移动应用技术业已成熟的今天，移动终端上与声音传播密切关联的应用层出不穷，使得每个人都有机会成为广播源，移动终端用户也用互动筛选的方式满足着他们挑剔的耳朵。那么，在移动传播的环境下，音频传播的实践者是如何使用和细分声音资源的？从用户反馈和市场推广的角度看，声音的移动传播呈现出哪些特点、存在哪些问题？本文意在结合移动音频传播发展的实际，对于此做出思考和回应。

一、“App 传播”及广播语境的变化

移动互联网带给用户最直接的感受之一是媒介终端的智能化和随时随地的上网体验。与 WAP 技术不同，智能终端用户更多地借助 App（应用程序，Application 的缩写）实现消费、资讯、社交、生活服务等功能。同时，用户的激增也吸引了越来越多的技术、资本力量介入 App 的研发与推广。可以说，目前移动终端的 App 服务已遍及日常生活的各个角落，并将用户进行了无限维度的细分。因此，从信息传播平台的角度而言，我们正在经历着一个被 App 渗透和影响的“App 传播”时代。在此语境下，广播的存在形式、收听渠道、受众面貌、互动形态等都在发生变化：

（一）线性传播模式被颠覆

传统广播的核心标签是“一对众”的线性的声音符号单通道传播。在移动互联平台上，广播的传统标签被一一打破：首先，互动性和可选择性改变了广

播"一对众"的单向度信息传输，即时的受众互动越来越多地反馈到广播节目中。如中国国际广播电台环球资讯广播（FM905）晚七点至八点的《资讯非常道》通过网络电台荔枝FM向微信用户推送，订阅用户可在微信平台上即时与主播进行文字、图片、声音、视频、位置等多种信息交互，微信互动内容亦成为节目重要的构成元素。传统广播与微信在不同空间和平台上的融合共同打造着这档节目。其次，由于用户在网络平台可下载、点播或反复收听音频内容，这在一定程度上弥补了传统广播线性传输、转瞬即逝的不足。再次，音频App的存在继续解放双眼。移动端用户往往会一边收听声音产品，一边点看其他App程序，或一边在声音产品的移动端界面上从事互动活动。

（二）音频App"超市"逐渐形成

不论是iOS、Android等用户基础庞大的智能系统，还是Symbian等相对小众的系统，以传递音频内容为主的App程序都已成为重要的应用门类。可以说，音频App的"超市"正在各系统的应用商店中清晰可见。

（三）从听众到用户的转变

赛立信2013年针对城市广播听众的调查显示（见图1），目前听众收听广播时，使用的收听工具主要是收音机和手机，以下依次是车载收音机和电脑。其中，通过手机收听广播的比例较高，达50.33%，成为仅次于收音机的第二大收听工具。[①] 在智能手机将通讯、社交、消费等功能合为一体的情况下，移动广播也需要将内容、服务和产品等概念融为一体，在此过程中，将广播节目的听众转化为广播产品的用户，并尽可能改善或提高其在移动端的使用体验，从而在更大程度上扩大用户群。

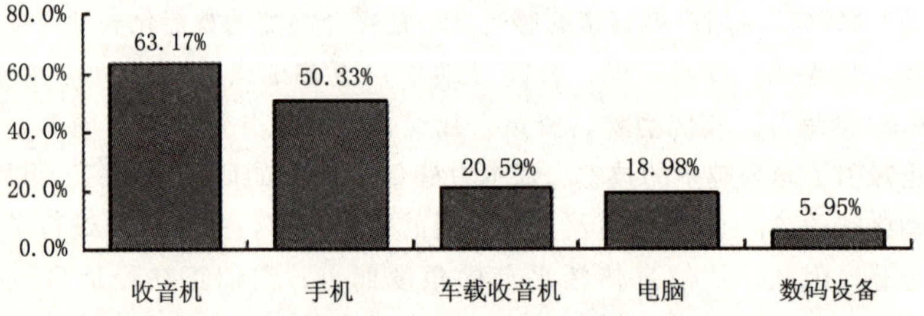

图1 城市听众收听广播的工具[②]

① 朱鲁丽（赛立信媒介研究），《移动互联时代手机听众收听行为》，中国广播资讯网：http://www.bpes.com.cn/zh-CN/displaynews.php? id=2836.

② 数据来源：赛立信媒介研究，七城市广播基础研究，2013年。

二、“App 传播”环境下音频产品分类

根据国内现有 App 声音产品的不同定位和细分服务，将其分为三大类别：

（一）网络电台

以 App 形态存在的网络电台主要包括两种类型：一是传统广播电台推出的 App 应用，如中国国际广播电台轻松调频推出的“English Plus”，集合了该频率所有节目，同时融入了英语学习、互动点播、新闻搜索等功能。二是以“喜马拉雅电台”、“蜻蜓 FM”、“荔枝 FM”为代表的综合性集成网络电台，用户不仅可以在线收听国内多数传统广播节目，还可以按音乐、评书等类型收听节目，此类 App 的一大特色还在于其用户众多的播客平台。

（二）类型化音频集成软件

这类 App 以提供类型化的音频在线收听或下载服务为主。比如“听果”的节目类型涵盖了广播剧、《锵锵三人行》等电视谈话节目及《80 后脱口秀》等电视脱口秀的音频版、相声集锦、人文讲坛、有声小说等，可以说是一应俱全。再如 2013 年 8 月上线的“口袋随身听”，集成了评书、相声、有声小说、综艺娱乐等，提供在线收听、下载、搜索和社交分享等服务。这类音频集成软件的特点是，从用户需求的角度对现有音频服务和产品进行细分，用户可能因为偏好某一类节目而下载和使用该软件。因此，细分服务越多样，就会越多地吸引潜在的类型用户。

（三）细分服务类

以下为应用较为广泛的细分服务应用类型：

1. 外语学习服务类

这类 App 侧重为用户提供英语学习服务。有的应用具有很强的针对性，比如“扇贝单词”侧重于外语词汇的服务；“英语口语 8000 句”等应用侧重于口语听说学习等。也有一部分应用是对外语学习资源的整合集锦，如“英语酷跑听”集合了美剧、英文名著、美国电影原声、雅思、托福、少儿英语、英语演讲等近 40 个细分选项。一般而言，这些外语学习类 App 不仅诉诸听觉通道，通常也复合了文字和图片，如“听新闻学英语”在听新闻的同时还可以浏览文稿；再如“当幸福来敲门”不仅提供英文电影原声，还集合了视频和文字信息等等。

2. 音乐服务类

不论是传统广播抑或移动终端，音乐始终是用户需求最强烈的音频服务之一。如“QQ 音乐”、“网易云音乐”等 App，为用户提供了各类型音乐的在线

收听、下载、搜索和社交分享等服务；也有针对不同细分类型提供音乐服务的App，如“I Love Jazz”、“摇滚马叔叔”、“古典音乐大师”等。

3. 语音智能服务类

这类App声音产品以云计算技术、知识库技术、问答推荐技术等为后台技术，以语音为介质实现了人机交互，突出的是移动终端的语音智能服务功能。在智能终端上较早提供语音智能服务的是iOS系统中的Siri服务，[①] 近年来，国内也推出了较成熟的语音服务应用，如“讯飞”系列产品：讯飞语音输入法、语点（含20多项语音交互功能）、讯飞语音输入[②]、开心熊宝[③]等。百度也推出了一款手机语音服务软件“百度语音助手”，支持语音拨打电话、发短信、播放音乐、查询天气、美食搜索、数学运算、地理定位等，此外还集合了相声、催眠音乐等伴随性音频内容。

4. 有声小说和移动评书类

这类应用以提供小说、评书、故事等语言类娱乐服务为核心。如，“有声小说大全（听书宝）”将提供小说评书服务和传统广播节目结合起来，即集合海量语言节目并按类型划分以便检索，并向用户提供国内各广播电台的在线收听服务，同时还内嵌了移动终端与PC端的互动上传、下载服务。再如以“释放眼睛、用心聆听”为口号的“话匣子听书”，专门提供评书收听服务，集收听、下载、收藏、分享、连播、收听记录、离线模式、后台播放、电台直播、互动聊天等功能于一身。

5. 音乐游戏类

这类App主要以音乐或歌曲为趣味点向用户提供游戏服务，以“疯狂猜歌”、“超级猜歌”为代表，比如“疯狂猜歌”通过听歌曲旋律来猜歌名、歌手，歌曲分为流行、网络歌曲、摇滚等8类，共计148关。游戏采用闯关模式和赠送金币来吸引玩家，集听歌、益智、游戏于一体，通常均设置分享功能以借助社交媒体扩大用户群。

---

① Siri公司成立于2007年，2010年被苹果以2亿美金收购，最初是以文字聊天服务为主，随后通过与全球最大的语音识别厂商Nuance合作实现了语音识别功能。Siri使用者可以通过语音声控、文字输入的方式，来搜寻信息、闹钟响铃、播放音乐、提醒、发送微博等。

② 系一款能听会说的短信辅助软件，可语音输入短信收件人及内容，边说边识别，标点符号自动添加。

③ 系一款语音教育类软件，运用讯飞语音技术，可以讲故事、唱儿歌、对诗词、做算术、英语翻译、趣味聊天。

三、音频 App 的传播现状

（一）由大众传播到分众传播

上述类分情况显示，分众化是目前移动终端音频 App 传播的一个核心特点。如细分服务类 App，旨在针对某一类用户的兴趣和需求，向其推送特定服务内容。而在这类 App 内部，一般还会对目标用户进行二度细分，将内容进行更进一步的类型处理。如“豆瓣音乐人”这一音乐 App 的目标人群本身已十分明确，即小众音乐爱好者，但在产品内部，又将小众音乐按流派区分为流行、摇滚、电子、民谣、爵士、古典、世界音乐等，同时也对所有内容按“音乐厂牌”[①] 进行了划分，进一步满足对“厂牌”有不同喜好的用户需要。

“App 传播”强调用户的自主选择和移动交互体验。因此，音频 App 通常在产品中设置“自定义”或个性设置模块，帮助用户按需获取、存储、上传所需要的音频内容，在一定程度上实现了“一对一”传播，是与传统广播“一对众”传播模式的重要区别。

（二）从“用户消费”到“用户生产”

目前移动传播环境下的音频 App 大都采用 PGC[②] 的内容生产模式。用户较难参与内容制作。热门 App“喜马拉雅电台”及其后出现的“荔枝 FM”在一定程度上改变了这种用户关系：其在采用 PGC 模式的同时，引入 UGC 模式，[③] 任何用户都可以录制或上传节目并组建自己的“电台”。目前，“喜马拉雅电台”的内容来源主要包括购买、合作和 UGC。其中，70％的音频内容由 UGC 贡献，30％来自独立采购以及同内容生产机构进行互惠合作。[④] 荔枝 FM 的定位是手机轻电台应用，绝大多数内容来自普通用户的录制上传。用户在手机端完成电台创建后，可以在“录音室”页面录制并上传自己的节目。节目录制时长可达 60 分钟，用户还可添加多首音乐随时切换播放，自动混音、降噪，无需再进行后期剪辑。

---

① 音乐厂牌是指音乐专辑的出版公司。尤其在摇滚或独立音乐行业内，通常一个公司所出版音乐专辑都是比较近似的风格，所以时间长了，一些知名的公司也就是厂牌就代表了某种音乐风格。

② PGC（Professional Generated Content），互联网术语，指由专业人员生产、推送、提供的内容。

③ UGC（User Generated Content），互联网术语，指由用户生成、提供的内容，即用户将自己原创的内容通过互联网平台进行展示或者提供给其他用户。

④ 《原创 UGC 声音媒体“喜马拉雅”获 1150 万美元 A 轮融资》，http://www.36kr.com/p/212244.html，2014 年 12 月 20 日访问。

（三）音频接收、生产与音频社交相复合

网络电台与社交媒体的功能融合使得音频成为社交平台的一项传播内容。以荔枝FM为例，其音频社交功能主要体现为两个层面：一是用户可以将喜爱的电台或节目转发分享到自己的社交关系网；二是荔枝FM借助微信公众号打造的“微信电台”向订阅用户进行内容推送。而且，“微信电台”的内容将图文声像融为一体，带给用户多重视听体验。北京人民广播电台2014年推出的App“听听FM”也采取了类似的音频社交做法，通过微信平台扩大移动端影响力和传播力。所以，音频产品与智能移动网络的融合带来的是用户体验的高度提升：用户可以将音频接收、音频生产和音频社交合而为一，使音频内容成为日常移动生活的构成部分。同时，采用“关注流推送”方式，能自动推送用户关注的个人电台（播客）的声音更新，可以像刷微博一样，及时“刷”到想听的内容。

（四）用户量和市场推广力度差距较大

首先，从各音频App在应用商店的下载量，即用户数量的角度看，目前市场上的音频App推广可以分为三个梯队：第一梯队是音乐服务类、语言节目类和英语教学服务类，如“QQ音乐”在2013年AppStore免费应用榜单中居第三位，居音乐类应用的第一位；[①] 第二梯队是集成了传统电台、有声内容和文字新闻的网络电台，如“蜻蜓FM”、“考拉FM”等；第三梯队是传统广播电台的移动客户端。尽管越来越多的传统广播意识到移动传播的重要性，但由于其移动App产品在内容、形式和用户体验等方面的欠缺，产品下载量大都处在较低水平。

其次，从市场推广的力度和策略看，目前国内音频App的推广大都处在被动搜索的阶段，即简单地将产品进行基础上线，投放在应用商店、“360手机管家”等客户端、“91”等下载市场，让受众如大海捞针般寻找。尽管也有“喜马拉雅电台”等少数几家应用开始尝试通过软文、合作推广等方式建立起更合理的推广策略，[②] 但“喜马拉雅电台”能够这样做的一个重要前提是它在2014年5月赢得了1150万美元的A轮融资，依靠良好的用户基础和运行模式

---

① App免费排行榜一直是苹果用户下载应用时的主要参考数据，也是国内iOS平台App实力矩阵的整体展现。在AppStore2013年的榜单中，前25名免费应用中，以娱乐、游戏、社交、音乐类应用为主，其中音乐类应用占4名。参见《苹果公布App总下载量排名：QQ音乐居音乐类榜首》，http://tech.qq.com/a/20130515/022091.htm，2014年12月24日访问。

② 如“喜马拉雅”电台通过36氪（关注互联网创业的科技博客）、腾讯科技频道等进行软文推广。参见《原创UGC声音媒体“喜马拉雅”获1150万美元A轮融资》，http://www.36kr.com/p/212244.html，2014年12月20日。

吸引投资，进而利用投资进行深度推广，进而赢取更大范围的用户、购买更多的内容……一个良性的市场循环逐步建立。放眼移动 App 大环境，具备成熟推广经验和能力的 App 不在少数，比如移动阅读应用“ZAKER”不仅借助微博、快鲤鱼等平台进行知晓度推广，还引入数据挖掘，有针对性地开发用户兴趣并进行内容推送。[①] 对于国内大多数音频 App 而言，如何从内容品质、用户需求等基础层面出发，稳健发展并创新突破，是赢取未来“金主”青睐并拓展自身实力的关键。

四、音频 App 发展前景探讨

（一）大数据的应用

大数据几乎是当前了解用户行为最快捷、最准确的手段。2013 年开始，国外一些流媒体广播产品如潘多拉电台、Spotify 以及 Slacker 等业已尝试使用数据挖掘技术向目标用户精确投放广告。移动阅读 App“ZAKER”以及赛立信推出的 App“金唛广播汇”[②] 等在后台收集阅读、收听数据的行为，实际上都是大数据应用的表现。通过分析大数据可以了解网络用户的使用习惯和兴趣偏好，这是以用户需求和小众细分为导向的音频 App 优化内容和服务的重要手段。这恰是传统广播无法捕捉到的，这也从根本上改变着音频传播的业务格局。

（二）推广渠道的拓展

对于音频 App 而言，打造内容质量的同时拓展推广渠道，是扩大用户群和知晓度的重要路径。除了目前音频 App 常用的基础上线推广之外，还可以更多地采用合作推广、软文推广、付费推广等方式，对产品进行全方位包装和推送。同时，在不影响用户体验的情况下，合理利用插屏广告、横幅广告等[③]，使产品

---

① 《有了 3000 万用户之后，zaker 怎样做移动阅读?》，http://kuailiyu.cyzone.cn/article/7156.html，2015 年 1 月 5 日访问。

② 2014 年 8 月，赛立信正式推出用于广播收听率调查数据采集与处理的一款应用软件 App——“金唛广播汇”（Gold－Mic Radio Mall，简称“GRM”）。它是一个搭载了国内外 2000 多个广播电台/频率的大型“广播超市”。下载“金唛广播汇”后，可以在任何移动互联终端（如智能手机、Ipad、平板电脑及未来连接车联网的汽车音响系统等）收听广播，系统将自动记录用户的收听行为（如收听时间、收听时长、收听频率或节目，以及互动等信息），这些数据将同步传输到系统的后台服务器，有助于收听率调查数据采集。

③ 根据有关机构的数据统计，插屏广告为 App 带来的点击率最高可达 25%，转化率最高达 10%。横幅广告对于推广 iOS 和 Android 系统上的非游戏的内容效果较好。参见《前 100 名 App 的启示：移动 App 这样推广最有效》，http://newseed.pedaily.cn/201310/20131024356176.shtml，2015 年 1 月 5 日访问。

获得盈利增长，为进一步的市场推广提供经济基础。

（三）传统电台的移动端创新

首先，摒弃照搬传统广播节目的做法，根据用户消费习惯对移动端的传播内容进行再编辑，并进行内容和受众的细分。考拉 FM、蜻蜓 FM 等新兴网络电台已将文字信息、新闻信息载入界面，与音频内容一并提供。传统电台也应当在巩固既有音频内容的同时，在“音视图文”融合的层面上有所考量。其次，目前大多数传统广播的 App 视觉设计较差，色彩、内容过于单一，因此有必要与专业公司合作优化视觉体验。最后，借助车载平台开拓市场。早在 2012 年 1 月，美国国家公共电台就与福特汽车合作，发布了车载客户端语音控制链，驾驶员只需开启移动设备的蓝牙功能并设定播放列表，便可在驾驶的同时用语音操控节目播放、频率转换和内容搜索。国内传统电台可利用政策、资源等方面的优势，与汽车厂商开展近似的合作，改良、创新车载音频产品。解放双眼的音频传播在未来将有更广泛的需求，我们也热切期待移动端音频市场日益成熟壮大。

参考文献：

[1] 官建文、唐胜宏：《移动互联网蓝皮书：中国移动互联网发展报告（2014）》，社会科学文献出版社 2014 年版。

[2] [美] 麦德奇、保罗 B. 布朗著，王维丹译：《大数据营销：定位客户》，机械工业出版社 2014 年版。

（作者单位：北京印刷学院新闻出版学院）

浅析新媒体时代的受众关系建设

——以“使用与满足”理论为视角

◇ 刘俊良

在移动互联时代，新兴媒体大行其道，传统媒体受到巨大冲击，网络化、数字化、互动化的媒介环境成为常态，已有的传播格局被彻底颠覆。而媒体之间竞争的根本在于对受众的争夺，因此受众建设对当前背景下广播电台的生存发展具有重要意义。

“使用与满足”理论的提出，标志着大众传播研究从“以传者为中心”向“以受众为中心”的转变，是对受众的地位和作用更加科学和理性的认识，这为广播电台在加强受众建设的实践中提供了一定的理论依据。

一、“使用与满足”理论的内涵

顾名思义，“使用与满足”理论把受众看做有着特定“需求”的个人，将其媒介接触活动看做是基于特定的需求动机来“使用”媒介，从而使这些需求得到满足的过程。① 该理论否定了早期的“枪弹论”，表明受众不是被动接受信息的“靶子”，而是具有主观能动性的个体，受众的需求动机决定了对媒介使用的选择。因此，在进行受众建设时，需具体分析受众有哪些心理需求。

“使用与满足”理论描述了受众从产生需求动机到最后完成媒介使用的复杂过程，分为五部分：(1) 人们接触媒介的目的是为满足其特定需求，这些需求具有一定的社会和个人心理起源。(2) 实际接触行为的发生需要两个条件：其一是媒介接触的可能性；其二是媒介印象，即媒介是否满足自己现实需求的

① 郭庆光：《传播学教程》，中国人民大学出版社 2012 年版，第 165 页。

评价，它是在以往媒介接触经验上形成的。(3) 根据媒介印象，人们选择特定的媒介或内容开始具体的接触行为。(4) 接触行为的结果可能有两种，即需求得到满足或没有得到满足。(5) 无论满足与否，这一结果将影响到以后的媒介接触行为，人们会根据需求满足结果来修正既有的媒介印象，不同程度上改变对媒介的期待。①

对“使用与满足”过程模式的分析，有助于掌握受众使用媒介的整个心理过程，有助于广播电台有针对性对每个环节分别采取措施，合理进行受众建设。

二、新媒体时代广播受众基本特点

新媒体时代广播电台的发展现状是了解受众使用广播心理动机的重要依据，现有广播受众群体存在以下特点：

1. 受众规模不断扩大

根据赛立信 2013 年的调查数据显示，广播媒体接触率接近 60%，是唯一媒体接触率稳步增长的传统媒体（图 1）。截至 2013 年年底，全国拥有 6.7 亿广播听众，较 2003 年增加了一个亿。广播媒体十年间接触率的增长，表明受众使用广播媒介的需求从未终止，广播受众规模在不断扩大。但在看到接触数量增长时，还要注重分析受众的接触质量，即广播提供的内容能在多大程度上满足受众需求。

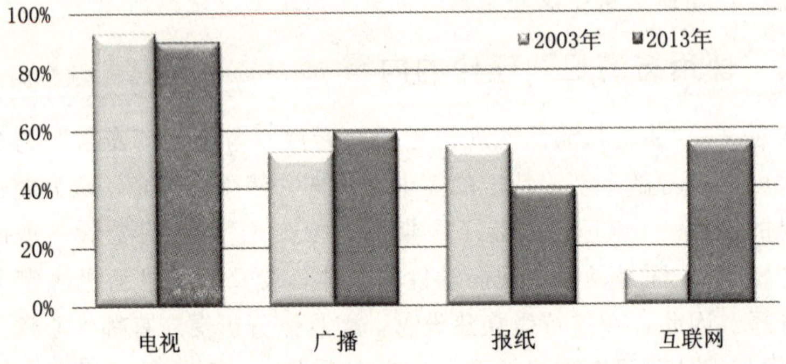

图 1　2013 年各类媒体的接触率与 2003 年比较②

① 郭庆光：《传播学教程》，中国人民大学出版社 2012 年版，第 168 页。

② 数据来源：赛立信媒介研究，2003～2013 年。网址：http://www.bpes.com.cn/zh-CN/displaynews.php?id=2835

2. 受众主体发生改变

据资料显示，广播受众主体呈现年轻化、高学历、高消费能力的趋势（图2），一改以往留给公众的“广播是‘老年人电台’”这一刻板印象。受众主体的转变，为广播发展注入了充足的活力，同时新群体的出现也伴随新的需求动机。如随着高学历受众群体的扩张，产生了注重广播内容文化品位和专业性的需求动机。

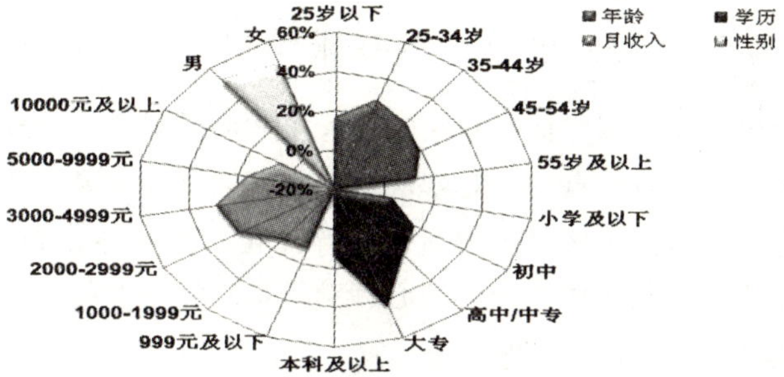

图2　2013年广播听众构成①

3. 受众使用新媒体渠道接触广播的需求增加

手机、电脑、车载广播等收听终端层出不穷，并逐渐占据稳定的优势地位，广播传播平台的多样化、移动化、智能化趋势显著（图3），一方面给广播受众带来极大的便利和良好的使用体验，满足了受众日益多样的需求心理，另一方面也刺激新的需求动机的产生，比如对媒介使用的依赖心理。

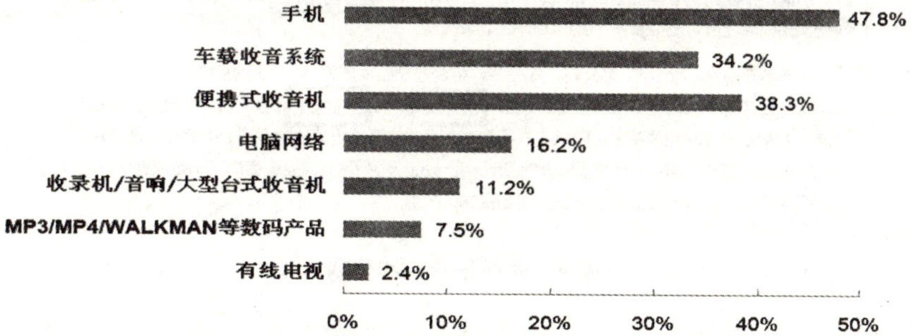

图3　2013年全国广播听众收听工具的选择比例②

① 数据来源：赛立信媒介研究，2013年。网址：http://www.bpes.com.cn/zh-CN/displaynews.php?id=2835。

② 数据来源：赛立信媒介研究，2013年。网址：http://www.bpes.com.cn/zh-CN/displaynews.php?id=2835。

在新媒体时代，虽然广播媒介具有传播速度快、时效性强、覆盖面广等特点，但与网络相比黯然失色。而其伴随性、移动性和参与性却成为无可替代的优势。广播不仅“解放”了听众的双眼，还解放了听众的双脚。[①] 同时，随着车载广播、智能手机的出现，更强化了广播的移动性和智能性，使广播重获新生，由此吸引了一批高收入高学历的年轻群体。广播的参与性优势更多地体现为一种通过声音的情感交流和互动，因更具感染力而能够满足受众情感交流的需求。

三、新媒体时代广播受众的需求动机

新媒体时代受众使用广播的需求动机，一方面受宏观媒介环境的影响，另一方面受广播电台自身特点的微观影响。随着互联网的普及、各种社交媒体和移动终端的盛行，信息传播呈现海量化、碎片化、多媒体化和互动性等特点，这种媒介环境使受众在使用媒介时的心理动机呈现以下新特点：

1. 获取专业化整合信息的需求

网络化和数字化带来信息爆炸式的增长，受众可以随时随地接触各方面的新闻和信息，并能够以超链接的方式就某一主题信息进行相互的、连续性的信息搜索。（如图 4 所示，边框内皆为超链接）

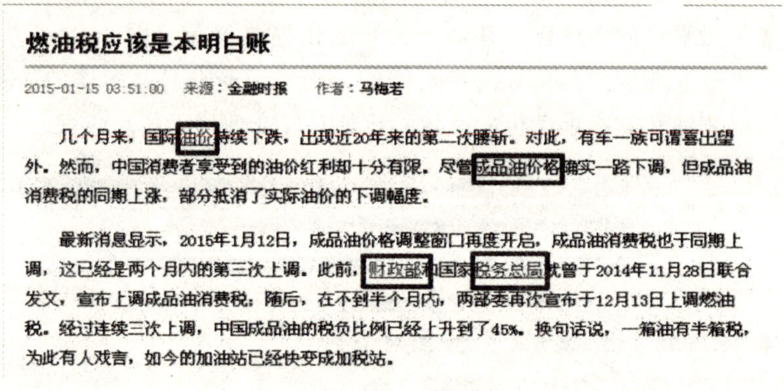

燃油税应该是本明白账

2015-01-15 03:51:00　来源：金融时报　作者：马梅若

几个月来，国际油价持续下跌，出现近20年来的第二次腰斩。对此，有车一族可谓喜出望外。然而，中国消费者享受到的油价红利却十分有限。尽管成品油价格确实一路下调，但成品油消费税的同期上涨，部分抵消了实际油价的下调幅度。

最新消息显示，2015年1月12日，成品油价格调整窗口再度开启，成品油消费税也于同期上调，这已经是两个月内的第三次上调。此前，财政部和国家税务总局就曾于2014年11月28日联合发文，宣布上调成品油消费税；随后，在不到半个月内，两部委再次宣布于12月13日上调燃油税。经过连续三次上调，中国成品油的税负比例已经上升到了45%。换句话说，一箱油有半箱税，为此有人戏言，如今的加油站已经快变成加税站。

图 4　新闻来源：和讯网[②]

海量信息加之碎片化传播，往往使受众不知所措，在信息的汪洋大海中找不到淹没其中的真正需要的信息，即便找到也可能只是零星的片段，导致最后只能形成碎片化的认知。这说明信息数量的饱和并不意味着可以完全满足受众

---

① 曹璐、罗哲宇：《广播新闻业务》，中国传媒大学出版社 2010 年版，第 9 页。

② 网址：http://news.hexun.com/2015－01－15/172397465.html。

的需求受众在寻找所需信息时往往被淹没在杂乱无用的信息中，获取信息的成本大大增加了。

因此受众希望媒体的信息传播更具专业性和针对性，以便受众在最短的时间内获得自己最需要的信息。

2. 注重个性化信息体验的需求

新媒体时代，信息以多媒体的方式呈现在受众面前，文本、图像、声音、视频等组合带给受众多重的感官刺激，充分调动了受众的视觉、听觉、触觉等感官系统：受众在视觉上追求形式界面的美观和画质的清晰、在听觉上要求更加良好的音质和亲切的表达方式、在触屏操作中渴求流畅的体验，这些都是受众在进行媒介使用时的需求。受众不再满足单一的信息呈现方式和乏味的使用体验，而是追求获取信息时的个性化全方位体验。

3. 互动分享的媒介使用需求

随着社交媒体的盛行，信息传播的互动和分享成为常态，用户个体可以通过原创或者转发的方式来发布信息，而接受者可以通过评论和分享的方式与传播者进行互动。受众互动和分享的行为有着实现自我价值的内在心理动机受众借助评论或传播的内容来表达自己的态度观点，向他人展示自己的学识、品位和生活方式，以此满足自我价值实现的心理需求。

4. 获取信息服务的需求

受众信息获取渠道的多元化使受众对广播的需求已不单是了解新闻和信息以及掌握知识，还存在获取信息服务的需要。例如，随着车载广播的盛行，各地交通台的适时路况报道节目非常受欢迎，其原因便是司机受众群能够通过交通广播节目即时了解当前城市路况，为出行带来极大便利。①

5. 参与交流的需求动机

广播是一个参与性非常强的媒介，参与方式灵活多样，如热线电话、手机短信、网络互动等。能够充分满足受众感情交流的需要。② 因为广播是声音传递、口语交流的媒介，这种交流方式比文字的交流互动更具吸引力、更利于情感表达、更易引起心理共鸣，交流的效果是其他媒介所无法比拟的。广播电台参与性的优势很好地满足了这一需求。

6. 媒介依赖心理的需求动机

随着信息传播工具的多样化，受众获取信息愈发便捷，这使受众无时无刻

① 秦永志：《多媒体时代的广播受众特点研究》，《新闻传播》2010 年第 5 期，第 69 页。

② 曹璐、罗哲宇：《广播新闻业务》，中国传媒大学出版社 2010 年版，第 11 页。

不处在信息的包围之中，一旦无法接触外部信息，就会产生一种与外部世界失联的孤立感和不安的心理。因此，受众对媒介有一种依赖的心理，即使有时并不需要获取信息。广播的移动性和伴随性很大程度上满足了这种依赖需求，大量零碎闲暇的时间得到利用，对广播的接触行为从一种工具化的使用向仪式化的使用转变，习惯性地使用媒介来满足转移注意力的需求或动机[①]。

四、广播电台的受众建设措施

1. 深化专业化和分众化传播

听众文化层次的不断提高，以及新媒体带来的信息过剩和碎片化等弊端，使受众对专业化、分众化的信息求之不得，因此广播必须走专业化、分众化的窄播道路，才能在新媒体时代寻得立足之地。目前大部分的电台都设立了新闻、交通、音乐、经济、文艺等专业频率，并取得显著的效果。但这仅是一种类型化的划分，如音乐还可以细分为古典乐、爵士乐、摇滚乐、民谣等小类别，受众文化素质的提高，为深化专业化和分众化传播提供了空间。同时，还要处理好大众化与小众化的关系，在进行分众化传播的时候，要平衡受众的需求量，盲目的小众化道路，将使我们丧失主要受众市场。

2. 建设个性化的媒介用户体验

新媒体时代，怎样才能建设个性化的媒介用户体验，是亟须思考的一个问题。广播的弊端在于线性传播，受众自主选择的余地不大，势必影响使用体验。个性化的媒介使用体验既包括感官上的体验也包括心理上的体验。一方面，加快媒介融合的步伐，进行跨平台整合，使广播的信息传播以多媒体的方式呈现，注重调动视觉、听觉、触觉等多种感官系统，提升受众的感官体验；另一方面，让受众参与内容生产和节目制作、自主选择广播的内容和呈现方式，利用大数据技术分析受众的兴趣爱好和行为特征，增强广播电台与受众的接近性，易于引起受众的心理共鸣，可以形成良好的心理体验。

3. 线上线下相结合的互动参与

在新媒体时代，广播的传受互动的方式应该更加多样，广播电台一方面注重围绕节目进行的线上传受互动；另一方面也要重视传者与受者、受者与受者的线下互动，广播电台通过组织线下活动，让素未谋面的受众参与进来，彼此成为相识的熟人，有利于受众群体建设，形成牢固的关系纽带，凝聚对广播电台和节目的认同感，也有利于加强人际交流中的口碑传播。

---

① 第三届华中地区新闻与传播学科研究生学术论坛获奖论文：《新媒体环境下“使用与满足”理论的转型研究》，2012年12月。

4. 发挥信息服务功能

如今我国汽车拥有量飞速增长，更多的人选择驾车出行，因此迫切需要及时了解城市的道路交通信息。广播电台的实时路况分析播报直接发挥了信息通报的作用，既便于人们的出行，也便于交警部门管理，很好地发挥了广播的服务性功能。① 除实时路况信息外，广播电台应拓展更多的实用性生活服务信息，注重加强对日常生活的针对性和指导性，提高生活便利性。受众在收听广播后收获实用性信息，有利于形成良好的广播媒介印象。因此如果受众花费大量时间在广播上，而却没有得到一点实用的服务信息，可能会影响下次的使用。

5. 进行跨界混搭，抢占移动终端

根据“使用与满足”理论的过程模式，媒介接触是媒介接触行为发生的先决条件。另一方面，由于受众存在媒介依赖心理，更多时候需要接触媒介以转移注意力或消磨时间。因此广播应提供更多的接触媒介机会。新媒体时代，移动终端与受众最具接近性，广播电台应抢占各种移动终端，加深媒介平台融合，实现多平台、多渠道传播，可以让受众在第一时间、最便捷实现媒介接触，扩大内容的传播范围和影响力。

五、结语

“使用与满足”理论提供了一个研究受众的视角，但这一理论也存在不足，即个人需求是“使用与满足”理论的起点，它关注的只是个人层面需求的满足。② 但个人需求受社会环境的影响，有些个人的需求是虚假的、甚至是低俗的，如果一味迎合受众这方面的需求，无疑是饮鸩止渴。我们应关注的受众需求是指健康合理的需求，媒介满足受众需求，但不能放纵受众需求。在“有什么样的受众就有什么样的媒体”和“有什么样的媒体就有什么样的受众”的博弈中，我们要更相信后者，媒体要发挥主导作用，合理进行受众建设。

参考文献：

[1] 郭庆光：《传播学教程》，中国人民大学出版社 2012 年版，第 165 页。

[2] 郭庆光：《传播学教程》，中国人民大学出版社 2012 年版，第 168 页。

---

① 李静：《新媒体时代广播媒体的发展策略》，《湖北广播电视大学学报》2013 年第 3 期，第 89 页。

② 蔡骐、刘维红：《对传播学中使用与满足理论的再探索》，《湖南大众传媒职业技术学院学报》2004 年第 1 期，第 5 页。

[3] 曹璐、罗哲宇:《广播新闻业务》,中国传媒大学出版社 2010 年版,第 9 页。
[4] 秦永志:《多媒体时代的广播受众特点研究》,《新闻传播》2010 年第 5 期,第 69 页。
[5] 曹璐、罗哲宇:《广播新闻业务》,中国传媒大学出版社 2010 年版,第 11 页。
[6] 第三届华中地区新闻与传播学科研究生学术论坛获奖论文:《新媒体环境下“使用与满足”理论的转型研究》,2012 年 12 月。
[7] 李静:《新媒体时代广播媒体的发展策略》,《湖北广播电视大学学报》2013 年第 3 期,第 89 页。
[8] 蔡骐、刘维红:《对传播学中使用与满足理论的再探索》,《湖南大众传媒职业技术学院学报》2004 年第 1 期,第 5 页。

(作者单位:中国传媒大学新闻传播学部)

UGC 模式下新型网络电台的受众主体性变革

◇柳　帆

在新媒体不断涌现的今天，传统媒体开始更多地利用新媒体平台优化信息传播和媒介运营，网络电台就是其中之一。网络电台区别于传统广播最大的优势是听众真正从“受众”转变成“用户”，而这种变革应归功于“UGC”这种用户生产内容的创作模式，这也成为现今媒体发展的新趋势。在 UGC 模式下，受众的主体地位越发彰显。而荔枝 FM 作为新媒体环境下网络电台的代表，完全是以受众创作内容的形式令受众成为话题的制造者，使受众的主体性得到最大限度地发挥。这种受众主体性变革将是未来新媒体发展的趋势。在新媒体不断发展、广播日益遭受冲击的媒介环境下，如何在更高层次上实现广播和网络的融合与互动逐渐成为广播发展的新课题，而长久存在于视频网站的 UGC 模式如何“嫁接”广播也成为荔枝 FM 给传统广播提供的新参考。

一、UGC 创作模式与网络电台

1. UGC 模式简介

UGC（User-Generated Content）即用户生成内容，泛指以任何形式在网络上发表的、由用户创作的文字、图片、音频、视频等内容，是 Web2.0 环境下一种新兴的网络信息资源创作与组织模式。[①] 简单说来，就是受众可以自己制作新闻，通过新媒体技术把内容上传至媒介平台进行大众传播，并通过反馈来调整节目内容和质量，获取对自己有利的信息。UGC 模式最早应用于视频网站，如国内视频网站优酷网便可以让注册用户上传并分享自己制作的视频，

---

① 赵宇翔、范哲、朱庆华：《用户生成内容（UGC）的概念解析和研究进展》，《中国图书馆学报》2012 年第 5 期。

其他用户在欣赏视频的同时亦可发表评论，实现受众之间的互动。传统的新闻传播形式是媒体到受众的过程，而 UGC 则实现了从受众到受众的传播。

2. 网络电台与新型网络电台

近年来，随着网络覆盖率的提高，网络电台呈井喷式涌现。目前的网络电台主要分为两大类：一类是传统广播的网络版，如北京广播网、天津广播网以及聚合平台性质的微电台、蜻蜓 FM 等；另一类是完全依托网络平台的网络广播，如豆瓣广播、糖蒜广播等。其中第一类网络电台是传统广播电台的变异，只是把传统广播搬到了网络上，增加了部分回放功能，打破了长久以来传统广播“瞬间性”的弊端；第二类网络电台突破了传统广播的新闻传播形式，以脱口秀、音乐节目为主体，突出年轻人的喜好。而像荔枝 FM 这一类新型网络电台则是直接将用户身份由被动接受者转变为内容创造者，融合前两种网络电台的特性的同时又把用户放在了首要的位置。

二、荔枝 FM 受众主体性的表现

荔枝 FM 是集录制、编辑、上传、存储、收听、下载于一体的手机轻电台，以“人人都是主播”为口号，使用户能够创建电台、录制节目，帮助其实现主播梦想。在荔枝 FM 主界面上，只要点击主播入口并注册成功的用户就可以实时录制节目。荔枝 FM 根据内容形式、风格、场景对用户自制节目进行分类，如，脱口秀、读物、电影等类别，或搞笑、怀旧、悬疑等风格，或清晨、下午茶、睡前等场景，这使用户能够根据自己的爱好和需求选择自己喜欢的节目。

尽管从一定程度上看，荔枝 FM 只是把视频网站的运行模式搬到了广播与网络融合的平台上，但是对于广播的发展而言，这确实是一个具有开拓意义的壮举，受众的主体性得到了前所未有的发展。

1. 确立了用户的“创用者”身份

传统的广播运营模式一直是“他播我听”的线性传播，广播节目依照时间顺序编排，听众只能依据广播节目表“准时赴约”。这种不可逆的被动收听模式使很多精品节目与听众擦肩而过。而荔枝 FM 实现了“我听我播－我播我听”的状态，听众不再是被动收听的一方，而成为主宰广播节目的创用者。每一位用户既可以直接注册创办电台，也可以通过关联腾讯 QQ 或者微博账号直接登录荔枝 FM，登陆后用户可以使用荔枝 FM 提供的专门的录音软件上传和分享自己的节目，真正实现了由受众到用户到创用者的过渡和进步，听众成功“升级”为主播。

2. 传统线性传播模式的反转

传统线性传播是“传播者—信息—媒体—受众—反馈”的过程，这个过程是不可逆转的。而荔枝 FM 成功地把单一的线性传播模式改造成了非线性甚至是多线性的传播模式，即“听众—信息—听众”的可反转过程。

在荔枝 FM 主界面，每一位“主播”都可以订阅、分享、下载其他主播的节目为其他主播的节目点赞或发表评论。而传统广播下，主播和听众是通过广播进行接触，而听众通过电话、短信或者新型的通讯工具在事后与主播沟通，形成反馈。而新型网络电台的传受关系更侧重即时性，如果听众对某个电台的喜爱和忠诚度较高，可以随时选择定制和分享，提高信息对自身的可用性。

3. 受众更加强调“使用与满足”

“使用与满足”是传播学中关于受众建设的重要理论，该理论认为，受众是有着特定“需求”的个人，他们接触媒介的活动是基于特定的需求动机，从而使自己的特定需求得到“满足”。每个人的需求各不相同，大众媒介所传播的信息不可能同时被所有的受众所接受，受众总是从中挑选可以满足自己的信息。[①] 当今受众对于媒体的选择已经不仅局限于获取新闻，更重要的是如何方便、有效地获取自己最需要的信息以及如何让信息对自己更有利。

在荔枝 FM，受众可以根据需要创立自己的节目或收听他人的节目。荔枝 FM 除在 PC 终端设立网站，还研发了移动终端 App，而移动终端正是目前广播移动载体发展的大趋势。根据赛立信发布的《2013 年中国广播收听市场综述》，2013 年使用手机收听广播的听众比例达到 47.8%，在所有收听终端中位列第一。随着智能手机的普及、电台手机客户端的开发以及网络信息技术的发展，用手机收听广播越来越成为大家的选择。在任何有移动网络支持的地点，受众都可以利用手机记录周边的声音，制作最新的节目，这位 UGC 提供了更便利的创作平台。

此外，每一位主播都可以利用荔枝 FM 提供的大数据支持评判自己节目的播放质量，其特有的数据信息主要包括：

类　型	内　容
节目播放数	选定时间段内每日节目播放数量的增长
订阅用户数	选定时间段内每日订阅用户的增长
播放最多的节目	选定时间段内播放最多的前 10 个节目
分享最多的节目	选定时间段内分享最多的前 10 个节目
赞得最多的节目	选定时间段内赞得最多的前 10 个节目
下载最多的节目	选定时间段内下载最多的前 10 个节目

---

① 胡正荣、段鹏、张磊：《传播学总论（第二版）》，清华大学出版社 2008 年版，第 226 页。

在这些数据的支持下，结合其他听众的反馈，主播就可以随时根据传播效果调整节目，争取更多的听众订阅。

三、UGC 模式下受众主体性变革的意义与启示

1. 受众真正实现参与

受众的主体性主要表现在媒体以受众为中心，对节目内容和模式进行调整，试图让受众真正实现“使用与满足”，而受众对于媒体的意义就在于不断给予反馈。但对以广播为代表的传统媒体而言，反馈主要是节目播出后的提议，而非真正意义上的受众参与。而参与到节目中来，才是受众主体性的真正表现。

在参与文化视角下，受众既是信息资源的消费者，同时也是信息资源的生产者和传播者，因此学者将生产者（Producer）和消费者（Consumer）杂合起来，创造了创用者（Prosumer）这一全新的概念，指涉那些参与产品制造的消费者。关注媒体变革大背景下的粉丝及消费者也体现了参与文化中“以人文本”的理念，粉丝及消费者既是消费者也是创造者，他们依照自己的喜好对事物做出评价或主动地拼凑出属于自身的蓝图，在参与过程中，得到了满足，也为媒介生产者提供了广阔的资源，他们成为了节目的主宰者。[①] 节目的主宰者意味着无论是对节目内容还是形式，甚至是传播效果，都可以进行适度的设置和调整。而受众实现真正参与之后，可以就关心的某个议题，在节目中进行讨论，这将促进受众提升“议题”参与意识、提高受众的自我认同。

2. 内容为王前提下的受众要求

内容是新闻媒体的根本，即使在渠道日益丰富的当下也是如此。荔枝 FM 为受众提供了开放平台，鼓励精品内容、原创内容，更鼓励具有公信力和担当的个人在此长远发展。对荔枝 FM 的主播而言，实施内容战略，不仅仅是简单的音响处理、控制推送时间，更需要内容采编、审核、发布、推广等全流程创新的支撑满足听众的多样化需求。而实施其渠道战略，更需要量化和管理各个平台的实际运营效果。以“平台化”思维通盘规划新媒体渠道战略这盘棋，最终实现内容战略与渠道战略的同步发展。

在坚持“内容为王”的前提下，更应该放大广播“心灵触媒”这一难以替代的功能。传统的广播节目由于频率定位问题，虽然不可能一一满足所有人的心理需求，而像荔枝 FM 等网络电台，主播们就可以更好地利用受众的差异化

---

① 王蕾：《亨利·詹金斯及其融合文化理论分析》，《东南传播》2012 年第 9 期。

需求，对内容进行差异化的生产和加工，将广播也打造成传递多种文化的平台，从内容和心理上都更加接近受众。

3. 平台拓展的新思考

根据中国互联网络信息中心（CNNIC）发布的《第34次中国互联网络发展状况统计报告》，到2014年6月底，我国网民规模达到6.32亿，而手机上网的网民规模达5.27亿，占比83.4%；网民使用手机上网比例首次超过传统PC端成为第一大上网终端设备；在年龄结构中，20～29岁的网民占比最大。受众的年轻化对于传播平台而言，带来的是媒体不断开拓自身的移动化和智能化。如荔枝FM也顺应这一趋势推出了微信公众号，定期推送信息并开设“随时听”功能，点击即可接收到由公众号推荐的最新节目。而受众的年轻化对于节目内容而言，则是呼唤轻松、幽默的脱口秀等有活力的节目。

四、总结：加强与移动互联网的融合与互动是广播发展的未来

2014年8月18日，中央全面深化改革领导小组第四次会议审议通过了《关于推动传统媒体和新兴媒体融合发展的指导意见》，提出推动传统媒体和新兴媒体融合发展的重大部署：在内容、渠道、平台、经营、管理等方面的深度融合，着力打造新型主流媒体，建成新型媒体集团，形成现代传播体系的具体方向与目标。

荔枝FM是广播和移动互联网融合的新平台，受众开始由“知道”变成“用到”，由“接收者”过渡成“创用者”，由“收听”转为“共享”，以音频为基础的内容呈现将成为广播和新媒体融合与互动的深层次研究议题。尽管目前存在着议题碎片化等不足，但网络电台在平台融合的基础上做好内容的融合，必将是广播发展的又一个跨越。

参考文献：

[1] 胡正荣、段鹏、张磊：《传播学总论（第二版）》，清华大学出版社2008年版，第226页。

[2] 赵宇翔、范哲、朱庆华：《用户生成内容（UGC）的概念解析和研究进展》，《中国图书馆学报》2012年5月出版。

[3] 王蕾：《亨利·詹金斯及其融合文化理论分析》，《东南传播》2012年第9期。

[4] 荔枝FM主页：http://www.lizhi.fm/#/2015年1月17日。

（作者单位：中国传媒大学新闻传播学部）

车载受众音频收听偏好研究

◇杨　洋

多元媒体环境下，广播媒体的整体消费规模不断下降，央视—索福瑞（以下简称 CSM）数据显示，受众对广播媒体的日使用指数自 2011 年起持续下行，广播媒体整体受众规模和日均收听时长均步入下行通道。但是，在广播收听总量增长乏力的情况下，车载收听逆势上扬，为广播媒体带来结构性变化。在广播收听地点上，虽然“在家中”仍然是受众最常收听的地点，但其比例却在逐年下降，而“在私家车中”收听广播的受众比例逐年上升，2013 年“在私家汽车上”的收听比例较 2012 年的增长幅度达到 15.6%。在广播收听设备方面，2013 年数据显示，使用车载广播收听的受众比例（42.3%）已经超过了收音机（34.8%），成为广播受众最常使用的收听设备。① 这些数据清晰显示出，“路上市场”对于广播媒体至关重要。

在独特的驾车情境下，音频节目具有独特的传播优势。基于此，笔者将研究视点聚焦车载受众，试图通过梳理车载受众的人口学特征及其音频节目收听偏好，探索车载广播在新形势下的发展路径。②

一、全国车载广播发展现状

目前，在调查涵盖的全国 33 个城市中，87 个车载广播频率，其中包括综合交通类车载广播频率 56 个，专门针对私家车主的私家车广播频率 31 个。横向对

① 数据来源：CSM 媒介研究 2011～2013 年基础研究数据。

② 私家车主和出租车司机在受众结构、收听行为等方面存在显著差异，本文主要探讨私家车主的收听行为。如无特别注明，数据源自中央人民广播电台 2014 年开展的自主专项调研《车载广播研究报告》。

比各城市的车载广播占比发现，各城市发展不平衡，尤其是在北京市场，车载广播数量仅占 5%，为全国最低，而资料显示，2014 年北京汽车保有量已超过 530 万辆，居全国首位。北京车载广播市场竞争不充分，尚有较大发展空间。

表 1　各城市拥有车载广播的数量及在该城市总体广播数量中的占比（33 个城市）

城市	车载广播数量	广播频率总数	占比%	城市	车载广播数量	广播频率总数	占比%
北京	2	40	5.0	青岛	5	30	16.7
长春	3	31	9.7	清远	5	32	15.6
长沙	4	27	14.8	泉州	5	22	22.7
常州	3	25	12.0	上海	2	29	6.9
成都	5	33	15.2	深圳	6	37	16.2
重庆	2	23	8.7	沈阳	3	32	9.4
大连	3	25	12.0	石家庄	5	33	15.2
佛山	5	32	15.6	苏州	11	70	15.7
福州	6	27	22.2	太原	4	26	15.4
广州	5	34	14.7	天津	2	27	7.4
哈尔滨	4	29	13.8	乌鲁木齐	4	37	10.8
杭州	5	26	19.2	武汉	5	28	17.9
合肥	5	34	14.7	无锡	9	41	22.0
济南	4	31	12.9	西安	4	29	13.8
南京	4	43	9.3	厦门	3	25	12.0
南宁	4	22	18.2	郑州	5	38	13.2
宁波	6	28	21.4				

二、车载受众人口学特征

受众市场细分是指将数量众多、成员广泛的集合性群体根据不同的特征和爱好进行细分，细分后的受众群具有相似的特征，便于大众媒介的有效传播。受众市场可通过多种维度进行细分。其中，根据人口学特征进行细分，可鲜明把握目标受众的性别、年龄、职业等构成。调查数据显示，车载受众总体上可概括为具有较高消费能力、社会活动参与性较强、较为年轻的群体。

1. 男性是主力受众群，但女性受众比重呈上升趋势

在私家车广播受众中，男性受众占比明显高于女性，本次调查数据显示，男女比例大约为 6：4。根据 CSM 媒介研究 Inforsys Radio 连续三年的收听率数据也显示，男性受众在车上的收听比重高于女性，这也许与男性驾驶者比例高于女性司机有关。值得注意的是，虽然目前男性车载听众的收听总量占据优势，但是女性车载收听的比例却呈现上升趋势，女性受众的收听力量不容忽视。

2. 中青年群体构成车载广播受众主体

在整体广播受众中，35～54 岁群体是广播的收听主力，但在私家车广播受众中，25～44 岁群体则是主体年龄层，占比在 60%以上，该年龄段的人群是目前社会的中坚力量，也是社会财富的主要创造者。

3. 收入水平较高，具有较强的消费能力

国家统计局 2013 年统计数据显示，城镇居民人均可支配收入为 26955 元①，由此推算，人均月收入约为 2246 元左右，而私家车广播受众的月均收入集中在 4000 元至 5000 元之间，私家车广播受众的年均收入大概是全国城镇居民人均可支配收入的 2 倍左右，处于城市的中上收入水平，具有较高的消费能力。

二、车载受众的收听行为特征

1. 私家车广播不单是个体收听，逐渐呈现家庭收听特点

不同于电视媒体适宜全家人共同收看的特点，广播收听目前多被认为是个体性的收听行为，私家车广播当然也具有明显的个体性收听特点，但通过本次调查的数据，我们发现私家车广播在某种程度上带有一定的“家庭收听”特点。

调查中对 89 名车主受众进行了深度访谈，结果显示，在开车出行目的方面，回答“工作”“接送孩子”的被访者人数较多，而被问及“平时和周末驾车出行是否有乘客同行”时，仅有 3 名被访者明确表示没有同行人员，绝大多数被访者都明确表示平时出行多有乘客随行，且多为家人。

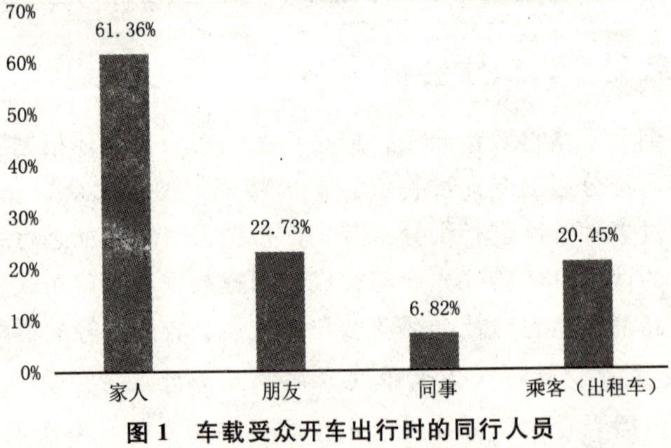

图 1　车载受众开车出行时的同行人员

① 《统计局：2013 年城镇居民人均可支配收入 26955 元》，http://finance.chinanews.com/cj/2014/01-20/5754948.shtml，2014 年 11 月 20 日访问。

“家庭用车”营造了难得的家庭成员聚集在同一个封闭空间里共同接收信息的环境，同行人员的意见干扰，使得收听车载广播不再仅仅只是驾驶员的个体行为，家庭成员对广播节目的选择与偏好，有可能在长期影响中渐趋一致，最终形成相对稳定的家庭收听偏好。“家庭收听”特点也许可以为私家车音频节目策略研究提供新思路。

2. 受众习惯固定频率或节目收听，但收听专注度较弱

在针对 88 名被访者的深访中，76 人都表示“一上车就打开广播”，可见车载受众基本形成了“车动广播开”的收听习惯，问卷调查数据进一步显示，车载受众在车上基本是“固定几个频率”（60.2%）或“固定几个节目”（58.8%）收听，随机调台收听的比例较低，可见，车载受众对频率或节目的忠诚度较高。

驾车收听音频节目时的注意力集中状态多呈现为“一般集中”（44.9%）和“较难集中”（39.3%），甚至还有部分被访者表示习惯性打开广播，但“不在意播出什么内容”。

注意力集中程度不高，直接导致车主受众对音频节目的有效收听时长较短。调查显示，在不调台的情况下，私家车主单次收听广播的平均时长为 48.57 分钟，但对节目内容的有效收听时间一次只有大概 6 分钟[①]，虽然车主受众在不调台的情况下，会坚持收听将近 50 分钟，但其专注于广播内容的时间只有 6 分钟或更短。收听注意力较弱，有效收听时间较短，对节目编排提出较高要求。

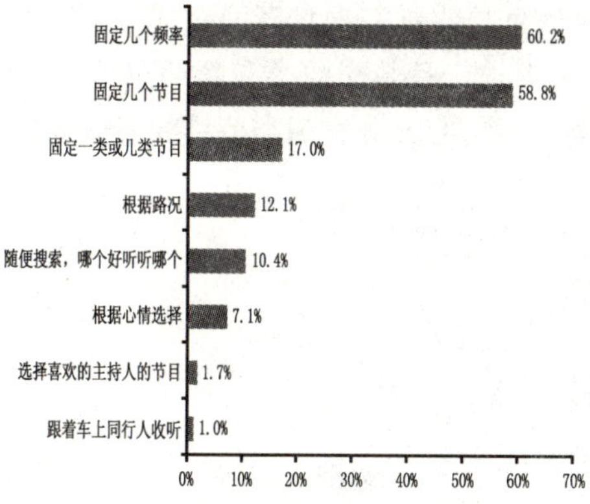

图 2　车载受众广播收听习惯

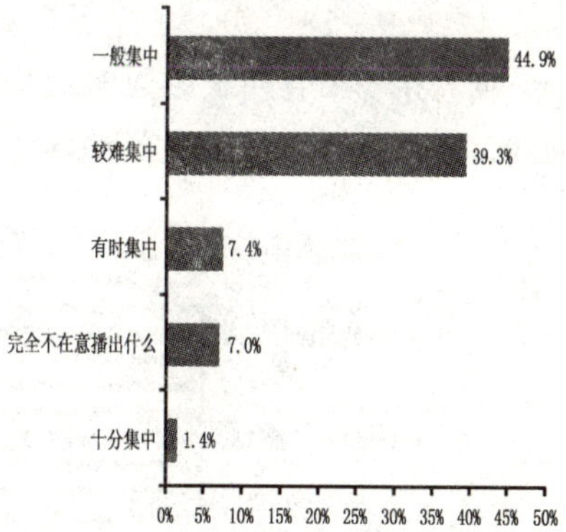

图 3　车载受众收听广播的集中程度

3. 收听时间体现“碎片化”与“聚合性”的辩证统一

不同于传统的居家收听，车主出行随意性较大，车载广播开机率也随之具

① 数据来源：浙江广电集团城市之声《这个城市的这个私家车电台》。

有不确定性，再加上车载受众收听注意力的不集中性，很难保证完整收听某档节目，车载收听呈现出一定的“碎片化”特点。

但在特定时段，车载收听又具有一定的聚合性。在工作日 7：00～8：00 和 17：00～18：00 早晚上下班时段高度聚合，调查显示，超过半数的车载受众会在这两个时段收听广播，在这两个时段内，可以为私家车主“私人定制”相关内容。

与工作日早晚高峰收听不同，周末日间多数时间均有收听起伏，而不同于工作日上下班的出行目的，周末出行更多体现为休闲和家用，车主出行的情绪和收听需求均有差异，在节目策略方面，应该注意工作日与周末的区隔。

4. 受众青睐能提供娱乐、休闲和实用信息的节目类型，但不同时段和不同细分受众群又有特定需求

传播学中的“使用与满足”理论认为，人们的媒介接触行为概括成“社会因素＋心理因素—媒介期待—媒介接触—需求满足”的因果连锁过程。对于车载广播而言，车主受众的需求主要体现在获取路上交通信息和放松心情。

总体而言，超过八成的车主受众对“交通路况信息”具有收听需求，超过六成的受众喜欢在车上收听音乐节目，尤其偏爱“内地流行歌曲”（63.8%）。细分全天不同时段，受众在特定时段又具有不同的收听需求，在 7：00～8：00时段，渴望收听新闻/时事类节目的车主受众比例更大，占比为 46.4%；在 8：00～9：00 时段，较大比例（48.8%）的车主受众开始希望收听路况信息等交通类节目，在此时段，新闻/时事节目的收听需求有明显下降；但在晚高峰 17：00～18：00，车主受众对交通信息的收听需求具有绝对优势。

而音乐类节在白天多数时段均有收听需求，且与交通类和新闻类节目收听曲线呈现“此起彼伏”的发展态势，可将音乐节目作为交通类节目的有效辅助。

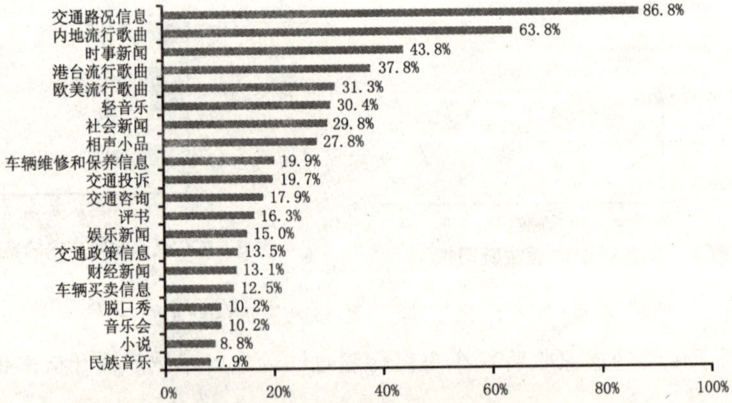

图 4　车载受众喜欢收听的节目类型

进一步将车载受众群进行细分，又可以发现不同年龄层的受众对节目类型的收听偏好呈现显著差异。与其他年龄段的车载受众相比，20～30岁的车主受众更加偏爱“娱乐新闻”；31～40岁的受众对各类歌曲节目，尤其是“内地流行歌曲”的选择比例高于其他年龄段；41～50岁的受众则更加偏爱“社会新闻”及“车辆维修保养”等实用性信息；51～60岁受众更加关注“时事新闻”及“相声小品”等文艺节目。不同受众具有不同收听需求，频率做好受众定位，找准目标受众群，根据目标受众的收听需求，制定相应的节目策略，以便“有的放矢”。

表　北京不同年龄的私家车主喜爱收听的节目类型（单位%，显示总百分比超过20%的）

排名	节目类型	年龄组			
		20～30岁	31～40岁	41～50岁	51～60岁
1	交通路况信息	78.3%	86.5%	92.0%	93.7%
2	内地流行歌曲	57.9%	76.8%	58.8%	39.9%
3	时事新闻	37.2%	44.0%	44.4%	55.0%
4	港台流行歌曲	34.9%	51.3%	29.7%	13.6%
5	欧美流行歌曲	35.2%	41.2%	21.4%	10.4%
6	轻音乐	15.4%	37.2%	36.0%	23.6%
7	社会新闻	26.7%	30.1%	34.6%	24.0%
8	相声小品	16.4%	31.6%	28.3%	36.3%
9	车辆维修和保养信息	7.7%	16.6%	37.3%	16.7%
10	交通投诉	9.3%	19.4%	32.2%	13.6%
11	交通咨询	9.2%	18.5%	27.9%	10.5%
12	评书	7.3%	13.8%	25.2%	23.2%
13	娱乐新闻	20.1%	12.7%	16.2%	9.9%
14	交通政策信息	4.5%	12.9%	24.0%	9.4%
15	财经新闻	7.9%	11.0%	24.2%	6.3%
16	车辆买卖信息	3.2%	12.0%	19.9%	16.7%
17	脱口秀	7.2%	10.0%	13.5%	9.9%
18	音乐会	10.5%	8.0%	10.5%	16.9%
19	小说	4.4%	10.9%	9.2%	9.4%
20	民族音乐	3.2%	10.8%	6.8%	10.0%

三、车载广播市场发展建议

统观目前国内车载广播现状，有分析人士将其称为“内容包罗万象而又松散零碎的弱点逐步显露”[1]。根据上文分析，可对私家车广播发展提出以下建议。

1. 频率定位要减少同质化竞争，突出“私家车”特色

在北京市场，车载广播市场竞争不充分，在北京的车载广播频率仅有北京交通广播和中国高速公路交通广播。中国高速公路交通广播仅覆盖北京局部地区，主要定位不在城市内交通。北京交通广播是综合类的交通广播频率，出租车司机在其受众构成中占较大比重，总之，定位于私家车主的私家车类广播频率在北京市场缺位。私家车广播的受众定位进一步窄化，更加具象，应根据私家车主受众的收听规律，把握私家车主的生活理念和生活节奏，合理划分节目类型，在资讯、路况、音乐、生活等方面提供特色服务。

2. 寻找与车载受众的情感共鸣点，应对城市人群“下班沉默症”

根据中国青年报社会调查中心的一项调查显示，83.1%的城市白领表示自己有不同程度的“下班沉默症”[2]，而车主受众又多是白领一族，本次调查也显示“烦躁、着急、郁闷”是不少车载受众描述上下班路上心情的关键词。作为伴随性媒体，车载广播要重视受众的情绪宣泄，找到广播与车主的情感共鸣，为上下班路上的车主受众排泄压力，放松心情。

3. 节目在形式上注重碎片化，内容上体现各时段收听差异

车主受众收听音频节目的注意力专注度较弱，有效收听时长有限，在节目策略方面，可在受众集中收听的时段，采取“碎片化”的节目编排形式，将大时段、大板块的节目“打碎”，形成一个个几分钟的节目小单元，再根据统一的主题进行串联。通过节目内容的不断转换，节目形式、节目风格的不断变化，去适应车载受众“碎片化”的收听状态。

在节目内容方面，可根据车主受众的收听意愿和收听需求，在不同时段推出相应的主题和信息。

4. 重视新媒体策略，用微信提升广播竞争力

腾讯公司2014年第三季度财报数据显示，微信和wechat合并月活跃用户数达到4.68亿[3]，微信已成为当下重要的社交工具，其最突出的特点是具有即时语音沟通功能，而对于本身就是通过语音与受众交流的广播媒体，从媒体属性来看，与微信结合，更加便利。再看用户层面，使用微信的用户更多是年轻新锐，与私家车

---

① 陈松：《私家车广播随想》，《中国交通新视听》2012年第12期。

② 《白领如何应对下班后沉默心理》，http://career.youth.cn/zcrs/201209/t20120923_2459566.htm，2014年11月21日访问。

③ 《腾讯发布第三季度财报：净利润同比增46%》，http://tech.sina.com.cn/i/2014－11－12/19259784572.shtml? sina－fr＝bd.ala.cb，2014年11月12日访问。

广播受众群较为吻合，因此私家车广播一定要重视与微信的深度合作。

根据微信的功能定位，两者结合可体现在：第一，增强受众参与节目的互动性，车主受众在驾驶状态下，方便通过微信语音互动，保证行车安全的同时参与节目互动。第二，通过微信实现在线收听，可以增加广播节目的传播渠道，提高节目到达率、影响力。第三，利用微信对用户群做“强关系”影响，所谓“强关系”网络，实际上指微信上的关系网是一个又一个的熟人圈和朋友圈，“强关系”理论指出，一个人对接受的信息的信任程度，基于对信息源的信任程度，私家车广播可以通过运营微信公众账号，通过“朋友圈”的转发扩散，实现更大的传播力和影响力。

5. 未雨绸缪，应对车联网挑战，创新节目产品形态及商业模式

车联网，是实现车与车、车与人、车与路之间的智能化联网。将是未来物联网与智能化汽车发展的重要产业交集。但由于车联网涉及产业面较广，涉及技术条件与环境复杂，技术与产业还未成熟，2013 年《车联网产业发展白皮书》指出目前我国车联网发展的主要问题是：“核心技术不成熟，标准体系正在建立，产业尚处于起步阶段。”

虽然车联网技术远未成熟，但汽车与互联网的结合已初现端倪，国内外多家企业都已瞄准抢占未来的车载市场，并已试行推出多款车联网产品。尤其是随着目前 4G 网络技术的逐步成熟，未来车联网将对传统车载广播提出挑战，海量的网络音频资源将直接冲击传统广播内容。

为此，车载广播可在产品形态和商业模式方面提前做出应对。车载广播节目样态可基于网络大音频和汽车收听环境进行研发，新的产品样态应打破传统的线性播出模式，实现内容的模块化、细分化、标签化、可搜索化，实现基于互联网技术的自定义组合编排、个性化定制、智能推送、搜索点播、收藏收听、互动分享等多样化收听方式。传统广播的大时段直播模式、频率一体化格式化编排节目，将代之以更具清晰特征和品牌特色的栏目化节目。

不过未来广播线性播出仍具有价值。对于受众而言，由于线性播出无需选择和操作就可提供源源不断的信息，因此具有良好的陪伴性、便捷性优点，此外线性播出带来的逻辑性、结构感也具有独特魅力。为此，广播媒体应当探索线性播出与互联网模块化播出的融合方式。

在商业模式方面，未来的车载广播应基于互联网信息传播环境，广泛联合汽车制造商、电信运营商、汽车服务商、广告商以及各类企业多个市场主体，构筑基于 O2O 的服务产业链条，延伸商业价值，创新营销方式和盈利模式。

（作者单位：中央人民广播电台总编室）

移动互联领域用户的音频接收偏好研究

◇王春丽

一、移动互联时代到来

根据中国互联网络信息中心（CNNIC）发布的《2013～2014年中国移动互联网调查研究报告》，截至2014年6月，我国手机网民规模为5.27亿，在整体网民中占比高达83.4%，首次超越传统PC整体80.9%的使用率。可以说，我国已经正式进入移动互联网时代。毋庸置疑，移动互联网时代的到来，在改变人们生活的同时也创造了一个新的媒体传播环境，无论是传播渠道还是传播内容都因为受到冲击而开始创新和变革。

在20世纪90年代，国内的广播媒体就开始了在网络环境下的第一次变革——广播“上网”。1996年年底，珠江人民广播电台率先“上网”，开始通过网络全程转播当天的节目，成为我国第一家“网络广播”。在此之后，“网络广播”成为越来越多传统广播改革创新的新途径，并逐渐获得发展。然而，随着移动互联网技术的不断发展和智能手机的大规模普及，只是将节目上网的“网络广播”已经不能满足受众需要。广播媒体借由全新的传播方式和渠道，开始焕发新的生机：以移动应用终端为主要形式的移动广播电台开始出现，并迅速成为用户追捧的对象。从2012开始，诸如喜马拉雅电台、考拉FM等电台类移动客户端产品陆续上线。以蜻蜓FM为例，它目前可以提供全球正在播出的体育、情感、交通、综艺、财经、音乐等各类3000多个传统广播电台节目，并且全天候不间断地播出。公开资料显示，蜻蜓FM目前已经拥有超过8000万的用户下载量，到2013年年底，蜻蜓FM平台启动数量增长高达473%。可见，这类移动音频客户端依靠极其便捷的收听方式、多元化的内容以及可定制服务等迅速地成为移动互联网环境下音频接收的主要方式和平台，并逐渐成为主流。

新的媒介形式必然带来新的接收方式。在移动互联网背景下，用户收听广播电台的方式也发生变革，最初坐在收音机前收听广播节目的日子已经逐渐远去，新媒介为用户收听音频节目提供了更多的可能性。比如在收听时间上更加随意，无需考虑节目播出时间；可自主选择海量多元的节目内容等。这些接收形式的变化，又带来了受众选择的变化和多样。在极大的自主权下，受众的“偏好”得以充分显现。

然而，这种纷繁复杂的偏好背后是否存在某些共性，在移动互联领域内又有什么特点和规律，下文将结合考拉 FM 具体分析。

二、移动互联领域中受众接收偏好研究——以考拉 FM 为例

考拉 FM 是车语传媒开发的一款移动音频客户端，于 2013 年上线，是移动互联网时代个性化手机电台代表之一，目标是成为用户量过亿的主流音频客户端。它定位于做国内真正意义上的“个性化电台”，让听众听到的就是想听、必听和应听的“好节目”。考拉 FM 的受众基本与移动互联网用户相重合，核心受众为 20 岁至 50 岁、以年轻人为主的人群。考拉 FM 中的节目形式丰富多样，既有脱口秀、音乐、资讯、段子等音频内容，也有明星“大咖”、网络红人、男神女神、行业“大 V”等各色“牛人”做主持，拥有非常网络化的内容和编排形式。

中国 IT 研究中心 CNIT－Research 发布的《2014 年 Q2 中国手机音乐 App 市场报告》显示，考拉 FM 用户规模增长迅速，尤其是 6 月增长率高达 37.2%。截至 6 月底，考拉 FM 在主流安卓平台的下载量突破 1600 万次。通过对考拉 FM 的研究发现，移动互联领域受众音频接收偏好主要有以下几个特点：

首先，在内容上有强烈的私人定制性，多样性。由于线性传播的特点，受众在收听广播电台时只能被动地选择要收听的节目，无法根据自己的喜好随意调整电台的节目顺序、收听次数和收听方式等。尽管随着广播节目的“上网”，受众在收听节目的时候获得了一定的选择权和反复收听次数，但这种选择权极其有限，而且在海量的信息面前，受众很难快速地找到自己真正喜欢的节目。然而，在移动互联网时代，这种选择权被无限放大，用户完全可以获得“私人定制”的内容。

以考拉 FM 为例，现拥有语言节目 120 档，资讯节目 63 档，音乐节目 120 档，有声读物 1 万多期，用户可以在考拉 FM 的主界面中根据自己喜欢的标签在海量节目中做出选择，比如新闻、听歌、脱口秀、听书、娱乐、体育、健康、汽车和情感等；同时在页面下端，一个“猜你喜欢”的栏目还会滚动推

送一些用户可能会喜欢的节目。用户如果喜欢正在收听的节目，可以点击“喜欢”按钮，此时，系统会提醒用户“收藏成功，已安排您喜欢的节目”。不同的用户有不同的兴趣，当类似的内容取舍活动达到一定规模后，会形成具有极强用户个人特色的收听节目单。除了用户主动选择感兴趣的内容外，考拉 FM 还拥有强大的数据分析系统，可以根据用户以往的收听记录主动推送类似的节目。

目前这种听众自主筛选和软件自动筛选的兴趣筛选机制是大多数移动音频应用必备的功能。随着这种机制的建立，用户收听的内容逐渐多样化。节目精确抵达定位人群不仅仅体现了移动收听的发展态势也反映了用户更具个性和自主性的收听偏好。

其次，在收听环境上更加随性。广播媒体的一大优势就是伴随性收听。对于传统广播而言，所谓的伴随性收听是受众在收音机所能覆盖的范围内边做其他事情，边收听广播，然而，这种伴随性在生活节奏极快的今天局限性越来越明显。当前，受众接收时间越来越碎片化，固定的、长时间的收听广播已经成为奢侈。而移动互联网的发展极大地拓展了这种伴随性，受众可以借助移动终端随时随地收听广播。用户在上下班途中、家里、教室、工位、餐厅等环境中随时收听。

而且现有的技术条件也为这种偏好体验提供了支撑，比如，大多数移动音频应用都设有离线收听功能，避免用户在无网络信号的情况下无法收听节目，这个功能的设置极大地方便了用户收听广播节目的随时随地性。以考拉 FM 为例，在用户中心的“设置”板块，设有智能缓存功能，该功能可以让用户在 WiFi 条件下缓存收听节目，缓存时长可以为 1 小时到 4 小时。此外，几乎所有的移动音频应用还设有云存储平台，用户可以将正在收听的、收听过的喜欢的节目上传到云平台，通过云平台，随时随地获得喜好的节目。所有这些都使得用户的收听不拘泥于固定时段、固定场所。

第三，在收听时长上，更喜欢短节目，但总收听时间长。移动互联网时代的一个重要特征就是碎片化，碎片化传播的一大特点就是简短。自微博上线，所有以网络为基础的传播都开始从繁变简，这种趋势从文字开始延伸至视频，微文、微视频诞生并迅速流行。同样在音频领域，这种“减法”的变革也逐渐清晰。以考拉 FM 为例，在考拉 FM 众多类别的音频节目，大多以短节目为主，最长的不超过 15 分钟，最短的 1 分钟。考拉 FM 平台里排名前十的节目中有 6 个不超过 10 分钟，比如《不亦乐乎》时长为 6 分钟，《二货一箩筐》时长也为 6 分钟。

此外，与收听传统广播不同，移动互联领域音频节目的收听并不随着节目的结束而结束，总体收听时间加长。借助上文所提到的技术，可以将同一个栏目的不同期节目存储在云平台或者预先缓存，用户收听完一期节目之后可以主动选择其他期节目进行收听，或者选择类似风格的电台收听。考拉 FM 实行的是 24 小时全天候播出，只要用户喜欢，想要听就可以随心所欲地长时间收听。一方面是用户需求推动移动音频应用在节目时长上作出调整；另一方面，移动音频应用提供的内容大部分都是短节目，使得用户在使用类似应用时呈现出喜欢收听短节目和总体收听时间长的偏好特点。

第四，收听的节目风格多以浅显、活泼、娱乐为主。网络时代的信息消费与之前完全不同的一个显著特点就是娱乐化。海量的、浅显的、娱乐化的信息铺天盖地，这主要是因为一方面网络作为一种媒介，其自身的传播特定决定了其传播的内容必须要适应这些特性，比如简短、及时等，这些轻娱乐类信息正是因为适应了网络传播的特性而得以存在和流行；另一方面，当前人们的生活工作都面临着不同的压力，需要这类信息去释放压力。考拉 FM 推荐的 20 个好节目中，《惊呆了》、《一八到底》、《音乐不装 B》、《娱乐 BigBang》、《网易轻松一刻》、《仨贱客》、《小强来了》、《大波脱口秀》、《二货一箩筐》以及《不亦乐乎》这 10 个节目都是主打轻松、搞笑、娱乐的内容，剩下的几个节目也或多或少地有娱乐气息，听众也非常乐意选择此类节目收听。

第五，以手机为基础的社交化倾向明显。移动互联网的发展使得社交网络化倾向愈发明显。分享成为移动互联时代的一个重要标志。以人与人的关系为基础的社交网站和平台使得信息的分享变得更加便捷。而随着用户上网时间的加长，网络平台尤其是社交化的网络平台，比如微博、朋友圈等，也就成为大多数网民获取信息的主要渠道。而智能手机作为随时随地都伴随用户的终端，大大加深了这种社交化倾向，用户用手机接收电台节目，并可以根据兴趣，不限时间、地点地转发分享。

移动互联领域用户音频接收行为的社交化倾向，一方面体现在社交化网络平台成为用户接收音频的主要入口，另一方面则体现在用户收听完节目后的分享和转发，并以此形式不断循环，最终使得一个节目在社交网络里不断传播。考拉 FM 在节目收听界面，设有分享按钮，点击此按钮，可以将正在收听的节目分享到微博、微信、朋友圈等社交平台。

三、小结

移动互联网发展日新月异，在此基础上的移动音频应用也层出不穷。这些应用一方面极大地方便了用户的收听，给用户提供了多样化的选择和人性化的体验，另一方面也重塑了用户在音频接收的习惯，使其具有强烈的个性特征和时代特征。然而，这种特征也并非一成不变，随着科学技术的不断发展和媒体环境的不断变化，用户在使用媒介时所体现的特点也会随之变化。

参考文献：

[1] 中国互联网络信息中心：《2013～2014 年中国移动互联网调查研究报告》，中国互联网络信息中心，2014 年。

[2] 百度百科“考拉 FM”，http://baike.baidu.com/view/10666145.htm?fr=aladdin。

[3] 余建约：《手机电台考拉 FM：音频媒体复兴的探索》，《声屏世界·广告人》2014 年第 6 期。

（作者单位：中国传媒大学新闻学部）

传统广播电台的“微生存”初探

◇隋　欣

微信是腾讯公司于2011年1月推出的一个为智能终端提供即时通讯服务的应用程序，微信通过网络发送语音短信、视频、图片和文字，也提供公众平台、朋友圈、消息推送等功能。2013年11月，微信注册用户量突破6亿，是目前亚洲地区最大用户群体的移动即时通讯软件。基于大量的用户群体，全国多家广播电台、频率均推出微信公众号，试水当今最流行的新媒体平台。

一、作为一种媒介平台的微信

微信作为移动互联网背景下的一种自媒体，其最早推出是为打造一款新型的人际交流工具。经过不断发展，各种服务、功能不断加入，如朋友圈、公共账号、扫一扫、支付、游戏等，使微信传播属性变得更加多元，组织传播、群体传播、大众传播等在微信中都有所体现。此外，微信支付、游戏等功能使微信超越一般意义上媒体传播属性，微信越来越彰显出一种平台属性。

目前，微信涉及的传播方式大致可以分为三种：好友之间传播（语音、文字及图片等）、朋友圈传播以及公众平台传播。其中，公众平台是微信一个颇具特色的功能，作为一种自媒体平台，只要通过审核，任何成年人都可以建立公众账号。微信用户只要关注某个公众账号，便可以接收到该账号所推送的信息。微信的公众账号是一种“一对多”的传播模式，用户可以根据自身需求进行信息的“私人定制”，拥有极大的选择权。利用微信公众平台，公共组织或商业组织等机构能够找到有效受众，进行双向传播，并可以及时获得反馈、调整服务。这种传播方式极大地增强了用户的使用黏度，也便于提供者准确地评估传播效果①。

微信公众平台账号分为订阅号和服务号，订阅号每天可以推送给粉丝一条消息，服务号每月群发四条消息，用户通过点击标题进入对应文章的阅读界面。因为发布信息数量有限，所以信息在质量上有较高保证，编辑精心选择和编排，以吸引受众阅读使用。在信息传播碎片化时代，微信的这种传播方式更容易吸引受众进行深层次的阅读。

基于微信公众平台提供的这种与特定群体进行沟通的方式，传统媒体纷纷将开办公众账号作为一个新的开拓方向。本文所研究的对象是广播微信公众号，指的是传统广播电台或某个广播频率开办的经过认证的微信公众账号。

二、广播微信公众号的传播内容与形态

目前，全国已有多家广播电台、频率开通了微信公众号，微信对公众账号的发布频率有明确的限制，认证账号和未认证账号每天可以群发一条消息，认证订阅号在聊天界面底部有自定义菜单，具备信息的分类检索功能。笔者浏览了一部分广播电台公众号发布的内容，形式上大体相似。本文以“北京广播网”、“轻松调频”和“河北交通广播”公众号为例，来分析广播电台微信号的传播内容与形态。

1. 依托本媒体内容优势的信息发布

因微信公众号对发布内容和形式的限制，各家电台公众号的信息发布形式类似。微信公众账号订户接收的大多是图文专题信息。图文专题一般分为三级阅读界面：第一级包含新闻标题、图片和文字导读；点击进入第二级界面，订户可以看到长文的主要段落（或短文的全文）；在二级阅读界面的下方，通常包括“阅读全文”的链接，点击进入后可以在原始网页阅读全文。广播公众号发布的内容大多依托本媒体的内容优势，选取每天最重要和与用户最具相关性的信息进行推送。以“北京广播网”公众号 2014 年 11 月 14 日发布的内容为例，共发布了四条消息：头条《APEC 会期 PM2.5 日均浓度降 3 成》《APEC 单双号现行结束　北京晚高峰又堵了》《小区建成两年仍未通公交　居民出行诸多不便》《交警严查告诉违法　收费站拦截处罚》。四条消息的来源均是北京广播网，重点关注了北京召开 APEC 会议期间的空气质量和交通状况。点开每条消息，可以阅读简要新闻，还可以点击“阅读原文”，链接至“北京广播网”消息原文页面，阅读详细内容，收听节目音频。

通过对各家广播公众号发布内容的浏览，可以发现公众号所推送的信息可

① 靖鸣、周燕、马丹晨：《微信传播方式、特征及其反思》，《新闻与写作》2014 年第 7 期。

以体现其背后传统媒体的定位。如“北京广播网”公众号依托北京人民广播电台的新闻资源，电台新闻以北京的大事及与市民切身相关的信息为主，“北京广播网”公众号发布的资讯也体现这样的信息选择特点。“河北交通广播”则体现出针对本地移动人群的信息服务意识，以 2014 年 11 月 14 日为例，当日发布的五条消息全部来自河北交通广播，内容涉及油价、供暖、气象、节目和视频，体现较强的贴近性、服务性以及娱乐性。

图 1　“北京广播网”公众号 2014 年 11 月 14 日推送内容

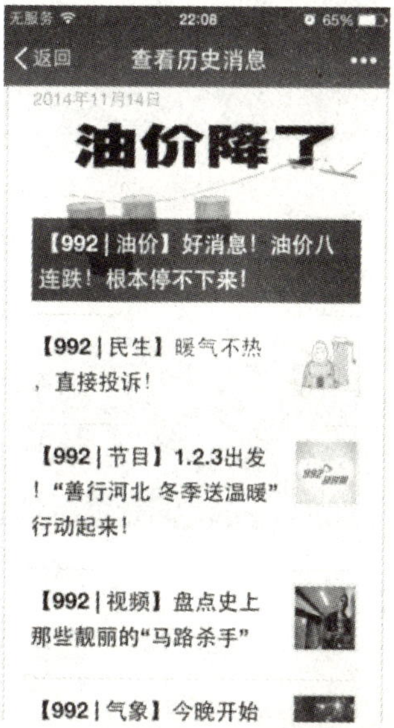

图 2　“河北交通广播”公众号 2014 年 11 月 14 日推送内容

2. *基于本媒体品牌加强互动和推广*

广播微信公众号推送内容的另一重点是节目预告、精华内容、线上下活动推广，架起媒体与用户之间的沟通桥梁。轻松调频是中国国际广播电台旗下的欧美流行音乐频率，“轻松调频”公众号的介绍中说：“频道及栏目活动信息独家发布；优质演出及电影资讯推荐；频道衍生品、主持人周边、演出门票等。好听好玩，乐趣多多。”这段描述体现了“轻松调频”公众号的定位，即基于频率的品牌基础，用多种方式与“粉丝”级用户沟通互动。2014 年 11 月 17 日，“轻松调频”公众号推送两条信息，均与频率相关活动推广相关：一条是轻松调频品牌栏目《飞鱼秀》的衍生产品《飞鱼秀》大电影在广州上映抢票信息，据笔者统计，此条信息发布 5 个小时即有 700 余条阅读记录；另一条是电影赠票活动结束的通知。“轻松调频”公众号每天发布消息 1～2 条，是品牌频率、节目和主持人与忠实用户的又一联系纽带。

“河北交通广播”公众号在聊天页面底部设有三个菜单，分别为“992 服务”、“992 节目”和“992 活动”。“992 服务”菜单下提供各类信息查询，如高速路况、限行信息、违章查询、天气信息等。“992 节目”菜单整合了节目查询和用户互动功能，“992 活动”菜单下提供该频率近期活动信息。菜单中的信息旨在为频率听众和网络用户提供全方位贴心服务，增加用户使用黏性，提升用户对频率的品牌忠诚度。

图 3 “轻松调频”公众号 2014 年 11 月 17 日推送内容

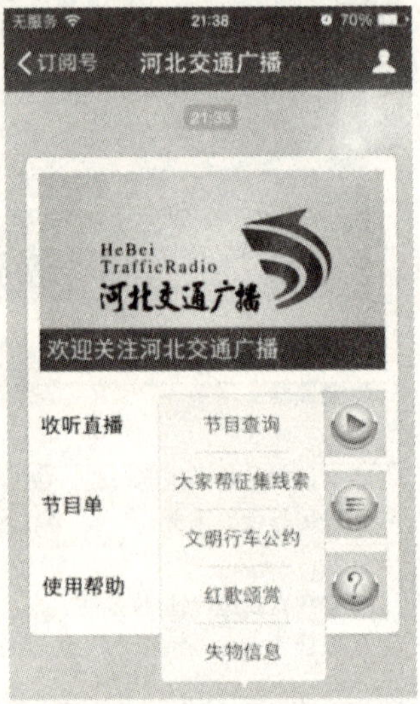

图 4 “河北交通广播”公众号底部菜单

3. 实现广播节目在微信平台的收听

笔者查看了几十个广播电台公众号，提供节目收听的公众号并不多见，大部分公众号以发布资讯、提供服务、活动推广功能等为主。“北京广播网”公众号提供北京人民广播电台 9 个频率的收听，收听方式是在聊天界面的对话框中输入相应的字母，界面会弹出该频率的直播按钮。收听同时可以进行其他手机操作。这种方式虽然实现了节目在微信平台的收听，但并不是用户每次打开该账号都有收听编码的提示，而能够记住 9 个频率的收听编码无疑是有难度的。因此，这种收听方式在操作上不方便，难以成为用户的有效选择。

“河北交通广播”更加重视节目收听功能，用户一进入“河北交通广播”公众号，首先看到是的收听直播按钮，点击按钮即进入节目收听页面，同时可以查询节目表。收听节目同时可以进行其他手机操作，将节目作为“声音背景”。相比之下，“河北交通广播”公众号在功能上更加多元，包括节目收听、资讯发布、服务提供、交流互动等。2014 年 11 月 17 日的头条资讯在发布几小时后阅读量接近 1 万次，可见具有一定的粉丝聚集效应。

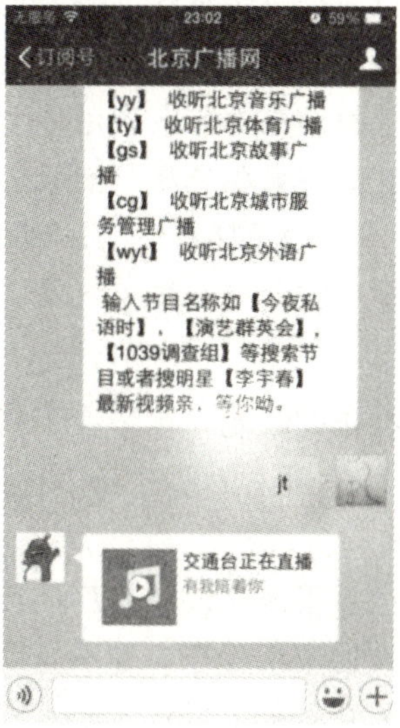

图 5 “北京广播网”公众号广播收听方式

图 6 “河北交通广播”公众号广播收听方式

三、广播“微生存”的意义与展望

1. 主要功能：信息精准传播与用户关系建设

当微信对网络信息传播及整个传媒格局产生越来越大的影响时，传统广播频率与媒体人积极参与引导，将微信作为本媒体的一个新的营销和传播平台。

广播微信公众号实现了广播声音和文字信息在微信平台上的精准传播。广播公众号推送的主要内容是基于本媒体资源的信息资讯、活动推广、互动沟通，用户关注了某个广播公众号，可以每天获得该媒体最有价值的精华内容，信息质量高，可读性、贴近性较强。一些广播公众号也实现了广播节目在微信平台的收听。微信公众号的后台可以获取订户的全部信息，并提供了订户分组功能，可以按地域、性别、喜好、需求等不同的指标分组①。因此，对于传播者来说，微信公众号为信息的精准推送提供了有效渠道。

① 蔡雯、翁之颢：《微信公众平台：新闻传播变革的有一个机遇——以“央视新闻”微信公众账号为例》，《新闻记者》2013 年第 7 期。

广播公众号加强了媒体与用户的关系建设，有利于广播媒体的形象塑造。微信拥有数量巨大的用户群体，且微信用户对信息的选择具有极大的自主性，因此，关注某个广播公众号的用户一定程度上是该频率或节目的“粉丝”。听众在微信平台中“约会”熟悉的广播频率或节目，进一步加强广播与忠实用户之间的联系，突破了传统广播在互动与反馈方面的局限。广播频率、节目或主持人利用微信与用户互动效果在于：将频率、节目的品牌影响力延伸至手机终端，维护和巩固与忠诚听众的关系，通过贴近性的信息服务尽可能吸引潜在听众，将传统广播听觉形象的转瞬即逝“定格”，转化为网络、手机等视觉中可感知的媒介形象，在广播媒体形象塑造与关系建设方面具有积极意义。

2. 广播微信公众号的局限

微信公众号对信息发布形态和频率有比较严格的限制，优势在于用户可以在较少的时间进行关注和阅读，不会因过多信息感到“信息过载”，但另一方面从客观上限制了微信作为一种媒体的功效[①]。

首先，广播公众号当前的主要功能是图文信息推送，而不是广播传播的核心资源——声音传播。微信作为一款即时通讯类的应用程序，并不是广播收听最好的嫁接平台，因此，现有提供节目收听的公众号仍停留在“技术实现”的层面上，在收听便捷程度和界面友好程度上来说还有一定的差距。

其次，目前的广播公众号还存在着功能比较单一、设计粗放化、内容同质化的局限。微信的订阅公众号在聊天页面底部可以设置菜单栏，实现信息的分类检索功能。但大部分广播公众号仅是简单的每日推送图文信息，没有充分利用菜单栏进行信息整合。单一的组合图文专题的传播形式并不能体现广播公众号的媒体优势，也难以维持用户的好奇心。

因此，广播公众号还不能算作是传统广播的一种新媒体生存平台，这一点与广播类 App 有所区别[②]。广播类 App 已成为一种重要的广播收听和使用方式，而目前的广播公众号更多承载的是信息发布、活动推广、关系维护、品牌建设等功能，仅是传统广播信息资源在微信平台的二次传播和品牌延伸。

3. 广播微信公众号的发展前景

微信的公众账号一经推出就广受欢迎，其中媒体类公众平台是当前公众平台中活跃度高、影响力突出的一类，具有媒体属性的微信也被越来越多的媒体重新认识，成为新媒体发展部署中的重要环节。我们期待广播微信公众账号在

---

① 方兴东、石现升等：《微信传播机制与治理问题研究》，《现代传播》2013 年第 6 期。

② 关于广播 App，详见笔者文章《从两种类型的广播 App 看掌上移动时代的广播发展》，《2012 广播对比研究》，中国广播电视出版社 2013 年版。

未来有更多的可能性：

突出广播“听”的属性。广播公众号不仅是内容推送渠道，还可以更好地挖掘传统广播音频的优势资源，在不造成信息冗余的基础上完善其功能。声音传播本是微信的一大特点，如何利用技术实现广播音频资源在微信平台上的再生存，是广播公众号区别于其他媒体公众号的特色之处。

更具个性化。如何突破微信公众号同质化的瓶颈，发挥本媒体的特点和优势，选择精当的媒体资源组合传播，制作具贴近性、实用性和个性化的内容，进行更友好的视觉和操作流程设计，决定了广播微信号能否持续吸引用户的注意力，能否在新媒体应用层出不穷的时代走得更长远。

加强广播公众平台整合。当前的微信公众平台功能尚有不完善之处，如用户搜索带有“广播”字样的公众号，不能显示数量，无法进行筛选。各家广播电台、频率的公众账号处于孤立和分散状态，用户只能主动搜索某一个广播公众号，无法分类寻找。随着技术的完善和广播媒体对微信平台的建设，广播公众平台可进一步加强数据挖掘，有效整合广播电台、频率公众账号，便于用户寻找和使用，使账号运营与用户需求更加契合。

参考文献：

[1] 蔡雯、翁之颢：《微信公众平台：新闻传播变革的有一个机遇——以“央视新闻”微信公众账号为例》，《新闻记者》2013 年第 7 期。

[2] 靖鸣、周燕、马丹晨：《微信传播方式、特征及其反思》，《新闻与写作》2014 年第 7 期。

[3] 方兴东、石现升等：《微信传播机制与治理问题研究》，《现代传播》2013 年第 6 期。

[4] 曹丹：《报纸微信传播特征与运营策略探析——基于“中国报纸微信传播 10 强”的观察》，《新闻知识》2014 年第 9 期。

[5] 于佳琦：《新媒体融合时代微博微信对广播节目传播的改变》，吉林大学硕士学位论文，2014 年 4 月。

（作者单位：中国传媒大学亚洲传媒研究中心）

第四篇

经验探寻

美国音频行业数字化转型趋势初探

◇宋　青

时下，移动互联成为席卷全球的发展浪潮，移动化、碎片化、多元化的媒介趋势正在快速改写着受众的消费行为习惯。为了适应媒介形态与受众需求的变化，美国各大媒体机构正在进行媒介融合转型，广播媒体也正在积极运作网络音频、播客应用、社交媒体以及移动终端等数字化战略布局。

本文总结了近两年来美国广播音频市场的“八个转向”，勾勒出了2015年美国广播发展的最新前景，以期给国内的媒体融合发展提供思考与启发。

一、从直播到点播，美国受众收听习惯更加个性化，美国广播覆盖率与收听人数持续上升，但收听时长缩短、听众年龄偏高

根据2015年3月尼尔森发布的《媒体状况》报告显示：2014年美国广播受众抵达率优势明显，每周收听人数不断上升。美国广播的每周受众抵达率超过91%，覆盖全国250个本地市场，每周收听人数已达2.43亿，比2013年增长了100万人。[①] 值得关注的是，2.43亿这一收听人数是2014年美国顶级赛事“超级碗”收视人数的2倍，是奥斯卡颁奖典礼直播收视人数的7倍。

美国广播听众规模也在上升，相较而言，美国传统电视的收听人数却在减少。据尼尔森《2014年第四季度整体受众报告》，2014年美国广播的每月收听人数达2.583亿，比2013年增加了130万。而美国电视的每月观众数量为2.851亿，比2013年减少了160万。[②]

---

① http://www.nielsen.com/us/en/insights/reports/2015/state-of-the-media-audio-today-how-america-listens.html，2015年3月8日访问。

② http://www.nielsen.com/us/en/insights/reports/2015/the-total-audience-report-q4-2014.html，2015年3月16日访问。

数字化时代的今天，虽然传统媒体发展略显势微，但由美国广播 2014 年的受众抵达率与收听人数来看，目前在美国，广播媒体的收听范围依然较广，并且吸引着越来越多新兴听众的广泛关注。

虽然如此，尼尔森的报告也显示了一个问题，美国受众收听广播的时间却在缩水。从 2012 年到 2014 年第四季度，美国 18 岁以上的听众每天收听传统 AM/FM 广播时间分别为 2 小时 50 分钟、2 小时 46 分钟和 2 小时 43 分钟，两年间下降了 4%。在传统媒体中，电视下降得更多，收看时长比 2012 年下降了 6%，但电视时移服务的收看时间却上比两年前上涨了 22%（如图 1）。

近两年来，美国受众的媒介选择方式更趋个性化与多元化，定制时间、定制内容、定制节目已成为普遍趋势。该报告也显示，大多数受访者表示，当遇到自己喜欢的节目时，会不惜花费流量来满足自己的个性化需求。2014 年美国时移电视需求的猛增，播客、数字音乐应用的火爆也恰恰印证了这一特点。

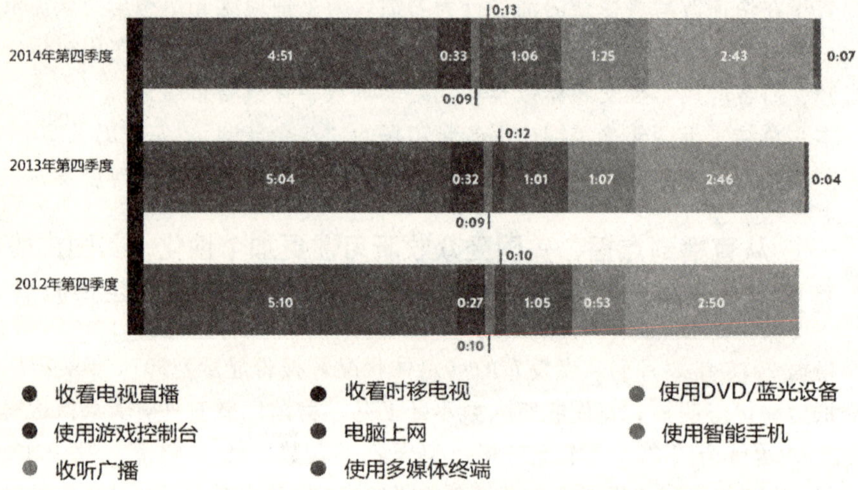

图 1、图 2　2012 年～2014 年第四季度美国八大收听方式使用时长对比

此外，该报告数据还透露出美国广播受众年龄层偏高的现象：2014 年第四季度，50～64 岁的美国人每周收听 AM/FM 广播时间最长（14 小时 55 分钟），35～49 岁年龄层次之（13 小时 39 分钟），其次为 25～34 岁（11 小时 30 分钟）、18～24 岁（10 小时 25 分钟）和 12～17 岁（7 小时 12 分钟）。其中，25～49 岁年龄层的美国听众每周收听时长比 2013 年下降了 5%，18～24 岁青年的收听时长下降了 4%，12～17 岁少年的收听时长降幅最大，达 7%。

综合以上数据，广播媒体依然是美国受众最受欢迎与普遍使用的媒体之一，但收听年龄高、个性化服务不够等现象仍然是美国广播媒体面临的棘手问题。

二、美国广播收入首次出现负增长，数字化媒介融合进程还需深入

再看广播市场，根据美国广播广告局（RAB）最新报告显示，2014 财年，美国广播产业总体收入为 175 亿美元，广播收入比 2013 年减少了 1.4 亿，增长率仅为－1%，这是自 2009 年以来美国广播收入首次出现负增长。

但广播数字化①与线下②收入猛增，同比增长 9%和 16%（见表 1），传统广播网广播和点播广播的收入出现负增长，分别为－3%和－4%。③ 近五年来，美国数字化广播收入呈现飙升趋势，每年的平均增长率高达 20%，从 2009 年的 4.8 亿增长到 2014 年的 9.7 亿美元。④

表 1

2010 年—2014 年美国广播年度收入（百万美元）					
年份	广播网	点播广播	数字化	线下	总收入
2014	$1,072.0	$13,633.0	$973.0	$1,831.0	$17,509.0
2013	$1,122.0	$14,054.0	$889.0	$1,584.0	$17,649.0
2012	$1,163.0	$14,205.0	$767.0	$1,510.0	$17,645.0
2011	$1,136.0	$14,060.0	$709.0	$1,491.0	$17,396.0
2010	$1,102.0	$14,181.0	$615.0	$1,389.0	$17,287.0

美国媒介研究专家克拉克·吉尔伯特（Clark Gilbert）坦言，对于广播行业来说，衡量一个媒体机构转型成功与否的一个最简单的标准就是数字化产业收入是否达到了每年两位数的增长率。克拉克·吉尔伯特预测，2015 年美国整体数字化产业平均增长率将达 18%。

从以上数据来看，美国传统广播的收入总量貌似已经触及天花板，而数字化与线下收入的飙升则说明了广播的未来也许更应该寄希望于移动网络、电子商务、数字广播、社交媒体与线下营销等数字化业务的开拓。根据美国市场研究机构 Borrell Associates 在 2014 年对美国广播电台经理人进行的一项调查显

① 广播数字化收入：包括所有网站收入，比如网络广告、电子商务、电子邮件等移动媒体与数字广播收入。但并未纳入商业数字音频公司和卫星广播的收入。

② 广播线下收入：指门票、户外、赞助、房租、商品销售和印刷活动等非传统广播收入。

③ http://www.rab.com/public/pr/revenue_detail.cfm? id＝138http://www.rab.com/public/pr/rev－pr.cfm? section＝press，2015 年 3 月 6 日访问。

④ http://www.rab.com/public/pr/rev－pr.cfm? section＝presshttp://www.rab.com/public/pr/rev－pr.cfm? section＝press，2015 年 3 月 11 日访问。

示，有 36%的电台已经设置了专门的数字销售代表，这一数字是 2009 年的三倍。

如果对 RAB 公布的 2014 年美国广播共四个季度数字化收入增长率进行更细致地分析还可以发现，从第一季度到第四季度，美国广播数字化增长率呈现依次递减趋势，分别为 16%、11%、9%和 4%。[①] 有媒介专家分析，美国电台的数字化发展也是一蹴而就，并没有形成长期红利，广播机构的媒介融合转型还应更加深入化。

三、从做节目到做产品，美国公共广播媒体积极探索开发多媒体平台，数字化发展成效显著

2014 年，美国公共广播的全媒体转型与改革一点都不逊于商业广播。并且，从之前的积极打造王牌节目到不断制作迎合年轻受众口味、适应移动网络形态市场需求的全媒体产品，美国公共广播的创新探索一直在美国媒介融合大潮中处于发展前沿。

近年来，美国国际公共广播电台（PRI）、纽约公共广播电台（WNYC）、芝加哥公共广播电台（WBEZ）和南加州公共广播电台（KPCC）等广播电台在不断开拓节目的数字化平台分发渠道，熟练操作播客等新媒体工具已经是广播媒体员工的基本功之一。WNYC 的《On the Media》和《Studio 360》等节目相继推出幻灯片网站、博客和播客多媒体渠道。其中《On the Media》节目有三分之一的访问路径都来自于社交媒体。

像在苹果应用中排名靠前的《*Freakonomics Radio*》和《*Here's the Thing*》等节目也都来自于美国公共广播电台。美国公共广播电台（NPR）有三档栏目长期占据苹果 iTunes 下载量排名前十位：它们是财经类脱口秀《货币星球》（*Planet Money*）、科普类节目《广播实验室》（*Radiolab*）和探讨人类行为的话题类节目《*Invisibilia*》。尤其是在 2015 年 1 月最新开播的《*Invisibilia*》上线仅仅一个月，已经居于 iTunes 播客排名前十位，下载量已超过 2000 万次。[②] 以上节目不仅通过数百个公共广播频率播出，还在网站、播客和苹果 iTunes 广播（iTunes Radio）等各大应用提供下载收听。

除了打造适合对外数字化分发的全媒体产品以外，美国公共广播还特别重

---

① http://www.rab.com/public/pr/rev－pr.cfm? section＝presshttp://www.rab.com/public/pr/rev－pr.cfm? section＝press，2015 年 3 月 11 日访问。

② http://www.niemanlab.org/2015/03/putting－on－a－show－how－npr－is－retooling－its－events－strategy/，2015 年 3 月 16 日访问。

视搭建自己的数字平台与移动应用的开发，并积极与各大数字化媒体平台展开广泛合作。自NPR播客（NPR Podcasts）于2007年上线，截至2014年11月，NPR播客的月下载量已超过6900万次，NPR Podcasts已经成为全世界最重要的音频制作、传播与分销平台之一。另外，NPR还向受众和加盟台开放了应用程序编排界面（Application Programming Interface），WNYC也正规划一个叫“Smartbinge”项目，旨在搭建一个为听众和广告商服务的数字化平台，以提供像奈飞公司（Netflix）一样为受众提供带有畅快淋漓体验的节目收听与社交互动模式。近期，PRI也表示准备在官网的每个浏览页上增加“StoryAct”工具，以方便受众更好地参与社交互动、并记录阅读喜好与行为数据。至于移动客户端的开发，NPR和公共广播交换网（Public Radio Exchange）相继推出了新闻类音频客户端“NPR One”、故事类音频客户端“Remix”。以上应用在设计之初即考虑到了电脑、手机、电视、车载等跨媒体应用。

四、从以年轻人为主到被中青年广泛接受，网络广播成为美国音频收听的又一主流方式，数字音乐音频应用市场竞争趋于白热化

2015年3月，Edison Research和Triton Digital公司联合发布报告《*The Infinite Dial 2015*》[①]。报告显示，2014年美国网络广播发展日趋成熟，通过网络收听AM/FM传统广播和流媒体音频已经不仅仅是12～24岁美国年轻人的“专利”，美国网络广播的受众范围在不断扩大，有将近一半的25～54岁的美国受众表示收听网络广播已经成为自己的日常生活习惯之一。该年龄层的每周听众人数比2014年增长了三分之一。

此外，美国网络广播的收听人数与覆盖率也在不断攀升。2014年美国网络广播的每周收听人数为940万，每月收听人数达1.24亿。预计，2015年美国网络广播的每周、月的人数将分别达到1.19亿和1.43亿。在过去四年中，美国网络广播的每周收听人数每年都以两位数的增长率增长。

再看受众覆盖情况，2014年美国网络广播每月的受众抵达率为47%，覆盖了将近一半的美国人口。预计2015年这一比例将升至53%（如图3），每周的受众抵达率也可达到44%。

① Edison Research&Triton Digital：*The Infinite Dial* 2015，2015年3月。

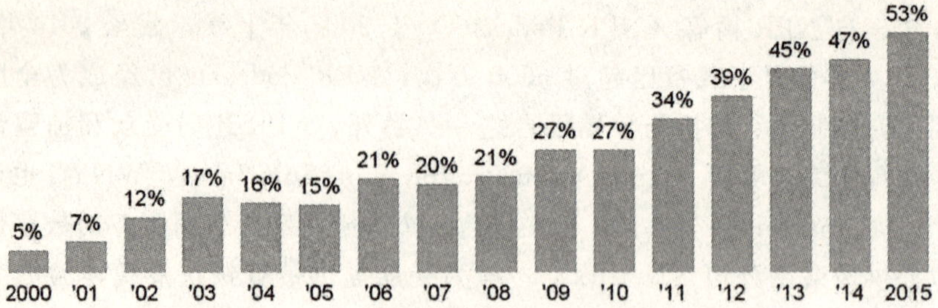

图 3　2000 年～2015 年美国网络广播每月受众抵达率

美国网络广播的受众活跃度也达到了历史新高。根据 Triton Digital 调查，从 2014 第一季度到第四季度，美国网络广播在周一到周五 6 点到 20 点期间的用户活跃率增长了 31.7%，早 6 点到 24 点的用户活跃率更是增长了 34.7%。

美国网络广播的快速发展，一方面适应了移动互联时代的受众需求，另一方也有日益激烈的美国数字音频市场竞争环境的功劳。这其中，除了运营多年的潘多拉（Pandora）、声破天（Spotify），还有许多新兴的 iHeartRadio、Rdio 和 Beats 公司等。根据《*The Infinite Dial 2015*》报告，在众多数字音频应用中，潘多拉的品牌使用率最高，有 45%的听众表示，上个月就曾经收听过潘多拉（如图 4），品牌知名度也高达 75%。苹果的 iTunes Radio 使用率（16%）仅次于潘多拉，品牌知名度达 62%。排名第三的是清晰频道的 iHeart Radio，品牌使用率和知名度分别为 17%和 59%。排名第四的为声破天，品牌使用率合和知名度分别为 13%和 41%。

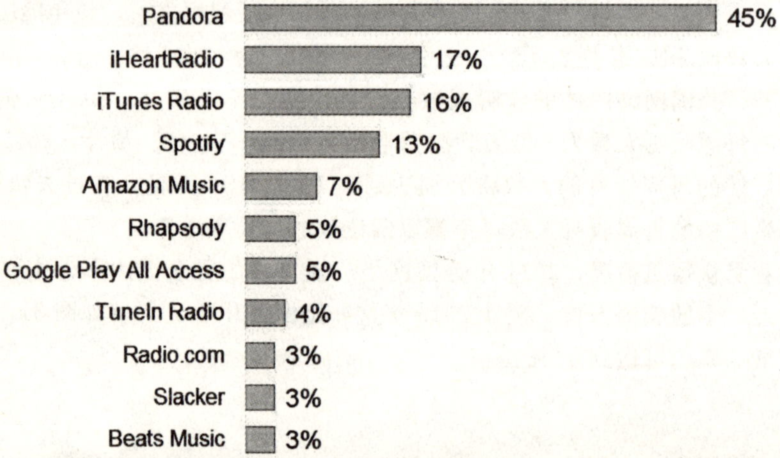

图 4　2014 年美国数字音频品牌使用率百分比

在众多的数字音频应用中，潘多拉的户数量、活跃度和品牌知名度一直遥遥领先于其他应用。但声破天和 iTunes Radio 的发展潜力也不可小觑。声破天的订购付费用户为 1500 万，远远超出了潘多拉（300 万～400 万）。并且声破天的听众更为年轻化，尤其在 2014 年声破天不仅收购了音乐数据平台 The Echo Nest，还与优步（Uber）等公司达成合作协议，发展车载音频服务。亦有专家预测，声破天可能在 2015 年上市，估值或最多达 80 亿美元。①

而于 2013 年 9 月刚刚成立的苹果 iTunes Radio 则把受众目标定位于中青年人群，刚刚运营一年多即取得了不俗的排名成绩。苹果把最新收购的 Beats 公司合并进了 iTunes Radio，高薪聘请了 BBC 知名音乐主持人、音乐记者，并积极引入 NPR 和娱乐与体育节目电视网（ESPN）等传统媒体节目，使其流量和影响力得到不断提升，在品牌使用率方面已然超过了运营多年的声破天。

在音乐音频领域，YouTube 的表现也很亮眼。根据《*The Infinite Dial*》报告，YouTube 已经成为美国人收听、收看音乐的“新宠”，有 63％的美国受众表示曾经用 YouTube 收听音乐，有 52％的受众表示刚刚在上月通过 YouTube 收听音乐。

2014 年美国人收听音乐的来源渠道首选 AM/FM 广播，但这一比例却在不断减小，从 2013 年的 35％下降到了 2014 年的 29％。其次是家人和朋友的介绍、然后才是 YouTube（10％）、潘多拉（8％）和卫星广播（4％）。YouTube 仅次于“传统广播”与“朋友介绍”，成为美国受众接触音乐的主要渠道之一。

五、从不温不火到成为文化热点，《*Serial*》掀起美国播客收听浪潮，“内容为王”成为数字时代永恒的主题

多年以来，美国水平参差不齐的播客行业一直波澜不惊，正是随着一批制作精良的播客节目的推出，才引起了美国受众对于播客收听的关注。《*Serial*》即是一个典型案例，也从某种意义上印证了数字时代同样需要“内容为王”的观点。

《*Serial*》开播于 2014 年 10 月，开播后仅短短两个月，即成为美国有史以来苹果 iTunes 播客排行榜中下载量最高的播客。截至 2015 年 2 月，《*Serial*》的下载总量已达到 2000 万次，收听次数达 30 万人，订购用户 4.5 万人。该播客由 WNYC《美国生活》节目制作，内容为一起 1999 年发生的真实的谋杀案所引出的长达数年的调查。第一季共有 12 期，每期时长 40 分钟。第二季正在酝酿之中。《*Serial*》制作精良，形式近似于记者调查性新闻特写，有旁

① http://tech.qq.com/a/20140218/007063.htm，2014 年 10 月访问。

白、陈述，有对谈、拷问与法庭陈词录音。故事矛盾迭起，引人深思。① 目前，英国广播公司广播频率和《纽约时报》移动客户端都引进了《*Serial*》故事，还有好莱坞导演正在考虑将其翻拍成电影。

从盈收上来看，美国播客发展势头良好，不仅吸引了多个基金会的赞助、众多听众的众筹，还吸引了为数不少的广告商的关注与投资。比如，Radiotopia 在获得奈特基金会（John S. and James L. Knight Foundation）20 万美元的赞助之后，又获得了 Kickstarter 网站成功众筹到了 62 万美元资金。特别是《*Serial*》更是吸引了像 Squarespace、MailChimp 等广告商的大量资金投入。2014 年，WNYC 播客平台的收入（310 万美元）在其总承销收入（1590 万美元）中占比已经高达 20%。

2015 年播客发展热度持续发酵，媒体平台纷纷效仿开办播客平台，哥伦比亚广播和社交网站 Reddit 相继开办了 Play. It、Reddit 等播客平台，热度不减。

近两年传统广播电台和苹果 iTunes、网站 Podcasts 等商业平台都在联合推动播客的发展。NPR 早在 2007 年即开通了自己的播客平台（NPR Podcasts），NPR 的《*Invisibilia*》几档名牌栏目长期跻身 iTunes 播客前十名排行榜。WNYC 也在 2008 年把旗下栏目全部开通了播客渠道，截至目前的每月下载量达到 1500 万次，其播客节目《美国生活》（*This American Life*）的下载量更是超过了 2000 万次。自 2011 年以来，WNYC 播客每年的下载量增长率达到 30%～40%，播客也让这个地方广播电台走出纽约，走向了全国。②

再看商业平台，根据播客调查公司 RawVoice 数据，目前苹果 iTunes 上的播客板块已突破 25 万个独立的播客频道，共发布 800 万期节目，覆盖语言超过 100 种，总订阅量达 10 亿次。美国商业网站 Podcasts 的节目量也已达到 2.5 万，每月的独立收听用户为 6500 万。尤其是 2014 年播客《*Serial*》的火爆更是掀起美国播客收听 Serial 流行文化浪潮。

根据《*The Infinite Dial 2015*》报告数据称，2014 年、2015 年美国的播客开始呈现复兴势头，收听人数比例连续上涨 3 个百分点。目前，有超过三分之一、共 8900 万美国人都曾收听过播客节目。并且据调查显示，大部分美国播客消费者都具有大学文凭，经济情况良好，其中有一半的收听播客受访者的家庭收入超过 10 万美元。

---

① http://www.ft.com/intl/cms/s/2/aeb8d37c-7af1-11e4-8646-00144feabdc0.html? ftcamp=published_links%2Frss%2Fhome_uk%2Ffeed%2F%2Fproduct，2014 年 10 月访问。

② http://www.fastcompany.com/3041055/since-2004-this-small-team-has-been-crushing-the-podcasting-competitionhttp://www.cjr.org/behind_the_news/alex_blumbergs_startup_finds_n.php? page=all，2014 年 10 月访问。

六、从桌面到平板、手机，美国音频行业移动化趋势显现

受整个美国移动化媒介使用习惯倾向影响，近两年美国的广播音频行业也普遍出现移动化的发展趋势。根据美国 Triton Digital 公司调查，2014 年美国移动终端的用户活跃率增长了 47.5%，而桌面的用户活跃率仅增长了 4.2%。①

美国的网络广播移动化的趋势更加明显。从网络广播收听终端上来看，受众选择已经开始从电脑桌面、平板设备向手机端转移。根据《*The Infinite Dial 2015*》调查，2015 年有高达 73%的美国听众每周都会用手机收听网络广播，比 2014 年高了七个百分点；而使用电脑桌面和平板设备收听网络广播的比例却有所下降，比例分别为 61%和 32%（如图 5）。

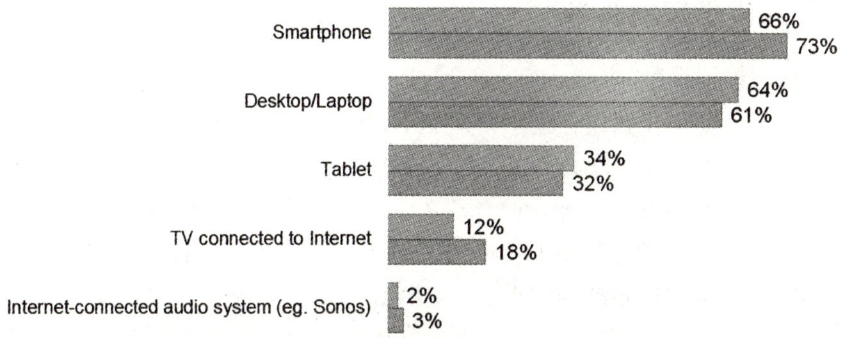

图 5　2014 年～2015 年美国网络广播收听终端使用比例

曾有很多数据表明，“广播”类移动应用的天生属性就倾向于移动情境。比如根据联网信息服务提供商 comScore 公司数据显示，在美国，广播应用在移动偏区倾斜明显，受众抵达率高达 70%（如图 6）。

目前，美国的音频媒体借力移动应用与智能化终端的案例已屡见不鲜，更为深入的合作还表现在把广播音频应用程序嵌入到手机、网络电视、户外屏幕、汽车、可穿戴设备等多种移动终端。比如娱乐与体育节目电视网（ESPN）和 NPR 的节目都已进入到了 iTunes Radio 和 TuneIn。Rdio 和 iHeartRadio 应用已经嵌入谷歌的互联网电视 Chromecast。Pandora 和 iHeartRadio 应用进入到谷歌、三星、LG 等多个品牌智能手表和谷歌眼镜等多种可穿戴设备中。受众只要用语音控制、或者摇摇胳膊、眨眨眼就能为好节目“点赞”。

① http://www.tritondigital.com/Media/Default/Rankers/December－Ranker－2014.pdf

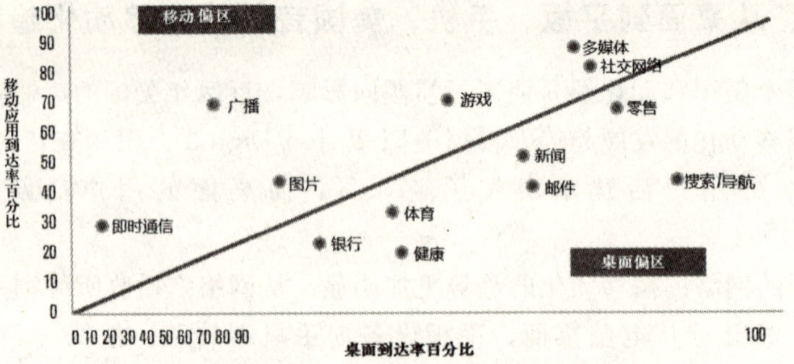

图 6　2014 年美国受众使用桌面、移动应用种类比例①

七、从传统车载娱乐系统到车联网智能界面，美国车载收听方式正在发生转变

根据《The Infinite Dial 2015》报告，传统 AM/FM 广播仍然主导着美国车载市场，但使用比例正在缩小，从 2013 年的 86%下降到了 2015 年的 81%。使用 CD 播放器收听的比例也从 61%下降到了 55%。而自带数字音乐和网络广播的使用比例却有所上升，前者从 29%上涨到了 38%，后者从 12%上升到 21%（如图 7）。自带数字音乐和网络广播使用率的增长可以说明移动互联时代的美国受众对车载系统的需求更为个性化、网络化与移动化。

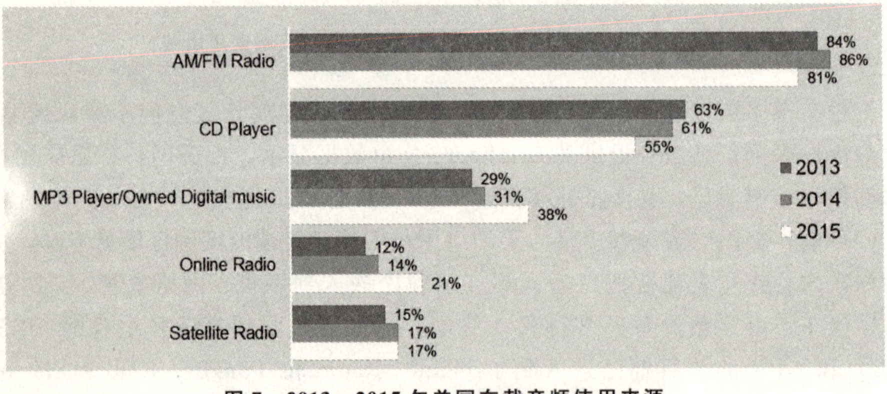

图 7　2013～2015 年美国车载音频使用来源

《The Infinite Dial 2015》报告还显示，美国网络车载娱乐系统的使用需求

① http://www.comscore.com/Insights/Presentations－and－Whitepapers/2014/The－US－Mobile－App－Report

也呈上升趋势。从2013年到2015年在原车上装有网络车载信息娱乐仪表盘的比例从6%上涨到了10%。并且，有39%的有购车计划的受众表示会购买联网汽车。此外，美国人用手机接入车载音频系统的人数也正在逐年上升，2015年达到35%，而在2010年这一比例仅为6%。[①]

虽然传统广播还占有美国车载娱乐系统大部分市场份额，但从长远趋势来看，集个性化与互动性于一体的车联网车载娱乐系统才是大势所趋。在2014年，苹果和谷歌顺势而为、分别紧锣密鼓地推出了各自的车载系统 CarPlay 和 Android Auto。截至2014年年底，CarPlay 已经开放给了 Podcasts、Beats Music、声破天、Stitcher、哥伦比亚广播和 iHeartRadio。预装汽车品牌包括沃尔沃、丰田等29家；播客 Pocket Casts、新闻音频应用 Umano 和音频流媒体 Google Play Music、潘多拉、声破天、Songza、Stitcher、iHeart Radio、TuneIn 也已入驻 Android Auto。预装汽车品牌有斯巴鲁、大众等共计28家。

当然，如果能在车载界面系统占有一席之地，无疑会使音频媒体在移动互联时代取得突破性发展。

不久的将来，汽车也许会被全新定义，无人驾驶、社交、工作、娱乐也许无所不能，逐渐成为“会动的家”。那么传统广播怎么办？车联网一方面给传统广播带来更多接触受众机会的同时，也会给广播带来不小的危机。如果传统广播不积极进入车联网娱乐系统、不与汽车厂商开展广泛合作，那么，也许就在未来几年随着车载系统的更新迭代，传统广播将会在车联网娱乐系统中被淘汰出局。

八、从行业内竞争到行业外跨界，互联网巨头纷纷跑马圈地，美国广播音频市场已成红海

移动互联时代的受众诉求变化、大数据、云计算等科技的快速发展给美国传统广播的发展带来的压力是不言而喻。另据《*The Infinite Dial 2015*》报告显示，在“2014年美国手机应用排行榜”中前三名都是数字音频应用，传统广播电台应用仅位列第四（如图8）。与此同时，First Look Media 和 iTunes Radio 等数字媒体纷纷从 NPR、积云媒体（Cumulus Media）挖走负责数字业务的高管。美联社和 Buzzfeed 网站纷纷投入到播客运营之中。行业间的竞争日趋激烈，给本来份额有限的美国广播市场带来了更多的火药味。

就算对于美国“数字音频第一家”——潘多拉来说，2014年也是难熬的一

① http://www.nielsen.com/us/en/insights/news/2015/technology-puts-consumers-in-the-drivers-seat-with-connected-cars.html，2015年3月16日访问。

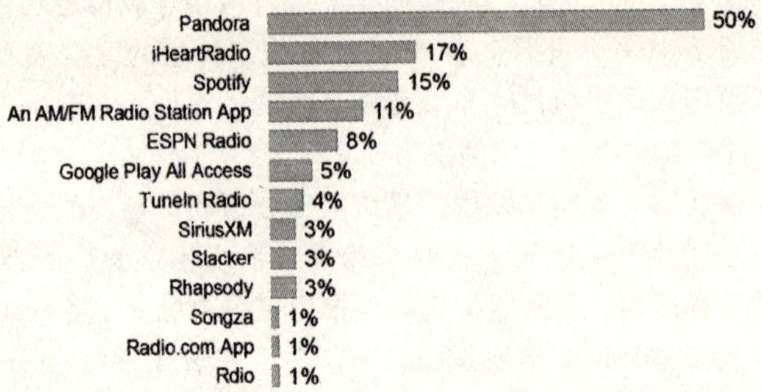

图 8　2014 年美国智能手机应用下载占比情况

年。iTunes Radio、Google Play Music 和 Xbox Music 依次增加网络音乐电台功能，互联网巨头也开始关注广播和流媒体音乐、语音识别、可穿戴设备等领域。

如果说美国音频市场之前的竞争是媒体行业内部竞争的话，那么近两年，苹果、谷歌等网络大佬的介入则直接开启了美国音频市场的跨界竞争浪潮：iTunes radio 以 32 亿美元收购流媒体服务 Beats Music 和 Beats Electronics，成为苹果史上规模最大交易。之后，苹果又以 3000 万美元收购了个性化新闻/谈话电台应用 Swell。谷歌收购了 Songza“音乐发现”服务公司并纳入 Google Play。Music 亚马逊推出了 Prime Music。YouTube 也推出了 YouTube Music Key。

面对日益激烈的竞争环境，数字化时代的今天，对于广播媒体来说，也许最好的姿态就是勇于面对竞争压力，主动适应移动互联浪潮，积极打造数字化隐形的翅膀，微笑面对下一个风口的来临。①

（作者单位：中央人民广播电台办公室）

① 黎万强：《小米口碑营销内部手册：参与感》，中信出版社 2014 年 8 月初版。

澎湃新闻对广播媒体转型的借鉴与启示

◇ 高铁军

2014 年 7 月 22 日，由上海报业集团《东方早报》打造的新媒体项目澎湃新闻（The Paper）正式上线。澎湃新闻早在筹备阶段就备受瞩目。一方面，因其所依靠的母体上海报业集团是具有党报性质的主流媒体传媒集团；另一方面，其所依托的负责团队来自《东方早报》，通过多次重大报道的历练已经成为可以与财新、南方报业等比肩的新闻业内的标杆。这种以主流媒体作为后盾，以具有影响力的市场化媒体为运营团队，同时以新媒体为平台的组合方式使澎湃新闻一问世就被带上了“媒介融合示范”的标签与期待。经过近半年的运行，澎湃新闻的话题性与现象性依然没有消减。在业界，署名“澎湃新闻”的深度报道高频率出现于各大新闻网站、手机客户端；在学界，仅仅几个月时间就有数十篇相关研究问世，主题涉及其融合策略、发展战略等多个方面；在社会上，其关注度也居高不下，澎湃新闻苹果手机客户端上线第二天的下载量就已经达到同类产品第二位，以“澎湃新闻”为关键词在百度上进行搜索，相关页面近 800 万个。从传播力、公信力、影响力的角度来说，至少到目前为止，澎湃新闻的运行都是较为成功的。作为同是传统媒体的报纸的媒介融合产品，其运营模式及特点、优势等都值得总结，从而为广播媒体转型融合发展提供借鉴。

一、何为“澎湃新闻”

澎湃新闻是由上海报业集团[①]联合具有国有资产背景的绿地集团、联想控

① 上海报业集团是由《解放日报》报业集团和文汇新民联合报业集团于 2013 年 10 月 28 日重组而成。

股集团旗下的弘毅资本等斥资近 4 亿元打造的新媒体项目，其品牌标语为“专注于时政与思想”。在人员配置与结构上，原东方早报的采编人员有近 200 人已经进入该项目，未来还有可能增加至 400 人[①]。澎湃新闻不是一个单独的新媒体产品，而是由多个新媒体产品组成的集群，主要包括：澎湃新闻网站、澎湃新闻 wap 网页版网站、澎湃新闻手机客户端、澎湃新闻微信公众平台以及澎湃新闻微博。

在澎湃新闻的诸多新媒体产品中，澎湃客户端为其主打产品。在澎湃新闻网站及微博平台上，澎湃新闻下载的二维码无处不在。澎湃新闻在自我介绍中也曾经写道：“如果你是时政新闻爱好者，那么你安装一个澎湃新闻客户端就够了。”[②] 与手机客户端相比，除在个别平台上内容较为精简外，澎湃新闻的多数新媒体产品信息发布的内容与时间是一致的。

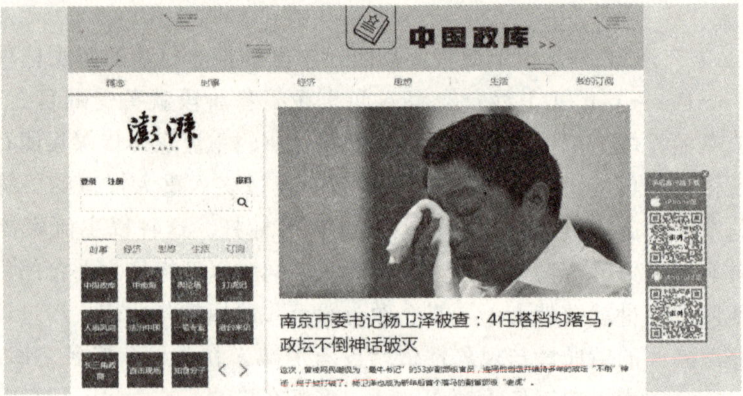

图 1　澎湃新闻网站主页面

以澎湃新闻客户端为例，在显示与功能设置上，其设计较为简洁醒目。每条新闻都配有大幅宽屏头图，图片下方为黑色宋体标题，这样的界面设计显得庄重、严肃、可信度高且时尚，符合移动互联网用户及其目标用户的接受习惯。其主页面为当天各个板块精选出的主推新闻，实时更新。主页面向右滑动则为时事、经济、思想、生活等子栏目板块。值得一提的是，其中还包括一个叫做“热追问”的栏目，是澎湃新闻的用户就当下一些热点问题发布的提问，

---

① 孙健：《澎湃新闻与近日投条，何者可以言新——从两款风格迥异的新闻客户端看媒体融合之道》，《传媒评论》2014 年第 11 期，第 43～46 页。

② 郭泽德：《澎湃新闻的移动战略研究》，《新闻研究导刊》2014 年 9 月（第 5 卷第 12 期），第 3～5 页。

其他注册用户可以直接在下边回答并互动交流。主页面向左滑动则有“订阅导航”，用户可以根据自己的喜好选择定制不同的澎湃新闻子栏目。选中的子栏目将出现在右滑后的澎湃新闻子栏目中。打开任意一篇澎湃新闻的报道，下方都设置有五个功能键，分别是发言、跟踪、分享、收藏和点赞，“发言”功能就是发表评论或者提问；“跟踪”功能就是对该报道的相关主题进行追踪，客户端会根据你的所追踪的主题有针对性的推送新闻；“分享”功能就是用户可以将自己喜欢的内容在微信朋友圈、新浪微博、腾讯微博和人人网上进行转载，也可以直接以微信或电子邮件的方式转发给好友；“收藏”功能就是可以将自己喜欢的文章、报道放入收藏夹；“点赞”功能则体现的是用户对不同报道的喜好热度。

图 2 澎湃新闻客户端主界面

图 3 澎湃新闻内页

此外，澎湃新闻的新浪官方微博已有粉丝近 48 万（截至 2015 年 4 月），每日更新微博十余条。澎湃新闻拥有公共主账号以及以多个子栏目命名的数十个子账号，澎湃新闻已经形成了一个错落有致、主次有序的新媒体战略布局。①

二、“澎湃新闻”的运营模式分析

通过对澎湃新闻尤其是澎湃新闻客户端的研究，可以发现其运营模式有以

① 郭泽德：《澎湃新闻的移动战略研究》，《新闻研究导刊》2014 年 9 月（第 5 卷第 12 期），第 3～5 页。

下几个方面的特点：

1. 做原创的新闻

当前的绝大多数互联网新闻产品都没有将采、编、发布融为一体。内容的生产，即采访多依赖传统媒体。内容的筛选，即编辑基本由自己承担。但澎湃新闻则继承了上海报业集团这一传统纸媒的基因，扛起了新媒体时代的原创主义大旗，并且其内容生产量惊人。以澎湃新闻上线的 2014 年 7 月 22 日为例，当天原创并发布的新闻稿件就多达 120 多篇。澎湃新闻的新闻生产类似于车间制和项目制，每个栏目都由一个专门的小组去运营。每个小组的成员基本固定，各小组每天一起开会，策划协商选题，有时还会对选题协同操作，做成大的专题报道。澎湃新闻每天的原创新闻发稿字数已经超过 20 万字。[①] 这些原创性的稿件都带有澎湃式的报道角度和话语方式，秉承了其“专注于时政与思想”的核心价值观，在新媒体市场一片转载的情形下显得颇具吸引力与影响力。

2. 做定位清晰的新闻

“深度报道”、“调查性报道”，再加上“时政”与“思想”这些关键词，可以看出澎湃新闻的目标定位人群基本锁定为高端人群、精英人群。而其“专注于时政与思想”的品牌口号，从精神实质上也与定位高端人群的母体《东方早报》“影响力至上”的品牌口号有相似之处。澎湃新闻 CEO 邱兵在其上线之日发刊词的一开始便写道：“谨以这段文字和这个互联网产品献给我们恋恋不舍的 20 世纪 80 年代。”[②] 显然，这段文字就是写给成长、成熟于 80 年代的 60 后、70 后的，邱兵以这样的方式向澎湃新闻的目标人群表白，期望与之产生共鸣并获得认可。而 60 后与 70 后则恰恰是当今社会的主流人群，占据着重要的岗位与社会财富。清晰的定位使得澎湃新闻的特色更为鲜明，更易为目标人群所识别，同时也更容易获得市场的青睐。

3. 市场化的激励机制

在互联网公司中，股权激励机制是具有市场化属性的常用做法，通常由企业法人或合伙人向员工发放一定额度的股权，员工持股后不但享受定期分红，还能够出售出让股权套现，从而将员工从身份性质上变为合伙人，使他们能够对企业承担更多的责任，激发他们更多的创造性，提升企业效率。而在国内多数的新闻媒体之中，员工的薪酬基本上都是以绩效作为考核标准，计件或者计

① 赵子忠、崔卓宇：《新媒体时代时政新闻如何突围——也谈澎湃新闻的竞争策略》，《新闻研究导刊》2014 年 9 月（第 5 卷第 12 期），第 7～12 页。

② http://www.dfdaily.com/html/21/2014/7/22/1168626.shtml

量发放。澎湃新闻一改传统做法，引入互联网企业市场式的做法，实行核心团队集资持股。在 2014 年年初上海报业集团发布的一则招聘启事中称“将为至少 30％的优秀员工提供丰厚的股权激励，你的每一分努力都将会变成自己的事业与收益”，将招聘 60 名“期权记者”。[①] 这不但意味着中国的传媒界首次出现“期权记者”的概念，同时也会极大激发被招聘人员的积极性。

4. 以广告为主的盈利模式

澎湃新闻的盈利模式也许还在探索，但目前看来，它还没有摆脱传统媒体所采用的通过用户的数量换取广告的思路。有学者提出，澎湃新闻目前所希望实现的盈利模式是“优质内容→积累用户→二次贩卖→广告收入”[②]。澎湃新闻目前既没有采取通过提供专业化、精准化内容换取受众付费的模式，更没有在自己的新媒体终端上打造各种通路，通过链接到相关商业网上的方式来赚取利润。这种沿袭传统媒体盈利模式的方法比较稳妥，也没有通过嫁接新通路可以立即获取的高利润率，最终能否获利也取决于是否能够真正吸引到海量的用户群。

三、广播媒体从“澎湃新闻”发展获得的启示

1. 走差异化媒介发展之路

传统媒体有传统媒体的受众与规律，新媒体有新媒体的受众与规律，两者虽然会有重合，但也有很大差异；媒介融合不是媒介结合，广播媒体发展新媒体不是在网络和手机上办一个传统的广播电台，也不是把传统的广播电台变成网络电台和手机台。广播电台可以在母体之外重新布局新媒体集群，同时使其传统广播部分与新媒体部分共享新闻信息资源，形成媒介互动。在搭建新媒体品牌过程中，可以延伸主品牌的特性与特色，但在品牌体现上尽量与主品牌保持距离。传统媒体的主品牌形象会影响其新媒体品牌的传播效果。尤其是对于广播电台来说，通常的主语都是“人民广播电台”，带有较为浓郁的意识形态色彩，加载于新媒体品牌之后积极作用有限。此外，广播电台的新媒体也可组建成为矩阵和集群，打造包括网站、客户端、微博和微信平台等多个新媒体子项目，同时突出一个最核心的产品。比如澎湃新闻，虽然源自东方早报，但其品牌呈现过程中却剔除了东方早报的痕迹，而它目前所形成的以客户端为核心

① 郭泽德：《澎湃新闻的移动战略研究》，《新闻研究导刊》2014 年 9 月（第 5 卷第 12 期），第 3～5 页。

② 朱春阳、张亮宇：《澎湃新闻：时政类报纸新媒体融合的上海模式》，《中国报业》2014 年 8 月（上），第 46～48 页。

的新媒体集群也有着相当的影响力。

2. 在原创与转载之间形成平衡

澎湃新闻奉行了平面媒体一贯秉承的原创主义，固然可以形成鲜明的个性特点，但同时，这一做法也有缺点。第一，原创性新闻必然要耗费大量的人力物力，无形中增加了成本；第二，原创性新闻在创作速度上未必能够满足新媒体及其受众的需要；第三，澎湃的原创性新闻以调查性报道和深度报道见长，此类文章无论从长度还是内容上都未必适合受众使用碎片化时间来消费。因此，广播媒体在融合新媒体的过程中就要注意到，一方面要有相当体量的原创性内容，这样才能够更为广泛的使用音频，更为充分的发挥广播的声音特色优势；但另一方面也要有相当体量的转载内容，以便在时效性和信息的广度方面不落后于其他新媒体产品，同时这样也能够更好地适应受众的碎片化接受习惯。

3. 在精英与大众之间做出选择

根据前面的研究，澎湃新闻所采用的是用户量换广告量的盈利模式，但与此同时，澎湃新闻走的又是精英主义的新闻路线。根据《第 34 次中国互联网发展状况统计报告》显示，目前的中国网民中，80.7%的网民年龄在 39 岁以下，有 57.3%的网民年龄更是在 30 岁以下。从学历结构来看，89.2%的网民在大学本科以下，而 79.3%是网民学历甚至在大学专科以下。[①] 这就意味着，如果从接触互联网的网民构成来看，精英人群恰恰是少数，非精英人群才是大多数。也正是因为这样，澎湃新闻虽然取得了一定的成功，其社会关注度较高，但目前依然没有换来海量的用户群。速途研究院一项 2014 年客户端下载的排名就显示，腾讯新闻、今日头条、网易新闻、搜狐新闻、Flipboard、凤凰新闻、新浪新闻、百度新闻分别占据着新闻客户端市场的前八位，总市场占有率高达 98.6%。其中排名第一的腾讯新闻客户端下载量达到 4.8 亿次，排在第八位的百度新闻下载量也达到了 3439 万次[②]，而澎湃新闻客户端则榜上无名。虽然不能以新闻客户端的市场占有率和下载量作为唯一指标，但作为主推新闻客户端的澎湃新闻来说，这也是一个重要的参考。对于广播媒体发展新媒体来说，就要做好定位规划，慎走精英路线，毕竟广播媒体的听众本身也多为普通大众。

4. 采取“用户至上”的内容编排方式

在传统媒体时代，不同媒体的特色和态度往往取决于编辑对信息的编排方

---

① http://www.cnnic.net.cn/hlwfzyj/hlwxzbg/hlwtjbg/201407/P020140721507223212132.pdf。

② http://www.sootoo.com/content/535482.shtml。

式，“突出什么？重点报道什么？淡化什么？”成为一家媒体区别于另一家媒体的主要参照系，这种方式也通常称之为“编辑推荐”。但到了新媒体时代，“编辑推荐”已经不再是所有媒体选择的唯一方式。此外，还形成了以微博微信为代表的“社交推荐”和以今日头条为代表的“算法推荐”①。对于出身于传统媒体的澎湃新闻来说，它所采取的方式依然是传统媒体的老路，也就是“编辑推荐”，但对于今日头条等多数新媒体来说，他们采取的都是“算法推荐”。也就是说，如何筛选编排新闻，它们已经不再依赖于编辑对受众喜好的判断，而是直接以大数据的方式抓取用户的阅读习惯、使用习惯，用户对何种话题和新闻的关注度。这样形成的编排，可能更加适合市场，也比编辑个人判断的可信度更高，更能体现出“用户至上”的互联网思维。广播媒体在开发新媒体时，应该对澎湃新闻这方面的得失有所借鉴。此外，纯粹的“算法推荐”也会略显机械，广播媒体在开发新媒体的过程中可以将“算法推荐”与用户个人选择相结合，也就是将数据分析与个人“订阅”相结合。

澎湃新闻从上线至今仅仅半年有余，未来的发展方向仍需观察，但其现在所展现出来的经验得失已经有很多可以为广播媒体转型发展所借鉴或规避。无论别人如何成功，广播媒体的转型融合有自身特有的规律，不能简单复制别人，要走自己的路。

（作者单位：中央人民广播电台办公室）

① 孙健：《澎湃新闻与近日投条，何者可以言新——从两款风格迥异的新闻客户端看媒体融合之道》，《传媒评论》2014 年第 11 期，第 43～46 页。

《罗辑思维》对全媒体时代广播节目转型的启示

◇全　会

近年来，随着互联网的迅猛发展，出现了一批广为人知的自媒体节目，如罗振宇的《罗辑思维》、高晓松的《晓说》、黄健翔的《黄段子》、王凯的《凯子曰》等等。其中，《罗辑思维》这档创办于2012年12月21日的知识型视频脱口秀节目，自创办之初就受到了广泛关注。据统计，《罗辑思维》视频在优酷上的总播放量已达7050多万，微信公众号订阅数达110多万。① 在注意力经济的时代，数以万计的用户所带来的是庞大的经济收入，仅会员费一项，《罗辑思维》就把将近1600多万元的真金实银收入囊中。此外，《罗辑思维》还获得了"首届视频盛典"和"中国视频榜"的年度自媒体奖。

能够获得用户的拥趸以及同行的认可，《罗辑思维》当之无愧是自媒体的成功典型。那么，《罗辑思维》到底成功在哪里呢？它的成功对于广播节目的转型又有何启示呢？本文主要通过对《罗辑思维》的案例分析，从内容特征、传播模式、人事结构以及盈利方式这四个方面来探究在新媒体环境下广播实现战略转型的方法和路径。

一、内容特征：群体化内容

"内容为王"曾经是媒体行业的铁律，维亚康姆公司的总裁萨姆纳·雷石东曾这样阐释："传媒的基石必须而且绝对必须是内容，内容就是一切！"优质的内容也被很多研究者视为在互联网时代传统媒体的核心优势所在。笔者认

① 李成：《罗辑思维的运行逻辑和想象空间》，《中国记者》2014年第3期。

为，强调内容的重要性无疑是正确的，但这里所言的“内容”，其内涵正在发生变化。互联网有其自身的语言，能够在互联网上得到认可的优质内容，必然要经过互联网思维的改造。那么什么样的内容才是网络优质内容呢？结合《罗辑思维》这一经典范例，笔者认为“群体化”的内容至关重要。

（一）定位群体

所谓“群体化”的内容，是指传播者要明确自己的受众群体，所传播的内容要以引起此群体的情感共鸣为基准。大众传媒早已过了传者本位的时代，受众在传播结构中的重要性愈加凸显。为此，媒体曾经历了频道专业化，内容分众化的转型。今天，网络已经成为人们的生活方式之一，而数字化生存的一个重要特征就是“网络群居”，人们在网络空间中因共同的兴趣、爱好、观点和价值观而聚集，他们通过网络社区、网络论坛、百度贴吧、QQ 群、微博和微信等形式在网络上形成了一个个群居部落。对他们而言，群居生活甚至比现实生活更热闹。

因此，媒体节目若想抓住用户，实现互联网转型，“内容群体化”是一个必然的趋势。以《罗辑思维》为例，这档知识类脱口秀节目能够取得成功，在很大程度上与它精准的受众定位有关。出品人申音曾这样形容《罗辑思维》的用户群体：“追求上进的、渴求知识的、独立思考的一群人。”[①] 具体而言，它的受众群体是 80 后、90 后等一些热爱读书，有求知欲望的年轻人。

（二）迎合群体

定位群体只是第一步，如何赢得群体认同才是“内容群体化”的关键。笔者认为可以从“群体视角”、“兴趣众包”和“制造快乐”这三个角度思考这一问题。

1. 群体视角

心理学有一个概念叫“同理心”，指进入并了解他人的内心世界，并将这种了解传达给他人的一种技术和能力。通俗而言即站在他人的角度上设身处地、将心比心。“群体视角”就是要求编导和主持人要有“同理心”，在编辑和播出节目内容时要将自身设定为目标群体中的一员，以群体的视角和心态来看待世界，关注社会热点议题。比如在《罗辑思维》中，主持人罗振宇就把自己定位成观众身边的“小书童”，所谈论的话题不仅仅是读书，更以读书人的视角来看待剩女、房价、逃离北上广等时下人们最关注的社会话题。这一“群体视角”的把握，使得《罗辑思维》在很短的时间内就引起了大量的关注。

---

① 李成：《罗辑思维的运行逻辑和想象空间》，《中国记者》2014 年第 3 期。

2. 兴趣众包

“兴趣众包”由“兴趣劳工”和“网络众包”两个概念组合而成。“兴趣劳工”指网络用户因为兴趣所在，免费进行内容生产。这是复旦大学曹晋教授在研究网络字幕组时提出的一个概念。她发现“字幕组以兴趣为起点，集结了大批拥有不同才智的人，每一位字幕组的工作人员既是网络文化信息的生产者，同时也是消费者。他们之间以同侪交换的方式进行协同创作，并将最终的成果免费共享给其他感兴趣的网民”①。

“网络众包”指公司或机构把过去由员工执行的工作任务，以自由自愿的形式外包给大众网络的生产方式②。而“兴趣众包”调动了目标群体的兴趣和智慧，让他们参与到节目内容的生产中来。这样不仅能节省成本，而且保证了内容的群体贴近性，更易形成“观众自己的节目”这样的群体认同观念。《罗辑思维》的节目生产就贯穿着“兴趣众包”的理念，“它的受众形成了一个独特的交际圈——一群知识青年的网络社区。他们通过各种方式与主持人进行交流和探讨，导演会根据这些观点进行后续的节目录制。”③ 此外，在《罗辑思维》的纸质书中，不仅有节目文字稿的整理，更加入了用户的评论。当目标用户参与到内容生产当中，用户的认同感和黏着度自然会得到提升。

3. 制造快乐

《罗辑思维》的口号是“死磕自己，愉悦大家”，这里边就有“内容群体化”的第三条法则——制造快乐。尼尔·波兹曼在《娱乐至死》中曾哀叹：“一切公众话语日渐以娱乐的方式出现，我们的政治、宗教、新闻、体育、教育和商业，都心甘情愿成为娱乐的附庸”④。这句话虽然悲观，但也表明了电视技术对人们生活所带来的改变。在互联网时代，快乐的重要性越加凸显。与其说媒体内容带给受众的是信息和资讯，不如说观众从媒体节目中收获的是一段时光。在这段时光中，他们在身心投入的过程中得到满足和愉悦，这种快乐的体验，无疑会增加用户对节目的认同感。

以“群体视角”打造受众认同，以“兴趣众包”提升用户黏性，以“制造快乐”形成粉丝依赖，这是《罗辑思维》在节目内容上的成功之道，也是对其他媒体节目实现“内容群体化”的启示。

---

① 曹晋：《新媒体，知识劳工与弹性的兴趣劳动——以字幕工作组为例》，《新闻与传播研究》2012 年第 5 期。

② 杰夫·豪：《众包：大众力量缘何推动商业未来》，中信出版社 2009 年版。

③ 王岳：《互联网上闻书香——解读罗辑思维的成功之道》，《青年记者》2014 年第 23 期。

④ 尼尔·波兹曼：《娱乐至死》，广西师范大学出版社 2011 年版。肖明超：《粉丝经济学》，《经营者》2013 年第 6 期。

二、传播模式：立体式传播

内容与载体是相辅相成的两个概念，这里的传播模式包括两方面内容：一是传播形态，二是传播渠道。笔者认为，无论在传播形态上，还是在传播渠道上，互联网广播节目都应该实现"立体式"的传播。

广播的传播形态以音频传播为主，音频有其独特的魅力，也有其独特的优势。但在新媒体时代，仅仅有音频是不够的。美国媒介理论家保罗·莱文森曾经提出过"媒介进化论"的观点，他认为新媒介是在旧媒介基础上的补偿性演进，广播是对报纸的补救，电视是对广播的补救，互联网则综合了对报纸、书刊、广播、电视、通讯等媒介的改进。新媒体之新，就在于它对传统媒体诸功能的补救性发展。因此，就技术发展的趋势而言，新媒体广播节目必然是文字、图片、音频、视频的立体化集合。此外，立体化的传播形态更符合互联网时代屏幕一族的接受习惯，也便于受众选择适合于当时情境的接收方式。回到《罗辑思维》，它所采用的是音视频为主、文字为辅的传播形态。罗振宇认为视频的音容笑貌，举手投足，使得主持人的人格魅力更加清晰。因此，实现广播节目的文字化和视频化，以音频、视频、文字皆备的形式投入到受众市场中，做到传播形态上的立体化，这是广播节目互联网转型的要点。

就传播渠道而言，《罗辑思维》也做到了立体式的传播。它在优酷视频每周播出一集，一集 45 分钟左右，以大约一堂课容量的《罗辑思维》脱口秀为主打产品，辅以每天早晨推送一条 60 秒语音的微信公共账号。节目主要借助社交平台如微博和微信进行造势宣传，同时在百度贴吧也开辟了粉丝的聚集空间，此外《罗辑思维》还推出的自己的图书和电子微刊。在传播过程中，不同的传播渠道，承载着不同的传播功能，比如说微信平台的每天 60 秒的语音推送和互动，能够保持与用户的亲密接触，强化与用户之间的连接。60 秒的内容长度设定和微信这一传播渠道的选择也符合早晨人们的收听情境，罗振宇曾打趣说，这是要抢每天早上全国人民上厕所的时间。总体而言，《罗辑思维》在传播渠道的选择上，发挥了不同新媒体平台的功能，实现了立体式的多渠道传播。

三、人事结构：以主持人为中心

《罗辑思维》对广播节目转型的启示不仅在节目内容和传播模式方面，广播的互联网转型表面是内容与传播的转型，在更深层次，是观念与管理体制的转型。那么，什么样的人事机制更能激发人才的创新力和活力呢？《罗辑思维》的两位主创申音和罗振宇之所以"闹分手"，就和人事制度的问题有关。

打造"魅力人格体"是《罗辑思维》互联网思维的核心，所谓"魅力人格体”其实就是明星或者金牌主持人的互联网化表达。在节目打造影响力的前期，申音在节目组的位置要高于罗振宇，虽然两人都是罗辑思维运营公司的创始人，但申音所占股份为82.45%，而罗振宇所占股份仅为17.65%。随着“魅力人格体”的打造成功，节目主持人“罗胖”日益走红，两人之间的矛盾无疑会扩大化，再加上彼此对节目发展趋势的不同看法，分手是注定的结局。两个人“分手”的背后，其实也是“制片人中心制”和“主持人中心制”这两种管理制度之间的冲突。互联网节目以打造“魅力人格体”为主，这就注定了主持人会成为节目中的招牌。“主持人中心制”是指以节目主持人为核心，形成自己的一套班子。在团队中，主持人有权决定人员去留，有权主导内容走向，有权规划团队目标。比如国外的爱德华·默罗、沃尔特·克朗凯特、奥普拉·温弗里等人都是主持人，也是节目团队的主导者。

社会学家马克思·韦伯在研究社会支配问题时，提出了权威的三种类型：传统型权威、法理型权威和卡里斯马型权威。其中，卡里斯马型权威是指依靠个人的非凡魅力而获得的权威，其凝聚力来自于领袖的个人魅力。《罗辑思维》所谓的“魅力人格体”其实就是为节目打造一种卡里斯马型的权威。互联网的传播特征是一种节点式的传播，卡里斯马型的主持人能够在传播过程中成为强节点，吸附因兴趣而靠近的散点，形成核心——边缘的群体聚合式传播。因此，在互联网节目中采用“主持人中心制”，能够更好地催生节点与散点之间的黏性，形成稳固的网络社群。

虽然目前广播电台的人事管理制度很难实现《罗辑思维》式的改造，但打造出一批品牌广播节目，围绕着具体节目实现一个个以主持人为中心的制作团体，充分发挥主持人在互联网广播节目中的人格魅力还是现实可行的。

四、盈利方式：让铁杆粉买单

传统媒体的盈利渠道较为单一，往往以广告收入为主。即媒体以内容吸引用户，再将用户卖给广告商获取利润。因此，也有专家直言，媒体生产的不是内容，而是受众。虽然在广告收入这片红海里媒体做得越来越精细化，但开辟媒体收入的蓝海仍是大势所趋。在这点上，《罗辑思维》做了一个有开创意义的示范。虽然它也从广告中获益，但大部分收入来自于粉丝的买单。《罗辑思维》从创办至今，共进行了两次会员招募，其中普通会员定价为200元，铁杆会员定价为1200元，结果有近3万人次选择了购买，为《罗辑思维》贡献了超千万的会员费。笔者认为，这一尝试之所以成功，与对互联网经济的深刻理解分不开。互联网经济的关键，就在于“长尾理论”和“粉丝经济学”。

首先“长尾理论”由查理斯·安德森最早提出，用来描述网站亚马逊的商业模式。该研究发现，过去厂商关注的只是少数几个 VIP 大客户，但在网络时代，大部分普通消费者所产生的总体效益甚至超过 VIP 客户。“尾巴”在传统经济中属于被忽视的部分，但在互联网时代，恰恰是发挥“长尾”效益的时代。很多知名的互联网公司都为“长尾理论”的成立提供了佐证，比如说谷歌、亚马逊和 eBay 等。就媒体行业而言，传统的盈利模式中人们关注的是大的广告客户，然而互联网节目为钱从哪儿来这一问题提供了一种新的可能，即让粉丝们来买单，粉丝们的“打赏”就如同“长尾理论”中长长的尾巴，长期而言，其总体效益并不会低于广告收入。其次，凯文·凯利在其新书《技术元素》中提出了“1000 个铁杆粉”理论，他认为艺术创作者只要拥有 1000 名铁杆粉丝，便能一生衣食无忧。姑且不问这一论断的严谨性，它的提出其实已经触及了互联网经济的核心，即“粉丝经济学”。继湖南卫视的《超级女声》之后，“粉丝”一词开始火速蹿红。从“超级女声粉”到“苹果粉”、“小米粉”等，“粉丝”不仅仅是关注，更意味着潜在的消费可能。在社会化媒体、移动互联网高速发展的今天，微博、微信等社交平台的广泛使用，粉丝的聚合越来越便捷，站在品牌的角度上，这不仅降低了成本，更增加的用户的黏着度。就媒介节目而言，“粉丝经济学”就像是一种偶像消费，通过打造主持人的魅力人格所形成的吸引力，让受众集聚在一个圈子里，“这个圈子也许象征着某种身份，也许代表着某种共同的价值观”，共同的兴趣能让受众产生强烈的身份归属感。对于他们而言，付费成为会员或对节目进行“打赏”就成了一种群落特权。可以说，在互联网时代，谁掌握了铁杆粉丝，谁就掌握了致富的金矿。

《罗辑思维》的成功如同一声吹响的号角，为全媒体时代广播节目的互联网和移动互联转型提供了多种可能性，也带来很多启发。

参考文献：

[1] 李成：《罗辑思维的运行逻辑和想象空间》，《中国记者》2014 年第 3 期。

[2] 曹晋：《新媒体，知识劳工与弹性的兴趣劳动——以字幕工作组为例》，《新闻与传播研究》2012 年第 5 期。

[3] 杰夫·豪：《众包：大众力量缘何推动商业未来》，中信出版社 2009 年版。

[4] 王岳：《互联网上闻书香——解读罗辑思维的成功之道》，《青年记者》2014 年第 23 期。

[5] 尼尔·波兹曼：《娱乐至死》，广西师范大学出版社 2011 年版。

[6] 肖明超：《粉丝经济学》，《经营者》2013 年第 6 期。

（作者单位：中央人民广播电台电视节目中心）

中美广播媒体大数据应用比较分析

◇ 贺潇潇

自2009年起，“大数据”开始成为互联网信息技术行业“热词”，并在此后被欧美国家广泛应用于广播行业。迄今为止，大数据仍是一个比较抽象的概念，尚无确切、统一定义。权威IT行业分析机构Gartner对大数据的定义是：需要新处理模式才能具有更强的决策力、洞察发现力和流程优化能力的海量、高增长率和多样化的信息资产。维基百科对其的定义是：所涉及的资料量规模巨大到无法通过目前主流软件工具，在合理时间内达到撷取、管理、处理并整理成为帮助企业经营决策目的的资讯。大数据从广义上可分为大数据技术、大数据工程、大数据科学和大数据应用等领域。狭义的大数据，主要指大数据技术及其应用，是指从各种类型的数据中，快速获得有价值信息的能力。

大数据技术及应用为美国广播业带来的革新与发展为世界各国广播发展提供了有益的参考与借鉴，我国广播媒体对此也进行了为数不少的尝试和创新。本文拟对中美两国广播媒体大数据应用在传播者、受众、讯息内容、媒介和反馈等方面产生的影响、变化做比较分析，提出符合我国国情的广播大数据发展策略、建议。

一、大数据对美国广播行业的影响及分析

每次重大科学技术变革都可能产生重构全球媒体发展格局的巨大影响，“大数据”也正在全球范围内重塑媒介利益、传播范式以及媒体经营理念，从而使美国媒介市场在生产模式、传播产业链等方面发生新的变化。

1. 节目生产现“众包”模式

大数据技术将传统的数字归档方式升级，使一些社交传媒的受众可以自己

做编辑、写程序[①]，进而改变了传统传播者与受众间的“强—弱”格局，使美国广播业中的用户主导型“众包”生产模式在竞争中凸显优势。例如美国国家公共广播电台（NPR）的《心动故事》（*Snap Judgment*）和《这样的美国生活》（*This American Life*）等栏目都是由听众在节目里朗读自己的故事。其中《心动故事》的大部分内容是由听众、网友通过在官网上注册账号，以文字、音频、图片和视频等方式提交并创建的故事。

这种备受青睐的“众包”模式还体现在受众在节目生产过程中具有较强的自主性。微软全国有线广播电视公司网站开发的用户定制服务，最大限度地发挥受众个人需求在新闻推送服务中的主体作用。通过定制服务，受众可便捷获取符合自身需求的“个性化”新闻信息，进而增加了接触特定媒体的“黏度”。

2. “碎片化”讯息的多重传播

大数据具有“规模大”（Volume），“种类多”（Variety），“要求处理速度快”（Velocity）和“价值密度低”（Value）四个基本特征。据统计，当今世界人类每天通过电视、广播、报纸等媒介获取的数据量相当于阅读174份报纸。在此情况下，“碎片化”讯息与长篇大论和深度报道相比无疑更容易捕捉受众注意力，同时获取更多有价值的受众反馈。

然而“碎片化”信息具有时间短、传播快、影响稍纵即逝的特点。为此，一些美国广播媒体通过大数据技术对碎片信息整合加工，利用其他移动终端和平台再次投放，以加深受众印象。实践证明，碎片化信息便于加载到其他移动播放终端，一些新闻及文艺、音乐精品节目经“碎片化”拆分和整合再传播，大大提高了传播效果。例如，美国国家公共广播电台（NPR）早间新闻栏目《早间版》（*Morning Edition*），主持人以每分钟200字的较快语速，每小时播出5个不同固定板块，重复、持续报道新闻节目[②]，将“碎片化”与“板块化”结合，实现碎片信息在大数据空间域的多重传播。

3. 传统广播与新媒体深度融合

为适应大数据时代市场需求，美国一些传统广播媒体纷纷与新媒体深度融合，力求最大限度争取各类媒体空间领域的受众。由福克斯广电官网与美国全国广播公司联合投资成立的“葫芦在线视频”（HuluWeb2.0），不仅可共享两家“母媒”广播公司的传播内容，同时还结盟雅虎（Yahoo）、我的空间

① 薛中军：《迈向“借力”融合发展新途——“大数据”时代美国新闻传媒“裂变”的借鉴和启示》，《新闻爱好者》2013年第5期。

② 宋青：《为受众需求而改变——新媒体环境下国外广播节目发展特点及趋势分析》，中广网2013年6月8日。

(Myspace)等大小网站，力争成为给受众提供“大数据”化节目数量最多、最全的一站式流媒体服务“商城”。福克斯广电(FOXTV－RADIO)下属近30家电视台组成的电视网，通过跨越式融合组成集广播电视、电影、网络、微博等为一体的“大数据”化传媒态势，以满足各类受众更多的个性化需求。

二、大数据对我国广播的影响及分析

我国广播行业与美国相比，尽管在媒介体制、技术发展等方面存在差异，但大数据理念在我国广播业传播者、受众、讯息内容和媒体融合方面所产生的影响已日益明显。

1. 重视受众需求及数据积累

受大数据技术推动，我国广播媒体正逐渐重视受众需求。例如北广菠萝台拥有北京人民广播电台全部16套广播频率600余档直播的庞大音频资料库及自由定制节目，网友可根据个性化需求，形成自己的专属电台。有的广播节目还利用微信、YY语音等强大的语音功能，让听众通过发送语音资讯参与娱乐、交通信息、音乐节目等。

此外，我国传统广播媒体非常注重通过新媒介渠道积累受众数据资源。截至2014年4月，中央电台共开设台法人微博1个、各频率官方微博18个、各频率栏目(节目)微博55个，中央电台新浪法人微博粉丝数265万，各频率微博粉丝数累计2029万，各频率栏目(节目)微博粉丝近140万，以职务身份开设的编辑记者主持人微博粉丝数近2000万。① 在苹果播客(视频分享)平台，中央电台一套节目中国之声开通了《直播中国》、《难忘的中国之声》、《千里共良宵》三档栏目，节目总下载量已经突破百万；搜狐新闻客户端中国之声专刊，每天将四档内容推送到订户手机上，截至2013年12月24日，订阅户已近110万。用户、粉丝的评论评分、浏览行为、收藏行为和订阅行为等，都应成为中央电台获取受众数据信息的重要渠道和改进节目制作的重要依据。江苏广电总台副台长黄信认为，未来广播还将向大数据领域进军，发现线索、梳理选题、融合内容、研判动态，更加主动、有针对性地提供新闻信息服务，方便用户收听。②

2. 发挥广播权威性、向导性优势

与大数据时代物联网和移动互联网以及各种客户端相比，传统广播节目所能提供的数据信息量和内容都很有限，这对传统广播从内容、行业、市场等方

---

① 陶磊：《重新认识自己——中央人民广播电台新媒体实践》，《广播电视信息》2014年第5期。

② 《融合广播或成电台发展新方向进军大数据》，《中国新闻出版报》2013年12月31日。

面都发起挑战。为此，我国一些广播电台凭借其多年发展形成的稳定听众群和与权威专业机构长期战略合作关系，整合其在多种媒体融合趋势中的独家优势，加强发挥广播作为官方新闻媒体的权威性和向导性作用。

例如杭州交通经济广播面对各种路况软件不仅可实时通报路况信息，还兼具导航、电子眼查询、离线地图下载等多功能开发的激烈竞争局面，另辟蹊径地利用在节目中积累的汽车投诉过程中形成的庞大听友数据库，对数据信息进行梳理，分析出被投诉较多车型和投诉率较高的4S店等信息，不仅为听众提供权威、专业的信息参考，还进一步强化广播媒体舆论监督和生活服务的功能。

3. 推动传统媒体的新媒体化改造

有关我国媒体应对大数据挑战，如何实现传统媒体的新媒体化改造的课题，业界比较认可国家新闻出版广电总局发展研究中心提出的“新城”说，即融合背景下广播影视的发展改革应以新媒体为突破口，以大数据为统合手段，尝试在老体制和老肌体之外拓展一个试听传媒发展的“新城”，待“新城”拔地而起，“老城”的转型升级也随之得以大踏步推进。

目前，我国传统广播媒体大多结合互联网开展了网络电视台、网络电台、互联网电视等新媒体业务。在三网融合的大背景下，广播媒体和电信运营商之间的合作也越来越密切，如IPTV、手机电视和CMMB等。中央电台和国际电台，除了加强组织构建自身网站、网络电台、手机客户端、微博微信等新媒体平台，还致力于推动传统广播与新媒体的融合发展，正分别着手实施“中国广播云平台”和“中华云平台”建设。

三、中美广播媒体大数据应用比较分析

中美两国都非常重视各领域的大数据工程建设，2012年，美国提出《大数据研究和发展计划》，同年中国政府也批复了“十二五国家政务信息化建设工程规划”。但由于媒介管理体制和国家制度的差异，大数据应用的发展思路上也存在不同。

1. 更加重视加强信息“把关”

面对大数据时代海量信息和数据信息处理需求，两国广播媒体都更加重视信息传播过程中加强“把关”的重要作用。例如，美国电视新闻网的“我报道”，由受众提交的新闻信息，要在“大数据空间域”通过网站接受传播和检索等程序，然后通过一系列测评、核实、把关评鉴等，再经过编辑和律师的把关共三道关卡才具备公开发布的资格。这一过程基于美国先进的互联网技术、移动通信技术、云计算技术，传播者可以按照统一标准对海量信息实施统一监

管，我国也应学习掌握其对海量信息、数据的高效处理技术。

我国一些学者也提出要加强海量信息在不同“结点”上传播方向的把控。碎裂化关系是一种动态传播链，意味着当一个话题从原点“被启动”时，传播就开始了“自我发酵”的过程。而这一过程，由于集体无意识的存在，一旦话题发起，只有一个方向就是向前，有可能直到事件最后的自然终止，理性和回拉的力量都基本不起作用。碎裂化“动态传播链”本身的特点是任何一个节点都有可能偏离话题，这就要求营销者在重要节点上把控节奏、掌握方向。[①]

2. 深层介入媒体产业链

在中美两国，广播媒介通过大数据掌握了更多用户需求信息，这也为广播业带来新的经营模式和生存理念——全产业模式，媒体从以往处于产业链最低端的“内容提供者”逐渐走上产业的中上游——“内容集成商”与“媒体投资商”。

例如美国有线电视新闻网，在新闻节目视频新闻（TV News）、音频广播（Radio News）捆绑发送旅居信息服务（Hotel Parter）、手机服务（Mobile Service）等相关产品，2012 年，这种捆绑信息发布服务平台的销售套装的营业利润占其总收入比重很大。在我国，中央电台 2010 年开始介入媒介产业链上游——媒介投资，投资“手机支付”等新兴产业，深度介入媒介产业链全环节。又如 103.9 北京交通台投资介入“终端生产”，研发 1039 导航仪等广播捆绑产品，为其原有广播带来增量发展。这种捆绑式销售产业模式不仅实现了可持续经营发展，还被普遍认为是可深入挖掘并进一步扩大盈利的经营模式。

3. 借力众媒体强项和强化广播优势

美国广播媒体在大数据时代的融合发展中，为了占领更多的受众数据和发展领域，跨界传播、勇敢并购。美国福克斯商业频道在媒体融合趋势下，创造性地联合《华尔街日报》，大大强化了福克斯商业频道的专业性、权威性和公信力。福克斯商业频道也凭借此举被视为与美国全国广播公司财经频道和布伦博格电视中心财经频道齐名的美国当代三大财经新闻频道之一。我国广播媒体，基于多年积累的品牌优势和稳定的听众基础，则更加重视通过“全媒体”建设和发挥广播的独特优势来开发用户数据资源。

我国广播媒体在实施全媒体攻略的同时，更重视发挥广播通过声音传播时效性强、用声音塑造艺术精品节目等其他媒体不具备的优势。

---

① 王文娟：《融媒体时代的新媒体形象之研究——访中央人民广播电台网络发展部栾轶玫教授》，《今传媒》2011 年第 9 期。

四、对我国广播大数据应用的几点建议

我国广播业发展大数据，具有得天独厚的优势，主要体现在特殊的国情、广播行业的独特位势和其正处于融合发展的关键时期，基于此，提出以下策略和建议：

1. 为大数据发展提供体制机制支持

传统广播若在大数据领域获得大发展、大突破，必须具备与之相适应的体制机制，我国广播在保证正确舆论导向的同时，正确引导大数据技术改革，创新、发展对受众的大数据服务是符合我国国情的发展之路，能够最终实现“引导舆论方向”和“做强大数据广播业务”的双赢。

大数据化广播在生产方式上产生多种变革需要相应的体制机制支持。比如，多年来，中央电台在体制机制改革一直朝着三个转变方向发展：一是管理体制从事业单位到事业、企业法人双重身份转变，并通过资产分离实现事业、产业双向运行；二是传播形态从以广播为主进一步向多媒体融合形态转变；三是资源整合和结构调整由分散向集中平台转变。① 这种体制机制改革，无疑与现代传播大数据发展方向是一致的。这也为广播大数据发展解决了首要问题，接下来广播媒体要在大数据工程中保证各环节规范有序，更加重视以市场和受众需求为先导，通过人力管理、考核激励等机制实现科学管理、形成有序的、动态的、可持续发展的系统工程。

2. 重视大数据软硬件技术开发及人才培养

我国广播业发展大数据技术应用需重视软硬件技术开发，相关部门需在资金、技术和人才上提供相应的政策支持。从应用营销的角度分析，如将广播大数据技术开发与金融、其他服务应用整合，优化广播大数据发展环境，也要对技术开发加大投入。未来需要互联网技术、广播与金融安全的合力发展才能最大限度地激励用户对大数据广播进行信息化消费。

人才短缺问题是大数据面临的严峻挑战之一，据调查，仅仅美国就缺少大约 14 万到 19 万具有深层次数据分析技巧的专业技术人员以及 150 万针对大数据的经理人。广播大数据建设的每个环节都需要依靠专业人员完成，因此，必须培养和造就一支懂广播、懂技术、懂管理的广播大数据专业队伍。

3. 建立综合型广播受众数据库

我国广播媒体具有层级多、资源丰富等特点，应建立从地方电台到中央电

---

① 《中央人民广播电台体制机制创新实践及启示》，中华文本库。

台面向不同主题、覆盖各个领域、不断动态更新的广播受众数据库，为实现各级各类信息系统的网络互连、信息互通、资源共享奠定基础，比如目前一些广播电台开始布局周边的市、县台，将“小”的广播资源整合成“大”的广播资源，从而以规模效应换得市场要价权。这些数据库建设亟须制订统一的受众非结构化数据信息标准，没有标准就没有系统数据，只有不断流动和充分共享，才能实现各级各类指挥信息系统的数据交换和数据共享。

广播作为大众媒体还具有教育受众的社会功能，可以通过数据挖掘技术，对受众收听广播情况、需求、能力、进度、兴趣等进行跟踪分析，进而让受众接收适应其个性发展的广播节目。数据库还可收录受众在其他媒体和客户端的数据记录，寻找受众需求交叉点，还可与中小学、大中专、成人和职业教育机构联合，将广播以教辅有声读物等形式列入基础教育、继续教育和职业教育等学分积累，让广播为提高全民素质提供更加精准、充分的服务。

参考文献：

[1] Stella Ting－Toomey, Leeva C. Chung: *Understanding intercultural*, Oxford University Press, New York, 2012.

[2] 栾铁玫：《大数据重塑媒介生态》，《视听界》2013 年第 4 期。

[3] 高铁军：《从 BBC 的新媒体发展看中央电台的新媒体战略——兼论国家网络电台的创建及意》，《中国广播》2010 年第 9 期。

[4] John Dickerson: *The Bloomberg backlash*, Staten Islan Advance, April 3, 2013, A12.

[5] 丁敏艺：《大数据背景下的广电行业思路构建》，《科技传播》2014 年第 3 期。

[6] 陈响园、张权伟：《大数据背景下中国交通广播的“危”与“机”——以杭州交通经济广播 91.8 为例》，《现代传播》2014 年第 3 期。

（作者单位：中国外文局对外传播研究中心）

网络电台针对移动听众的运营策略研究

——以美国潘多拉（Pandora）和声破天（Spotify）为例

◇钟　鸣

一、研究对象简介

1. 潘多拉

创建于 2000 年 1 月的潘多拉不仅是美国网络电台的领军者，更是全球最大的网络电台。作为一家专业的音乐网络电台，潘多拉因受到版权法规的严格限制，目前只为美国、澳大利亚和新西兰的用户提供服务，但这丝毫未影响其成长壮大的速度。截至 2014 年 2 月，该公司已拥有注册用户 2.5 亿，其中“30 天活跃用户”为 7620 万；2013 年收听总时长高达 153.1 亿小时（2012 年为 125.6 亿小时）；累计收录歌曲超过 100 万首。①

潘多拉创立者之一提姆·威斯特伦以其自创的“音乐基因组计划”（Music Genome Project）作为潘多拉向用户推送音乐的核心原则。潘多拉的专业音乐分析师按照“音乐基因组计划”要求，依据旋律、和声、配器、歌词等总计 450 项音乐“基因”对曲库内 10 万余名艺术家创作的 100 多万首歌曲进行分析归类，力求满足用户的所有音乐需求。②

基于上述工作，潘多拉彻底颠覆了传统电台和普通网络电台的播放模式。它不设置音乐播放列表，只根据用户喜好随机推送音乐，选择过程完全不考虑歌手知名度或歌曲流行度，基于音乐属性对所有歌曲“一视同仁”。新用户首

---

① 《潘多拉 2014 年度报告》（*2014 Pandora Annual Report*）。

② *About The Music Genome* Project，http://www.pandora.com/about/mgp.

次登陆潘多拉时，仅需输入歌曲或者歌手名字即可创立个性化私人电台，随机收听电台“精挑细选”的音乐。例如：输入乐队名称“Oasis”，潘多拉会迅速建立名为“Oasis Radio”的私人电台，并随机播放该乐队的歌曲。一曲结束后，电台还会推送并自动播放类似乐队如“Coldplay”、“Green Day”的作品。这种播放方式大大提升了用户对电台的认同感，极易产生“这是我的电台”的收听惯性和黏性。

潘多拉还会根据用户的操作和反馈修正其私人电台歌曲库，以适应用户收听习惯变化。例如，当播放《*Fix You*》时，如果用户点击“喜欢”按钮（Thumbs－up），系统将推送更多与其音乐基因类似的歌曲；若点击“不喜欢”按钮（Thumbs－down），系统将推送与它风格差距越来越大的歌曲。要是厌倦了某种曲风，用户可以通过输入新歌曲创建新电台，潘多拉会按照新的音乐基因重新推送歌曲，每名用户最多可建立100个电台。借助这些手段，潘多拉逐渐将“个性化”做到了极致，网罗了大批“死忠粉丝”。内部统计显示，潘多拉的听众已创建个性化私人电台50亿个；另据Triton Digital公司最新数据，潘多拉在美国网络电台中的市场份额高达78％。①

2. *声破天*

声破天是2006年创建于瑞典的“自助式”音乐网络电台，最早只在英国和瑞典开展业务，运营第一年就吸引了超过200万用户。风靡欧洲后，声破天随即登陆美国市场，李嘉诚、肖恩·帕克、凯鹏华盈等个人和机构先后对其进行巨额投资。目前，声破天的经营版图已扩展至64个国家和地区，拥有5000万活跃用户。②

2008年，在全球唱片业大萧条的背景下，声破天成功说服环球、索尼、百代、华纳等知名唱片公司对其开放全部音乐曲目。据统计，声破天音乐库收录曲目在2012年年底就已突破2000万首，并且所有歌曲均为合法正版。声破天需要向唱片公司、出版发行商、歌曲作者、演唱者等支付相应的版权费用，截至2014年11月已累计支付20亿美元。

声破天只允许在线收听，不提供下载服务，也正因为无法进行“非法下载”，声破天才能将自创的收听模式与庞大的正版曲库相融合，进而产生令人瞩目的市场价值。同时，声破天为手机等数字移动终端开发了专门软件，基本

---

① *Pandora Can Extend Lead in Online Music*，*CFO Herring Says*，http://www.bloomberg.com/news/2014－05－20/pandora－can－extend－lead－in－online－music－cfo－herring－says.html。

② *$2 Billion and Counting*，https://news.spotify.com/us/2014/11/11/2－billion－and－counting/。

满足了用户随时随地在线收听的需求。

值得一提的是，声破天始终坚持倚仗自身运营模式削弱盗版音乐竞争力。每开辟一个新市场，声破天都会跟踪调查该国盗版音乐下载量的变化，研究结果令人振奋。2014 年 9 月声破天发布的数据显示，自公司 2012 年进入澳大利亚至 2013 年年末，该国通过 BitTorrent 软件进行的盗版音乐下载量减少了 20%。[①]《福布斯》杂志认为："声破天站在盗版的对立面，重新建立了完整的音乐生态系统，它的模式不仅取代了传统网上下载，其庞大的曲库、新颖的收费模式以及同知名第三方的合作，更有利于吸引用户、扩大订阅、增强用户黏性。"

声破天也面临着诸多挑战。有些音乐家认为声破天支付的报酬太低，拒绝该公司获取他们的新专辑，而这并非无理取闹。2008 年，Lady Gaga 的《*Poker Face*》红遍全球，在声破天上连续五个月名列最受欢迎专辑，播放次数达到 100 万，但 Lady Gaga 仅从中获利 167 美元。2011 年，英国数字内容与唱片发行管理公司将旗下代理的 200 多家唱片发行机构的全部音乐撤出声破天，理由同样是"使用费过低"。这些音乐人和公司担心，如果不能在声破天巨额收入里取得足够分成，那么音乐就会沦为网络上的"廉价日用品"。

二、运营收益与移动听众

（一）潘多拉

1. 广告收益为主，订阅为辅

潘多拉目前主要提供两种在线收听服务。第一种是免费收听，听众可以通过网页、家庭音响设备和移动终端（如智能手机、车载设备等）注册免费账户收听，收听过程中会插播广告，并且每个私人电台每小时只能跳播 6 次，账号下所有私人电台每日累计跳播数不能超过 24 次。第二种是注册"潘多拉 1"进行付费订阅收听，选择这种方式的听众每个月只要支付 4.99 美元就可免受广告打扰、拥有更多跳播次数，并且收听的缓冲时间更短、歌曲音质更好，还可享受一些额外的在线服务。

基于上述两种服务模式，潘多拉的运营收入分为广告收益和用户订阅费两大类型，其中以广告收益为支柱。2012 年和 2013 年，潘多拉的总收入节节攀

---

① *Streaming Services Make Inroads Into Piracy Down Under*, *Spotify's Will Page Tells Bigsound*, http://www.billboard.com/biz/articles/news/6244180/streaming－services－make－inroads－into－piracy－down－under－spotifys－will－page, September 10, 2014。

升，高达 3.9 亿美元和 6.48 亿美元，而广告收益分别占总收入的 87% 和 88%。[①]

2. 移动听众是广告收益之源

根据潘多拉 2014 年报，截至 2013 年年底，潘多拉共有大约 1.75 亿注册移动听众（使用智能手机等移动设备收听），占总注册听众数的 70%。在收听时长方面，移动听众已超越传统电脑用户，占总收听时长（153.1 亿小时）的 80%。Edison Research 和 Triton Digital 的联合调研还表明，潘多拉 App 是目前最受欢迎的网络电台 App，通过移动终端下载 App 并收听该电台的受众比例高达 50%，位居全美国之首。[②] 这一切都意味着，潘多拉已拥有了足以令任何广告主垂涎的移动听众市场资源。

针对移动听众，潘多拉主要依靠展示广告和音频广告获取收益，核心卖点在于帮助广告主依据年龄、性别、地域、偏好等信息进行精准定向，并与听众进行互动。展示广告旨在通过移动终端替商家创造接触用户的机会。为吸引用户注意力，潘多拉总是在听众与系统互动时推送展示广告。例如，换台或点击"喜欢"按钮时系统会推送占用播放页面很大空间的展示广告，因为此时用户正盯着页面，广告效果最好。潘多拉的展示广告包括各种尺寸的横幅广告，以及根据用户使用情况灵活推送的广告。潘多拉的音频广告每小时只播出不到 1 分钟，每段广告时长仅为 10 秒左右。音频广告还经常与展示广告相结合，以提高广告信息推送量。随着移动听众人数的持续攀升，潘多拉更加重视移动终端广告，音频广告和条幅广告"二合一"已逐渐成为固定模式。根据该公司 2013 年年底的内部统计，面向移动听众的广告每千小时收入（ad RPMs）为创纪录的 30.93 美元，该部分广告的全年总收入已高达 3.67 亿美元。[③]

（二）声破天

1. 免费业务带动付费业务

从表面上看，声破天的服务模式与潘多拉十分类似，但某些关键环节上的差异令其运营收入和听众结构独具特色。

免费收听时，台式电脑和平板电脑用户可自由访问声破天的庞大正版曲库，按个人喜好任意选播歌曲；智能手机用户只能通过随机播放（Shuffle Play）收听由系统随机排序的曲目，且与潘多拉类似，每小时也只允许有 6 次跳播。此外，无论通过何种平台，免费收听都需要忍受偶尔出现的音视频广告。

---

① 《潘多拉 2014 年度报告》（*2014 Pandora Annual Report*）。

② *The Infinite Dial 2014*，Edison Research and Triton Digital，February 2014。

③ 《潘多拉 2014 年度报告》（*2014 Pandora Annual Report*）。

声破天还有一种名为“Premium”的收费订阅模式。在此模式下，手机用户听到的歌曲音质更好（320kbps）、收听全程无广告、支持离线同步播放列表和离线收听，还能任意播放专辑或单曲，并可通过 App 连接车载音响等其他数字设备。当然，功能如此完备的 Premium 绝非“免费午餐”，不同国家地区的用户需按月缴纳费用。例如，在美国要缴纳 9.99 美元，在葡萄牙要支付 6.99 欧元，在澳大利亚要花费 11.99 澳元。[①]

比较声破天的两种服务模式不难发现，该公司是以免费模式作为吸引手机用户的“诱饵”。当他们在重重限制下尝到海量正版音乐的“美妙滋味”后，自然渴望拥有更多“自由”，并主动选择成为声破天“Premium”的付费用户。而这一切完全体现了丹尼尔·埃克提出的“免费业务带动付费业务”理念。

2. 高价值移动听众带来高收益

基于上述模式和理念，声破天的收益结构恰与潘多拉相反，即：以订阅费用为支柱，以广告收益为辅助。声破天 2014 年 11 月 11 日发布的数据显示，Premium 全球付费订阅用户已达 1250 万，每人年均付费 120 美元，订阅费突破 15 亿美元。值得注意的是，为声破天创造高额收益的订阅用户基本都是使用智能手机、年龄在 27 岁以下的移动听众，并且其中 80%以上此前是免费用户。[②]

早在 2013 年年底，声破天首席收入官杰夫·勒维克（Chief Revenue Officer）就指出了上述情况。他表示，该公司的听众群体具有极高黏性，平均每天要在声破天的各类收听平台上停留超过 110 分钟。[③] 同时，声破天的“千禧一代”（1980 年至 1995 年出生）听众数量最为庞大。该群体乐于追赶潮流、热衷网络消费，是广告主眼里的“摇钱树”，他们当中有 85%以上的人使用智能手机，每周要在手机上花费 14.5 小时[④]，属于“重度移动用户”，仿佛是为声破天“量身定做”的优质听众。杰夫·勒维克坦言：“在我们看来，这一目标人群的价值高得难以估量。”

---

① *Different Subscription Levels/Tiers*，https://support.spotify.com/us/learn－more/guides/。

② *$2 Billion and Counting*，https://news.spotify.com/us/2014/11/11/2－billion－and－counting/。

③ *Why Spotify thinks it can win at mobile ads*，http://digiday.com/platforms/brands－buy－spotify－mobile－ads/，December 13，2013

④ *Millennials Are The Largest Group Of Smartphone Owners，And Adoption Is Still Growing*，http://techcrunch.com/2014/09/05/millennials－are－the－largest－group－of－smartphone－owners－and－adoption－is－still－growing/

三、运营经验及启示

无论媒介生态如何变幻，大众传播的基本原理是不变的；无论新媒体如何涌现，满足用户需要的本质是不变的；无论移动听众如何构成，对网络电台“好用好听”的追求是不变的。所谓万变不离其宗，透过花哨的形式，我们很容易发现，潘多拉和声破天围绕移动听众的运营始终遵守“平台至上、内容为王”这一早经传统电台验证的铁律。与此同时，他们还以巧思和胆识于不变中寻求改变，分别在运营平台开拓和内容价值挖掘领域走出了新的道路，其中的一些亮点值得借鉴。

1. 携手汽车行业，完善收听平台

众所周知，“有车族”是最具商业价值的移动用户群体之一，早在网络电台兴起之前，传统电台在该领域的竞争就堪称白热化。潘多拉刚在市场站稳脚跟便开发了车载收听系统，并使其与智能手机等移动平台融合互通。随后，该公司深度整合汽车厂商和配件厂商，直接从生产制造环节开展合作，全面建设汽车收听平台，向“有车族”精准投放大量广告，从而有力提升了市场份额。

据统计，宝马、本田、丰田、别克、雪弗兰、福特、通用、现代、林肯、梅赛德斯一奔驰等 23 家汽车厂商已先后在车载系统里集成了潘多拉电台，8 家电子设备、汽车零件厂商同潘多拉开展了相关合作。为进一步提升汽车行业合作兴趣，潘多拉为丰田等汽车厂商创建了一系列个性化电台，每个电台都通过某种音乐风格来为特定车型做推广，力求以音乐体现品牌内涵，帮助厂商与用户建立联系；各大厂商还可在特定时段向正在车内收听潘多拉的用户播送 15 秒至 30 秒的广告。此外，为扩大汽车听众群体，潘多拉公司承诺：免费用户通过合作厂商的车载设备收听潘多拉时，他们听到的广告会比使用其他设备时少一些。

这种“两面讨好”的运营策略令潘多拉收获颇丰。截至 2014 年 1 月，潘多拉已成功“入驻”美国 90％的畅销乘用汽车，借助合作厂商的车载设备，有超过 400 万单独用户收听其播出的音乐和广告，比 2013 年同期增长了 244％。① 上述数字表明，该公司依靠汽车平台吸纳了具有相当规模的移动听众，其市场潜力也会随之不断扩大。正如潘多拉前任 CEO 乔·肯尼迪所说：“仰赖与汽车行业的合作，移动听众现在能随时随地享用潘多拉的音乐盛宴，我们必将从中受益。”

---

① *Pandora Launches Advertising on Automotive Platforms*，http://www.marketwatch.com/story/pandora-launches-advertising-on-automotive-platforms-2014-01-06。

2. 依托跨界合作，提升内容价值

对全球亿万普通网民而言，互联网的最大魅力是免费、开放和共享，他们崇尚以“零成本”享受网络资源。身处此种环境的声破天若想从“抠门”网民身上“挤榨”出真金白银，手里必须得有“硬货”。基于上述认识，该公司与国际唱片巨头携手，独家获取了网络上最稀缺的资源——正版音乐。

环球、索尼等唱片巨头凭什么向声破天敞开音乐宝库之门？因为声破天是“自家人”。为得到音乐版权，声破天向唱片巨头出让了部分股份，同他们结成了关系紧密的利益共同体。Computer Sweden 数据显示，四大唱片公司的股份在2%到6%之间不等。① 参股也显示了唱片公司对声破天的信心，他们期待自己提供的“内容资本”能不断增值。这种深层合作使声破天在版权洽谈时占得了先机，进而在网络上实现了对海量正版音乐的相对垄断，为此后的成功奠定了基础。

“硬货”固然重要，如何将其变成“钞票”更加重要。除了前文提到的基本收益模式，声破天为提升内容价值，还尝试了两种“跨界生财之道”。

一是开展数据经营。声破天不是只会放音乐、收订费的“播放器”，它还在数据分析领域颇有建树。根据移动听众注册登记的信息，该公司能迅速统计出特定歌曲的播放次数、收听地域，以及收听者年龄、性别和职业等重要数据。此外，声破天还会从听众与系统的互动中分析移动群体对音乐类型的偏好、某类音乐的惯常使用场合，以及流行音乐发展趋势。这些分析成果随后以数据产品的形式进入市场，最终转化为声破天营业收入的一部分。

二是联合社交媒体。欧洲血统的声破天在美国的成功与 Facebook 密不可分。2011 年 9 月二者宣布合作后，声破天的新用户一周内暴涨了 100 万。Facebook 用户只要点击“音乐”标签，就可轻松找到并收听好友在声破天上分享的歌曲。这种“音乐社交”和“口口相传”，使声破天的核心内容具备了无限制传播、全方位覆盖的可能性。而覆盖意味着市场，市场意味着价值。Facebook 的 CEO 扎克伯格曾表示：声破天整合了很多社交化内容，且乐于向第三方程序研发者开放核心产品，以使其音乐传播更广、更符合潮流，这对潜在消费者具有难以抗拒的吸引力。

参考文献：

[1] 王岚岚：《美国网络电台的发展特点及启示》，《中国记者》2012 年第 4 期。

① *Greeley, Brendan. Spotify's Ek Wins Over Music Pirates With Labels' Approval. Bloomberg—Business and Financial News.* 14 July 2011. Web. 14 Nov. 2011。

[2] 肖弦弈：《美国潘多拉网络电台的用户体验构建、营利模式和市场拓展分析》，《中国广播》2013 年第 10 期。
[3] 张晓菲：《国外广播公司在数字平台上的营利模式分析》，《中国广播》2013 年第 11 期。
[4] 张梦星：《Spotify 能否拯救音乐界》，《中国新时代》2012 年 3 月号（总第 169 期）。
[5] 袁琳、郭登杰：《P2P 数字音乐成功之谜》，《新闻传播》2014 年第 4 期。
[6] 张晓菲：《国外音频全媒体发布的趋势分析》，《中国广播》2014 年第 9 期。

（作者单位：首都医科大学党委宣传部）

移动优先，数据为本

——聚焦美国公共广播电台数字业务探索

◇宋　青

一、美国公共广播电台概况

美国公共广播电台（National Public Radio，简称 NPR）是覆盖美国全国、非营利性的知名媒体机构。成立于 1970 年，总部位于美国华盛顿。截至 2014 年年底，NPR 的成员台已达 975 个，在全世界设立有 17 家记者站、工作室，员工数量达 800 余人，其中的新闻部员数量工占了将近一半。[①]

一直以来，NPR 以独立、客观、深入的高品质节目质量广受美国听众喜爱。尤其近两年来面对日益纷繁复杂、众生喧哗的国际舆论环境，NPR 凭借对中东伊斯兰国组织、西非埃博拉病毒等新闻事件的深度系列报道，赢得了国际社会的广泛赞誉。除了新闻节目之外，NPR 的节目内容还涵盖谈话、音乐和娱乐等类型。旗下精品节目众多，像旗帜性新闻栏目《早间版》（*Morning Edition*）与《时事纵观》（*All Things Considered*）收听率一直稳居全美广播电台收听率排行榜的第三位、第四位[②]。NPR 是美国国内收听率最高的广播电台，每周收听人数达 2700 万，其中有多达 2300 万听众来自于网站、播客、移动终端等数字平台。[③]

① http://www.npr.org/about/press/NPR_Fact_Sheet.pdf。

② http://www.npr.org/blogs/thetwo－way/2014/10/06/354058657/executive－who－spearheaded－nprs－digital－strategy－to－leave－network，2015 年 1 月 6 日访问。

③ http://digitalservices.npr.org/topic/editorial，2015 年 1 月 6 日访问。

二、NPR数字业务探索情况

（一）NPR整体数字业务概况

1. 数字技术机构的成立与发展

多年来，NPR一直以技术创新为先导，积极探索、创新数字业务，引领美国公共广播技术的数字化发展，在美国媒介融合大潮中处于发展前沿。其公共广播卫星系统（Public Radio Satellite System，PRSS）、卫星广播和对外广播等播出传送技术一直处于世界领先水平。“NPR实验室（NPR Labs）”的工程小组被公认为是国际广播技术的权威专家，引领国际广播技术的创新研究，推动了美国广播的数字化发展进程。对一线节目制作人员进行经常性地全媒体培训更是NPR近年来的“新常态动作”，能够广泛、灵活地运用网站、播客、移动应用和社交媒体工具已成为NPR员工的业务基本功之一。

此外，早在1999年，NPR就建立了“公共互动（Public Interactive）”部，以期致力于推动公共广播与网络技术的结合发展，并不断扩大与受众的接触与互动。经过十六年的发展，“公共互动”部现已逐步扩展成为今天范围更广的“数字服务”部，专门进行多元化数字平台技术研发，以期为NPR成员台和受众提供更为多元化的数字服务。特别是在2011年之后，NPR从《芝加哥论坛报》等媒体广挖人才，高薪聘请了许多数据与计算机技术科研人员，全面开展数据新闻制作与数据分析技术的研发，目前数字服务部的工作人员数量为50人。[①]

2. 数字节目的制作与传播

在节目内容的制作与传播方面，NPR一直秉承“一次生产，全面发布（Create Once，Publish Everywhere，COPE）”的制播原则，以音频为核心竞争力，大力扩大音频多媒体渠道传播。比如，NPR自己的播客网NPR Podcasts已经成为全世界最重要的音频制作、传播与分销平台之一。2014年11月，NPR播客的月下载量超过6900万次。[②] 2015年年初，NPR特别对播客首页进行了更新，更加突出重点节目的展示，增加了“艺术、经济、喜剧、科技”等目录分类，方便了网友的检索与收听。

此外，一系列优秀的NPR数字音频节目也脱颖而出。截至2015年2月，共有三档NPR播客栏目跻身苹果iTunes下载量前十名：分别是财经类脱口秀《货币星球》（*Planet Money*）、科普类节目《广播实验室》（*Radiolab*）和探讨

---

① http://digitalservices.npr.org/topic/editorial，2015年1月6日访问。

② http://www.niemanlab.org/2015/01/unseen－forces－npr－looks－to－build－a－broader－digital－audience－with－its－new－show－invisibilia/，2015年3月6日访问。

人类行为的话题类节目《*Invisibilia*》。特别值得一提的是，在 2015 年 1 月最新开播的《*Invisibilia*》栏目不仅通过 300 多个 NPR 加盟台播出，还在网站、播客上提供下载收听。上线不到一个月，下载量已超过 1000 万次。[①]

3. *移动终端的拓展与维护*

为适应移动互联趋势发展，NPR 以"移动优先"（Mobile First）为媒介融合战略目标。多年来，NPR 一直受到广播听众年龄层偏高、内容形式单一等问题困扰。利用一切可以利用的网络终端与社交出口，成为 NPR 获得更多年轻人青睐的有效手段。自从 2009 年陆续推出 NPRiOS/Android 新闻、音乐等移动客户端，NPR 的节目内容被广泛适用于电脑和手机终端。目前，NPR 的新闻应用已进入福特、通用、欧宝、雪佛兰等车载系统的应用市场和谷歌眼镜等智能应用终端中。2014 年，NPR 与苹果达成协议，提前抓住先机，成为进入 iTunes Radio 的首个新闻音频提供方。

截至 2014 年 7 月底，NPR 官网的每月独立用户访问数已经和广播节目的每周听众人数持平，达到 2700 万，在手机和桌面上每月独立使用 NPR 新闻应用的用户总量已达上百万。NPR 新闻的微博账号——@nprnews 也不同于美国大多数媒体的社交账号设置定时推送的做法，而是安排专人每天发送 100 余条推文，并不定时与网友进行转发与互评。Twitter 和 Facebook 的粉丝分别高达 250 万和 240 万。尤其值得关注的是，目前 NPR 的一半以上的受众都来源于移动平台。[②] 表 1 为美国尼曼实验室公布的数据。

表 1 NPR 跨平台用户数据[③]

	广播	NPR. org	NPR 音乐	NPR iPhone 新闻客户端	NPR iPhone 音乐客户端	NPR iPad 新闻客户端	NPR iPad 音乐客户端	Android 客户端
性别	55%男性 45%女性	49%男性 52%女性	44%男性 56%女性	52%男性 48%女性	69%男性 31%女性	58%男性 42%女性	66%男性 34%女性	58%男性 42%女性
年龄中数	50.1	43.4	28～39.5	37	32	47	42	41
到达率	2730 万/周听众	2760 万/月独立用户	370 万/月独立用户	78.89 万/月独立用户	8.38 万/月独立用户	31.08 万/月独立用户	2.84 万/月独立用户	37.16 万/月独立用户

① http://www.npr.org/about－npr/383255428/npr－s－invisibilia－reaches－10－million－plays，2015 年 3 月 6 日访问。

② http://djchina.org/2013/10/12/responsive－web－design/，2015 年 3 月 6 日访问。

③ http://www.niemanlab.org/2014/07/the－newsonomics－of－npr－one－and－the－dream－of－personalized－public－radio/，2014 年 12 月 4 日访问。

（二）NPR 重点数字技术与业务案例介绍

NPR 通过成立数字技术与服务部、不断拓展数字音频节目的多元传播渠道。多年来，NPR 的数字化发展成功案例不断涌现，并成为国内外媒体机构纷纷效仿的对象，下文摘要进行介绍：

1. 响应式 NPR. org 官网

NPR. org 网站是 NPR 数字媒体战略的主要平台之一。近年来，NPR 对网站进行了多次大规模升级，包括：采纳谷歌的搜索引擎，让用户尽快找到搜索的内容；对美国国家公共广播电台音频播放器进行多次更新，增加下载功能和嵌入功能，用户可以下载音频，并内置进自己的博客和网站等。由于谷歌和雅虎等不提供音频搜索，美国国家公共广播电台便为这些引擎详细提供近 10 年来的音频节目文稿脚本，以方便人们查找 NPR. org。[①]

遵循移动优先原则。2013 年，NPR 开始启用“响应式网站设计”（Responsive Web Design）。响应式是以分辨率判断设备，从而重组元素安排的设计理念，使得同一网站在多种浏览设备上阅读和导航，随机缩放屏幕尺寸，同时减少缩放、平移和滚动。良好的用户体验使 NPR. org 的用户访问量猛增，并最新获得美国网络协会颁发的“2014 年网络新闻奖”（Online Journalism Awards）子奖项“网络新闻卓越杂志奖”。

2. 个性化音频客户端

除了之前的新闻、音乐客户端，NPR 在 2014 年 10 月正式推出免费新闻类音频 App 应用“NPR One”，旨在打造“新闻界的潘多拉” （Pandora）。NPR One 涵盖 NPR 的《早间版》（*Morning Edition*）《新鲜空气》（*Fresh Air*）《此时此地》（*Here & Now*）和《时事纵观》等新闻栏目，每天为听众提供 40 余条音频新闻内容，并应用于苹果 iOS 和谷歌 Android 系统，也可在电视、电脑、平板和车上进行收听。

“NPR One”是通过社会基金 1000 万美元的资助，经过对 NPRInfinite Player 应用（实验版）为期三年的实验，最终研发成功的。本地化与个性化是“NPR One”的主要特点。它不仅可以让用户根据自己的方位选择本地电台节目，还可以根据用户的使用习惯提供故事推送等个性化服务。

目前，美国移动客户端的媒体类应用已经很多，比如知名的新闻类 Google News、Yahoo News、AP Mobile，杂志类 Flipboard、音乐类 Spotify、Pandora 和影视类 Netflix、Hulu 等应用，而“NPR One”的推出可谓填补了

---

① 张晓菲：《国外音频全媒体发布的趋势分析》，《中国广播》2014 年第 9 期。

美国广播新闻类个性化应用的空白。

3. 创新性数据新闻报道

NPR 的数据新闻在前期设计时也通常从手机出发，再到平板，最后扩展到大屏幕桌面端（Mobile→Tablet→Desktop）。每个数据新闻小组至少包括一个前端设计师、一个后台程序员以及一个负责内容的记者或编辑。在保证受众体验的前提下，在内容上，NPR 的数据新闻一方面关注数据整合，另一方面兼用视频、文字、图片、信息图表等多种方式丰富报道手段。推出了很多精品数据新闻案例，广受网友好评。

2011 年推出数据动态地图《探索中国全球触角》（Explore China's Global Reach）就很新颖。只要网友把鼠标放在图上的任意一个小圆圈上，即会显示 2011 年中国在各个国家的投资总量和产业分布。① 2012 年，NPR 制作了《火灾预警》（*Fire Forecast*），用不同深浅的颜色动态展示了全美国境内可能发生火灾的区域及级别。②

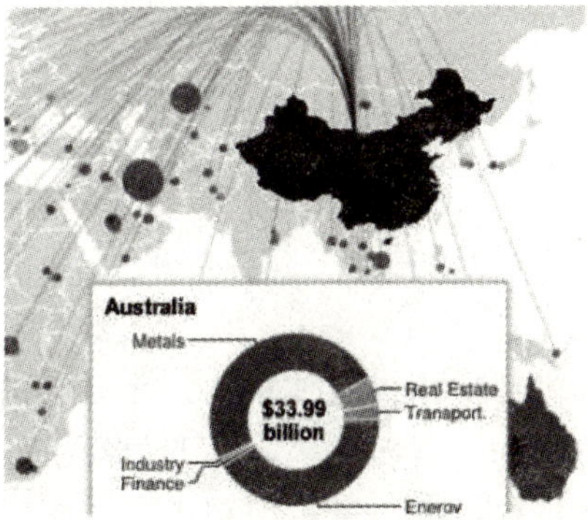

图 1　NPR《探索中国全球触角》动态地图

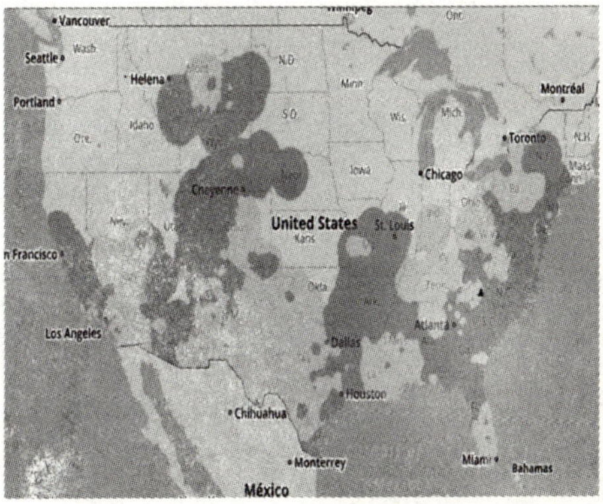

图 2　NPR《火灾预警》动态地图

除了动态地图，2014 年，NPR 还加大了数据可视化新闻的制作。相继推出了《边陲》（*Borderland*）《货币星球：制作 T 恤》（Planet Money：Makes A T-Shirt）等作品。以上两个作品分别斩获“2014 年网络新闻奖”的“杰

---

① 10NPR《探索中国全球触角》动态地图网址：http://www.npr.org/2011/06/10/136930746/explore-chinas-global-reach，2014 年 12 月 4 日访问 11NPR《火灾预警》动态地图网址：http://apps.npr.org/fire-forecast/，2014 年 12 月 4 日访问 12NPR 数据新闻《货币星球：制作 T 恤》网址：http://apps.npr.org/tshirt/#/you，2014 年 12 月 4 日访问。

② 13 数据新闻《NPR 选举派对》网址：http://elections.npr.org/，2014 年 12 月 4 日访问 14. NPR 开源应用《每个人的游乐场》网址：http://www.pes.npr.org/topic/editorial，2014 年 12 月 4 日访问。

出创新视觉与数字辅助报道奖”与“特稿奖”。

《制作T恤》是NPR基于JavaScript开发的一款App，以一件T恤的制作过程为切入点，用视频、文字、图片、信息图表、无人机报道等方式，展现了一件T恤从棉花开始一直到被消费者购买的整个旅程，很多细节描写令人感叹原来一件普通的T恤也大有来头。《制作T恤》的制作资金来自于NPR财经播客《货币星球》在Kickstarter网站上的众筹所得。一开始，数据小组的预期为5万美元，出资众筹的网友每人都会得到一件价值25美元的T恤。没想到短短两个星期之内即得到了两万余人的热烈响应，卖出T恤2.5万件，筹得资金60万美金，远远超过预期。①

在2014年关于美国中期选举的数据新闻报道中，NPR更是别出心裁，舍弃了基本的地图和胜负列表，做了一个展示版风格的独立应用《NPR选举派对》(*NPR Election Party*)。选举结果数据、推特照片文字更新、选举人发言摘选等信息在“NPR选举派对”展示板上可以进行实时滚动播放。现在很多美国公司与竞选服务团队在很多公开场合都乐于使用NPR的这一应用作为背景播放，并取得了不错的点击成绩。②

4. 开放性的应用编排界面

早在2008年，NPR即已开放了应用编排界面（Application Programming Interface，API），用户不仅可以免费通过API（以下简称“开源应用”）获取近15年的节目音频、文字等内容，还可以基于这些内容，由个人独立开发应用程序和新产品。NPR是世界上第一个开放内部应用的媒体机构，此后美国的《纽约时报》、英国广播公司、路透社、英国的《卫报》等媒体开始纷纷效仿。开源应用极大提高了用户的关注度与参与积极性。最近特别火的“探索NPR”、“上瘾NPR”等系列创新移动应用程序都近些年来由用户独立开发的。

另外一个经典的开源应用是《每个人的游乐场》(*Playgrounds For Everyone*)，这个应用关注的主题是行动不便或身有残疾的孩童可以在哪儿找到安全的游乐设施。网友可以在该应用上分享自己知道的这类设施的地理位置与详细信息，而应用的使用者可以按地址来搜索社区附近是否有此类设施。该项目已经采集了数千条符合条件的游乐场信息。

此外，NPR不仅为网友，而且还为NPR的普通记者和编辑开放应用程序接口。在实际操作中，不懂编程的传统编辑只要把标题、内容、照片、视频链

---

① 15http://djchina.org/2014/03/24/opensourceinnewsroom/，2015年1月6日访问。

② 16http://www.niemanlab.org/2014/04/building－an－analytics－culture－in－a－newsroom－how－npr－is－trying－to－expand－its－digital－thinking/，2015年3月6日访问。

接分别填入对应的表格中，程序员运行模版（Template）便可生成完整的静态新闻应用页。日后如果要修改内容，无需程序员帮助，编辑修改表格内容即可，比如上文提到的《制作 T 恤》和《每个人的游乐场》应用。

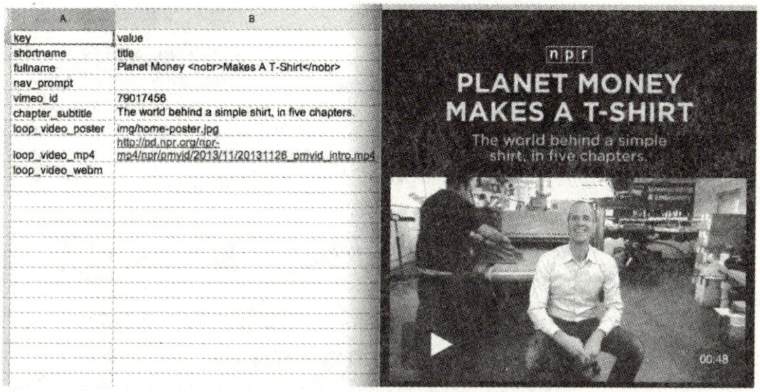

图 3　NPR 数据新闻应用《货币星球：制作 T 恤》的开源模块

当然，NPR 的成员台也是开源项目的受益者。经过授权后，NPR 成员台可以得到应用程序的开源接口，然后把 NPR 的新闻放到自己的网站上，以丰富自己的网站内容。比如位于波士顿的地方台 WBUR 在加入 NPR 网站内容之后，流量增长了一倍。

截止到 2014 年 3 月，NPR 技术团队已经在开源代码库 GitHub 网站上发布了 17 个开源项目和 53 个 Apps 开源项目，这些开源项目大多适用于各种移动终端与平台。今天，开源平台已然成为 NPR 重要的数字平台之一。

5. 深入的数据挖掘服务

NPR 数字服务的另一大亮点是最近研发推出的“信息界面”（Dashboard）系统。该系统旨在为 NPR 内部与成员台提供有效、简捷的数据服务，以期更好地了解受众喜好，从而反哺新节目的再制作，也为成员台更好地进行内容管理、网站设计以及为赞助商提供更便捷的捐款平台。

在此之前，NPR 沿用的是阿比创的收听率与“谷歌分析”、Chartbeat 的分析数据，但一直苦于没有更加深入的节目分析，并且感觉网站数据复杂难懂，并不够契合媒体需求。在赴《纽约时报》、*BuzzFeed*、《赫芬顿邮报》、《今日美国》和《先锋报》等媒体实地调研取经后，NPR 数据服务部开始进行自有数据分析处理系统的研发，“信息界面”应运而生。

NPR“信息界面”分析系统主要包括两个组成部分：挖掘管理（Tag Management）与综合报告（Comprehensive Reporting）。图 4 展示了挖掘管理的部分内容。这是 2014 年 4 月 28 日在 NPR 播出的一个《与残疾朋友一起学习：唤醒课堂的一次努力》节目。NPR 利用信息界面生动地展示了节目在网站上的受众关注度、受众浏览路径与社交媒体转发、反馈情况等。

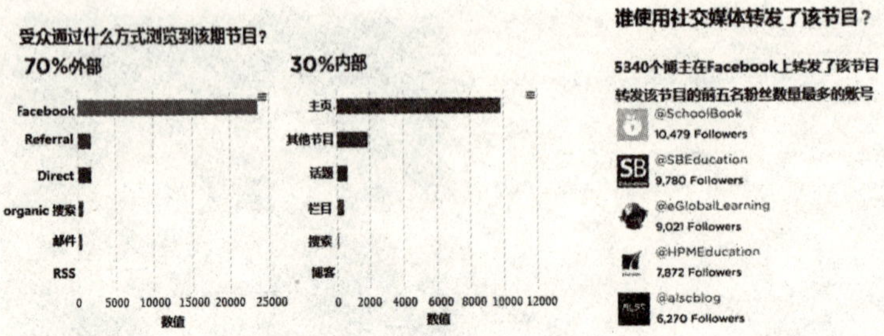

图 4　NPR《与残疾朋友一起学习：唤醒课堂的一次努力》节目浏览方式与社交媒体传播情况

以上此类数据挖掘图表不仅可以进行网络查询，而且每天都会以内部邮件的形式向 NPR 包括高管在内的所有员工发放。另外，“信息界面”也会针对主页编辑、栏目编辑、博客编辑、广播记者和节目制作人等分别提供不同角度的综合报告。NPR 的这套数据分析服务让节目评估实现了数据化、标准化，有效提高了节目的再制作与再传播效果。NPR 数据分析部门负责人表示，目前该套系统主要评估对象为个体节目，以后还会继续深入开发针对网页、博客和官网的评估系统。

6. 标准化音频质量测试系统

除了节目内容管理，NPR 公共广播卫星系统（Public Radio Satellite System，PRSS）最近还与尼尔森合作开发了一套关于音频音量一致性的系统

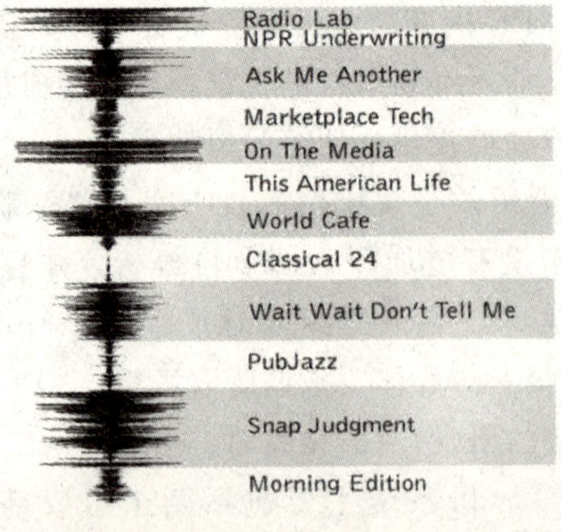

图 5　NPR 各档栏目的音量播放一致性程度图

"音量测量仪（Loudness Meters）"。长期以来，有很多听众反映地方台播出的广播节目音量忽大忽小，严重影响了听众的收听体验。有一项调查显示，有53％在PRSS播出的节目音量都不符合PRSS所推荐的音量标准。这款音量测量仪的推出可以有效测试NPR各档栏目的音量，并可以一目了然地有效反馈给相关节目制作、播出部门。近期测试表明，NPR的名牌新闻栏目《早间版》（*Morning Edition*）的音量波纹一致性程度最强（如图5所示），说明该栏目的音频质量最为稳定。

三、启示与思考

综合美国公共广播电台的数字业务探索，移动化与数据化是其最为显著的两个特点。响应式网站的更新、新闻音频应用的推出、数据新闻的前期页面设计、车载系统应用市场的前期进入等都体现着移动化、多屏覆盖、服务受众的特点。

此外，NPR还对节目制作、音频质量、客户端传播效果等方面进行了深入数据挖掘。相较而言，我国目前大多数传统媒体的数据挖掘力量还比较薄弱，从而直接影响了节目的评估创新与对自身的数字化拓展。此外，国内音频机构也鲜有对数据新闻报道的涉猎，而NPR的《货币星球：制作T恤》数据新闻让我们看到了广播媒体也能搞数据，也能视频化，也能众筹发展，也能吸引资金，也能吸引年轻受众的无限可能性。

开放与创新亦贯穿于NPR数字化发展进程始终。NPR官网与播客都为用户提供了个性化编辑与参与应用。开放的API亦鼓励网友与地方台设计创新程序、参与NPR数据项目编程。尤其是NPR网站对其十年来节目脚本的细致、多媒体展示，对移动应用和数字新闻创新的周期性更新迭代，也都是国内传统媒体需要学习与借鉴之处。

数字化时代的今天，大浪淘沙、不进则退。数据显示，2014财年NPR用于网站更新，API、"NPR One"、播客等数字媒体运营的"数字媒体服务"支出已占NPR总运营支出中的近10％。近年来，我们清晰地看到了NPR进行数字化大发展的视野与雄心，也清晰地看到了NPR在数字发展进程中的每一次扎实而卓有成效的探索与努力。是的，面对媒介融合大时代的滚滚浪潮，我们完全有理由为传统广播媒体的每一次勇敢尝试点赞。

（作者单位：中央人民广播电台办公室）

新媒体环境下传统电台盈利模式多元化探析

——以日本广播界的实践为例

◇ 林思含

随着移动互联网时代的到来，新媒体快速崛起，媒介竞争更为激烈，不少人预测传统媒体大势已去。2009 年至 2011 年间广播广告收入的高增长则有力地回击了唱衰广播的论调。当然，受宏观经济遇冷影响，近几年中国广告市场总体增幅减缓，日益成熟的新媒体也确实在逐步抢占传统媒体的市场份额。2013 年，广播电台的广告收入更是打破了多年来高增长的惯性趋势，增幅降至 2.9%①。作为广播电台最直接的盈利手段，广告收入增长的放缓直接影响了电台运营。

面对挑战，广播电台急需调整广告客户经营结构，从单纯依赖广告的框框中跳出来，有效利用新媒体资源，从而实现盈利模式多元化。实际上，日本广播业现状更为窘迫，广告费急剧缩减至全盛期的一半左右。为了解决收入减少这一难题，日本各家电台充分发挥广播的先天优势以及媒介公信力，或是挖掘音频市场，或是开发衍生产品，或是借力众筹，或是回应受众需求开展线下活动，取得了一定成效。本文将结合实例，对日本各电台引人注目的创举进行分析归纳，希望能为广播实现盈利模式多元化提供借鉴。

一、深入挖掘音频市场

高质量的节目与独家音频资源是传统电台的第一竞争力，但绝大多数节目及音源的使用率都很低，多是简单的“一次性消费”、“播过即过”，这实际上

① 吕海媛：《2013 年传统媒体广告市场概览》，《视听界》2014 年第 2 期。

是一种极大的浪费，而一些听众也存在着想要再听一遍的需求。因此，日本电台 TBS 从 2012 年 6 月起推出了一项名为“LIVE to GO”的商业服务，面向听众出售电台音源。

“LIVE to GO”主要出售的音源内容包括由 TBS 收录的演唱会、公开演出及体育赛事等。听众需要先购买印有序列号的卡片，再登陆“LIVE to GO”官方网站输入序列号，就能获得所需音源。为不影响门票销量，一些演唱会的音源序列号只在演唱会会场内出售。如，目前正在出售的音源是知名前卫摇滚乐团 YES 乐队全球巡演日本站的录音，售价为 3500 日元（人民币约合 182 元）①。

相比购买实体 CD，提供付费音源下载更符合新媒体时代受众的消费习惯。根据 TBS 提供的资料显示，“LIVE to GO”所售音源的最高购买率为 58%，平均近三成听众购买了序列号。经过两年的发展壮大，“LIVE to GO”的业务范围也从最初的电台音源出售扩展到了承接商业合作活动。比如今年 5 月，“LIVE to GO”就与可口可乐进行了合作：凡是在自动售货机购买听装可乐皆可获得序列号，凭序列号就能登录“LIVE to GO”活动主页，下载日本人气组合 EXILE 在演唱会上的特别视频。可以说，“LIVE to GO”成功地实现了通过提高了电台节目与音源的利用率为电台创收。

此外，传统电台还能以网络电台为跳板挖掘音频市场。近年来兴起的网络电台就把声音做成招牌，如雨后春笋般相继出现的网络电台以个性化的 UGC 吸引了许多人的注意力，其中喜马拉雅电台与多听 FM 都在去年完成了千万美元的融资。然而 UGC 难以保证节目质量，此前一直注重渠道开发的网络电台也意识到高品质内容的重要性。在这种情况下，传统电台与网络电台就不再是单纯的竞争关系，传统电台可以与网络电台共享节目资源，甚至成为节目供应商，使网络电台不为内容困扰，传统电台也能借助网络电台所开辟的渠道向社交化与移动化转变，并实现创收。

二、研发经营衍生产品

不少行业中，比起核心企业及产品，往往是派生企业和产品拥有更高的市场价值。比如迪斯尼公司以动画起家，但真正具有高附加值的是主题公园、主题礼品、主题餐厅、服饰及玩具等衍生产品。对于传统媒体而言，衍生产品是能够吸引受众及更大范围消费者主动购买的产品。目前当谈到广播电台的衍生产品时，大多只停留在出售评书或广播剧合集层面，似乎没什么文章可做。实

① 数据源自 http：//live. radi－con. com/re－live/。

际上，只要积极主动，广播电台也能打造出能够创收的周边产业。

2013年，NBC佐贺分局为迎接成立55周年台庆，与当地的饮料公司共同研发出了一款名为“佐贺HONOKA香槟”的碳酸饮料。饮料中加入了一种名为“佐贺HONOKA”草莓的果汁，这种草莓是佐贺县的地方名产。饮料一瓶200ml，售价是210日元（约合人民币11元），限量2400瓶，后来因为大受欢迎，又加售4800瓶。

无独有偶，日本放送协会也推出了一款创意商品。2012年夏天，日本放送主持人北川悠仁在录制一档名为“柚子的一晚，日本GOLD”的节目时，提到最怀念小时候的红豆冰棒，没想到引起了许多听众的共鸣。于是在2013年夏天，日本放送与一家冷饮厂商合作，研发出了“柚子红豆冰棒”，每根售价63日元（约合人民币3.5元），全国的超市和便利店均可购买。“柚子”与“红豆”的特别搭配，以及广播节目中极佳的宣传效果，“柚子红豆冰棒”上市仅4天销量就突破了100万根，引发热潮。

汽水和冰棒都属于快消品，单价也不高，但销量达到一定高度时带来的利润就较为可观，广播本就善于“以小见大”。“佐贺HONOKA香槟”立足于当地特产草莓，符合NBC佐贺分局地方台的定位。而“柚子红豆冰棒”则作为一个极具策划性的节目联动商品，无论是产品包装还是宣传海报上都印着“柚子的一晚，日本GOLD”这一节目名称。当然，两家电台都选择和可靠的厂家合作，产品质量及味道都有保证。

衍生产品也不用局限于快消行业。日本另一家电台——文化放送就在日本千叶市建起了一个职业体验主题公园“Kandu”，并于2014年1月15日起向所有市民开放。顾名思义，在这个主题公园里，孩子们可以体验警察、银行职员等各种职业。公园里还再现了广播电台录音棚的样子，使孩子们可以在体验广播节目制作的同时了解广播的有趣之处。主题公园淡季儿童票售价2336日元（约合人民币122元），旺季儿童票售价3200日元（约合人民币166元）[①]。对此，日本放送的相关人员表示，“比起坐以待毙（收入减少），我们更倾向于主动出击。这个副业和我们广播本业相辅相成，发挥了协同作用，效果很好。”[②]

特别是在日本大地震发生后，广播作为应急救灾第一媒体的地位得到凸显。除紧急救灾外，日本各大电台还注重在日常生活中为民众普及防灾减灾知识。比如Tokyo FM就推出了一档名为《防灾前沿》的日常迷你防灾节目。节目受到好评的同时，Tokyo FM抓住机会，在《防灾前沿》的网站上挂出

① 数据源自“Kandu”主题公园官网 http://www.kandu.co.jp/。

② 高濑毅：《注目のサイドビジネス》，GALAC2014年第2期。

“防灾产品网上商店”的链接，贩卖应急背包、应急食品、应急手电筒等防灾装备，进行防灾减灾宣传的同时也不放过创收的机会，在防灾减灾这一广播遥遥领先的领域，实现了商业性与公益性的平衡。

三、借力众筹制作节目

新媒体环境下，传统媒体在寻求自我突破时自然不会错过“众筹”这一热门形式。2013 年，一批日本广播从业者就开始围绕“如何利用众筹降低广告收入对电台的影响”这一命题展开了实践，其中的佼佼者当属 J－WAVE。

J－WAVE 携手众筹网站“READYFOR”共同推出了一项名为“J－WAVE LISTENERS' POWER PROGRAM”的众筹计划：J－WAVE 以“有益社会的事”为主题，面向听众征集节目策划案，方案通过专家审核就能向大众募集资金，众筹成功的方案会被制作成节目在 J－WAVE 播出。“J－WAVE LISTENERS' POWER PROGRAM”计划于 2013 年 10 月 7 日正式启动，目前为止已经有“展现复兴中的三宅岛的魅力”、“介绍川崎地区蔬菜种植的魅力”等方案众筹成功，并被制作成了电台节目。这个众筹计划的口号是：听众想听的节目，靠大家的力量来实现。

众筹计划本身的公益性极具意义，能在一定程度上满足小众需求，制作出听众想听的节目。此外，借助众筹，听众可以通过提案或出资的方式参与到节目制作中来，帮助电台节目从“听时代”进入“共同制作”时代，实现了从广告以外的渠道获取节目制作费的目标，为传统电台商业化提供了新思路。

“J－WAVE LISTENERS' POWER PROGRAM”的公益性质较浓，众筹资金也基本与节目制作费持平，所以 J－WAVE 不满足于此。利用音乐电台与生俱来的资源及媒体优势，J－WAVE 打造了一个名为“J－CROWD MUSIC”的音乐类众筹平台，歌手可以利用这个平台为自己出 CD 或是开演唱会筹集款项，“J－CROWD MUSIC”众筹平台上的方案还能在 J－WAVE 节目中进行宣传。

“J－CROWD MUSIC”至今共推出了 17 个音乐众筹项目，其中 1 个失败，2 个还在进行，可以说成功率较高。作为一般众筹网站都采取的运营模式，J－WAVE 可以从每个成功的项目中按百分比抽取一定的手续费，这将成为 J－WAVE 一笔稳定的收入来源。J－WAVE 大胆推出“J－CROWD MUSIC”计划的出发点就是为了探索电台盈利模式的新方向。

四、立足需求把握线下

互联网大潮袭来，无论是新媒体还是传统媒体都紧盯线上，实际上，就盈利而言，线下是传统媒体不可舍弃的一块阵地。公信力是传统媒体的宝贵资源，能使传统媒体在开展线下活动时相较于新媒体更具优势。常见的传统电台线下活动有电台宣传性活动、公益性活动以及商业性活动。除频率承办的演唱会等大型商业活动外，电台，特别是地方电台可以立足听众需求，在日常生活中组织相应的线下活动。

比如为满足听众中的“剩男”“剩女”想要恋爱的需求，一些日本电台开始相继举行线下相亲活动，并且各具特色。从 2010 年起，Tokyo FM 每年都会举办名为“Running · Connection”的环皇居跑友联谊会。活动当天，大家会先绕着天皇居所跑一圈，尽情流汗之后接着就是联谊会。因为参加者都拥有跑步这一共同爱好，所以大家很快就能熟悉起来。联谊会最早三个月举办一次，后来因为人气太高，改为每月一次。2013 年 12 月 21 日当天还举办了圣诞节特别活动，凡是 20 岁以上的单身男女都可以参加，报名费为男性 6500 日元（约合人民币 338 元），女性 5500 日元（约合人民币 286 元）。

FM 北海道也举办了同样的活动。2013 年 6 月，FM 北海道在札幌等地开展了“街头相亲”大规模联谊活动，共有 3000 人以上的单身男女参加，可谓盛况空前。社区广播也不甘示弱，FM 甲府（山梨县甲府市）于 2013 年 7 月举办了“联谊之旅”，40 名单身男女一起去观看日本职业足球甲级联赛中“甲府风林”球队的比赛，最终诞生了 5 对情侣。

这种相亲活动虽然不能完全填补广告收入减少带来的资金空缺，但实实在在地增加了电台收入，线下活动配合线上宣传，还能提升电台影响力，借机打造电台形象，是一个充分发挥广播的特色，而又放大满足听众需求的盈利模式。传统媒体盈利模式的核心概念是“向广告商要钱”，而新媒体是“向消费者要钱”[①]。互联网时代，受众，特别是年轻受众个性化、高度自主的消费特点越来越突出，这也与新媒体的概念相契合。面对新媒体的冲击，传统媒体不仅应该考虑在操作及渠道层面上媒介融合，在盈利模式上也应该借鉴新媒体思路：受众在哪里，媒体就应该在哪里。传统电台实现盈利模式多元化的过程，实际上也是发现受众多元化需求并给予满足的过程。无论是挖掘音频市场、研发衍生产品、进行众筹还是开展线下活动，归根结底都是通过满足受众需求，“向消费者要钱”。新媒体环境下，传统电台要想成功实现这一过程，必须有效利用新媒体资源，结合受众需求，越早与新媒体环境进行对接，传统电台就能越快找到有效的创收手段和发展方向。

---

① 韩阿涤：《新媒体环境下广电媒体盈利模式研究》，《吉林大学》2014 年第 6 期。

参考文献：

[1] 高濑毅：《注目のサイドビジネス》，GALAC2014年第2期。
[2] 吕海媛：《2013年传统媒体广告市场概览》，《视听界》2014年第2期。
[3] 韩阿涤：《新媒体环境下广电媒体盈利模式研究》，《吉林大学》2014年第6期。

（作者单位：中国传媒大学新闻传播学部）

新媒体环境下日本青少年广播创新发展探析

◇唐　玲

20世纪90年代开始，随着互联网的兴起以及日本泡沫经济的影响，广播在年青一代听众中逐渐失去了吸引力。根据日本VEDIO RESEARCH公司[①]2014年8月对东京及周边地区收听率调查数据显示，50岁以上年龄段听众广播收听率为10.0%，而20岁以下年龄段听众广播收听率只有1.2%。有鉴于此，日本的广播电台一直在不断拓展在年轻人群中的市场。早在2005年日本TOKYO FM电台就推出了一档面向20岁以下听众的广播栏目《SCHOOL OF LOCK!》(《开启校园的钥匙》)，受到了中学生的广泛好评。栏目网站主页的月平均浏览数超过5000万次，有时学生听众一天内的邮件回复能超过两万封[②]。这个栏目播出两年即获得"第三届日本放送文化大赛"广播组优胜奖，以及"第56届日本民间放送联盟大赛"文娱组优秀奖。本文将重点分析该栏目的内容特色，以及新媒体环境下在互联网和手机移动终端应用上的特色和创新。

一、栏目特色："听众细分法"面向青少年的晚间

1964年，日本商业广播电视台借鉴了美国的商品销售经验——市场细分法，并把这种方法运用到对受众情况的分析上，创造了"听众细分法"。根据听众年龄、性别、职业、地域、收听状态把听众分类。"听众细分法"具体措施是：把一天的广播时间分成多个针对特定听众层的时间段，即"面向职业男

① VEDIO RESEARCH（视频调查公司）是日本多个广播电视公司共同持股的收听、收视率调查公司。网址：www. vedior. co. jp。

② 数据来自《日经TRENDY》网络版：http://trendy. nikkeibp. co. jp。

性的早晨”、“面向家庭主妇的上午”、“面向驾车人的下午”以及“面向年轻人的晚上”①。

《SCHOOL OF LOCK!》（《开启校园的钥匙》，以下统称《SCHOOL OF LOCK!》）就是日本 TOKYO FM 电台根据“听众细分法”推出的一档专门面向 20 岁以下中学生的情感谈话类栏目，在全国 38 个广播电台都有播出。该栏目于 2005 年 10 月开播，每周一到周五晚 10：00 至 11：55 播出，刚好符合中学生晚上学习、睡觉的时间。栏目最大的特色在于将电台节目打造成一个全国规模的“空中广播学校”，所有的听众都是学校的学生。节目的开场和结束不是音乐，而是上课和下课经常喊的口号“起立！敬礼！”。将近两小时的节目分为三到四个板块，每一个板块都是不同科目的课程，例如有《女生课堂》《校长答疑》《有奖竞猜》和《特别节目》等。栏目固定的主持人有两位，一位是山树校长，一位是卢泽教头（副校长），负责贯穿每一个板块以及为听众学生答疑解惑。每一个板块还有一名主持人担任这堂课的讲师，这些主持人一般为艺人、乐队主唱以及在中学生中人气很高的偶像等。

1. 人气女星主讲《女生课堂》

《女生课堂》作为一个单独的板块，每天都有 15 分钟左右的节目，每周换一名讲师。《女生课堂》的讲师都是当前比较受欢迎的女明星，比如新垣结衣、刚力彩芽等。围绕女生喜欢的化妆、流行和穿衣时尚、健康饮食等主题，讲师会回答听众提出的各种问题，或者根据实时评论与听众进行互动，充分做好节目线上和线下的交流。节目结束后会将当天录音棚的照片和讲师当堂笔记发布在电台网站上，增强广播的“可视化”。

2. 捕捉听众内心，深化互动

《SCHOOL OF LOCK!》栏目的宣传口号是“握紧未来钥匙的空中广播学校”。将受众精准定位为 20 岁以下的青少年，目的是每晚能够帮助青少年打开心扉，让听众找到打开心锁的钥匙。为此，栏目设计了 25 分钟的《校长答疑》板块，话题以“校园爱情”、“家庭暴力”、“人际关系”、“难忘的经历”等为主，作为主持人的校长和教头会帮听众出主意，并鼓励所有的听众要乐观坚强。

对以内敛为美德的日本人来说，广播的确是一个很好的情感的发泄口。同时也证明广播作为传统声音媒体还是有其独特的魅力，声音传达比较容易让主持人和听众在并不熟悉对方的情况下很快进入互动。一方面匿名听众通过电话

① 张彩：《日本广播概观》，中国广播电视出版社 2001 年版，第 63～64 页。

更容易表达内心；另一方面栏目本身贴近听众、倾听民声、深化听众本位，才能获得听众的信赖，让听众对广播产生依赖。

3. 选曲贴切，做音乐的导航

音乐是一种特殊的语言，无论是从歌词还是曲调，内容都丰富多彩，具有很强的表现力和感染力。《SCHOOL OF LOCK!》中使用的音乐注重与话题的统一。如果节目之前的谈话内容和恋爱有关，则会播放鼓励正面追求幸福的音乐；如果与理想及现实生活烦恼有关，则会选择偏向正能量的歌曲。节目中的音乐不仅仅只作为节目间隙的转场，还能够进一步引发观众共鸣。从栏目网站主页的实时评论栏可以直观地看到，每次播放歌曲的时候，评论滚动条往往更新得更快，听众的评论内容也更加正面积极。

同时值得一提的是，日本对音乐等影像作品的著作权保护比较严格。从2012年10月起日本修改了音乐著作权法，禁止从网络下载未经授权的音乐和影像文件。所以广播节目也成了首发歌曲平台，节目中播放的歌曲都是经过授权的完整版。同时在网上收听节目的听众可以在网站主页例如 radiko.jp 上看到播放歌曲的名称和演唱者以及购买歌曲的亚马逊网站链接地址。

二、与互联网结合的诸多尝试

目前日本的广播市场已发展到接近饱和的状态。为了适应时代的变化，促进自身的发展，日本早在多年前就展开了全新的尝试。与中国网络在线广播不同的是，由于版权和地域限制，一般在栏目网站主页上没有可以直接收听广播节目的链接。移动终端收听广播可以利用“ドコデモFM”（到哪儿都有 FM）或者“LISMO WAVE”软件，用电脑收听在线广播则可以利用 radiko.jp 网站。

（一）互联网与移动互联同时开通，符合受众使用习惯

1. radiko.jp 网络广播收听平台

《SCHOOL OF LOCK!》所在的 TOKYO FM 电台也加盟了 JFN 日本 FM 广播网[①]，听众可以登录 radiko.jp 网站在个人电脑上收听。

radiko.jp 网站开始于2010年3月15日，是基于网络协议会成立的日本在线收听广播网站。2010年由 TBS 广播、文化放送广播、TOKYO FM 广播等13家商业广播电台与电通广告公司共同成立了“IP 实时播出协议会”，协议会建立了 radiko.jp 网站。由于日本广播地域局限，用户注册登录后网站会根据

① 日本全国 FM 放送协议会，是日本私营广播电台组成的广播联播网。

用户的 IP 地址自动给用户提供其所在地区可在 radiko.jp 网站上收听到的电台列表，供用户在线免费收听。从 2014 年 4 月开始，radiko.jp 网站又推出了“radiko.jp 套餐”，打破了地域局限，用户每月购买套餐后便可收听到全国 68 家电台以及放送大学①的广播。radiko.jp 网站的构建是日本广播拓展传播渠道的一个重要尝试，集成式的平台构建不同于电台网站的单一收听模式，它带给听众多样化的选择。也正因为如此，网站开设两年多来用户反响良好，学生群体的使用率高于传统广播收听，可见网站平台的拓宽有利于广播吸引年轻听众。

2. 灵活利用移动终端，增强碎片化特征

广播 App 是一种听众收听广播的方式，更是一种用户享受音频服务的方式。广播 App 能满足移动用户非专注、伴随性、碎片化收听的需求，因此广播 App 除了具有广播收听的功能之外，更多地承担了生活服务、互动交流和放松娱乐的功能。

《SCHOOL OF LOCK!》同名手机广播 App 特设了“手机 LOCK!”板块，邀请更多的艺人、乐队成为手机用户专用讲师。每天邀请一名讲师做主持人，围绕节目的主题和评论板上听众用户的评论展开谈话。“手机 LOCK!”节目每天下午 4 点在手机上播出，时长为 20 分钟，并且可以多次重复点播。这个时间也是中学生下课回家的时间，手机新增节目成为中学生放学回家的新陪伴，可重复的推送式收听和碎片化内容符合手机用户使用习惯，满足用户信息需求。

（二）栏目网站突破单纯广播节目，自创活动多样化

互联网不仅具备报纸、广播、电视等传统媒介能够及时广泛传播信息的一般功能，而且还具有多媒体、实时性、交互性传播的优势。一般传统媒体栏目都会成立自己的网站或网页。广播网站依赖于传统广播主体，却不局限于传统广播。网站不仅仅是广播节目内容的视觉化体现。广播网站设计要充分合理和艺术化地将传统的、相互分离的各种信息传播形式（如语言、文字、声音、图像和影像等）有机地融合在一起。这样广播网站的表现手段和内容范围会得到大大地扩展，也体现出它在互联网上所采用的视觉传播的手段有其丰富多样性和实用有益的价值。

1. 网站主页增强视觉冲击力和阅读性

《SCHOOL OF LOCK!》在网站的品牌形象设计方面做得很有特色。栏目定位为“空中的广播学校”，所以就将网站打造成一所看得见的“学校”。网站基本色调定为黄色和绿色，具有很强的视觉冲击力。这所“学校”由五个主要

① 日本放送大学相当于中国的广播电视大学，通过广播、电视教授英语、物理等各学科课程。

部门组成，分别为“直播教室”、“学校运营战略会议”、“支援部”、“通知栏”、“社团活动”。

“直播教室”、“学校运营战略会议”、“支援部”这前三个部门基本都是将头一天广播节目内容文字化，并配上节目播出时录音棚实况和讲师图片。听众不再对主持人和讲师形象感到陌生，广播内容文字化图片化既能方便地找到错过的节目，又能增强广播的阅读性，使广播与听众更加亲近，更容易产生互动。

2. 创新 O2O 互动，增强栏目黏性

为了让这个“空中的广播学校”更逼真，《SCHOOL OF LOCK!》还在网站上设置了多个“社团”。“社团”分为摄影部、新闻部、恋爱部、支援部、时尚部、乐队部还有漫画图书部。各“社团”都有一名艺人作为部长，并举行相应的线下主题活动，比如摄影部征集网友的照片评奖；恋爱部网友共同讨论恋爱过程中遇到的烦恼或者分享浪漫的故事；时尚部有当红明星给网友传授服装搭配、化妆保养小常识；乐队部有乐队艺人演唱会的宣传以及网友的点评；漫画图书部征集网友推荐的漫画或者图书。值得一提的是，新闻部除了征集网友文章编辑整理成的《SCHOOL OF LOCK! TIMES》电子报纸以外，还和日本《朝日新闻》报纸合作，将筛选出来的优秀作品在报纸上发表。

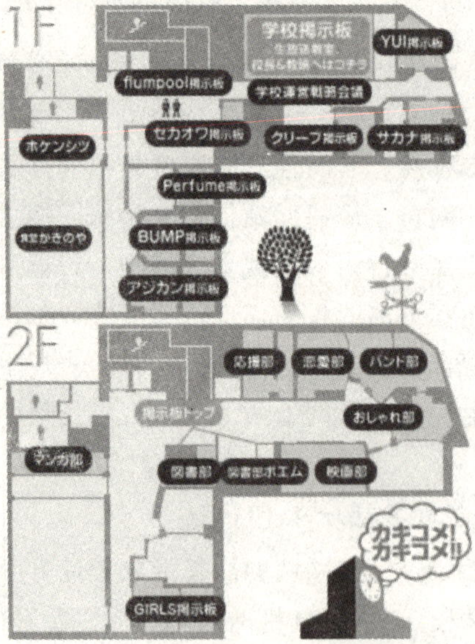

图 1　评论栏模拟学校平面图

图 1 是《SCHOOL OF LOCK!》网站评论栏页面，很巧妙地将评论栏设

计成了模拟的校园平面图。每个“教室”都是一个评论专版，一楼是广播节目、主持人和各固定讲师评论栏，二楼则是各“社团”评论栏。“教室”都附有链接，用户可以直接点击进入分类评论栏。

除了网站上的“社团”活动，《SCHOOL OF LOCK!》有多名乐队和艺人临时讲师，他们除在节目中通过声音传递信息外，还会定期举办线下演唱会。乐队和艺人讲师可以通过广播节目发布新歌，也可以在演唱会上直接与观众互动，不少学生也是因为喜欢某一位艺人讲师而成为了栏目的忠实听众。

《SCHOOL OF LOCK!》定位为“空中的广播学校”，线下也开始开设实际课程。寒暑假期间栏目派艺人到澳大利亚学习英语和美容美发小知识，每天以图文日记形式发布在网站上，记录下留学体验的全过程，并制作特别节目。同时向全国征集《SCHOOL OF LOCK!》入学学生，与听众的线下互动更直接真实。

网站的设置和策划已经不单纯是为了广播节目服务，而是突破广播节目的限制，加入更多符合栏目定位的元素，增强网站主页的视觉冲击力。网站的文字化、图片化增强了趣味性和阅读性。《SCHOOL OF LOCK!》将一个两小时的广播节目扩展成以“空中的广播学校”为运营宗旨的栏目，是广播媒体顺应年轻受众碎片化阅读习惯进行节目改革的一种成功模式。

（三）社交网站设置话题，激发受众热情

新媒体时代的到来不仅使广播的传播形式发生了变化，也改变了与听众的互动模式。其中，社交媒体的出现和快速普及，是广播吸引年轻听众的另一个得力助手。

Mixi 网站创办于 2004 年，是日本早期原创的社交网站之一。2011 年《SCHOOL OF LOCK!》与 Mixi 进行了多次合作。听众通过 Mixi 网站可以参与到《SCHOOL OF LOCK!》的不同主题互动中，还可以在栏目主页上对其他听众的评论“点赞”或追加评论，共同享受收听广播的乐趣。2011 年 8 月的一次合作活动共吸引了 130 万人参与其中，取得了很好的传播效果。

随着 Twitter 在日本的引进和兴起，栏目也将互动重点转向了 Twitter 平台。首先开设了多个 Twitter 账号，如前述的“@sol _ info”账号主要负责发送通知、发布第二天的节目主题以及在节目播出过程中用“＃SOL”标签与观众互动。另一个账号“@sol _ meigen _ bot”则会每天推送主持人或者讲师的人生感悟或“至理名言”等传播正能量内容。在新媒体平台积极推送才会有积极的效果，《SCHOOL OF LOCK!》在 Twitter 上的两个账号一个月内推送四千余条消息，radiko. jp 网站的评论栏在节目直播时经常出现快速滚动更新，这些都证明听众的参与度非常高。

栏目同时还积极提供“话题关注”功能，用户在发布微博时使用“＃SOL＋评论”，就会以话题的形式发布，还可以在微博页面中快速检索到相同话题的内容。主持人则可以在节目直播时看到相关话题的实时内容，与听众进行及时有效的互动。

“致广大而尽精微”，广播的传播范围很广但是节目内容却要以精准定位为王。《SCHOOL OF LOCK!》的定位自始至终都强调要建立“空中学校”，无论是以“校长”、“教头”自称的主持人还是网站上的学校分社团公告栏，都是“空中学校”的一部分。新媒体环境下不能单纯地以广播思维传达信息，而是要用互联网思维——即用户思维来策划栏目。

2010年7月日本放送协会NHK和日本民间放送联盟就“广播形势低迷和重振广播”为主题举办了一次研讨会，会上着重讨论了“青少年广播节目与日本年轻人脱轨”这一问题。研讨会后，日本民间放送联盟举办了多次“广播进校园”活动，呼吁青少年积极收听青少年广播节目。

广播要重新走近年轻听众，获得更好的收听率，就要了解年轻用户的广播使用习惯和兴趣爱好，满足用户的需求。继续发挥传统广播伴随性、非专注性的同时，还需要打破单一的线性传播和单向互动方式。新媒体环境下的广播关键是建立与听众之间的强关联，增强与受众之间的黏性。针对细分人群推送精准内容，充分利用新媒体的优势弥补传统广播的弱势，才能找到广播的突破口，吸引年轻人的关注。

参考文献：

［1］隋欣、顿海龙：《从广播类App看移动互联网时代广播的发展》，《当代传播》2013年第2期。
［2］张彩：《日本广播概观》，中国广播电视出版社2001年版。
［3］刘毅菲：《浅谈微博的话题设置功能》，《青春岁月》2011年第12期。
［4］胡海军：《浅析广播网站的品牌形象设计》，《新闻世界》2010年第8期。
［5］陈佳沁：《浅析新媒体时代日本广播的变革》，《中国广播》2013年第11期。
［6］世論調査部：《テレビ・ラジオ視聴の現況》，《放送研究と調査》2014年第8期。
［7］関谷道雄：《インターネット配信時代のラジオ～その歴史と広域化の流れ》，《放送研究と調査》2013年第11期。

（作者单位：中国传媒大学新闻传播学部新闻学院）